COLLECTION

COMPLÈTE

DES MÉMOIRES

RELATIFS

A L'HISTOIRE DE FRANCE.

Ville-Hardouin.

DE L'IMPRIMERIE DE RIGNOUX.

COLLECTION

COMPLÈTE

DES MÉMOIRES

RELATIFS

A L'HISTOIRE DE FRANCE,

DEPUIS LE RÈGNE DE PHILIPPE-AUGUSTE, JUSQU'AU COMMENCEMENT
DU DIX-SEPTIÈME SIÈCLE;

AVEC DES NOTICES SUR CHAQUE AUTEUR,
ET DES OBSERVATIONS SUR CHAQUE OUVRAGE,

Par M. PETITOT.

TOME I.

PARIS,
FOUCAULT, LIBRAIRE, RUE DE SORBONNE, N° 9.
1824.

DISCOURS PRÉLIMINAIRE.

On se plaint de la sécheresse de l'Histoire de France, et c'est ce qui donne tant d'attrait aux Mémoires où se trouvent les détails qu'on regrette. Nos historiens ont malheureusement moins puisé dans cette source précieuse que dans les chartes, ordonnances et diplômes qui constatent les grands événemens, mais qui n'en développent pas les causes. Les intérêts, les opinions, les passions, ces puissans mobiles des actions humaines, disparoissent presque toujours dans les histoires modernes : destinées ou à n'être que de simples chroniques, ou à faire prévaloir des systèmes, elles sont nécessairement inférieures aux productions de l'antiquité, dont les immortels auteurs ornoient des plus belles couleurs ces mêmes détails pleins de naturel et de vérité, que, sous prétexte d'analyse et de méthode, on affecte aujourd'hui de négliger.

Il n'est point de nation qui possède, comme la nôtre, un nombre considérable de Mémoires particuliers, écrits par des ministres, des hommes d'État, des guerriers, et tous remarquables, non-seulement par des anecdotes piquantes, mais par des observations pleines de justesse sur les mœurs nationales, et par ces sortes de détails qui, donnant aux scènes historiques une face nouvelle, en font pénétrer les plus secrets motifs. Depuis le règne de Philippe-Auguste jusqu'à la mort de Henri IV, chaque siècle a vu naître des hommes appelés à en retracer toute la physionomie. Luttant contre les difficultés de l'ancien langage, ils ont contribué à le former : s'ils n'offrent pas la précision des écrivains de notre grand siècle, ils conservent et nous rappellent du moins l'aimable et franche naïveté de nos pères : souvent en lisant leurs récits on croit lire le Plutarque d'Amyot ; et l'on remarque que le célèbre évêque d'Auxerre a plus d'une fois employé, pour peindre les héros de la Grèce et de Rome, les tours énergiques et familiers qui, dans les anciens Mémoires, caractérisent les Joinville, les Du Guesclin et les Bayard.

Ces Mémoires, très-recherchés par les amateurs de l'histoire, mais peu connus des autres classes de lecteurs, n'ont été publiés en collection qu'à l'époque de la révolution. En 1785, M. Roucher, l'auteur du poëme des Mois, et deux autres écrivains moins connus, entreprirent de les faire paroître par souscription. Ils n'avoient pas de dessein arrêté, et leur plan sembloit subordonné au succès qu'obtiendroient les premiers volumes. Leur travail, souvent interrompu, ne fut terminé qu'en 1791. Soutenus dans les premières livraisons par les excellens commentaires de Du Cange, du père Griffet, de l'abbé Le Bœuf et de Lenglet du Fresnoy, ils n'ajoutèrent que des notices et des observations faites à la hâte, et peu propres à répandre de la lumière sur les passages obscurs. Lorsque les troubles de la révolution éclatèrent, ils en étoient au seizième siècle, période si féconde en désastres, et qui comprend les règnes de François II, de Charles IX et de Henri III. Alors, entraînés sans doute malgré eux par l'esprit qui régnoit, ils prirent un ton peu convenable pour un commentaire historique; leurs réflexions devinrent amères ; ils se permirent des digressions qui ressemblèrent à des diatribes ; et ils tinrent une conduite bien différente de celle de M. Garnier, continuateur de Velly et Villaret, qui, précisément à la même époque, et ayant à peindre les mêmes désastres, interrompit son travail, en sacrifia une partie, et se condamna au silence, dans la crainte de servir involontairement les factieux

La Collection des Mémoires sur l'Histoire de France fut terminée au moment où l'on tendoit évidemment à renverser le trône, et où les persécutions forçoient une multitude innombrable de familles à sortir du royaume. Plusieurs souscripteurs, mécontens du ton des derniers volumes, avoient refusé de les recevoir; d'autres, ruinés ou en fuite, n'avoient pu compléter leur collection : ce qui restoit d'exemplaires dans les magasins en 1792, 1793 et 1794, n'inspirant aucun intérêt à des hommes qui s'étoient fait une loi d'abjurer tous les souvenirs, se détériora ou se perdit. Il résulta de cette réunion de circonstances, qu'il devint très-difficile de se procurer par la suite des exemplaires complets de la Collection des Mémoires sur l'Histoire de France.

Cette Collection, si intéressante pour nous, si curieuse pour les étrangers, n'existe donc que dans un très-petit nombre de bibliothèques, et n'est point dans le commerce. La crainte qu'on devoit avoir au commencement de la révolution, de retracer les dissensions du seizième siècle, n'a plus aucun fondement de nos jours. Après une lutte sanglante de vingt-cinq années, c'est sur les événemens récens que les ressentimens s'exercent, et non sur des événemens arrivés il y a trois siècles ; c'est pour ou contre les contemporains qu'on prend parti, et non pour ou contre les Coligny ou les Guise. Ainsi, loin de pouvoir aigrir nos discordes, le récit des malheurs et des fautes de nos pères nous transporte pour ainsi dire dans un monde nouveau; il nous offre les suites funestes des passions des hommes sur des objets très-importans alors, nuls aujourd'hui ; nous montre ainsi le néant de l'orgueil humain dans la destruction totale de ce qui servoit d'aliment à ses fureurs, et nous engage à mettre moins de chaleur et d'opiniâtreté à soutenir des théories qui périront peut-être avec nous. Tel est l'avantage de cette lecture, qu'en retraçant sous les couleurs les plus fortes les résultats des guerres civiles, elle nous dispose à la modération et à la paix, sans nous rappeler aucun souvenir qui puisse rouvrir nos plaies et réveiller nos ressentimens.

Les tableaux que nous présentent les Mémoires sur l'Histoire de France sont aussi attachans que variés. Il suffira d'en caractériser quelques-uns pour montrer combien ils doivent inspirer d'intérêt et de curiosité.

Les traits du prince qui sut concilier la perfection des vertus chrétiennes avec les brillantes qualités d'un monarque, animent les récits du sire de Joinville, et s'y montrent d'une manière bien plus touchante que dans les histoires et dans les panégyriques. Saint-Louis, dont la mémoire nous est aussi chère que celle de Henri IV, y paroît comme fils, époux et père. On l'y voit tour à tour s'occuper du bonheur de ses peuples, réprimer l'ambition de ses voisins, et devenir leur arbitre par sa haute réputation de sagesse et de justice. Lorsque la religion, la politique et la gloire l'appellent en Égypte, sa modération dans les succès, son courage invincible dans l'adversité, le respect qu'il inspire aux barbares dont il devient le prisonnier, complètent un si beau caractère. Dans toutes les circonstances de sa vie publique et privée, les Mémoires de Joinville nous le peignent inspirant cet intérêt tendre, cette vive affection que ses sujets lui devoient à tant de titres : on se le figure, ainsi que le représente un philosophe moderne dont l'aveu n'est pas suspect, *compatissant comme s'il n'avoit jamais été que malheureux* (1).

Le règne de Charles v, qui auroit assuré le bonheur de la France si ce prince eût vécu plus long-temps, se trouve retracé dans les Mémoires de Du Guesclin et dans ceux de Christine de Pisan. Le noble connétable se charge de la partie militaire; la femme illustre qui fit alors l'ornement de la Cour, et qui se distingua par des essais de poésie française, se charge de la partie civile. C'est dans ces deux ouvrages qu'on voit comment, après de longues calamités et de longs troubles, un sage prince peut, en quelques années, rétablir l'union entre ses sujets, et jeter les fondemens de la prospérité publique.

Des Mémoires particuliers sont consacrés à l'héroïne chrétienne qui parut appelée par le Ciel à sauver la France et Charles vii. Ils ont, sur les histoires modernes, l'avantage de conserver l'esprit du temps, et de porter le caractère du siècle.

Le successeur de Charles vii, Louis xi, jugé si diversement, et qui eut tant d'influence sur les destinées de la France, dont il changea la constitution, fut peint

(1) Voltaire, *Essai sur les mœurs et l'esprit des Nations.*

par un contemporain dont l'ouvrage est encore regardé aujourd'hui comme le monument le plus précieux de notre histoire. Les Mémoires de Comines, justement appelés le *Bréviaire des hommes d'État*, se distinguent par la narration la plus intéressante, par une connoissance approfondie du cœur humain, et par des réflexions de l'ordre le plus élevé.

Immédiatement après ce règne sombre et si contraire à l'esprit de chevalerie, les Mémoires de Guillaume de Villeneuve et ceux de Louis de La Trémouille font briller de nouveau à nos yeux le caractère français, qui n'avoit éprouvé qu'une courte éclipse. Nous avons peine à suivre Charles VIII dans les guerres d'Italie et dans ses conquêtes, qui ressemblent à une course. A côté de ces exploits éclatans, se trouvent, surtout dans les Mémoires de La Trémouille, les détails les plus curieux sur l'intérieur des châteaux, sur les mœurs des chevaliers et des dames, et sur la manière dont ces preux, si redoutables devant l'ennemi, occupoient leurs loisirs pendant la paix.

Les Mémoires de celui qui fut regardé comme le modèle des chevaliers, des bons Français et des sujets fidèles, terminent cette époque fameuse de la chevalerie. Un serviteur, ou plutôt un ami de Bayard, écrit sa vie avec un charme dont n'a pu approcher l'imitation qui en a été faite dans le siècle dernier. Tout ce qui justifie le titre de *sans peur et sans reproche*, donné au noble Dauphinois, est présenté d'une manière si simple et si modeste, qu'on diroit que c'est le héros lui-même qui raconte ses exploits. Chargé des opérations les plus importantes sous les rois Charles VIII, Louis XII et François I, ne commandant jamais en chef, ne demandant rien, méprisant les richesses, et n'estimant les honneurs que lorsqu'ils étoient le prix légitime des services, on le voit combattre avec une loyauté inconnue dans les plus beaux temps, épargner les vaincus, empêcher le pillage, accorder aux femmes la protection la plus tendre et la plus désintéressée, prendre sous sa sauvegarde particulière les ecclésiastiques, les vieillards et les enfans, et terminer enfin sa glorieuse carrière au champ d'honneur, sacrifié par un général français, et pleuré par un général ennemi.

Des Mémoires plus précieux encore peut-être pour les amateurs de l'histoire, rappellent toutes les particularités du règne de François I : Martin et Guillaume du Bellay, frères du cardinal de ce nom, revêtus des premiers grades militaires, entrent dans le détail des guerres et de l'administration civile de ce règne fameux. Ils rapportent plusieurs conversations de François I, qui le peignent mieux que les portraits tracés par les historiens; ils pénètrent dans son intérieur, en font connoître les secrets; et leur ouvrage, curieux pour tous les lecteurs, est utile surtout aux hommes d'État, parce qu'il donne avec fidélité l'ensemble de la diplomatie européenne, qui commençoit alors à être appuyée sur des bases fixes.

Les règnes suivans, jusqu'au moment où Henri IV fut affermi sur le trône, offrent le tableau affligeant des dissensions religieuses, des guerres civiles, et des excès auxquels entraîne l'esprit de parti. Mais c'est alors que les grands caractères se développent, que les grandes catastrophes se succèdent, que de grandes leçons montrent aux hommes les dangers des passions politiques. Les Mémoires sur ces désastreuses époques deviennent plus nombreux. Écrits par des hommes de différentes factions, et qui en furent les principaux acteurs, ils contiennent les aveux les plus intéressans; on y découvre le secret de chaque parti; on distingue leur but apparent et leur but caché; on voit jusqu'à quel point il est possible d'égarer les peuples et les particuliers, en abusant de leurs sentimens les plus respectables; on remarque enfin que la Providence a voulu qu'après tant de sang répandu, tant de malheurs publics et privés, tant d'injustices, tant de crimes, tous les partis fussent trompés au dénouement de cette longue tragédie; et qu'aucun n'eût obtenu entièrement ce qu'il avoit cru acheter par tant d'efforts et de sacrifices.

Le maréchal de Vieilleville, qui sembloit avoir hérité du beau caractère de Bayard, ouvre cette scène terrible, et fait briller les derniers traits de la chevalerie française au milieu des fureurs des partis. Castelnau se distingue dans plusieurs ambassades par les qualités d'un politique consommé. Le chancelier de Cheverny, créature du cardinal de Lorraine et de Catherine de Médicis, montre un esprit de douceur et de paix bien rare dans ces temps désastreux. Jacques-Auguste de Thou est aussi attachant, aussi impartial, aussi bon appréciateur des hommes et des choses dans ses Mémoires particuliers que dans son Histoire générale. La Noue, le héros des protestans, joignant le courage à la prudence, la fermeté à la modération, paroît digne de l'estime et de la confiance de tous les partis. Palma Cayet, précepteur de Henri IV, nous offre le récit détaillé des années les plus orageuses de la vie de ce grand prince. Villeroy, ministre sous les rois Charles IX, Henri III, Henri IV et Louis XIII, témoin et acteur de tant d'événemens, nous lègue en quelque sorte le fruit de sa longue expérience. Enfin Marguerite de Valois, sœur de Charles IX et première femme de Henri IV, princesse si aimable et peut-être si calomniée, destinée en apparence à devenir le lien des deux principales factions, et voyant ses noces souillées par le massacre de la Saint-Barthélemi, victime des passions de ceux qui l'entourent, contrariée sans cesse dans ses devoirs de fille, de sœur et d'épouse, conservant néanmoins le goût des lettres, qui paroît être sa plus chère consolation, présente dans ses Mémoires, moins remarquables par les faits que par la diction, le modèle jusqu'alors inconnu de l'élégance et de la politesse du style : son ouvrage semble unir, par une nuance très-marquée, la littérature du seizième siècle à celle du dix-septième, et s'est trouvé, sans qu'elle y ait pensé, digne d'être désigné dans la suite comme un de ceux qui indiquent le mieux le véritable génie de la langue française (1).

Il reste à donner une idée du plan qui sera suivi. Les premiers éditeurs commencent par les Mémoires de Joinville. Il a semblé qu'ils avoient eu tort de ne pas donner des Mémoires au moins aussi intéressans, et qui les précèdent de plus d'un demi-siècle : ces Mémoires sont ceux de Ville-Hardouin, l'un des chevaliers croisés qui, du temps de Philippe-Auguste, s'emparèrent de l'Empire grec, firent flotter les bannières françaises sur les murs de Constantinople, et donnèrent à Baudouin le trône des Comnène. De l'aveu de tous les critiques et de tous les historiens, ces Mémoires peignent mieux cette époque singulière que les relations des écrivains grecs. On y voit le contraste extrêmement pittoresque de la franchise quelquefois un peu brusque des Croisés, avec la politesse d'une grande ville corrompue : les hommes se rapprochent, mais les mœurs des deux

---

(1) *Histoire de l'Académie française*, par Pélisson.

peuples se conservent, et mettent un obstacle invincible à l'établissement solide de l'Empire latin. Les Mémoires de Ville-Hardouin ouvriront donc notre Collection : mais comme le langage en est absolument inintelligible pour ceux qui n'ont pas étudié l'ancien idiome, nous placerons en regard du texte la traduction presque littérale de Du Cange.

Le Journal de Henri III et de Henri IV, rédigé par Pierre de L'Estoile, audiencier de la chancellerie de Paris, manque à la Collection des premiers éditeurs. Ce sont cependant les Mémoires les plus impartiaux et les plus fidèles qui existent sur cette époque; ils entreront dans notre édition, et la termineront, comme étant en quelque sorte l'explication et le résumé des Mémoires relatifs aux guerres de religion.

Chacun des Mémoires sera précédé ou suivi des supplémens, éclaircissemens et développemens qui paroîtront nécessaires. Ce travail sera, en grande partie, puisé dans les commentaires de Du Cange, de l'abbé Le Bœuf, de Lenglet du Fresnoy, de Le Laboureur, de Pasquier, etc., etc. Il aura, nous l'espérons, plus de précision et de suite que celui des premiers éditeurs; et nous osons nous flatter qu'il sera plus complet. Nous éviterons surtout avec soin de faire allusion aux temps présens : nous ne voulons pas qu'une Collection si importante porte le caractère d'un ouvrage de circonstance; nous nous bornerons donc au devoir qui nous est imposé d'éclaircir les faits obscurs, de suppléer aux omissions, et de former un ensemble régulier de tant de productions différentes.

Une Notice sera jointe à chaque Mémoire : elle aura pour objet de caractériser l'auteur, et de rapprocher tous les traits qui pourront servir à l'intelligence de son ouvrage.

La forme de ces Mémoires est très-variée : tantôt ils peignent d'une manière presque complète une grande époque de l'histoire, tantôt ils n'en rappellent que certains traits particuliers ; quelquefois ils se bornent au récit de la vie du personnage qui en est l'objet ; plus souvent, surtout lorsqu'on arrive aux guerres civiles du seizième siècle, ils offrent les mêmes tableaux, dont les nuances diffèrent suivant les opinions et les passions de ceux qui les ont composés. Il sera donc nécessaire que le travail du commentateur se plie à ces diverses formes. Le but étant de compléter, d'éclaircir et de lier cette multitude de récits, les supplémens seront calculés sur l'importance des matières, et sur le plus ou moins d'exactitude, de fidélité et d'impartialité des Mémoires auxquels ils seront joints. En évitant les recherches d'une érudition minutieuse, défaut auquel les meilleurs commentateurs se sont laissés trop souvent entraîner, on ne négligera rien pour recueillir toutes les particularités et circonstances propres à répandre de la lumière et de l'intérêt sur des narrations déjà si attachantes par elles-mêmes ; et, afin d'obtenir le résultat le plus utile d'une collection de ce genre, on s'efforcera en même temps de retracer l'esprit et les mœurs du siècle auquel appartient chaque Mémoire.

Les premiers éditeurs n'avoient pas pris les précautions nécessaires pour aplanir les difficultés que cette lecture peut offrir à quelques personnes. Ils avoient négligé de donner la signification de certains mots de notre ancienne langue, qui ne sont plus d'usage aujourd'hui. Dans notre édition, l'explication de ces mots sera placée au bas des pages ; et lorsqu'il se rencontrera quelque passage obscur, quelque construction embarrassée, ils seront traduits, dans une note, en langage moderne. De cette manière, les lecteurs les moins exercés pourront lire Joinville et Philippe de Comines presque aussi facilement qu'un livre nouveau.

Il y a lieu d'espérer que, d'après ces précautions, on sentira mieux le charme du vieux langage. Si la traduction de Plutarque, par Amyot, s'est soutenue depuis près de trois siècles par l'attrait attaché à la franchise naïve et à l'énergie des expressions et des tours employés par nos aïeux, quel effet ne doivent pas produire des ouvrages originaux, écrits souvent avec plus de force et de précision, et qui ont l'avantage d'offrir à nos yeux, dans tous les détails de leur vie publique et privée, un grand nombre des héros, des ministres et des magistrats qui honorèrent l'ancienne France?

AVIS.

Quelques lecteurs peu familiers avec le vieux langage, remarqueront peut-être que, dans le même ouvrage, dans la même page, un mot est souvent écrit de différentes manières; et il seroit possible qu'ils accusassent l'imprimeur de négligence. Pour prévenir ce reproche, nous les prions d'observer que, dans notre ancien idiome, l'orthographe n'étant pas encore fixée, les mots s'écrivoient sans aucune règle. Ainsi dans les Mémoires de Ville-Hardouin, par exemple, nous voyons les Grecs désignés par les mots Grec, Grieu, Grieux, Grieùs, Grex, Gré, Grez, etc.; homme s'écrit indifféremment hom, home, om, omme, homs. Cette irrégularité se montre également dans les noms propres d'hommes et de lieux. Loin d'adopter aucun système d'orthographe pour la réimpression des anciens auteurs français, nous nous attachons à reproduire leurs Mémoires avec une exactitude très-minutieuse.

Nous nous permettons toutefois de substituer le J et le V à l'I et à l'U, dans tous les mots où ces deux lettres sont des consonnes. Ces changemens rendent la lecture plus facile sans altérer le texte; et d'ailleurs ils sont admis généralement dans les réimpressions modernes.

J.-L.-F. Foucault.

MÉMOIRES
DE GEOFFROY DE VILLE-HARDOUIN,

MARÉCHAL DE CHAMPAGNE ET DE ROMANIE,

OU

HISTOIRE

DE LA CONQUÊTE DE CONSTANTINOPLE

PAR LES FRANÇAIS ET LES VÉNITIENS.

AVERTISSEMENT.

Les Mémoires de Ville-Hardouin sur l'une des révolutions les plus extraordinaires qui aient jamais eu lieu, n'en présentent ni la fin ni les suites. Les hommes s'usent vite dans ces commotions terribles; et il leur est rarement permis de voir le dénouement des drames sanglans qu'ils ont ouverts sur la scène du monde. Ainsi la mort frappa Ville-Hardouin avant l'affermissement de l'empire qu'il avoit contribué à fonder; et son récit ne contient que neuf années de cette histoire pleine d'originalité et d'intérêt.

Ses Mémoires d'ailleurs n'offrent en général qu'un côté des objets: très-complets quand ils roulent sur l'armée, dont l'auteur étoit un des principaux chefs, ils ne donnent presque aucun détail sur le peuple vaincu; et quand ils en parlent, c'est presque toujours d'une manière vague et peu exacte.

L'Éditeur a regardé comme un devoir de suppléer à toutes ces omissions. Il a pensé que le lecteur verroit avec satisfaction, réunis dans un même cadre, non-seulement les événemens qui ont précédé l'établissement solide des princes français sur le trône de Constantin, mais les fautes et les revers qui ont accéléré la décadence de cet Empire. Il a pensé que l'intérêt qu'inspire toujours une nation subjuguée, et passant malgré elle sous une domination étrangère, feroit accueillir des détails sur les causes qui amenèrent les Grecs du Bas-Empire au point de ne pouvoir opposer aucune résistance à une poignée de conquérans, effrayés eux-mêmes des dangers de leur entreprise.

Le travail historique de l'Éditeur se divisera en deux parties.

Dans la première, qui portera le titre de *Notice sur Ville-Hardouin*, il s'attachera non-seulement à recueillir les particularités de la vie de cet homme célèbre que ses Mémoires n'offrent pas, mais à compléter les récits qui composent cet ouvrage. L'obligation de donner à ce morceau un ensemble régulier, lui imposera la nécessité de rappeler quelquefois les mêmes faits; mais en même temps qu'il les présentera presque toujours sous un point de vue nouveau, il passera rapidement sur la plupart de ces faits, se bornant à ne développer que les événemens omis par Ville-Hardouin, et qui peuvent aider le lecteur à bien comprendre la position, le caractère, les intérêts et les passions des principaux personnages de cette histoire.

Ville-Hardouin, distingué par toutes les vertus qui honoroient l'ancienne chevalerie, ne joua pas le principal rôle dans la conquête de l'Empire grec. Sa modestie paroît d'ailleurs l'avoir empêché de parler de lui aussi fréquemment qu'on l'auroit désiré. Il en résulte que la Notice qui lui est consacrée le présente souvent en sous-ordre; ce qui seroit un défaut si l'on pouvoit exiger dans l'histoire cette espèce d'unité qui n'est de règle que dans les ouvrages d'imagination; mais du moins dans cette Notice on ne le perd jamais de vue, et les événemens publics se rattachent toujours à quelque circonstance honorable de sa vie.

Pour tracer dans son entier le tableau de la fondation et

de l'affermissement de l'Empire latin, l'Éditeur a été obligé de prolonger la Notice quelques années au-delà de la vie du personnage qui en est l'objet. Ce morceau conduira le lecteur jusqu'à la mort de Henri, second empereur français, qui, étant parvenu à rapprocher le peuple vaincu du peuple vainqueur, promettoit à ses successeurs une jouissance longue et paisible du trône que son frère avoit conquis.

La seconde partie du travail historique de l'Éditeur, placée à la suite des Mémoires, contiendra le récit rapide des événemens qui amenèrent la prompte décadence de cet Empire, fondé au prix de tant de sang. On y verra les conquérans contracter les mœurs et les vices du peuple conquis, se laisser battre par ceux qu'ils ont autrefois subjugués, et ne posséder bientôt plus que les murs d'une capitale qu'ils appeloient toujours le siége de l'Empire d'Orient. Enfin une catastrophe long-temps prévue renversera pour jamais cet édifice, dont les bases n'avoient plus aucune solidité.

Les deux parties historiques du travail de l'Éditeur, entre lesquelles se trouveront les Mémoires de Ville-Hardouin, renfermeront donc tout ce qui pourra en rendre la lecture plus facile, plus intéressante et plus instructive.

L'Éditeur, en remontant aux sources, et en s'efforçant de concilier les historiens grecs et latins, s'est surtout servi des recherches quelquefois minutieuses, mais toujours exactes de Du Cange. Cependant il n'a pas perdu de vue qu'on attendoit de lui un commentaire utile, à la portée de tous les lecteurs, et non un travail de pure érudition. C'est pourquoi, malgré la multitude de matériaux dont il pouvoit disposer, il s'est constamment abstenu de ces espèces de digressions qui peuvent plaire à quelques curieux, mais qui détournent de l'objet principal, et souvent l'obscurcissent au lieu de l'éclaircir.

La première édition de Ville-Hardouin parut en 1585. Blaise de Vigenère, attaché à Ludovic de Gonzague, duc de Nevers, en fut l'éditeur, et, par ordre du prince, y joignit une traduction en langage moderne. A peu près à la même époque, Paul Ramusio, vénitien, fils de Jean-Baptiste Ramusio, secrétaire du conseil des Dix, composa en latin, par ordre de la république, une histoire de la conquête de l'Empire grec, où il fondit les Mémoires de Ville-Hardouin, dont son père possédoit un manuscrit. En 1601, une seconde édition de ces Mémoires fut faite à Lyon : on n'y admit que le texte, mais on parvint à l'épurer en consultant un manuscrit de la bibliothèque du Roi. Enfin, en 1643, le père d'Outreman, jésuite flamand, publia un ouvrage plus étendu, intitulé *Constantinopolis Belgica*, dans lequel, ne se contentant point de paraphraser le texte de notre auteur, et de raconter l'histoire des empereurs français, il prolongea son récit jusqu'à la prise de Constantinople par les Turcs. Ce fut d'après ces divers ouvrages, et d'après les historiens grecs et latins, que Du Cange entreprit son grand travail sur Ville-Hardouin, qui parut en 1657. Le texte y est plus épuré et plus complet que dans les éditions précédentes, et la traduction, presque littérale, conserve une naïveté qui retrace parfaitement le ton et les mœurs du treizième siècle.

NOTICE

SUR

GEOFFROY DE VILLE-HARDOUIN,

MARÉCHAL DE CHAMPAGNE ET DE ROMANIE,

DESTINÉE A SERVIR DE COMPLÉMENT A SES MÉMOIRES.

On ignore l'époque précise de la naissance de Ville-Hardouin; mais tout porte à croire qu'il vit le jour vers le commencement de la seconde moitié du douzième siècle. Le château de sa famille étoit situé dans un village du diocèse de Troyes, entre Bar et Arcis-sur-Aube, à une demi-lieue de cette rivière. On y remarquoit une chapelle fondée en l'honneur de saint Loup, pour lequel les Ville-Hardouin avoient une grande vénération, et qui fut enrichie par celui dont nous nous occupons dans cette Notice.

Le père de Geoffroy de Ville-Hardouin fut Guillaume de ce nom, maréchal de Champagne. Aîné de sa maison, Geoffroy eut un frère et trois sœurs. Jean, son frère, ne quitta point la Champagne, et vécut tranquille au milieu des agitations que causoient les croisades; mais son fils devint très-illustre. Deux de ses sœurs, Haye et Emmeline, se firent religieuses, l'une dans l'abbaye de Froyssi, l'autre dans celle de Notre-Dame de Troyes. Sa troisième sœur, mariée à Anseau de Courcelles, fut mère d'un seigneur qui se distingua par la suite sur les traces de son oncle.

Geoffroy de Ville-Hardouin succéda, vers l'année 1180, à la charge de maréchal qu'avoit possédée son père. Henri II étoit alors comte de Champagne. Après s'être vainement ligué avec le comte de Flandre contre Philippe-Auguste, il étoit parti pour la Terre-Sainte, en laissant le gouvernement de ses comtés de Champagne et de Brie à son jeune frère Thibaut, qui dut lui succéder s'il mouroit dans le voyage. Thibaut, à peine âgé de quinze ans, venoit d'épouser Blanche de Navarre. Les qualités précoces et très-brillantes de ce jeune prince n'empêchèrent pas qu'une espèce de régence, composée des principaux seigneurs de Champagne et de Brie, ne gouvernât ces provinces en son nom. Le maréchal Geoffroy de Ville-Hardouin et le sénéchal Geoffroy de Joinville, oncle de celui qui suivit saint Louis en Égypte, en furent les chefs. Avant le départ de Philippe-Auguste pour la croisade, ils lui jurèrent que Thibaut ne suivroit pas l'exemple de son frère, et serviroit fidèlement la couronne de France. Leur présence étant absolument nécessaire dans les deux fiefs, ce motif seul les empêcha d'aller partager la gloire et les dangers de leur roi et de leur seigneur.

Henri, qui avoit précédé en Syrie Philippe et Richard, ne put étouffer ses anciens ressentimens, et retomba dans la même faute qu'il avoit déjà commise. Lorsque les rois de France et d'Angleterre se furent réunis sous les murs de Saint-Jean-d'Acre, la mort de la reine de Jérusalem et de ses enfans mit la division entre eux : ils se disputèrent pour donner un souverain à ce royaume qui n'existoit plus. Henri embrassa le parti de Richard, qui crut le récompenser en le nommant par la suite roi de Jérusalem ; mais il n'eut pas le temps de faire valoir ses droits à cette couronne : occupant un palais à Saint-Jean-d'Acre, dont les Croisés s'étoient emparés, il tomba d'une fenêtre et périt sur-le-champ.

Par cette mort, qui arriva en 1197, Thibaut III devint comte de Champagne et de Brie. Ce prince, âgé de vingt-deux ans, accorda toute sa confiance à Ville-Hardouin, qui, aussi fidèle à son seigneur qu'à son roi, sut, par ses conseils, entretenir entre eux la plus parfaite intelligence : la comtesse Blanche eut les mêmes sentimens pour le maréchal ; et l'on verra bientôt les services importans qu'il rendit à cette princesse.

La croisade entreprise par Philippe-Auguste n'avoit eu aucun succès ; mais l'on étoit loin d'attribuer la malheureuse issue de cette noble expédition au défaut de force et de courage des Croisés : on savoit que la mésintelligence qui n'avoit cessé de régner entre les rois de France et d'Angleterre en étoit la principale et unique cause. Quelques revers, dus aux mauvaises dispositions des chefs, avoient plutôt enflammé que refroidi l'enthousiasme des Chrétiens d'Occident. La prise de Saint-Jean-d'Acre et les brillans exploits du roi Richard suffisoient pour leur montrer que les Sarrasins n'étoient pas invincibles. L'annonce d'une nouvelle croisade ne pouvoit donc être accueillie qu'avec transport.

Ce fut dans cette circonstance que Foulques, curé de Neuilly, et le cardinal de Capoue, légat du pape

Innocent III, parcoururent la France, en exhortant les fidèles à s'armer pour la guerre sainte. Le curé produisit beaucoup plus d'effet que le cardinal : doué d'une éloquence vive et populaire, aussi ardent que Pierre l'Hermite, aussi vertueux que saint Bernard, on le regardoit comme un prophète, on lui attribuoit même le don des miracles. Un manuscrit du temps, publié par Du Cange, nous donne une idée des triomphes extraordinaires qu'il obtenoit : « En sortant « du chapitre général de Citeaux, il parla au peuple, « dont la multitude innombrable entouroit le monas- « tère, et se pressoit vers les portes. Il exhorta tout « le monde à entreprendre le voyage de Jérusalem. « Aussitôt, dit l'auteur, qu'on eut vu l'homme de « Dieu portant lui-même le signe de la croisade ; aus- « sitôt qu'on eut appris qu'il dirigeroit cette sainte « entreprise, soudain la foule se précipite à l'envi sur « ses pas, de toutes parts on l'entoure, on le presse ; « les riches, les pauvres, les nobles, les bourgeois, les « paysans, les vieillards, les jeunes gens, sans dis- « tinction d'âge ni de sexe, reçoivent de lui, avec des « transports de joie, la croix sacrée qui les appelle au « combat (1) ».

On a beaucoup déclamé contre cet enthousiasme qui entraînoit nos pères dans des expéditions loin-

---

(1) *Exhortans eos de itinere Hierosolymitano conficiendo. Cumque populi conspicerent ipsum virum Dei fore cruce signatum, atque audirent illum affore ducem atque rectorem hujus sacri itineris, certatim ad eum undique concurrunt, et ex omnibus locis catervatim ruunt divites et pauperes, nobiles pariter et ignobiles, senes cum juvenibus, promiscui sexus, innumera multitudo, signum crucis ab eo alacriter suscipiunt.*

taines ; mais l'a-t-on considéré avec des yeux vraiment philosophiques ? Il suffit d'avoir une légère teinture de l'histoire pour savoir combien sont ordinairement petits, frivoles ou odieux, les motifs de presque toutes les guerres. L'ambition, le dépit, l'amour-propre blessé, ont de tout temps fait couler des flots de sang. Puisqu'on est convenu de louer, lorsqu'ils réussissent, les auteurs de ces entreprises souvent injustes, on a, ce semble, mauvaise grâce à traiter avec mépris des expéditions où les dangers étoient plus grands que la gloire, où, dans les premiers momens de ferveur, l'ambition n'avoit aucune part, où le désintéressement étoit même porté jusqu'à l'héroïsme, où enfin les hommes, loin d'être, comme depuis, les instrumens aveugles des passions de leurs chefs, voyoient clairement le but vers lequel ils marchoient, et, croyant être appelés par le ciel à la plus noble des conquêtes, jouissoient, soit en triomphant, soit en périssant, de toute la liberté de leurs sentimens, et de toute la dignité de leur être.

Ce désir de visiter les saints lieux et de combattre les Infidèles, étoit devenu aussi ardent vers la fin du douzième siècle que du temps de Philippe I, lorsque l'Europe, sous les étendards des premiers Croisés, s'étoit en quelque sorte précipitée sur l'Asie. A la nouvelle de la prise de Jérusalem par les Sarrasins, et de la destruction totale de ce royaume, la consternation s'étoit répandue sur la chrétienté, et le pape Urbain III étoit mort de douleur ; mais l'espoir de réparer tant de pertes ayant bientôt succédé à cet abattement, les plus puissans princes s'étoient empressés de suspendre leurs différends pour ne s'occuper que de cet unique objet. Quoiqu'une tentative récente n'eût pas réussi, l'esprit général n'étoit pas changé. L'enthousiasme paroissoit le même ; mais l'expérience avoit appris à mettre plus de prudence dans les dispositions d'une guerre si périlleuse.

La haine qui régnoit entre les Grecs et les Latins, le schisme qui les divisoit, les excès auxquels s'étoient autrefois livrés les Croisés en passant sous les murs de Constantinople, les trahisons, unique vengeance que les Comnène eussent pu tirer de ces désordres, avoient depuis long-temps déterminé les Occidentaux à éviter ces contrées ennemies, et à faire par mer le voyage de Jérusalem ; mais on avoit éprouvé que, même en prenant cette précaution, l'existence de l'Empire grec seroit toujours un obstacle invincible à ce qu'on s'établît solidement dans la Palestine. C'étoit un ennemi qu'on laissoit derrière soi, et un ennemi d'autant plus dangereux, que, sur le déclin de ses mœurs et de sa puissance, n'étant plus retenu par aucun scrupule, il étoit capable de toutes les espèces de perfidies. Dès l'année 1147, lorsque Louis-le-Jeune, à la tête d'une armée de Croisés, s'étoit arrêté près de Constantinople, Godefroy, évêque de Langres, l'un des principaux conseillers de ce prince, avoit opiné pour qu'on s'emparât de l'Empire grec avant de marcher contre les Sarrasins. Ce plan ne fut point adopté alors, mais il n'étoit pas oublié; et l'on verra qu'il eut beaucoup d'influence sur la conduite de l'armée dont Ville-Hardouin fut l'un des principaux chefs. Les circonstances semblèrent d'ailleurs s'offrir d'elles-mêmes pour en renouveler l'idée, et pour en assurer le succès.

Les prédications de Foulques ne déterminèrent point Philippe-Auguste à tenter une nouvelle croisade. Malgré l'enthousiasme universel, ce sage prince sentit que l'affermissement du pouvoir royal exigeoit qu'il ne quittât plus la France. Ayant eu à lutter contre de puissans vassaux, il les vit sans peine entreprendre une guerre d'outre-mer; il excita leur ardeur sans la partager.

Cette ardeur héroïque et religieuse s'étoit surtout répandue dans la jeune cour du comte de Champagne, le plus redoutable des vassaux de la couronne. Au milieu des jeux et des plaisirs on s'y occupoit des malheurs de Jérusalem, et l'on faisoit des vœux pour sa délivrance. Blanche étoit vivement touchée de la situation des Chrétiens d'Orient ; Thibaut brûloit de les venger : Ville-Hardouin, regrettant de n'avoir pas pris part à la dernière croisade, désiroit de partager la gloire qu'il croyoit réservée à son jeune maître. Les deux époux donnèrent, à la fin de novembre 1200, un superbe tournoi dans leur château d'Escry : tous les seigneurs de France y furent invités ; ils y arrivèrent en foulé ; et l'on y vit surtout briller le comte Louis de Blois et de Chartres, cousin de Thibaut, et du même âge que lui, Eustache de Conflans, et Mathieu de Montmorency. Foulques parut tout à coup au milieu de ces fêtes : à l'instant les amusemens cessèrent, l'enthousiasme s'empara de toutes les ames, et les seigneurs s'empressèrent de prendre la croix.

Quelques mois après, l'infatigable Foulques se rendit à la cour de Flandre, où régnoient Baudouin et Marie, sœur de Thibaut. Cette princesse, aussi susceptible que son frère de sentimens élevés, et paroissant déjà frappée de la grandeur future de son époux, le détermina sans peine à tout quitter pour la guerre sainte, où elle voulut elle-même l'accompagner. Henri, son beau-frère, et Thierry, son neveu, suivirent cet exemple; et tous prirent solennellement la croix dans la grande église de Bruges, au commencement du printemps de 1201. Ainsi deux des plus puissans souverains parmi ceux qui ne portoient pas la couronne, se trouvèrent à la tête de la nouvelle expédition.

Les comtes de Champagne, de Flandre et de Blois, s'assemblèrent d'abord à Soissons, puis à Compiègne, pour délibérer sur leur entreprise. Ce fut dans cette dernière ville que chaque prince nomma deux commissaires munis de pleins pouvoirs, et chargés de faire tous les préparatifs. Ville-Hardouin fut l'un de ceux qui représentèrent le comte de Champagne : sa prudence, son excellent esprit, son courage à toute épreuve, son dévouement pour la cause commune, lui donnèrent beaucoup d'ascendant sur ses collègues. Ils résolurent d'aller à Venise, afin de se procurer un nombre suffisant de vaisseaux pour passer sur-le-champ en Égypte, où devoient se livrer les premiers combats. Aucune idée ambitieuse ne sembloit les détourner de l'objet principal de l'entreprise.

Venise avoit pour doge Henri Dandolo, l'un des plus grands hommes de son siècle : c'étoit un vieillard de quatre-vingt-dix ans, presque aveugle, et conservant cependant à cet âge, où l'on ne pense ordinairement qu'au repos, le courage impétueux qui distinguoit les guerriers de ces temps héroïques. Sa prudence n'étoit pas moins remarquable que sa valeur. Après avoir consacré près d'un siècle de vie à des entreprises qui avoient fondé la grandeur de son pays, il étoit encore destiné, avant de mourir, à tenter la plus extraordinaire qu'on pût imaginer, et, contre toute apparence, à la faire réussir. Le sénat de Venise, assemblé par le doge, demanda aux Croisés une somme considérable pour fournir des vaisseaux; il offrit en outre de prendre part à la guerre, et d'équiper cinquante galères, à condition que les conquêtes seroient partagées. Ces propositions furent acceptées : mais les lois de Venise exigeoient alors que les décisions du sénat fussent confirmées par le peuple; et les Croisés craignoient que cette nation, entièrement livrée au commerce, s'enrichissant depuis long-temps par les désastres des autres États, peu touchée d'ailleurs de l'amour de la gloire, refusât de partager les périls et les pertes d'une guerre d'outre-mer.

Le peuple s'assembla donc dans l'église Saint-Marc, où se trouvèrent aussi le sénat et le doge. Après qu'une messe du Saint-Esprit eut été célébrée, les commissaires des Croisés s'avancèrent et demandèrent à être entendus. Lorsque le calme que leur présence avoit troublé fut rétabli, Ville-Hardouin parla au nom de ses collègues; il retraça éloquemment l'état de Jérusalem et du saint sépulcre; il peignit les maux qu'éprouvoient les Chrétiens, et finit par supplier le peuple vénitien de confirmer la décision du sénat. Lorsqu'il eut cessé de parler, lui et les cinq seigneurs qui l'accompagnoient, croyant devoir sacrifier toute espèce d'orgueil à la cause de Dieu, se mirent à genoux devant cette multitude, et, en fondant en larmes, la conjurèrent d'accorder son assistance. L'attendrissement devint général, et le secours fut voté par acclamation.

Les princes et les seigneurs croisés ayant encore beaucoup de dispositions à faire avant leur départ, il fut convenu qu'on ne mettroit à la voile qu'au mois de juin de l'année suivante [1202]. Les commissaires des trois princes quittèrent Venise; quelques-uns allèrent à Gênes et à Pise pour solliciter d'autres secours; Ville-Hardouin revint à Troyes.

Un malheur qu'il étoit loin de prévoir l'attendoit à son retour. Le comte Thibaut, touchant à peine à sa vingt-cinquième année, s'étoit acquis depuis quelque temps auprès des Croisés une réputation de dévouement, de courage et de fermeté, qui lui avoit concilié leur estime et leur confiance. Malgré sa jeunesse, on le désignoit déjà comme généralissime de la croisade; mais cette carrière si brillante qui s'ouvroit devant ses pas, lui fut fermée avant qu'il pût y entrer. Thibaut, attaqué d'une maladie de poitrine, se trouva bientôt aux portes du tombeau. Ainsi, dans cette grande entreprise qui devoit avoir pour principaux chefs un vieillard de quatre-vingt-dix ans et un jeune homme de vingt-cinq, la Providence voulut, comme pour confondre toute conjecture humaine, que le vieillard eût la gloire de la terminer, et que le jeune homme n'eût pas même la consolation d'en voir les premiers succès.

Le danger du comte Thibaut fut la première nouvelle que reçut Ville-Hardouin en revoyant son pays. De son côté, le prince, apprenant que le maréchal revenoit après avoir pleinement réussi dans sa mission, sortit de l'accablement où le plongeoit sa maladie. Aussitôt qu'il le vit ses forces semblèrent renaître, sa jeune épouse crut qu'une heureuse crise s'étoit opérée en lui, et qu'il étoit sauvé; il se leva, demanda des chevaux, dit qu'il vouloit prendre l'air de la campagne, et fit en effet une promenade assez longue, pendant laquelle Ville-Hardouin l'entretint de tous les projets qu'on avoit formés. En rentrant il se sentit plus mal : cet effort l'avoit épuisé, et il ne pensa plus qu'à faire ses dernières dispositions. Par son ordre, tous les chevaliers qui devoient le suivre à la croisade furent assemblés autour de son lit : il leur distribua l'argent qu'il avoit destiné à l'entreprise, et exigea d'eux le serment qu'ils joindroient l'armée à Venise. Tous le prêtèrent en pleurant. Après leur avoir fait les adieux les plus tendres, il expira dans les bras de Blanche et de Ville-Hardouin.

La jeune veuve n'avoit qu'une fille et se croyoit enceinte. Ville-Hardouin fut chargé par elle de faire tous les arrangemens de famille que la mort du comte rendoit nécessaires. La conduite de Henri avoit donné, comme on l'a vu, beaucoup d'ombrage à Philippe-Auguste, et ce prince prévoyant vouloit se délivrer de toute inquiétude du côté de la Champagne. Il craignoit que Blanche, en contractant un second mariage, ne rallumât les troubles qu'il avoit eu tant de peine à étouffer. Il exigea donc des garanties certaines de la part d'une princesse qui ne pensoit qu'à pleurer son époux. Les conférences eurent lieu à Sens; Ville-Hardouin défendit les droits de Blanche, et voici les points principaux du traité qui fut conclu : on convint que la comtesse mettroit sa fille sous la garde du roi de France, qu'elle lui confieroit aussi l'enfant qui devoit naître d'elle, et qu'elle ne se remarieroit point sans son consentement. De son côté, le Roi reçut Blanche à *femme lige*; il lui promit de veiller à la conservation de sa fille, et de ne la marier que de son aveu.

Après avoir rempli ces pénibles devoirs, Ville-Hardouin ne songea plus qu'à exécuter les volontés de son seigneur, dont les dernières paroles avoient été une exhortation à la croisade. Il falloit trouver un prince qui pût remplacer dignement le comte Thibaut. Les chevaliers se concertèrent entre eux, et ce fut au duc de Bourgogne, Eudes III, dont les terres étoient très-voisines de la Champagne, qu'ils résolurent de s'adresser. Ville-Hardouin, accompagné de Mathieu de Montmorency, de Joinville et de Simon de Montfort, alla le trouver; il lui rendit compte de tout ce qui avoit été fait à Venise, et le supplia de prendre le commandement de la croisade. La position où se trouvoit ce prince ne lui permit pas d'accepter. Ils firent la même tentative auprès du comte de Bar, qui leur répondit qu'il n'étoit ni assez riche ni assez puissant pour se mettre à la tête d'une si grande entreprise. Ces refus successifs chagrinèrent les Croisés, leur firent regretter encore plus vivement le jeune héros qu'ils avoient perdu, mais ne les découragèrent pas.

S'étant de nouveau réunis à Soissons, Ville-Hardouin leur proposa et leur fit adopter le projet d'envoyer une députation à Boniface, marquis de Montferrat, dont la famille étoit depuis long-temps établie dans la Terre-Sainte, et qui, par une singularité remarquable, avoit compté deux de ses frères au nombre des Césars de l'Empire grec [1]. Le marquis accepta sans balancer la proposition qui lui fut faite ; peu de temps après il vint à Soissons, où il reçut la croix des mains de Foulques et de l'évêque de cette ville. Après s'être concerté avec Ville-Hardouin et les autres seigneurs français, il retourna en Italie pour mettre ordre à ses affaires, et promit de se trouver à Venise à l'époque fixée pour le départ.

Pendant l'hiver de 1201 à 1202, les Croisés firent tous leurs préparatifs, et s'efforcèrent d'attirer sur eux la protection du Ciel par des aumônes et des fondations pieuses. Ville-Hardouin fit don à l'église de Quincy d'une terre qu'il possédoit près le Puy de Chazerais ; il donna aussi à la chapelle de Saint-Nicolas de Brandonvilliers une partie de dîme qu'il avoit à Longueville. Sa femme et ses enfans l'exhortoient à ces bienfaits envers l'Église, espérant que Dieu leur conserveroit un époux et un père qu'ils ne devoient plus revoir. Sa famille se composoit de deux fils et de deux filles : Érard et Geoffroy, n'étant pas encore en âge de porter les armes, restèrent dans le château de leur père ; Alix et Daméronis furent confiées à leurs tantes, et, à leur exemple, prirent le voile, l'une dans le couvent de Froyssi, l'autre dans l'abbaye de Notre-Dame de Troyes.

Ville-Hardouin, avant de partir, partagea ses soins entre sa famille et la veuve de son seigneur. Il promit

---

[1] Les deux frères aînés du marquis de Montferrat étoient Reinier et Conrad. Le premier épousa Marie, fille de l'empereur Manuel Comnène ; le second, Théodora Angela, sœur des empereurs Isaac et Alexis.

à Blanche de l'aider de ses conseils toutes les fois qu'elle en auroit besoin, promesse qu'il tint fidèlement au milieu des agitations dont le reste de sa vie fut rempli. L'enfant que cette princesse portoit dans son sein étoit ce Thibaut, comte de Champagne et roi de Navarre, qui devint, sous le règne de saint Louis, si fameux par son esprit, ses prétentions singulières, sa légèreté et son inconstance.

Au printemps, Ville-Hardouin se sépara de sa famille et partit pour Venise. Il alla loger dans l'île de Saint-Nicolas, voisine du port, que le doge avoit assignée aux Français. A peu près à la même époque, arrivèrent Baudouin, comte de Flandre, et le marquis de Montferrat, qui devoient être les chefs de l'expédition. Baudouin étoit venu par terre, sa flotte devoit le joindre; Marie, sa femme, que nous avons vue si enthousiasmée de la croisade, se trouvant enceinte, eut la douleur de ne pouvoir le suivre.

Cependant un grand nombre de Croisés manquèrent à la promesse qu'ils avoient faite de se rendre à Venise. Quelques-uns renoncèrent à l'entreprise; plusieurs, trouvant trop onéreux le marché conclu avec les Vénitiens, allèrent à Marseille ou dans d'autres ports pour s'embarquer. Cette défection embarrassa beaucoup les Croisés, et les mit dans l'impossibilité de remplir leurs engagemens avec le doge. Ville-Hardouin, qui passoit pour le plus conciliant de tous les chefs, fut chargé de les rappeler à leur devoir. Il partit pour les villes où ils s'étoient réunis, et parvint à en ramener quelques-uns. Malgré ses efforts l'expédition ne se trouvant pas complète, les Croisés cherchèrent en vain les moyens de payer ce qu'ils devoient. Cependant les chefs ne se découragèrent pas : disposés à tous les sacrifices, ils donnèrent leur vaisselle et ce qu'ils avoient d'argent. Ce secours étant insuffisant, le vieux doge, aussi dévoué à sa patrie qu'à la religion, ne voulut pas qu'un tel contre-temps fît manquer l'entreprise, et conçut le projet d'obtenir des Croisés un service qui seroit plus utile à la république que l'argent dont ils se trouvoient redevables. Béla III, roi de Hongrie, avoit enlevé depuis peu aux Vénitiens la ville de Zara en Dalmatie, qui leur étoit nécessaire pour le commerce de l'Orient; jusqu'alors ils n'avoient pu la reprendre, et ils en regrettoient vivement la perte. Le doge proposa aux Français de se joindre aux troupes vénitiennes pour la recouvrer, leur promettant que cette expédition n'occasioneroit qu'un retard de quelques jours, et leur représentant qu'on n'en auroit ensuite que plus d'ardeur pour la croisade. Les seigneurs français, qui ne désiroient que l'occasion de se distinguer par de hauts faits d'armes, y consentirent volontiers. Le suffrage de l'armée ne fut pas aussi unanime; mais la majorité se rangea du côté des chefs, et les murmures furent pour cette fois étouffés.

Le lendemain le peuple s'assembla de nouveau dans l'église Saint-Marc. Le doge, convaincu que les intérêts de sa patrie se trouvoient intimement liés à ceux de la religion, résolut alors de se sacrifier entièrement pour l'une et pour l'autre. On vit ce vieillard descendre du trône ducal, monter au pupitre, prendre la croix, exhorter ses concitoyens à le suivre, et dire un dernier adieu à sa patrie. Jamais scène ne fut plus touchante; les sanglots éclatèrent de toutes parts, et un grand nombre de Vénitiens s'enrôlèrent pour la guerre sainte.

Foulques, qui avoit prêché la croisade avec tant d'ardeur et de succès, mourut en France quelque temps avant le départ de l'armée.

Toutes les difficultés étant aplanies, la flotte fit voile pour Zara dans l'automne de 1202. A peine les Croisés furent-ils débarqués, qu'ils attaquèrent la ville avec tant de fureur que les habitans demandèrent à capituler. Déjà ils avoient envoyé des députés au camp; mais le nombre de ceux des Français qui n'avoient pas été d'avis d'attaquer une ville chrétienne s'étant accru pendant la traversée, ces mécontens conseillèrent aux députés de ne pas perdre courage, leur faisant espérer que l'armée se dissoudroit bientôt. Il n'y eut donc rien de conclu. Alors la division augmente parmi les Croisés; ceux qui se repentent tardivement d'être entrés dans une entreprise si périlleuse, se joignent à ceux qui se croient obligés, en conscience, à ne combattre que les Infidèles. Le clergé presque entier soutient cette dernière opinion; et l'abbé de Vaux de Cernay, de l'ordre de Citeaux, va jusqu'à parler au nom du Pape, et à défendre aux chefs de continuer le siége.

L'armée étoit perdue si les mécontens eussent prévalu. Heureusement Ville-Hardouin et plusieurs hommes sages représentèrent qu'on étoit trop avancé pour reculer, et que l'honneur obligeoit d'exécuter les promesses qu'on avoit faites aux Vénitiens. Le siége est repris avec plus de vigueur, et la place emportée en cinq jours. La saison étant avancée, les Croisés résolurent d'y passer l'hiver. Pour éviter les contestations on partagea la ville en deux quartiers, dont l'un fut occupé par les Français, l'autre par les Vénitiens. L'imprudence qu'eurent les chefs de ne pas profiter d'un premier succès pour en obtenir de nouveaux, et pour étouffer ainsi les murmures, pensa devenir très-funeste. Dès le troisième jour, les mécontens ayant semé la division entre les deux nations, elles se livrèrent un combat terrible dans l'intérieur de la ville. Déjà le sang couloit à grands flots : l'armée alloit elle-même s'exterminer, lorsque les chefs se précipitèrent au milieu des combattans. Ville-Hardouin, également estimé des Français et des Vénitiens, brava les plus grands dangers pour les apaiser. Mais ce qui contribua le plus à calmer les esprits, ce fut de voir le vieux doge, exposant son front vénérable aux coups des deux partis, faire les derniers efforts pour obtenir qu'ils cessassent de s'égorger.

Cette sanglante leçon étouffa pendant quelque temps les murmures. Sur la fin de l'hiver, on vit arriver une ambassade qui changea entièrement le but de l'entreprise. L'Empire grec avoit éprouvé une révolution dont il est nécessaire de donner une idée, et de retracer les causes.

Les trois premiers Comnène, quoiqu'ils fussent loin d'être de grands princes, avoient raffermi en apparence les fondemens dès long-temps ébranlés de cet Empire. L'artifice, plus que la valeur, les avoit fait quelquefois triompher des Sarrasins et des Bulgares : les plus lâches trahisons les avoient seules préservés du danger que faisoient courir à leur trône le voisinage des Croisés en Asie, et les renforts qui leur arrivoient d'Europe ; mais les succès dus à de tels moyens ne pouvoient être solides. Ce peuple étoit d'ailleurs plongé dans la corruption la plus funeste et la plus irrémédiable. Ayant par sa position conservé, sans en être digne, le dépôt des connoissances humaines, il se flattoit d'être supérieur aux autres nations. Parce qu'il aimoit à s'égarer dans les spéculations d'une vaine philosophie il se croyoit sage, éloquent parce qu'il étoit déclamateur, éclairé parce qu'il cultivoit quelques sciences, et semblable aux Romains parce que, n'imitant que leurs vices, il se livroit avec fureur aux spectacles et aux jeux du cirque. C'étoit en citant des vers d'Homère que, dans les batailles, les généraux prenoient lâchement la fuite; c'étoit en rappelant des passages de Platon et d'Aristote, que des princes cruels et timides faisoient emprisonner, priver de la vue, étrangler leurs parens. On trouvoit dans les livres des excuses pour toutes les foiblesses, des justifications pour tous les crimes; et c'étoit ainsi que les lettres, qui font la gloire et le bonheur des sociétés bien constituées, ne servoient qu'à augmenter l'abjection d'un peuple qui en pervertissoit l'usage. L'orgueil, la fausse science, l'absence de tout principe fixe, joints aux raffinemens de la mollesse, du luxe et de la volupté, minoient cet Empire dont la fausse splendeur pouvoit éblouir un moment, mais qui n'avoit en lui-même aucune force réelle.

Après la mort de Manuel Comnène, le dernier des princes de ce nom qui se distinguèrent par des succès, son fils Alexis, encore enfant, lui avoit succédé, et le gouvernement, confié à l'impératrice Marie sa mère, étoit aussitôt tombé dans le désordre. Cette princesse, encore belle, ne possédoit ni les vertus de son sexe, ni l'ascendant que donne un grand caractère ; et un favori méprisable étoit devenu le maître de la Cour et de l'Empire. Andronic, prince de la maison impériale, monstre d'hypocrisie et de scélératesse, qui, sous le règne précédent, avoit aspiré hautement au trône, et se trouvoit exilé, sentit aussitôt ses espérances se ranimer. Il réunit les mécontens, renversa le favori, le fit périr ainsi que l'Impératrice, s'empara du trône sous le prétexte d'y maintenir le jeune Empereur, et se débarrassa bientôt de ce rival dont il pouvoit craindre le ressentiment. Il ne montra point les talens qui peuvent seuls soutenir un usurpateur. Avancé en âge, il s'entoura de concubines et porta le scandale jusqu'à épouser la femme de celui qu'il venoit d'assassiner. C'étoit Agnès, enfant de dix ans, fille de Louis-le-Jeune et sœur de Philippe-Auguste, que nous verrons figurer dans les événemens qui se préparent. Les crimes d'Andronic, ses excès, et surtout le mépris dans lequel il tomba, le précipitèrent bientôt du trône, où il fut remplacé par Isaac l'Ange, prince allié des Comnène, moins sanguinaire que lui, mais aussi foible et aussi indigne de régner. Une multitude de révoltes éclatèrent bientôt dans l'Empire et dans la capitale : Alexis, frère d'Isaac, délivré par lui de la captivité, admis à tous ses plaisirs, partageant son autorité, le fit arrêter inopinément, le relégua dans un monastère, ordonna qu'on lui brûlât les yeux, et s'empara de l'empire. Isaac avoit un fils qui s'appeloit aussi Alexis, et qui parvint par la suite à s'échapper. Ce jeune prince se réfugia d'abord en Sicile, et demanda des secours à Irène sa sœur, femme de Philippe de Souabe, devenu depuis peu roi des Romains ;

puis il passa en Allemagne où il fut accueilli favorablement par son beau-frère.

Pendant que les Croisés étoient encore à Venise, le prince grec se trouvant à Vérone avoit essayé, mais en vain, d'obtenir l'assistance particulière du marquis de Montferrat. Il s'étoit ensuite adressé aux Vénitiens et au comte de Flandre, qui, sans prendre aucun engagement avec lui, s'étoient bornés à charger deux des Croisés de le suivre en Allemagne pour pénétrer les intentions du roi des Romains. L'ambassade qui arriva à Zara étoit composée des envoyés de ce prince, et de ceux du jeune Alexis. Les seigneurs qui étoient partis avec le prince grec revenoient en même temps, après s'être acquittés de leur mission.

Les envoyés du roi des Romains annoncèrent que leur maître prenoit le plus vif intérêt aux malheurs de son beau-frère, et qu'aussitôt que les circonstances le lui permettroient il le soutiendroit de toutes ses forces. Les ministres du jeune Alexis rappelèrent aux Croisés les devoirs de la chevalerie, qui prescrivoient surtout de secourir les opprimés; ils leur dirent que le prince légitime, remonté sur le trône, ne manqueroit pas de les aider à reconquérir la Terre-Sainte; ils promirent en son nom que le schisme funeste qui divisoit depuis si long-temps les deux Églises cesseroit aussitôt qu'Isaac seroit rétabli, et que celle de Constantinople rentreroit avec soumission dans la communion romaine. Ces propositions étoient de nature à déterminer promptement des hommes qui n'avoient en vue que la conquête de Jérusalem et la gloire de l'Église de Rome. Les Vénitiens avoient d'autres motifs pour les accueillir avec empressement.

Ce vieillard, pour lequel ils montroient tant de vénération et d'amour, ce doge, qui, par un sublime exemple, les avoit entraînés à prendre la croix, s'étoit trouvé, il y avoit plusieurs années, l'une des victimes de la perfidie de Manuel Comnène. Arrêté à Constantinople sous de frivoles prétextes, et quoiqu'il fût revêtu du caractère sacré d'ambassadeur, l'Empereur avoit ordonné qu'on lui brulât les yeux; et c'étoit à l'humanité de ses bourreaux qu'il devoit de n'être pas entièrement aveugle : il arrivoit quelquefois en effet que les hommes chargés de ces exécutions, en ne donnant pas à l'instrument du supplice le degré nécessaire de chaleur, laissoient par pitié quelques rayons de lumière aux organes qu'ils étoient chargés de détruire. Le doge étoit trop magnanime pour considérer dans une entreprise qui intéressoit son pays et la religion, la triste satisfaction d'obtenir une vengeance tardive; mais ses compatriotes, qui, chaque fois qu'ils regardoient son front vénérable, se rappeloient avec indignation la perfide cruauté des Grecs, brûloient de punir l'outrage fait à leur chef; ils se souvenoient en outre que, par les ordres du même Empereur, leurs vaisseaux avoient été saisis et pillés dans le port de Constantinople, et que ses successeurs avoient constamment favorisé les Pisans et les Génois, implacables ennemis de Venise. Ce dernier motif eut seul quelque influence sur la détermination du doge.

Les ambassadeurs du prince grec firent encore remarquer aux Croisés avec quelle facilité ils pourroient rétablir Isaac sur le trône. L'usurpateur, plongé dans la mollesse, n'avoit rien conservé de l'audace par laquelle il s'étoit élevé à l'empire. L'anarchie et le désordre régnoient partout. Euphrosyne, son épouse, montroit plus d'énergie, et pouvoit seule être redoutable; mais ses scandaleuses débauches lui avoient attiré les punitions les plus humiliantes, et il lui étoit désormais impossible de reprendre son ancien ascendant. A la première tentative de l'héritier légitime du trône, ajoutoient-ils, les grands et le peuple se déclareront; il y aura un bouleversement général, et l'usurpateur sera renversé. Les seigneurs qui avoient suivi le prince grec en Allemagne appuyèrent les demandes de ses envoyés.

Le conseil des Croisés s'étant assemblé pour délibérer sur ces propositions, tous les Vénitiens les accueillirent, et s'efforcèrent de prouver combien elles étoient avantageuses. Il n'y eut pas la même unanimité du côté des Français. Le clergé se divisa : l'abbé de Vaux de Cernay, et ceux qui s'étoient opposés à l'expédition de Zara, s'opposèrent encore plus vivement à ce qu'on attaquât l'Empire grec. Ils représentèrent l'entreprise comme folle, extravagante et impossible. L'abbé de Los et d'autres ecclésiastiques soutinrent l'opinion contraire; et, rappelant les obstacles qui avoient nui au succès des premières croisades, ils s'efforcèrent de prouver qu'on étoit obligé en conscience de soutenir le prince grec. Ville-Hardouin et presque tous les seigneurs français se rangèrent de cet avis. Ils considérèrent sans doute que, sans l'appui des Vénitiens, il étoit impossible de rien tenter dans la Terre-Sainte, et furent éblouis par l'avantage qui résulteroit pour la religion d'une alliance solide avec l'Empire grec, et de la réunion si long-temps désirée de l'Église de Constantinople avec l'Église de Rome. Les mécontens persistèrent dans leur opposition, et l'armée éprouva une défection considérable.

L'ordre de mettre à la voile fut donné le 7 avril 1203. La flotte, partagée en deux divisions, dont l'une portoit les Français, l'autre les Italiens, dut prendre des routes différentes; le rendez-vous général fut indiqué à Corfou, qui faisoit partie de l'Empire grec. Les Français partirent les premiers; le doge et le marquis de Montferrat alloient s'embarquer lorsque les vaisseaux du jeune Alexis entrèrent dans le port. Ce prince fut reçu comme l'héritier légitime de l'Empire; et, montrant la reconnoissance la plus vive pour ceux qui embrassoient sa défense, il leur fit les plus belles promesses. Quelques jours s'étant passés en conférences, la flotte vénitienne cingla vers Durazzo, première ville grecque, place très importante et long-temps disputée par les empereurs et les princes normands. Les habitans n'ayant fait aucune résistance, le jeune Alexis y fut reconnu, ce qui parut d'un heureux présage pour l'entreprise. Après s'être assurés de la soumission de Durazzo, les Vénitiens et le prince grec firent voile pour Corfou.

Les Français y étoient déjà arrivés, et leur débarquement n'avoit éprouvé aucun obstacle. Ils disposèrent les habitans à recevoir le jeune Alexis, et quand ce prince arriva avec les Vénitiens, il fut accueilli par des transports de joie. On lui rendit tous les honneurs dus au fils de l'empereur régnant, et l'on parut renoncer sincèrement à la domination de l'usurpateur. Les Croisés conduisirent ensuite le prince dans les îles de Nègrepont et d'Andros, qui se soumirent avec la même facilité.

Enfin la flotte des Croisés entra dans l'Hellespont, et se dirigea hardiment sur Constantinople, dont la prise ou la résistance devoit en peu de temps décider du sort de la guerre. Ils débarquèrent près d'Abydos, ville forte du côté de l'Asie. A peine eurent-ils préparé leurs machines que la place se rendit. Le jeune Alexis y entra, mais il n'y fut pas reçu avec le même enthousiasme qu'à Corfou. Le voisinage du siége de l'Empire, où l'usurpateur sembloit déterminé à se défendre, commandoit la circonspection aux villes voisines. De là les Croisés allèrent à Saint-Étienne, célèbre abbaye qui n'étoit qu'à trois lieues de Constantinople, et qui dominoit sur cette immense capitale.

On peut se figurer l'effet que produisit cet aspect magnifique sur les Français qui, dans leur pays, n'avoient été habitués à voir que de tristes châteaux, des villes de bois et quelques églises gothiques. L'architecture grecque avoit conservé presque toute son élégance : de toutes parts s'élevoient des palais, des églises et de vastes monastères : plus de cinq cents édifices publics rappeloient toute la splendeur de l'ancienne Rome [1] : l'activité des villages voisins, les parcs, les maisons de plaisance, répandus dans la

---

[1] Fulcherius parle ainsi de Constantinople : *O quanta civitas nobilis et decora ! quot monasteria, quotque palatia sunt in ea miro opere fabrefacta ! quot et etiam in plateis vel in vicis opera ad spectandum mirabilia !* Alberia ajoute : *Et erant intrà muros urbis quingenta circiter abbatiæ, vel ecclesiæ conventuales.*

campagne, annonçoient les approches de la plus belle ville du monde. Mais si cette vue exaltoit l'imagination des Croisés, et leur inspiroit le plus vif désir de disposer d'un si puissant Empire, d'autres considérations faisoient naître en eux des réflexions sérieuses. Constantinople étoit parfaitement fortifiée par terre et par mer : de formidables tours l'entouroient; ses murs renfermoient un million d'ames; il en pouvoit sortir cent mille combattans; et l'armée française et vénitienne ne s'élevoit pas à quarante mille hommes.

Les Croisés, voulant reconnoître tous les environs de Constantinople, se portèrent successivement à Calcédoine et à Scutari. Calcédoine, située sur le détroit, vis-à-vis de la capitale, leur offrit, pour la première fois, un palais des empereurs grecs. Les chefs y logèrent. Le luxe des appartemens et des bains, les recherches et les raffinemens de la volupté qui se trouvoient prodigués dans cette délicieuse retraite, révoltèrent ces guerriers habitués à un tout autre genre de vie, mais leur montrèrent en même temps la foiblesse de l'ennemi qu'ils avoient à combattre.

Pendant ces diverses courses, l'usurpateur essaya de les tromper par des négociations. Instruit qu'il y avoit encore dans l'armée beaucoup de mécontens, il espéroit, par des retards, en augmenter le nombre. En soulevant contre les Croisés les habitans des campagnes, il se flattoit de les priver de vivres, de les décourager, et de les forcer enfin à se retirer ou à combattre avec désavantage. Le doge de Venise, qui connoissoit à fond les artifices de la cour de Constantinople, n'eut pas de peine à prémunir les autres chefs contre les piéges qui leur étoient tendus. Tout fut donc disposé pour s'emparer de la ville. Avant de donner l'assaut, les Croisés voulurent essayer si la vue du prince Alexis n'y exciteroit pas quelque mouvement. Ils le promenèrent le long des murs, en criant aux Grecs que c'étoit le fils de leur empereur légitime; mais cette tentative n'eut aucun succès: ceux qui détestoient le plus l'usurpateur affectoient de lui être dévoués. On lança des traits contre la galère qui portoit Alexis; et ce ne fut pas sans danger que le prince acheva cette promenade, où, vêtu magnifiquement, il étoit entouré des principaux seigneurs français et italiens.

Les Croisés commencèrent l'attaque du côté de la mer; Baudouin et Henri son frère, Montmorency et Ville-Hardouin, déployèrent le plus grand courage, et le port fut emporté avec une facilité qui donna les plus belles espérances. Alors les Croisés n'étant pas assez nombreux pour entourer une si grande ville, les chefs résolurent de livrer l'assaut dans deux endroits différens. Les Vénitiens, maîtres du port, furent chargés de conduire leurs vaisseaux au pied des murs, et de chercher à les franchir, chose qui paroissoit presque impossible. Les Français durent essayer par terre une attaque plus régulière. L'entreprise la plus difficile fut celle qui réussit. Les Français, repoussés avec perte, auroient été défaits si Ville-Hardouin, Montmorency et le marquis de Montferrat, chargés de la garde du camp, ne les eussent recueillis, et n'eussent fait fuir ceux qui les poursuivoient. Les Vénitiens, commandés par le doge et enflammés par sa présence, firent des prodiges: le vieillard, précédé de l'étendard de Saint-Marc, descendit le premier; bientôt cet étendard flotta sur les murs, et doubla le courage des assaillans. On se battit avec une ardeur qui tenoit de la rage, et en peu d'heures vingt-cinq tours furent enlevées. Dès lors le sort de l'usurpateur fut décidé : il essaya de faire une sortie et d'attaquer le camp avec des forces considérables ; mais le doge, instruit du danger qui menaçoit les Français, avoit évacué le quartier de la ville dont il s'étoit emparé, l'avoit incendié, et étoit venu à leur secours. L'attitude des Croisés réunis intimida les Grecs, et ils firent une retraite honteuse.

L'usurpateur, rentré dans Constantinople, ne pensa plus qu'à sa sûreté personnelle; vainement Euphrosyne lui donna-t-elle les conseils les plus énergiques. Il avoit fait d'avance filer ses équipages sur Zagora, ville de Bulgarie; et le 18 juin, à l'entrée de la nuit, il partit secrètement pour cette ville, n'emmenant avec lui qu'une de ses filles, Irène, femme d'un Paléologue. Euphrosyne et ses deux autres filles, Anne et Eudocie, restèrent dans la capitale. Cette femme altière fit les derniers efforts pour conserver le pouvoir que son époux venoit d'abdiquer. Elle assemble dans le palais de Blaquernes ses parens et ses amis, leur offre une de ses filles, et les presse de s'emparer du trône qui est encore vacant. Aucun n'ose accepter un poste aussi périlleux. Mais tandis que ces scènes se passent dans l'intérieur du palais, les principaux seigneurs songent à traiter avec l'Empereur légitime. L'eunuque Constantin, grand trésorier, favori de l'usurpateur, comblé de ses bienfaits, distribue de l'argent aux *varangues* (c'étoit ainsi qu'on appeloit les gardes de l'Empereur), et les détermine à rétablir

Isaac. Quelques seigneurs se mettent à leur tête, vont le délivrer, le revêtent des ornemens impériaux, et le conduisent en grande pompe au palais où étoit encore Euphrosyne : ils arrêtent celle-ci, et la mènent dans la même prison que vient de quitter celui qui désormais va régner. La tranquillité paroît se rétablir; et cette révolution donne au grand trésorier un crédit qui le met dans le cas d'en essayer bientôt une nouvelle.

Isaac, privé de la vue, se croit en état de gouverner un grand empire. Sa jeune épouse, Marguerite de Hongrie, belle-mère du prince Alexis, sort de sa retraite, reparoît à la Cour, et toutes les femmes qui avoient été attachées à Euphrosyne s'empressent de former sa maison. Une autre princesse du même âge, aussi belle, et dont la destinée est encore plus singulière, brille en même temps dans cette Cour, après en avoir été long-temps éloignée. Agnès de France, sœur de Philippe-Auguste, veuve à dix ans du jeune Alexis Comnène, forcée d'épouser le vieil Andronic son assassin, témoin ensuite de la chute et du supplice de ce tyran, épargnée dans ces horribles crises par une espèce de miracle, paroît à côté de l'Impératrice régnante, et partage avec elle les hommages des courtisans.

Les Croisés, renfermés dans leur camp, et se disposant à une nouvelle attaque, ignoroient entièrement ce qui se passoit dans la ville. Bientôt ils virent arriver des ambassadeurs d'Isaac, qui leur annoncèrent la révolution, et qui, de sa part, demandèrent le prince Alexis. Les Croisés, frappés d'étonnement, et fort satisfaits de ce que cette guerre, qu'ils étoient loin de croire terminée, eût une fin si prompte et si heureuse, nommèrent sur-le-champ une députation chargée d'aller trouver l'Empereur, et de lui faire ratifier les conventions conclues avec le prince Alexis. Cette députation fut composée de Ville-Hardouin, de Mathieu de Montmorency, et de deux Vénitiens. Les députés furent reçus dans la ville avec de grandes acclamations : conduits au palais de Blaquernes, ils y trouvèrent une Cour aussi nombreuse que brillante. « A peine on pouvoit s'y tourner, dit naïvement « Ville-Hardouin, car tous ceux qui le jour précé- « dent avoient été contre Isaac, étoient ce jour-là « sous son obéissance. »

L'Empereur admit en particulier les ambassadeurs. Ville-Hardouin, chargé de porter la parole, le pria de confirmer le traité fait avec son fils, et lui en expliqua les dispositions, qui le consternèrent. Elles consistoient à payer deux cent mille marcs d'argent, somme énorme pour ce temps, à fournir l'armée de vivres pendant un an, à entretenir cinq cents chevaliers dans la Terre-Sainte, à y servir lui-même ou son fils, pendant une année, avec dix mille hommes, enfin à remettre l'empire d'Orient sous l'obéissance du Saint-Siége. Cette dernière clause étoit la plus rigoureuse et la plus difficile à exécuter, parce que les Grecs, animés par leur clergé, avoient une aversion presque invincible pour la cour de Rome ; cependant Ville-Hardouin ayant insisté avec force, l'Empereur crut devoir céder à la nécessité. « Quand « on vous donneroit tout l'Empire, lui dit-il, vous « l'avez bien mérité. »

Quelques jours après, le prince Alexis fit son entrée

à Constantinople, accompagné des mêmes ambassadeurs. La joie du peuple parut extrême; et quand le jeune prince se fut réuni à sa famille, dont il avoit été si long-temps séparé, le bonheur brilloit sur tous les visages, excepté sur celui de l'Empereur, qui, quoique très-sensible au retour de son fils, ne pouvoit cacher sa tristesse. Il prévoyoit les suites des conditions qu'on lui avoit imposées. Le premier acte de son pouvoir eut pour objet de les prévenir. Il engagea les Croisés à ne pas loger à Constantinople, dans la crainte que deux peuples si différens ne pussent s'accorder; et il leur assigna le quartier de Stenon, au delà du port, où il eut soin qu'ils se trouvassent dans l'abondance de toutes choses. Cette sage mesure n'empêcha pas les soldats français et italiens de venir par troupes à Constantinople, de prendre hautement sous leur protection les marchands de leur nation, qui jusque alors avoient été fort maltraités par les Grecs, et d'irriter le peuple par des excès qu'il étoit souvent impossible de réprimer; d'ailleurs ces soldats, qui avoient déjà supporté tant de fatigues, et dont l'enthousiasme pour la guerre sainte se trouvoit refroidi par une expédition qui n'avoit avec la croisade que des rapports éloignés, ne voyoient pas sans envie les immenses richesses accumulées dans cette capitale, et se laissoient amollir par les voluptés qui leur étoient offertes de toutes parts.

Les chefs de l'armée, voulant donner plus de solidité à l'établissement qu'ils avoient formé, obtinrent de l'Empereur qu'il fît couronner son fils. Cette cérémonie, qui eut lieu le 1er août 1203, ne remplit pas l'objet qu'on s'étoit proposé : elle ne servit qu'à détruire entièrement l'autorité du père qui avoit au moins quelque expérience, et à donner au fils qui n'en avoit aucune, un pouvoir dont il ne sut pas faire usage. Une imprudence très-grave suivit de près le couronnement d'Alexis. Sans qu'on eût eu le temps de préparer le peuple à un changement important dans la religion, le clergé latin exigea que le traité fût, sous ce rapport, exécuté à la lettre, et que le patriarche de Constantinople abjurât publiquement les erreurs qui le séparoient de l'Église romaine. Jean Camatère, alors patriarche, avoit été élevé à cette dignité par Euphrosyne, femme de l'usurpateur. Habitué à se soumettre aux caprices d'une Cour corrompue, il étoit disposé à faire tout ce qu'on exigeroit de lui. Les Croisés furent eux-mêmes étonnés de la facilité avec laquelle ils obtinrent une soumission à laquelle plusieurs siècles de négociations n'avoient pu amener l'Église grecque; et il est surprenant que cette facilité suspecte ne leur ait pas inspiré quelque défiance. On vit donc Camatère monter dans la chaire de Sainte-Sophie, déclarer en présence du légat du Pape, qu'il reconnoissoit Innocent III, et annoncer qu'il iroit incessamment recevoir de lui le *pallium*.

Cependant Alexis voyoit avec inquiétude approcher le moment où les Croisés devoient partir pour la Terre-Sainte. Il avoit payé une partie de ce qu'il leur devoit, mais il étoit dans l'impossibilité d'acquitter le reste sans augmenter le mécontentement du peuple. Il obtint donc des chefs de la croisade qu'ils resteroient encore un an dans le voisinage de Constantinople. Afin de ne pas les laisser dans une inaction qui auroit pu devenir funeste à l'un et à l'autre peuple, il leur proposa de passer avec lui en Asie pour remettre sous l'obéissance de l'Empire les provinces qui tenoient encore pour l'usurpateur.

Une proposition de ce genre ne pouvoit qu'être accueillie avec transport par les chevaliers français et les Vénitiens. Au moment où les préparatifs se faisoient, l'armée perdit un de ses chefs les plus chéris. Mathieu de Montmorency, qui s'étoit distingué dans toutes les occasions importantes, qui avoit partagé avec Ville-Hardouin les missions les plus honorables, mourut d'une maladie, suite de ses fatigues. Ses derniers sentimens furent ceux d'un héros chrétien; et « cette perte, dit Ville-Hardouin, fut très-sensible, « quoique causée par la mort d'un seul homme. »

Le doge de Venise, le plus expérimenté de tous les chefs de la croisade, ne voulut pas qu'on cédât imprudemment au vœu général de suivre Alexis en Asie. Il fit sentir que la capitale étoit à peine soumise, que l'empereur Isaac, séparé de son fils et des meilleures troupes, pourroit courir de grands dangers, et qu'il étoit à craindre que, pendant qu'on soumettroit des provinces éloignées, le siége de l'Empire ne tombât au pouvoir d'un usurpateur. Alexis n'emmena donc avec lui qu'une division de l'armée, commandée par le marquis de Montferrat, qui lui avoit voué beaucoup d'attachement depuis qu'il l'avoit vu en Italie, et qui d'ailleurs étoit uni avec lui par les liens du sang. Ville-Hardouin, le doge et les autres chefs restèrent à Stenon avec la plus grande partie de l'armée, dont le commandement fut donné à Baudouin, comte de Flandre.

L'événement prouva bientôt la sage prévoyance du

doge. Quelque temps avant la révolution qui avoit rétabli Isaac sur le trône, et pendant que les Croisés assiégeoient Constantinople, la populace de cette ville avoit maltraité et pillé les marchands italiens et français qui demeuroient près du port. Ceux-ci en avoient conçu beaucoup de ressentiment. Aussitôt que la ville fut prise, ils coururent au-devant de leurs compatriotes, leur firent des plaintes amères, et leur demandèrent vengeance. Les soldats, contenus par leurs chefs, ne cédèrent pas d'abord à ces violentes suggestions; mais, après le départ d'Alexis, la ville étant privée des troupes qui y maintenoient l'ordre, ces germes de trouble fermentèrent plus que jamais. Le 19 août, l'un des marchands italiens qui avoient le plus souffert, ayant chez lui un des soldats du comte de Flandre, se plaignit avec aigreur de la perfidie des Grecs. Il exagéra les vexations dont ses compatriotes avoient été l'objet, et les peignit sous les plus vives couleurs; il raconta qu'en même temps qu'on avoit épuisé sur les Catholiques toutes les espèces de persécutions, on avoit accablé de faveurs les Sarrasins, et qu'on leur avoit même permis de bâtir une mosquée. Il n'en falloit pas plus pour exciter le zèle inconsidéré d'un Croisé du treizième siècle. Le soldat flamand rassemble aussitôt un assez grand nombre de ses camarades, et court assaillir le quartier des Mahométans. Surpris par cette attaque soudaine, les Sarrasins prennent d'abord la fuite; mais le peuple embrasse leur parti, s'arme pour les soutenir, repousse les Flamands, les disperse et en fait un grand carnage. La rage s'empare de ces derniers : retranchés dans une maison, et sur le point d'y être forcés, ils y mettent le feu avant d'en sortir. Les maisons voisines sont bientôt embrasées, et quelques heures après un horrible incendie comble les maux de cette malheureuse ville. Aussitôt que Ville-Hardouin et les autres chefs aperçoivent de leur quartier les flammes qui dévorent déjà plusieurs grands édifices, ils volent au secours, et s'exposent, au milieu de la sédition et du feu, à toutes les espèces de dangers : mais leurs efforts sont inutiles; l'incendie dure huit jours, consume un grand nombre d'églises et de palais, cause la perte d'une multitude de Grecs et de Croisés, et embrasse l'espace d'une lieue, depuis le milieu du golfe, en tournant du côté de l'orient, jusqu'à la Propontide.

Ce fléau augmenta la haine des Grecs contre les Catholiques. Les marchands italiens et français, qui en avoient été la principale cause, n'osèrent plus demeurer au milieu d'un peuple dont ils étoient détestés, et qui, malgré la présence de l'armée des Croisés, pouvoit en un moment les exterminer. Ils se réfugièrent au nombre de quinze mille, hommes, femmes, enfans et vieillards, dans le quartier de Stenon, décidés à partager le sort de leurs compatriotes.

Cependant le marquis de Montferrat avoit facilement fait reconnoître le pouvoir du jeune Alexis aux provinces voisines de la capitale. Sa présence ne s'étoit pas même trouvée nécessaire dans plusieurs villes : le bruit de son approche, les nouvelles qu'on recevoit de Constantinople, l'amour des nouveautés, l'espoir d'un sort plus heureux, avoient suffi pour les lui soumettre. Quelques seigneurs qui avoient fui de la capitale entretenoient seuls un reste de fermentation sur quelques points isolés.

Alexis, charmé de ce premier succès, et ne paroissant pas assez touché du malheur qui étoit arrivé en son absence, rentra en triomphe à Constantinople. Enivré de sa grandeur, il cessa d'avoir pour son père le peu d'égards qu'il lui avoit conservés jusqu'alors. Dans le palais on le saluoit à haute voix, tandis qu'on prononçoit à peine le nom d'Isaac. Cette conduite divisa la Cour, et aliéna au jeune Empereur les partisans qui lui restoient. Sa familiarité avec les Croisés, ses complaisances pour eux, et surtout l'attachement qu'il montroit pour l'Église latine, augmentèrent encore le nombre des mécontens. Cependant, si sa conduite eût été ferme et constante, il est probable que son pouvoir se seroit affermi à la longue, et que tant d'imprudences n'auroient pas amené un soulèvement : mais il céda aux conseils perfides d'un ambitieux et se perdit.

Alexis Ducas, surnommé *Murtzuphle* à cause de la longueur de ses sourcils, prince de la famille impériale, accusé d'avoir brûlé les yeux de l'empereur Isaac, devint, au grand étonnement de tout le monde, le favori de son fils, et fut subitement élevé aux premières charges de l'Empire. Voyant la haine du peuple contre les Croisés, voulant en profiter, il parvint à la faire partager à son maître, et lui fit croire que c'étoit l'unique moyen de regagner la faveur publique. Dès ce moment le jeune prince changea de ton avec les chefs de l'armée, et parut oublier les importans services qu'ils lui avoient rendus. L'année pendant laquelle il les avoit priés de rester dans les environs de Constantinople étant écoulée, ils lui demandèrent ce qui leur étoit dû, et exigèrent l'entière exécution du traité. Après avoir reçu plusieurs réponses évasives, ils se décidèrent à le sommer pour la dernière fois de tenir sa parole. Ils nommèrent une ambassade dont Ville-Hardouin fit partie, et à la tête de laquelle fut placé Conon de Béthune. Cette mission étoit fort périlleuse : depuis long-temps les Croisés n'entroient plus à Constantinople, et il n'y avoit aucune communication entre les deux peuples : un soulèvement général pouvoit avoir lieu à la vue des ambassadeurs. Ces considérations ne les retinrent pas; ils entrèrent à cheval à Constantinople, et parvinrent sans obstacle au palais de Blaquernes. La Cour s'y trouvoit réunie : Alexis étoit à côté de son père, qui ne prit aucune part à la conférence. Sa belle-mère, la jeune Marguerite de Hongrie, paroissoit plongée dans la plus profonde douleur. Conon de Béthune rappela les services rendus par les Croisés, et les promesses qui leur avoient été faites; il déclara que la guerre alloit se rallumer si le traité n'étoit pas exécuté, et, suivant les usages pleins de loyauté de la chevalerie française, il osa porter un défi aux deux empereurs. Cette franchise parut le comble de l'audace; Alexis, s'aveuglant sur ses dangers, témoigna son mécontentement; les traîtres qui l'environnoient éclatèrent en reproches contre les Croisés. Le bruit de ce qui se passoit se répandit aussitôt dans la ville, la fermentation s'augmenta de proche en proche, et le danger que les ambassadeurs alloient courir à leur retour sembloit extrême; mais leur belle contenance imposa silence à la multitude, et ils sortirent à petits pas de la ville, sans que le peuple eût osé même exhaler son mécontentement par des murmures.

Après ce défi, qui fut regardé par les Grecs comme une déclaration de guerre, Murtzuphle, devenu premier ministre d'Alexis, essaya, mais en vain, de brûler la flotte des Vénitiens. Le jeune Empereur, désespéré de ce que cette tentative, qui devoit porter un coup mortel à l'armée des Croisés, n'eût pas réussi, effrayé de la vengeance qu'ils pourroient en tirer, résolut à tout prix de les fléchir. Il chargea le traître Murtzuphle d'aller leur porter ses excuses, et de leur dire qu'il s'étoit trouvé contraint par le peuple en fureur à faire cet acte d'hostilité, dont il avoit été loin de désirer le succès. Murtzuphle, profitant pour ses desseins secrets de la terreur de son maître, eut l'air de se charger volontiers de cette mission. Il se rendit près des chefs de l'armée, feignit de sentir la justice de leurs griefs, et leur opposa seulement les dispositions d'une multitude égarée. Pour aplanir toutes les difficultés, il leur proposa de les introduire de nuit dans la ville, et de leur livrer le palais de Blaquernes ainsi que les principaux postes, d'où ils pourroient facilement contenir les séditieux. Il les quitta en leur donnant des otages qu'il avoit choisis parmi leurs partisans.

Murtzuphle, avant de remplir cette mission, en avoit révélé le secret aux principaux chefs du peuple. Il n'en fallut pas plus pour porter à son comble la haine qu'ils avoient déjà pour Alexis. Une insurrection générale éclate au retour du ministre, et de toutes parts on demande un autre empereur. L'historien Nicétas, revêtu alors d'une des premières charges de l'Empire, distingué par sa prudence et sa modération, cherche à calmer les séditieux; il leur représente que les Croisés sont à leurs portés, et qu'ils ne souffriront pas qu'on détruise leur ouvrage; il leur montre tous les dangers d'une révolution qui peut entraîner la ruine entière de l'État. Vains efforts! Murtzuphle, qui ne se déclaroit pas encore, disposoit du peuple au gré de son ambition.

La foule inondoit les nefs de Sainte-Sophie, et offroit l'Empire à qui voudroit s'en emparer. Plusieurs candidats étoient désignés; mais, dans les circonstances horribles où l'on se trouvoit, aucun n'osoit occuper un poste si périlleux; enfin un jeune présomptueux, nommé Nicolas Canabe, mit sur sa tête la couronne de Constantin, et ce fantôme d'empereur, dont le règne ne devoit être que d'un jour, servit admirablement les desseins de Murtzuphle.

Alexis, consterné et n'étant plus maître que de son palais, fait une dernière tentative auprès des Croisés, et en charge encore Murtzuphle. C'est auprès du marquis de Montferrat, sur l'amitié duquel il compte, qu'il l'envoie. Il lui donne l'ordre de supplier ce prince d'entrer secrètement à Constantinople, et de se mettre à la tête des varangues. Un général si renommé lui paroît suffire seul pour le sauver. Le peuple, instruit de cette nouvelle démarche, redouble de rage, et demande hautement la mort d'Alexis. C'étoit ce qu'attendoit Murtzuphle pour consommer son crime.

Pendant qu'Alexis fondoit encore quelque espoir sur le résultat de cette nouvelle négociation, et qu'il comptoit que Montferrat, à la tête de sa garde, lui rendroit le trône, cette garde, sa dernière ressource, avoit cessé d'être à lui. L'eunuque Constantin, grand trésorier, qui avoit déjà trahi l'usurpateur Alexis, pour rétablir Isaac, venoit de trahir son jeune maître et de gagner les varangues. Tout étant disposé pour l'exécution de ses desseins, Murtzuphle se rend à minuit au palais, et pénètre dans l'appartement d'Alexis : l'excès de l'inquiétude et de la fatigue l'avoit plongé dans un sommeil profond. Il l'éveille brusquement : *Tout est perdu*, lui dit-il, *seul je peux vous sauver*. Le prince éperdu se livre à lui. Sous prétexte de le cacher, il le conduit dans l'un des souterrains du palais, et l'y enchaîne. Il emploie le reste de la nuit à se faire reconnoître par les gardes, et à s'emparer des postes importans. Le lendemain, dès le matin, il assemble dans Sainte-Sophie le peuple, qui abandonne déjà celui à qui la veille il a donné la pourpre. Il se vante hautement d'avoir affranchi sa patrie de la tyrannie des Français et des Vénitiens. La multitude, poussée par ses émissaires, applaudit avec transport, et le proclame empereur. Les mêmes hommes qui ont couronné Nicolas le livrent au nouveau souverain ; et ce misérable ambitieux va partager la prison d'Alexis.

Murtzuphle flatta d'abord les préjugés et les passions de la multitude. Par son ordre, le clergé cessa de reconnoître l'autorité du Saint-Siége, et cette nouvelle séparation fut d'autant plus applaudie que la réunion n'avoit été due qu'à la contrainte. Le patriarche Camatère abjura dans Sainte-Sophie les principes qu'il avoit reconnus deux mois auparavant, et cette espèce d'apostasie, loin de l'avilir, le rendit pour quelques momens l'idole du peuple. Euphrosyne, femme de l'usurpateur Alexis, et ses deux filles, Anne et Eudocie, furent tirées de leur prison pour tenir la Cour du nouveau prince, qui devint sur-le-champ aussi brillante que celle d'Isaac et d'Alexis. Ce fut dans les premières réunions de cette Cour que les charmes des deux jeunes princesses frappèrent les regards de deux seigneurs qui devoient par la suite jouer un grand rôle dans les révolutions de leur pays. Théodore Lascaris montra de l'amour pour la princesse Anne, et Léon Sgure pour Eudocie. Leur mère favorisa ce double penchant, espérant en tirer parti pour son ambition. C'étoit ainsi qu'au milieu des révolutions les plus extraordinaires, des périls les plus imminens, à la veille du plus exécrable attentat, cette Cour, livrée à la mollesse comme dans les temps les plus calmes, ne s'occupoit que de galanteries et de plaisirs. Les deux Impératrices, qu'on avoit vues briller à la cour d'Alexis, rentrèrent dans l'obscurité. Marguerite de Hongrie, jeune épouse d'Isaac, nourrissant depuis long-temps une passion secrète pour le marquis de Montferrat, qu'elle regardoit comme son chevalier, désiroit vivement que les Croisés s'emparassent de l'Empire. Agnès de France, sœur de Philippe-Auguste et veuve d'Andronic, encore à la fleur de l'âge, formoit les mêmes vœux, parce qu'elle étoit éprise d'un seigneur grec très-attaché aux Français, et que nous verrons figurer d'une manière éclatante dans la nouvelle révolution qui se prépare.

Cependant les portes de la ville étoient fermées, et les Croisés n'avoient aucune nouvelle de ce qui s'étoit passé. Murtzuphle, craignant leur attachement pour Alexis, résolut de se défaire de ce malheureux prince. Deux fois il tenta de le faire périr par le poison, mais il paroît que le tempérament robuste du jeune homme, ou des remèdes donnés à propos, en empêchèrent l'effet; enfin le 8 février 1204, Murtzuphle va faire une visite à Alexis, dîne avec lui, le rassure, lui fait espérer un sort plus heureux, et l'étrangle de ses propres mains après le repas. Non content de l'avoir privé de la vie, il exerce sa rage sur son corps inanimé, et lui brise les os à coups de massue.

Moins effrayé de son crime que des suites qu'il pouvoit avoir, il cacha pendant quelques jours la mort d'Alexis. Isaac, qui n'avoit plus que le nom d'empereur, et qui se plaignoit sans cesse de l'ingratitude de son fils, relégué dans un appartement isolé, attaqué d'une maladie dangereuse, s'aperçut à peine de la révolution qui enlevoit le trône à sa famille. Il mourut presque en même temps qu'Alexis, et sans que sa mort fût imputée au tyran. Le mépris fit épargner Nicolas Canabe, décoré un moment de la pourpre par les agens de Murtzuphle, et qui n'avoit été que l'instrument de ses desseins.

Murtzuphle eut un instant l'espoir de s'emparer des chefs les plus redoutables des Croisés. Il fit sortir des députés qui leur annoncèrent la révolution, la leur peignirent sous des couleurs fausses, leur persuadèrent qu'Alexis vivoit encore et leur seroit remis, leur représentèrent que le nouvel Empereur avoit les intentions les plus pacifiques, offrirent de sa part le paiement de tout ce qui étoit dû, et les invitèrent à le venir voir, promettant que cette démarche loyale auroit pour résultat une paix solide et prompte. Le comte de Flandre, le marquis de Montferrat, et presque tous les seigneurs français, crurent qu'on pouvoit se fier à la parole de Murtzuphle, et s'offrirent, tant pour aller traiter avec lui que pour assurer le sort d'Alexis dont ils excusoient les torts; mais le doge, qui connoissoit parfaitement les Grecs, s'opposa fortement à cette démarche, qui eût infailliblement causé la perte de ceux qui en auroient été chargés. Les députés furent renvoyés sans réponse.

Alors Murtzuphle, n'ayant plus de mesure à garder, cessa de cacher la mort d'Alexis. Il publia que cette mort avoit été naturelle, et fit faire des funérailles magnifiques à celui qu'il avoit assassiné. Les soins qu'il prit ne purent cependant empêcher que tous les détails de son crime ne parvinssent au camp des Croisés; l'indignation fut à son comble. Le comte de Flandre, plein de loyauté et d'honneur, vouloit punir un si horrible attentat. Le marquis de Montferrat, à qui la mort d'Isaac donnoit l'espoir d'épouser l'Impératrice, brûloit de la délivrer des dangers qui la menaçoient. Le doge de Venise, ne séparant point les intérêts de la politique de ceux de la religion, commençoit à penser sérieusement à la conquête de l'Empire grec. Le clergé formoit hautement le même vœu, espérant que le schisme seroit éteint pour jamais. Ce fut dans ces dispositions qu'un grand conseil fut tenu au commencement du carême de 1204. Le nonce du Pape déclara que l'usurpateur ne pouvoit conserver l'Empire, que la guerre contre lui étoit juste et sainte, et il promit des indulgences à ceux qui montreroient le plus d'ardeur. Aussitôt les préparatifs commencèrent, et portèrent la terreur dans l'ame de Murtzuphle.

Ce prince, qui montroit un caractère plus ferme que ses deux infortunés prédécesseurs, n'avoit encore rien de préparé pour sa défense. A son avénement, le trésor de l'Empire s'étoit trouvé vide, tant par suite des prodigalités que les deux dernières révolutions avoient rendues nécessaires, qu'à cause des sommes immenses qui avoient été données aux Croisés. Il le remplit par la confiscation des biens de ceux qui s'étoient enrichis sous les trois règnes précédens, mesure qui ne fut applaudie que par la populace, et par le petit nombre de ceux qui espéroient profiter de ces dépouilles. Voulant gagner assez de temps pour s'affermir, il s'efforça de renouer les négociations. Ses offres parurent si avantageuses que les Croisés consentirent à traiter; mais, afin de n'être pas trompés, ils chargèrent le doge de cette importante mission. Après avoir pris toutes les précautions nécessaires entre ennemis irréconciliables, Dandolo et Murtzuphle eurent une entrevue dans le monastère de Saint-Côme, hors des murs de la ville. Le doge demanda que l'usurpateur donnât aux Croisés cinq mille livres d'or, qu'il les aidât dans la conquête de la Terre-Sainte, et que l'Église grecque se soumît de nouveau à l'Église romaine. Murtzuphle consentoit à toutes ces propositions, et n'exceptoit que la dernière; il sentoit que s'il cédoit sur ce point il perdroit le prétexte dont il avoit coloré ses crimes, que le peuple se déchaîneroit contre lui, et qu'il éprouveroit infailliblement le même sort qu'Alexis. Le doge insistoit d'autant plus vivement qu'il prévoyoit, comme Murtzuphle, quelle seroit la suite de cette concession, et que pour vaincre les scrupules des Croisés, qui croiroient manquer à leur serment en attaquant encore l'Empire grec, il falloit donner à cette guerre un motif religieux.

Les conférences étant rompues, on fit des deux côtés les préparatifs les plus menaçans. Pendant l'intervalle qui précéda les hostilités, les Croisés tinrent un conseil qui décida du sort de l'Empire. Le premier point sur lequel on s'accorda fut qu'on useroit du droit de conquête dans toute son étendue, et qu'ainsi l'un des chefs de la croisade deviendroit Empereur. Il fut convenu que six électeurs français et six électeurs vénitiens procéderoient au choix du souverain, et que la dotation de ce prince se composeroit des palais de Blaquernes et de Bucoléon, et d'un quart du territoire de l'Empire. Pour conserver autant que possible l'égalité entre les deux nations, on arrêta que le clergé de celle qui ne donneroit pas un Empereur choisiroit dans son sein un patriarche. Il fut encore convenu qu'aussitôt que l'Empereur seroit nommé, une commission composée de Français et de Vénitiens distribueroit, à la pluralité des voix, les fiefs, les charges et les dignités. Le butin, en exceptant la part destinée à l'Empereur, dut être partagé également entre les deux nations.

Ces dispositions trouvèrent d'abord peu de contradicteurs dans l'armée, parce qu'on espéroit emporter la ville au premier assaut. La hardiesse singulière de l'entreprise, l'attrait des dignités et des richesses frappoient tous les esprits, éveilloient toutes les passions; mais les Croisés furent sur le point d'éprouver qu'ils s'étoient trop pressés de fixer le sort d'un Empire qui ne leur appartenoit pas encore. Ils donnèrent l'assaut avec une incroyable impétuosité, et comme des hommes qui n'ont d'autre alternative que le triomphe ou la mort. Une résistance inattendue leur fut opposée. Repoussés avec perte, ils se renfermèrent dans le camp, où le plus affreux découragement remplaça l'ardeur dont ils avoient été animés; les anciennes plaintes se renouvelèrent ; des plaintes on passa aux murmures. La situation où l'on étoit parut désespérée, l'armée n'étant plus que de vingt mille hommes ; plusieurs Croisés exprimèrent le vœu de tout abandonner et de retourner dans leur pays. Le sang-froid des chefs, et surtout les exhortations du clergé, purent seuls relever les esprits abattus. On vit les prêtres donner l'exemple du courage, et offrir de marcher à la tête de l'armée. Le plan de l'attaque fut conçu par le doge, qui réunissoit la confiance des deux nations. Un nouvel enthousiasme s'empara de tous les cœurs; il fut d'autant plus vif qu'il avoit été précédé par le désespoir, et que l'affreuse position où se trouvoit l'armée lui imposoit la nécessité de vaincre.

Murtzuphle, enivré du premier succès que les Grecs eussent obtenu, avoit établi son quartier sur une grande place voisine de la partie de la ville qui étoit menacée. Il paroissoit déterminé à se défendre jusqu'à la dernière extrémité. Les chefs des Croisés donnent le signal de l'assaut; les soldats y répondent par des acclamations. Les deux nations se disputent à qui montrera le plus d'ardeur. Les prélats et les prêtres sont confondus avec les assaillans. Les Grecs, animés par Murtzuphle, font la plus opiniâtre résistance, mais ils ne peuvent résister à l'impétuosité des Croisés;

les murs sont escaladés; un Français et un Vénitien y paroissent et y plantent leurs drapeaux; les évêques de Soissons et de Troyes entrent des premiers dans la ville, et partagent avec les princes la gloire de l'avoir conquise.

La nuit approchoit; on savoit que les palais, les églises et les monastères étoient fortifiés; s'engager avec une armée peu nombreuse dans une ville immense qui n'avoit pas capitulé, c'étoit s'exposer aux plus grands dangers. Les chefs des Croisés résolurent donc d'attendre au lendemain, d'occuper le quartier dont ils s'étoient emparés, et de faire observer l'ordre le plus sévère.

Les événemens les plus extraordinaires se passèrent dans cette horrible nuit. Murtzuphle, après avoir persuadé à ses partisans que le mal n'étoit pas irrémédiable, et qu'il livreroit le lendemain aux Croisés une bataille décisive, se retira dans le palais, où il fit venir Euphrosyne et ses deux filles: il leur représenta que le danger étoit à son comble, et qu'il falloit fuir avec lui. Pour lier irrévocablement son sort à celui de l'usurpateur Alexis qu'il se proposoit d'aller joindre, il déclara qu'il vouloit épouser sur-le-champ la jeune Eudocie. La résistance eût été vaine: la princesse lui donna sa main, quoiqu'elle aimât Léon Sgure, et Murtzuphle la reçut, quoiqu'il eût déjà deux femmes vivantes. Après cette cérémonie, l'usurpateur sortit secrètement de Constantinople avec sa nouvelle famille. Le désordre le plus affreux régnoit dans cette grande ville: un incendie presque aussi terrible que celui qui l'avoit désolée quelques mois auparavant venoit de se déclarer; il étendoit ses ravages, sans que les Croisés, cantonnés dans leur quartier, et les Grecs, occupés ou à fuir, ou à cacher leurs trésors, ou à se donner un nouvel Empereur, pussent porter aucun secours. Une foule immense inondoit Sainte-Sophie, où deux concurrens se disputoient l'Empire, Théodore Ducas et Théodore Lascaris. Le moment étoit pressant : Ducas n'avoit pour titres que des intrigues, Lascaris ne faisoit valoir qu'un courage qui n'étoit pas douteux. Lascaris l'emporta ; et ce choix, fait au milieu du tumulte, de l'incendie, lorsque l'ennemi étoit maître d'une partie de la ville, sauva les débris de l'Empire grec. Le nouvel Empereur n'eut d'autre parti à prendre que d'abandonner sa capitale en donnant rendez-vous en Asie à ceux qui voulurent partager son sort ; et ce fut le premier acte d'un règne qui devoit par la suite avoir beaucoup d'éclat.

Quand le jour parut, la consternation des habitans de Constantinople fut à son comble. Ils apprirent la fuite de Murtzuphle, l'élection et la retraite de Théodore : abandonnés à eux-mêmes, sans aucune force, ils n'eurent d'autre ressource que de se soumettre promptement au vainqueur. Les princesses Marguerite de Hongrie, et Agnès de France, qui faisoient les vœux les plus ardens pour le succès des Croisés, s'étoient réfugiées au palais de Bucoléon, où la crainte leur avoit déjà formé une Cour ; par leur conseil, on résolut d'envoyer une députation aux chefs de l'armée : elle fut composée des principaux membres du clergé, parmi lesquels ne se trouvoit pas le patriarche Camatère, qui avoit pris la fuite avec Murtzuphle.

Les députés, revêtus de leurs habits sacerdotaux, s'avancèrent lentement vers le quartier des Croisés :

ayant été admis devant les généraux, ils se prosternèrent à leurs pieds, les supplièrent de se rappeler l'instabilité des choses humaines, et de se rendre dignes de la victoire qu'ils venoient d'obtenir, en s'abstenant du meurtre et du pillage. Ils leur représentèrent que les Grecs, quoique ayant à se reprocher les plus grands torts, étoient des hommes, et qu'à ce titre ils avoient droit à la clémence; qu'une ville encore riche et brillante étoit préférable à un monceau de ruines; que cette ville n'étoit plus la capitale des Grecs, mais celle des Latins, et que ces derniers avoient intérêt à la conserver; que les usurpateurs Alexis et Murtzuphle, seuls coupables, avoient été punis de leurs crimes par la fuite et par l'exil, et qu'enfin les vainqueurs devoient avoir pitié d'un peuple innocent et malheureux qui avoit été la première victime de ses tyrans. Ensuite, attestant le saint nom de Jésus-Christ, dont ils rappelèrent la passion, la mort et la résurrection, et dont ils annoncèrent que la protection spéciale alloit rendre les vainqueurs maîtres d'un grand Empire, s'ils s'en montroient dignes par leur modération et leur douceur, ils les conjurèrent de pardonner et d'avoir les sentimens qui conviennent à des maîtres dont les sujets sont disposés à la soumission la plus entière. « Ces augustes temples que vous voyez, ajou-
« tèrent-ils, les reliques dont ils sont remplis, sem-
« blent prendre la parole pour invoquer votre misé-
« ricorde et votre clémence. »

Les chefs des Croisés, touchés de ce discours, firent annoncer par un héraut que la vie des habitans seroit épargnée. Ensuite ils conduisirent l'armée dans l'intérieur de la ville, et s'emparèrent de tous les postes importans. S'étant établis au palais de Bucoléon, où ils furent reçus avec joie par les princesses Agnès et Marguerite, ils s'occupèrent des moyens de contenir une armée peu disciplinée, et de prévenir la ruine d'une ville immense, dont le désespoir pouvoit encore être funeste à ses vainqueurs. Étonnés de leur succès, ils osoient à peine en croire l'apparence, et quelque crainte se mêloit, malgré eux, au bonheur dont ils sembloient jouir. Ils auroient voulu empêcher le pillage, mais l'espoir dont ils avoient entretenu les soldats pendant tout le cours du siége, espoir qui, seul, avoit pu soutenir et ranimer leur courage, rendoit impossible cette mesure, aussi utile pour les vainqueurs que pour les vaincus. Ils cherchèrent du moins, avec le désir le plus sincère d'y parvenir, à diminuer, autant que possible pour les Grecs, les funestes effets de la licence qu'ils étoient obligés de tolérer.

Une ordonnance défendit, sous les peines les plus sévères, de se porter à des excès contre les habitans et d'outrager les femmes. Le pillage dut se faire avec ordre, et le butin dut être déposé dans trois églises désignées, pour être ensuite partagé également. Il fut prescrit de laisser ouvertes toutes les portes de la ville, et de n'apporter aucun empêchement à la fuite des vaincus. Malgré ces précautions le désordre fut affreux. Ces Croisés, qu'une religion sainte avoit appelés à la plus noble des entreprises, dont le désintéressement égaloit autrefois le courage, s'oublièrent entièrement : tant les circonstances imprévues où les hommes se trouvent placés ont d'influence sur eux, et peuvent changer leur caractère.

La magnifique église de Sainte-Sophie fut pillée et profanée : une courtisane osa monter dans la chaire du patriarche, et y entonner une chanson lascive; on dansa dans ce lieu sacré, et les soldats s'y livrèrent à toutes sortes d'excès. Dans les divers quartiers de la ville, les femmes eurent peine à se dérober aux outrages d'une soldatesque effrénée : leurs pères, leurs époux trouvoient souvent la mort en les défendant. La fureur des Croisés contre les Grecs étoit surtout excitée par les marchands vénitiens et français qui avoient été obligés peu de temps auparavant de quitter la ville : c'étoient eux qui désignoient aux Croisés les victimes qu'ils devoient frapper. Quelques-uns de ces hommes montrèrent cependant la plus noble générosité : l'historien Nicétas, qui, comme je l'ai dit, étoit un des personnages les plus marquans de Constantinople, dut son salut et celui de toute sa famille à un marchand vénitien qui se dévoua pour lui.

Dans ce désordre, et dans cette fuite précipitée, le sort des seigneurs grecs et des riches habitans de la capitale fut vraiment digne de pitié. Les plus nobles familles erroient dans les environs de Constantinople. Dépouillés de tout, à la fin d'un hiver rigoureux, plusieurs ne savoient où trouver un asile. Ces infortunés alloient par troupes, et pour dérober les femmes et les jeunes filles aux insultes des soldats, ils les mettoient au milieu d'eux. Elles s'efforçoient de se cacher, soit en défigurant leur visage avec la boue des chemins, soit en s'enveloppant dans de longs voiles; et ces précautions ne suffisoient pas toujours pour les préserver du sort qu'elles redoutoient. Le peuple et les paysans, auxquels les soldats vendoient les dépouilles à vil prix, insultoient à la misère de ceux qu'ils avoient vus dans la prosperité; et Nicétas observe qu'ils paroissoient se réjouir de ce qu'un grand bouleversement établissoit momentanément une sorte d'égalité dans toutes les fortunes. Le pillage, qui dura plusieurs jours, coûta la vie à deux mille personnes.

Lorsque l'ordre fut rétabli on procéda au partage du butin : mais un grand nombre de Croisés, entraînés par l'avarice et la cupidité, n'avoient pas exactement rapporté dans les dépôts indiqués le fruit de leurs rapines. Quelques-uns reçurent un châtiment exemplaire, les autres profitèrent d'un pardon que les circonstances forcèrent d'accorder. Quoique plusieurs objets précieux eussent été détournés, les dépouilles qui se trouvèrent dans les trois églises furent immenses. Les Français, après avoir acquitté cinquante mille marcs qu'ils devoient encore aux Vénitiens, se trouvèrent possesseurs de quatre cent mille marcs, qui, selon Gibbon, pouvoient équivaloir à sept années du revenu que possédoit alors la couronne d'Angleterre.

Après que les soldats, gorgés de richesses, eurent assouvi toutes leurs passions, les chefs qui avoient tenté vainement de les contenir, et qui n'étoient parvenus qu'à empêcher la destruction totale de la ville, s'occupèrent de l'élection d'un Empereur. Il ne fut rien changé aux dispositions qu'on avoit prises avant de s'emparer de Constantinople ; seulement les seigneurs jurèrent qu'ils prêteroient tous foi et hommage au prince qui seroit nommé : le doge de Venise, par l'exception la plus honorable, fut seul dispensé de ce serment.

Trois hommes fixoient les regards de l'armée, et

paroissoient destinés à partager les suffrages : c'étoient Baudouin, comte de Flandre, Boniface, marquis de Montferrat, et Henri Dandolo, doge de Venise. Baudouin, âgé de trente-deux ans, joignoit à de grands talens militaires les vertus les plus solides : il avoit constamment donné l'exemple d'une piété et d'une modération aussi dignes d'amour que d'estime : plein de douceur et de bonté dans les habitudes ordinaires de la vie, il devenoit terrible dans les combats, et sa témérité l'emportoit alors au-delà des bornes que la prudence devoit lui prescrire. C'étoit là son unique défaut ; mais dans ce temps de chevalerie on préféroit un tel défaut à la vertu qui lui est opposée. Le marquis de Montferrat, à peu près du même âge, avoit joui jusqu'alors d'une grande influence dans l'armée dont il étoit presque regardé comme le général en chef. C'étoit lui qui avoit été chargé de soumettre au jeune Alexis la partie la plus importante de l'Empire : expédition couronnée par le plus heureux succès, et qui lui avoit fait beaucoup d'honneur. Allié à la famille impériale par ses deux frères aînés, qui, ayant épousé des princesses grecques, avoient été honorés du titre de César, il étoit plus habitué que tout autre général aux mœurs du peuple conquis, et paroissoit plus capable de le gouverner ; mais son caractère étoit moins aimable que celui de Baudouin, et d'autres raisons l'éloignoient du trône. Nous avons assez fait connoître le doge de Venise par ses actions : cet homme extraordinaire, uniquement occupé des intérêts de sa patrie, commença par déclarer qu'il ne vouloit point de l'Empire.

Sa vaste prévoyance, perçant dans l'avenir, lui fit

craindre toutes les chances de l'élévation d'un Vénitien sur le trône de Constantinople. Si ce trône s'affermissoit, tout portoit à croire que Venise deviendroit tôt ou tard sujette de l'empire d'Orient, que ses lois seroient détruites, sa splendeur effacée, sa liberté perdue, son commerce anéanti, et que ce prodige d'industrie et de civilisation, qui jetoit tant d'éclat sur le moyen âge, perdroit, pour un avantage éphémère, les principaux ressorts qui le faisoient exister. Si au contraire ce trône ne s'affermissoit pas, toutes les ressources de Venise seroient employées pour le soutenir; un peuple qui ne devoit sa gloire et ses richesses qu'aux arts de la paix, se trouveroit engagé dans des guerres continuelles, et sacrifieroit, en cherchant peut-être en vain à maintenir une puissance éloignée et peu solide, la puissance réelle que lui donnoient ses lois, ses mœurs et sa position inexpugnable. Telles furent les raisons que donna le noble vieillard pour refuser l'Empire.

Les Vénitiens, en applaudissant à la magnanimité de leur chef, firent connoître leur opinion sur les deux candidats qui restoient. La principauté que possédoit en Italie le marquis de Montferrat, leur parut trop voisine de Venise pour qu'ils désirassent que cette famille devînt plus puissante, et s'élevât à l'Empire. Leurs vœux parurent se tourner du côté du comte de Flandre, qui, par l'éloignement de ses États, ne leur donnoit aucune inquiétude, et qui, s'il parvenoit au trône, pourroit être puissamment soutenu par le roi de France Philippe-Auguste, son proche parent.

Ce fut dans ces dispositions que les Français et les

Vénitiens procédèrent à la nomination des électeurs. Suivant la convention qui avoit été faite, chaque nation en fournit six. Ils se réunirent dans la chapelle du palais qu'occupoit le doge. Pendant la séance, qui fut longue, une foule immense de Français, de Vénitiens et de Grecs, entouroient le palais, et attendoient avec impatience quel seroit le maître qui alloit leur être donné. Enfin, Nevelon, évêque de Soissons, l'un des prélats qui s'étoient couverts de gloire à la prise de la ville, parut sur le péristyle, et annonça que le choix des douze électeurs s'étoit fixé sur Baudouin, comte de Flandre. La place retentit d'applaudissemens, et Baudouin fut sur-le-champ proclamé Empereur.

Avant l'élection, des conventions secrètes avoient eu lieu entre les deux principaux candidats. Leurs amis communs, parmi lesquels se trouvoit Ville-Hardouin, craignant le mécontentement de celui qui ne seroit pas nommé, avoient obtenu d'eux que le premier acte du pouvoir de l'Empereur seroit de donner à son concurrent la partie de l'Empire située au-delà du canal, et l'île de Candie, à la charge d'en faire hommage suivant la loi des fiefs. Baudouin s'empressa de remplir cet engagement à l'égard du marquis de Montferrat, qui parut partager sincèrement l'allégresse publique.

Trois semaines après, la cérémonie du couronnement eut lieu dans l'église de Sainte-Sophie avec toute la pompe d'usage : les principaux seigneurs, au nombre desquels on remarquoit Montferrat, portèrent Baudouin sur un bouclier. Ils étalèrent une magnificence qui éblouit les yeux même des Grecs : tous étoient devenus riches, et usèrent avec prodigalité d'une opulence promptement acquise. Le clergé latin officia dans le chœur de Sainte-Sophie, et l'Empereur fut couronné par le légat du Pape.

Après cette cérémonie, un soin plus doux occupa le marquis de Montferrat. Son amour pour Marguerite de Hongrie, jeune veuve de l'empereur Isaac, la certitude de s'unir bientôt à elle, avoient sans doute influé sur l'espèce d'indifférence qu'il avoit montrée pour l'Empire. Il obtint le consentement de l'Empereur pour conclure ce mariage si long-temps désiré : le marquis et la princesse se trouvèrent au comble de leurs vœux; et, après tant de souffrances, cette seconde fête plut également aux conquérans, qui n'avoient pu refuser leur intérêt aux malheurs de Marguerite, et aux Grecs, qui espéroient que cette alliance d'un de leurs vainqueurs avec la famille impériale rendroit moins pesant le joug qu'ils avoient à supporter. De concert avec sa nouvelle épouse, Montferrat demanda à l'Empereur l'autorisation d'échanger le fief considérable qui lui étoit échu en partage, contre la province de Thessalonique, plus voisine de la Hongrie, dont son beau-frère étoit roi. L'intérêt commun se trouvant conforme à son désir, cette grâce lui fut facilement accordée.

Dans tous les événemens qui précédèrent et suivirent immédiatement la prise de Constantinople, Ville-Hardouin, quoique chargé d'un commandement important, n'a point arrêté nos regards. Sa modestie l'a sans doute empêché de marquer dans ses Mémoires la part qu'il eut personnellement à cette grande conquête ; mais nous ne devons pas oublier qu'il étoit de tous les conseils, qu'il y ouvroit les avis les plus sages, et qu'il étoit aussi recommandable par son courage que par sa prudence. Nous le verrons bientôt reparoître avec éclat dans une occasion où, porté par un grand revers au commandement suprême de l'armée, il déploya tous les talens d'un général consommé.

Les premiers momens de la conquête furent employés à établir la nouvelle administration. Le pouvoir de l'Empereur se trouvoit très-limité par la convention qui avoit été faite avant le siége. On se souvient que la distribution des fiefs et des dignités étoit réservée à une commission composée de seigneurs français et vénitiens. Cette commission s'assembla, et prit des mesures qui n'étoient pas faites pour attacher les Grecs à Baudouin. Elle envoya dans toutes les provinces des inspecteurs chargés d'en faire la description et d'en évaluer le revenu, afin de pouvoir partager également le territoire. Enivrée par le succès extraordinaire qu'on venoit d'obtenir, elle porta ses vues plus loin, et fit d'avance la distribution de tous les pays qui avoient autrefois appartenu à l'empire d'Orient. La conquête de ces pays, possédés depuis long-temps par les Sarrasins et d'autres Barbares, sembloit d'autant plus chimérique que les provinces soumises en apparence étoient dans la plus horrible anarchie : mais la présomption des conquérans les aveugloit sur leur position. Les Grecs ne purent s'empêcher de sourire quand ils les virent faire des lots d'Alexandrie, de la Libye, de la Numidie, de toute la partie de l'Afrique qui s'étend jusqu'à Cadix, du pays des Parthes, des Perses, des

Assyriens, se distribuer ces lots, évaluer les richesses qu'ils pourroient procurer, en faire des échanges, et se disputer déjà sur le partage.

Ils voulurent établir dans le palais d'un Empereur français l'étiquette minutieuse de la cour des Comnène. Les charges inutiles de chambellan, d'échanson, de sommelier, de maître d'hôtel, etc., furent confiées à des guerriers qui, peu habitués à ce genre de service, s'en acquittoient ridiculement, et dont les manières gauches excitoient la risée de l'ancienne Cour. Par un contraste singulier, ces charges, qui sembloient devoir être entièrement à la disposition du souverain, furent liées à des fiefs, et déclarées inamovibles. Ainsi l'Empereur ne fut pas même libre de choisir ceux qui l'approchoient.

Dans la distribution des dignités et des principaux fiefs, on parut obéir au vœu de l'armée. Le doge de Venise obtint le titre de *despote*, première dignité chez les Grecs après la dignité impériale. Ville-Hardouin fut nommé maréchal de Romanie, et Thierry de Los, son compagnon et son ami, grand-sénéchal. Le comte Louis de Blois, l'un des principaux chefs, devint duc de Nicée. On créa Guillaume de Champlitte prince d'Achaïe, et Renier de Trih, seigneur flamand, duc de Philippopoli. Ville-Hardouin, toujours désintéressé, n'eut pas d'abord un établissement aussi considérable : on lui donna les pays de Macre et de Trajanople, et l'abbaye de Vera.

Il avoit été convenu que, si l'Empereur étoit choisi parmi les Français, le patriarche seroit pris parmi les Vénitiens. Cette convention s'exécuta sans contestation du côté des vainqueurs, et sans résistance apparente de la part des Grecs. Camatère, ancien patriarche, s'étoit réfugié à Didymotique, et avoit reconnu pour Empereur Théodore Lascaris; son clergé étoit dispersé, et les ecclésiastiques latins occupoient toutes les églises. Le choix des Vénitiens tomba sur Thomas Morosini, simple sous-diacre, employé jusqu'alors dans les affaires de la République, et distingué par sa piété et son courage. Il prit rapidement les ordres qui lui manquoient, et quoique la cour de Rome trouvât quelques irrégularités dans son élection, le Pape lui accorda dans la suite l'institution canonique.

Lorsque tous ces arrangemens furent faits, l'Empereur écrivit au Pape et à tous les princes chrétiens. En leur rendant compte de la conquête, il demandoit leur assistance. Il montroit au Pape l'avantage que la religion alloit tirer de l'abolition du schisme, et la facilité que l'occupation de Constantinople donneroit pour les croisades futures. Il représentoit au roi de France la gloire et l'utilité que ce royaume pouvoit tirer de la possession de l'Empire d'Orient, conquis par la valeur de ses chevaliers, et gouverné par un de ses grands vassaux. Il prioit tous les princes de favoriser les progrès de la nouvelle colonie, en déterminant leurs sujets les plus braves à y prendre des établissemens.

L'Empereur sentoit en même temps la nécessité de se rapprocher des Grecs, et de les attacher à son gouvernement; mais l'avidité et l'ambition des principaux seigneurs auxquels il devoit le trône, et dont la puissance étoit égale à la sienne, l'empêchoient d'exécuter cette résolution, qui pouvoit seule l'affermir.

Il saisit cependant une occasion très-favorable pour commencer ce grand ouvrage. Agnès, sœur de Philippe-Auguste et veuve du tyran Andronic, avoit, comme nous l'avons vu, éprouvé toutes les espèces de malheurs. Cette princesse, encore jeune et belle, s'étoit attachée depuis long-temps à Théodore Branas, l'un des principaux seigneurs grecs, dévoué sincèrement aux Français, et qui leur avoit donné des preuves de zèle dans les derniers événemens. Agnès ne trouvoit de consolation que dans la société de Branas ; lui seul pouvoit lui rendre le bonheur dont elle avoit cessé de jouir depuis qu'elle avoit quitté la France ; mais les devoirs de son rang et d'autres obstacles l'avoient empêchée jusqu'alors de s'unir à celui qu'elle préféroit. Baudouin, instruit de son amour, la pressa de conclure ce mariage auquel il voulut assister. Il répandit ensuite ses bienfaits sur l'époux d'Agnès, lui donna le fief d'Apres, et lui témoigna la plus grande confiance. La conduite de Branas justifia bientôt cette excellente politique.

Tandis que Baudouin combloit ainsi les vœux de deux personnes que l'amour le plus tendre unissoit, il ignoroit qu'il venoit de perdre son épouse dans une terre étrangère. Sa plus douce satisfaction, en parvenant au trône, avoit été de le lui faire partager ; mais il ne devoit plus la revoir. Marie de Champagne, comtesse de Flandre, s'étoit croisée avec lui, et une grossesse l'avoit forcée de demeurer en Flandre. Aussitôt après ses couches, n'ayant reçu de lui aucune nouvelle, elle s'étoit empressée d'aller à Marseille, et de s'embarquer pour Saint-Jean d'Acre où elle croyoit le trouver. Quel fut son étonnement, lorsqu'à son arrivée en Syrie elle apprit qu'il étoit devenu empereur d'Orient, et lorsqu'elle vit Bohémond, prince d'Antioche, venir la saluer comme Impératrice! Aussitôt elle ordonna les apprêts du départ; mais la mort la surprit à l'instant où elle alloit monter sur la flotte. Il paroît que l'excès et le saisissement de la joie brisèrent les resssorts d'une santé fragile, depuis long-temps altérée par l'imagination la plus vive et la plus ardente. Mourant à la fleur de l'âge, comme son frère le comte Thibaut de Champagne, elle fut plus heureuse que lui, puisque avant de descendre au tombeau elle apprit les succès de l'armée des Croisés, et l'élévation extraordinaire de son époux. Lorsque la nouvelle de cette mort parvint à Baudouin, il fut plongé dans la plus profonde douleur, jura de ne pas contracter d'autres liens, et le prince Henri, son frère, fut regardé comme l'héritier présomptif de la couronne.

Cette funeste nouvelle fut apportée par une flotte arrivant de Syrie, et portant presque tous les Croisés, dont les efforts étoient inutiles dans la Terre-Sainte. Ils avoient été décidés à prendre ce parti par Pierre de Capoue, légat du Pape, qui sentoit combien il étoit important pour les croisades qu'on entreprendroit par la suite de conserver le nouvel empire. Parmi eux se trouvoient les Hospitaliers et les Templiers, chevaliers pleins d'honneur et de foi, que des ordres auxquels leur serment les obligeoit de se soumettre avoient pu seuls décider à quitter la Palestine. Baudouin les établit dans sa capitale, et ce renfort inattendu parut assurer la durée de la conquête.

La suite des arrangemens qui furent faits à Constantinople pour régler l'ordre intérieur de l'Empire, nous a empêché de parler de ce qui arriva au dehors à peu près dans le même temps. Jetons d'abord un coup d'œil sur la situation des provinces.

Les seigneurs grecs, en y portant la terreur, y avoient aussi porté le mécontentement et le plus vif désir de se délivrer d'un joug qui paroissoit insupportable. Quelques-uns s'étoient déclarés indépendans dans les contrées où ils avoient quelque crédit. Le plus grand nombre avoit pris parti pour les différens chefs qui, au milieu de la ruine de leur patrie, aspiroient ouvertement à l'Empire. Théodore Lascaris paroissoit le plus puissant. Proclamé empereur dans la nuit même de la prise de Constantinople, il avoit passé le détroit, et s'étoit rendu maître d'une partie des provinces d'Asie. Michel Comnène, gouverneur de Durazzo, souffloit le feu de la révolte jusqu'au golfe de Lépante. L'Epire, l'Arcananie, l'Etolie et une partie de la Thessalie reconnoissoient son pouvoir; et n'ayant pris d'abord que le titre de despote d'Epire, il se flattoit de parvenir au trône impérial. Alexis, petit-fils du tyran Andronic, avoit profité du désordre pour s'emparer de Trébisonde, ville grecque située sur le Pont-Euxin, près de la Colchide. L'éloignement le rendoit peu redoutable aux Français; mais ce nouvel empire, dont les commencemens étoient si foibles, devoit survivre à l'Empire grec. Léon Sgure, que nous avons vu aspirer à la main d'Eudocie, fille de l'usurpateur Alexis, se présentoit sous un aspect plus menaçant. Possesseur d'Argos et de Corinthe, il espéroit soumettre toute la Morée, et fermer aux Français l'entrée de la presqu'île. L'u-

5.

surpateur Alexis, reconnu à Messynople, conservoit encore des partisans; et Murtzuphle, qui avant de quitter Constantinople avoit épousé précipitamment sa fille Eudocie, vouloit faire cause commune avec lui, sans apercevoir qu'il avoit tout à craindre d'un homme qui le regardoit comme son rival le plus dangereux. Ces deux prétendans étoient les plus foibles parmi les ennemis des Français, et ceux qu'ils considéroient cependant comme les plus redoutables.

Le premier acte d'hostilité fut fait par Murtzuphle, qui, s'étant emparé à l'improviste de Tzurulum, ville échue en partage à l'empereur Baudouin, la pilla et la saccagea. Aussitôt Baudouin résolut de marcher contre lui; cependant quelques affaires le retenant encore à Constantinople, il se fit précéder par son frère, le prince Henri, qui parvint à Andrinople après avoir soumis tout le pays qui se trouvoit sur son passage.

Murtzuphle n'osa l'attendre, et prit la résolution de se retirer à Messynople près d'Alexis, son beau-père, qui reçut ses envoyés avec toutes les apparences de l'amitié. Témoignant la plus grande joie de revoir Euphrosyne et ses deux filles, il remercia son rival, comme s'il l'eût reconnu pour leur libérateur. Très-satisfait de cet accueil, Murtzuphle n'eut plus aucune défiance: jusqu'alors il n'avoit osé entrer dans la ville, et s'étoit tenu dans son camp; les invitations réitérées d'Alexis le déterminèrent à venir le voir. Il fut reçu dans Messynople avec tous les honneurs dus à son rang; mais à peine eut-il franchi le seuil de la salle où le festin étoit préparé, qu'il fut entouré, désarmé, renversé, et que des bourreaux tout prêts lui arrachèrent les yeux en présence d'Eudocie, qui, quoique l'ayant épousé malgré elle, ne put refuser des larmes à son horrible sort. Cependant la punition de ses crimes n'étoit pas consommée, et un plus terrible châtiment lui étoit encore réservé. Ce misérable, aveugle, dépouillé de la pourpre, fut chassé honteusement de Messynople, et il ne conserva presque personne pour partager sa misère. Ses soldats se débandèrent ou prirent du service auprès d'Alexis.

Cette catastrophe venoit d'arriver lorsque l'Empereur joignit son frère à Andrinople. Croyant qu'Alexis étoit désormais son ennemi le plus redoutable, il résolut de le forcer dans Messynople, et de profiter de cette occasion pour soumettre tout le pays de Thessalonique. Lorsque Alexis apprit la marche de Baudouin, ne se croyant pas assez fort pour lui résister, et peu sûr des dispositions des habitans, il prit la fuite dans l'intention de se réfugier, avec sa famille, près de Léon Sgure dont il savoit que sa fille Eudocie étoit aimée. En même temps il donna son autre fille à Théodore Lascaris, espérant, par ce mariage, se ménager encore un appui dans sa détresse.

Aussitôt que Montferrat eut appris la marche de l'Empereur dans le pays qui lui étoit échu en partage, il craignit que ce prince ne voulût le dépouiller de son fief. Il se plaignit, mais en vain; et l'entêtement, joint à l'amour-propre blessé, divisa deux princes dont l'union seule pouvoit consolider le nouvel empire. L'Empereur continua sa marche vers Thessalonique : Montferrat ayant réuni ses troupes s'empara de Didymotique, ville importante, et vint mettre le siége devant Andrinople. Son aigreur contre Baudouin alla si loin, qu'il donna la pourpre à Michel, jeune enfant que Marguerite son épouse avoit eu d'Isaac, et qu'il le reconnut pour empereur. Tous les gens sages de l'armée furent dans la consternation en voyant ce commencement de troubles qui devoient causer leur ruine totale. Ils résolurent de tout employer pour prévenir ce malheur; et ils fondèrent leur espoir de réussir sur le caractère généreux des deux princes. Le doge et les seigneurs qui étoient à Constantinople, chargèrent Ville-Hardouin, également estimé par les deux rivaux, d'aller trouver Montferrat, et de se servir de l'ascendant qu'on lui connoissoit sur lui pour le fléchir. Le maréchal s'acquitta parfaitement de cette mission. Il obtint du prince qu'il s'en remettroit au jugement du doge et des principaux barons. L'Empereur se soumit plus difficilement à cet arbitrage : cependant, vaincu par les instances de Ville-Hardouin, il le renvoya vers Montferrat qui consentit à venir à Constantinople. Là, les esprits s'étant calmés, et l'intérêt public l'emportant sur les rivalités particulières, il fut convenu que le prince seroit remis en possession de son fief, et que la ville de Didymotique, dont il s'étoit emparé, seroit confiée au maréchal; qui ne la rendroit à l'Empereur que lorsque Montferrat seroit maître de Thessalonique. Ce fut ainsi que l'esprit conciliant de Ville-Hardouin sauva l'Empire de la ruine dont le menaçoit la division de ses deux principaux chefs : service qui lui fit autant d'honneur que celui qu'il rendit peu de temps après, en préservant, par sa présence d'esprit et son courage, l'armée entière d'une destruction totale. Cette réconciliation inattendue affligea les Grecs, qui avoient fondé de grandes espérances sur ce commencement de guerre civile.

Tout parut se pacifier dans le voisinage de la capitale, dans la Thrace, et dans le pays de Thessalonique, qui fut érigé en royaume. Montferrat éprouva d'autant moins de difficulté à soumettre ses nouveaux États, que plusieurs Grecs se rallioient à lui dans la croyance, dont il ne cherchoit pas à détruire l'illusion, que le trône impérial seroit un jour donné au jeune Michel, fils de son épouse. Les routes devinrent sûres, et l'on put voyager sans escorte de Thessalonique à Constantinople. Trop heureux les Français s'ils n'eussent pas abusé de la victoire !

Murtzuphle, couvert d'opprobre, presque abandonné, avoit erré pendant quelque temps aux environs de la capitale, où il s'étoit fait conduire afin de passer le détroit, et de se réfugier auprès de Théodore Lascaris, dont il espéroit quelque pitié. Dans ce passage, qui étoit alors très-surveillé, il fut arrêté par le grand-sénéchal Thierry de Los, et amené à l'empereur Baudouin. Sa lâcheté et ses crimes ayant attiré sur lui la haine générale, les Français et les Grecs s'unirent pour demander son supplice. On voulut qu'il fût aussi public que honteux, et l'on décida qu'il éprouveroit, en mourant, le même traitement qu'il avoit infligé au corps inanimé du jeune Alexis, c'est-à-dire que ses os seroient brisés. Une superbe colonne s'élevoit dans un marché très-fréquenté : Murtzuphle en fut précipité.

Par un hasard que Baudouin regarda comme très-heureux, l'usurpateur Alexis fut arrêté presque à la même époque. En fuyant de Messynople, il s'étoit retiré chez Léon Sgure, auquel il s'étoit empressé de donner Eudocie; le beau-père et le gendre furent bientôt vivement pressés par Montferrat, qui regardoit le Péloponèse comme faisant partie de son royaume : quoiqu'ils eussent une armée nombreuse, ils ne purent défendre le passage des Thermopyles, et bientôt ils ne possédèrent plus dans le pays que Napoli et la citadelle de Corinthe. Alexis n'osa s'enfermer avec son gendre dans cette dernière place : il partit secrètement, accompagné de sa femme Euphrosyne, pour aller chercher un asile près du despote d'Épire; mais il fut surpris par les troupes de Montferrat, et conduit à Thessalonique. Baudouin et Montferrat ne voulurent ni exercer à son égard une justice rigoureuse, ni prendre contre lui des précautions cruelles qui répugnoient à leur caractère et à leurs mœurs. Ses brodequins de pourpre furent envoyés à Constantinople, et l'on décida qu'il seroit relégué en Italie. Son rôle politique n'étoit pas encore fini.

Vers le même temps, le neveu de Ville-Hardouin, portant comme lui le nom de Geoffroy, avoit eu à une des extrémités de la Grèce les aventures les plus singulières. S'étant trouvé du nombre des Croisés qui, au lieu de suivre l'expédition de Constantinople, étoient partis pour la Terre-Sainte, il s'étoit embarqué dans un port de Syrie pour revenir en France. Jeté par la tempête sur la côte de Modon, il fut accueilli par un seigneur grec, et apprit de lui, non sans la plus grande surprise, qu'un Français étoit devenu empereur d'Orient. Le jeune Ville-Hardouin, animé par cet exemple, et soutenu par son bienfaiteur, voulut acquérir par son épée le rang de prince souverain.

Ils s'emparèrent de quelques places; mais le seigneur grec étant mort, son fils, partageant la haine de ses compatriotes pour les Français, les souleva contre Geoffroy, qui se réfugia près de Montferrat, occupé alors au siége de Napoli. Il se distingua par de beaux faits d'armes; et le prince, voulant l'attacher à lui pour toujours, lui fit les offres les plus séduisantes. Le jeune ambitieux les rejeta : brûlant de reconquérir le pays d'où il avoit été chassé, il aima mieux servir sous Guillaume de Champlite, prince d'Achaïe; et ces deux aventuriers résolurent de soumettre une partie de la Morée, en reconnoissant toutefois la suzeraineté du roi de Thessalonique. Leurs succès furent rapides : avec une petite troupe de gens déterminés, ils s'emparèrent de Modon, de Coron, de Calamate, et fondèrent un petit État qui, comme nous le verrons par la suite, passa au jeune Ville-Hardouin et à ses descendans.

Cependant l'empereur Baudouin, délivré des deux rivaux qui lui avoient paru les plus redoutables, se croyoit solidement affermi sur le trône. Il ne considéroit pas que Murtzuphle et Alexis, usés et décriés depuis long-temps dans l'esprit des peuples, n'avoient plus aucune force réelle, et que les princes qui, sans avoir encore éprouvé de revers, s'étoient déclarés les défenseurs de la patrie contre une domination étrangère, étoient seuls vraiment à craindre.

Les limites qu'on avoit mises à son autorité l'empêchèrent de prévenir et de réprimer les abus de la victoire. Les seigneurs français et italiens qui s'étoient partagé la partie disponible de l'Empire, voulurent abolir les anciennes coutumes, établir trop rapidement de nouveaux usages, contrarier le peuple sur sa religion, et l'asservir à des hommages auxquels il n'étoit pas habitué. Dans beaucoup d'endroits l'avarice aveugla les vainqueurs sur leurs véritables intérêts; ils se permirent des exactions, des injustices, et opprimèrent des sujets dont ils auroient dû au contraire s'efforcer d'affoiblir les préventions.

Bientôt le mécontentement devint général : les hommes que quelques débris de leur fortune avoient déterminés à se soumettre sans résistance, craignant de perdre ce qui leur restoit, soufflèrent en secret le feu de la révolte, et communiquèrent leurs dispositions à toutes les classes du peuple. Le complot se trama dans le silence le plus profond; et l'on put reconnoître dans cette vaste conspiration tout le génie des Grecs du moyen âge. Les conjurés sentirent que Théodore Lascaris, et les autres chefs qui s'étoient établis sur divers points, n'étoient pas assez puissans pour déterminer le succès du soulèvement; ils s'adressèrent au roi des Bulgares, depuis long-temps leur plus grand ennemi.

Ce peuple avoit été soumis près de deux siècles auparavant à l'Empire grec, dont il avoit adopté la religion. Sous le règne du foible Isaac l'Ange, il s'étoit révolté, avoit recouvré son indépendance, et s'étoit séparé de l'église de Constantinople pour se réunir à la communion romaine. Il avoit alors pour roi Jean ou Johannice (comme l'appelle Ville-Hardouin), prince ambitieux, fourbe et cruel. Baudouin, à peine possesseur d'un trône mal affermi, avoit eu l'imprudence de vouloir faire revivre les droits de ses prédécesseurs sur la Bulgarie; il avoit exigé avec hauteur que le roi devînt son vasal : démarche qui avoit été repoussée comme l'insulte la plus grave.

Jean étoit dans cette disposition lorsqu'il reçut les émissaires des Grecs. Ils lui offrirent l'empire s'il vouloit les aider à secouer le joug des Français. Cette offre n'étoit pas sincère, puisqu'ils reconnoissoient déjà Théodore Lascaris pour leur chef : l'adroit Bulgare ne fut pas leur dupe; mais il espéra que, dans le désordre général qui alloit éclater, s'il nobtenoit pas le trône de Constantinople, il pourroit au moins, ainsi que ses sujets, piller et dévaster le pays au secours duquel il étoit appelé. Les arrangemens se firent donc comme si l'on eût été parfaitement d'accord. Il fut convenu que le soulèvement auroit lieu au commencement du printemps de 1205, époque à laquelle on savoit que Baudouin devoit diviser ses forces.

A la cour de Constantinople, on ignoroit absolument ce qui se tramoit. L'Empereur, le doge, Ville-Hardouin et les principaux seigneurs, s'occupoient d'une expédition en Asie contre Théodore Lascaris, qu'ils regardoient comme le seul ennemi qu'ils eussent à craindre. Lui soumis, les petits tyrans qui s'étoient établis dans les diverses parties de l'Empire ne pouvoient plus opposer aucune résistance. Le prince Henri, frère de l'Empereur, passa donc le détroit avec l'élite de l'armée : c'étoit le moment qu'attendoient les conjurés. Aussitôt qu'ils surent que le prince étoit engagé avec Lascaris, qui se reploit habilement pour l'éloigner de la capitale, les derniers ordres furent donnés, et le jour du soulèvement général fut fixé.

Ce jour fut un jour de désolation et d'horreur pour les Français et les Italiens établis dans l'Empire. La veille tout étoit tranquille et soumis; au signal que donnèrent les chefs, soudain tout fut en feu. Dans les villes et les villages de la Thrace, les conquérans et leurs familles furent massacrés. Andrinople et Didymotique tombèrent au pouvoir des révoltés. Les troupes qui les occupoient eurent à peine le temps de se replier sur Constantinople. Le trouble et la terreur régnoient dans cette capitale : les habitans montroient les dispositions les plus inquiétantes, et la présence des chefs de l'armée pouvoit seule les contenir. La consternation de l'empereur Baudouin et de sa cour fut à son comble quand on apprit que le roi des Bulgares venoit d'entrer sur le territoire de l'Empire avec une formidable armée, à laquelle s'étoient joints quatorze mille Comains. Ces soldats, dont Ville-Hardouin parle beaucoup, étoient une horde de Tartares qui campoit habituellement sur les frontières de la Moldavie : elle se composoit de Païens et de Mahométans, terribles lorsqu'ils étoient vainqueurs, dangereux même dans leurs défaites, parce qu'après avoir pris la fuite ils revenoient à la charge avec une fureur à laquelle rien ne pouvoit résister, cruels, impitoyables, avides, et portant aux derniers excès toutes les horreurs de la guerre.

Baudouin, sorti de son premier abattement, rappela aussitôt l'armée qui combattoit en Asie; mais il étoit difficile au prince Henri d'exécuter promptement cet ordre, parce que Lascaris le pressoit vivement, et menaçoit de s'emparer des places qui protégeoient Constantinople de ce côté. Le maréchal de Ville-Hardouin fut envoyé avec une foible armée pour tenir la campagne : l'Empereur devoit le joindre aussitôt que son frère seroit revenu. Le maréchal, plein d'activité et de prudence, s'avança avec précaution, recueillit les fuyards qui couvroient les routes, les rassura, rétablit l'ordre dans les lieux où il passa, et parvint sans être entamé à trois lieues d'Andrinople, où il attendit l'Empereur dans un poste fortifié.

Ce prince, brûlant d'aller combattre ses ennemis, et honteux de rester dans sa capitale tandis que l'Empire étoit livré à toutes les horreurs de l'insurrection et de la guerre, résolut de partir avant le retour de l'armée d'Asie. Malgré les représentations de ses généraux, il sortit de Constantinople foiblement escorté, et vint joindre Ville-Hardouin. Le vieux doge, qui s'étoit opposé de toutes ses forces à cette résolution imprudente, voulut le suivre. L'Empereur, arrivé au camp, résista encore aux conseils de ses généraux, qui le conjuroient d'attendre les renforts que son frère devoit bientôt lui amener. En campagne, l'inaction lui pesoit encore plus qu'à Constantinople. Emporté par cette ardeur téméraire, il conduisit son armée vers Andrinople, sans avoir aucune des machines nécessaires pour un siége, et sans s'être occupé de pourvoir à la subsistance de ses soldats. Les étendards de Bulgarie flottoient sur les murs de cette ville, très-bien fortifiée, et défendue par les Grecs révoltés. Les attaques furent vives, et la défense opiniâtre ; mais le roi des Bulgares étant venu avec son armée au secours de la place, il fallut en abandonner le siége. Alors les Français se trouvèrent dans la situation la plus pénible : manquant de vivres, harcelés sans cesse par les Comains, ils ne pouvoient ni avancer ni reculer. Tant de revers auroient dû modérer l'ardeur de Baudouin, et le rendre plus accessible aux conseils de la prudence : mais le malheur l'avoit aigri; la vie lui étoit à charge depuis qu'il se sentoit humilié; et rien n'étoit capable de contenir son impétueuse valeur.

Il résolut de donner bataille le lundi de Pâques 1205. Après avoir chargé Ville-Hardouin de garder le camp avec une partie de l'armée, il marcha contre l'ennemi. Le comte Louis de Blois commandoit son avant-garde. Au premier choc, les Bulgares et les Comains parurent se disperser et prendre la fuite: animés par cette apparence de succès, les deux princes oublièrent qu'ils avoient promis de ne pas s'éloigner du camp. Ils se livrent sans précaution à la poursuite des fuyards; aucune résistance ne leur est opposée, ils se croient vainqueurs; mais soudain les Barbares se retournent et les enveloppent de toutes parts: ils font des prodiges de valeur, se défendent long-temps; le comte de Blois reçoit un coup mortel : l'Empereur, après avoir refusé opiniâtrément de fuir, et avoir vu périr ses plus braves généraux, tombe au pouvoir de ses ennemis et devient leur prisonnier.

A la nouvelle de cette double perte le désordre fut à son comble; les soldats jetèrent leurs armes, et s'enfuirent vers le camp. Ville-Hardouin, le désespoir dans l'ame, montra la plus courageuse sérénité; toutes ses grandes qualités se déployèrent dans ce moment terrible; chargé de sauver une armée qui venoit de perdre un chef qu'elle chérissoit, et qui ne pensoit qu'à fuir, sa prudence, son sang-froid, son courage imperturbable, rétablirent la confiance. L'homme qu'une noble modestie avoit tenu jusqu'alors au second rang parut digne du premier, et cet homme devint un héros. Il fit sortir les troupes du camp, les mit en bataille, et recueillit une partie de ceux qui avoient échappé au massacre. Les autres, égarés par la crainte, se dispersèrent de divers côtés, et quelques-uns portèrent à Constantinople la nouvelle de cette horrible défaite. Ville-Hardouin se concerta avec le doge, qui, accablé dans ce moment par les douleurs de la goutte, n'étoit pas moins disposé à tout oser pour sauver l'armée, et sembloit s'élever par son courage ferme et tranquille au-dessus de la nature humaine. La retraite étoit très-difficile : l'armée se trouvoit réduite de moitié ; il falloit faire cinq journées de chemin au milieu d'un pays révolté ; il falloit échapper aux attaques d'un ennemi victorieux et plein d'ardeur ; les vivres manquoient, et le découragement étoit général.

La retraite, que Gibbon compare à celle de Xénophon, s'effectua pendant la nuit. Le doge conduisoit l'avant-garde, où le danger étoit moins grand. Ville-Hardouin, se portant partout, veilloit principalement sur l'arrière-garde, sans cesse exposée aux attaques des Bulgares. Dans des escarmouches qui se renouveloient sans cesse, il eut constamment l'avantage ; son armée ne fut pas entamée, et il trouva le moyen de la faire subsister au milieu d'un pays dévasté. En arrivant près de la ville de Pamphile, il eut la consolation de trouver un corps d'armée qui arrivoit d'Asie à marches forcées, et qui précédoit de quelques jours le prince Henri. Pierre de Braiemel, qui commandoit cette troupe, fut alors chargé de protéger l'arrière-garde, tandis que le maréchal alloit d'un flanc à l'autre pour empêcher les soldats effrayés de se débander. On ne respira qu'à Rodosto, place maritime, où Ville-Hardouin résolut de rallier entièrement les troupes, et de faire sa jonction avec le prince Henri.

Son premier soin fut d'envoyer un courrier à Constantinople pour annoncer que, si l'on avoit eu le malheur de perdre l'Empereur, du moins l'armée étoit sauvée. Cette ville étoit plongée dans la plus profonde terreur. Conon de Béthune y commandoit. Malgré ses efforts pour calmer les esprits, tous les Français se disposoient à fuir, et déjà une flotte vénitienne étoit prête à mettre à la voile. Les nouvelles rassurantes apportées par le courrier n'empêchèrent pas sept mille hommes en état de porter les armes de s'embarquer, et de perdre ainsi tout le fruit de leurs travaux.

Le bruit de cette défection ne découragea pas Ville-Hardouin. De tous côtés les renforts arrivoient à Rodosto. Anseau de Courcelles, un de ses neveux, lui amena une troupe fraîche et aguerrie. Bientôt la présence du prince Henri, sur qui se fondoient toutes ses espérances, ranima le courage des plus intimidés. Outre l'armée qui lui avoit été confiée, et qui n'avoit éprouvé aucun revers, il étoit encore suivi de vingt mille Arméniens que sa politique avoit attachés à la cause des Français. Combien le prince et les généraux regrettèrent alors de ne s'être pas trouvés réunis à la bataille d'Andrinople qu'ils auroient infailliblement gagnée! Mais, sans trop s'appesantir sur de cruels souvenirs, ils pensèrent à tirer parti des ressources qui leur restoient. D'une voix unanime, la régence fut confiée au prince Henri, moins impétueux que Baudouin, quoique possédant le même courage, sage, conciliant, plein de douceur, et très-propre à commander dans des circonstances difficiles.

Il s'empressa de ramener l'armée à Constantinople, dont les environs étoient dévastés par les Bulgares, et où Conon de Béthune, aidé par le légat du Pape, n'avoit maintenu la tranquillité que par une espèce de miracle. La vue de ses troupes, fort nombreuses, rassura les Français et leurs partisans, intimida ceux qui étoient attachés à Lascaris, et il fut reçu comme le sauveur de l'Empire. De toutes les conquêtes que les Français avoient faites avec tant de rapidité, il ne leur restoit plus en Europe que Constantinople, Rodosto, Selyvrée, et, du côté de l'Asie, que le seul château de Piga.

Le royaume de Thessalonique étoit menacé d'une inondation de Bulgares, et Montferrat avoit abandonné les siéges de Napoli et de Corinthe pour venir au secours de sa capitale. Pendant son absence, l'usurpateur Alexis, traité avec humanité par la reine Marguerite de Hongrie, dont il avoit autrefois détrôné l'époux, trouva les moyens de s'échapper de sa prison, et se réfugia chez le despote d'Épire, espérant passer ensuite dans les États de Théodore Lascaris, celui de ses deux gendres qui étoit alors le plus puissant. Son évasion ne donna aucune inquiétude aux Français; ils savoient que son ambition incorrigible le brouilleroit bientôt avec Lascaris, dont il ne manqueroit pas de contester les droits à l'empire.

Le régent ouvrit une négociation avec le roi des Bulgares pour la délivrance de l'Empereur son frère; mais il n'y avoit rien à espérer d'un prince qui se jouoit des engagemens les plus sacrés. Il demanda en même temps des secours au Pape et aux principales puissances de l'Europe. Comptant peu néanmoins sur une assistance incertaine et éloignée, il tira de ses forces le meilleur parti possible.

Ce fut à cette époque de crise qu'il perdit le plus grand homme de l'armée. Le doge, parvenu à l'âge de quatre-vingt-dix-sept ans, avoit fait, pendant la retraite et dans un état de souffrance, des efforts évidemment supérieurs à ses forces. Les calamités publiques, sans altérer sa fermeté, lui avoient causé de profonds chagrins. En succombant sous le poids des ans et des maux du corps et de l'esprit, le noble vieillard eut du moins la consolation de voir que l'empire à la fondation duquel il avoit tant contribué, seroit soutenu par celui qui en avoit pris courageusement les rênes dans une situation désespérée. Henri Dandolo termina sa glorieuse carrière le jour de la Pentecôte 1205, et fut enterré avec grande pompe à Sainte-Sophie.

Le roi des Bulgares, ayant dévasté tout le pays situé entre Andrinople et Constantinople, se porta sur le royaume de Thessalonique pour y exercer les mêmes ravages. Le régent rétablit aussitôt son autorité dans ces contrées, cherchant par une administration douce à faire oublier aux habitans leurs anciens griefs, et à leur faire préférer la domination des Français au joug des Bulgares, dont ils venoient de sentir le poids. Ces défenseurs qu'ils avoient appelés de leurs vœux, qu'ils avoient accueillis avec transport, s'étoient livrés à toutes les violences qui accompagnent les invasions des peuples barbares. Un témoin oculaire, Nicétas, dit que les environs de Constantinople, autrefois si peuplés et si florissans, étoient changés en une effroyable solitude. Les délicieuses maisons de campagne qui ornoient autrefois le plus beau site de l'univers n'existoient plus ; les champs étoient dévastés, les vignes brûlées, les forêts abattues. L'imagination ardente des Grecs, accablée par tant de malheurs, se figuroit que la fin du monde étoit arrivée, et que la trompette du dernier jugement pouvoit seule annoncer aux oppresseurs et aux victimes la fin de cette horrible crise. Les Bulgares paroissoient les exécuteurs de la vengeance divine. On ne pouvoit compter avec eux sur aucun engagement, sur aucun traité. Les laissoit-on entrer dans une ville, ils la pilloient, la brûloient, en massacroient les citoyens, poussoient quelquefois la cruauté jusqu'à les écorcher vifs, et menoient en esclavage ceux qui avoient survécu à la ruine de leur pays. On dit même que Jean avoit le projet de dépeupler la Thrace, de détruire les villes et les villages, et de transporter les habitans au-delà du Danube.

Ces horreurs souvent renouvelées, et la réputation de modération et de douceur dont jouissoit le régent, rapprochèrent insensiblement les Grecs des Français. Des négociations furent entamées, et Branas, qui avoit épousé Agnès, sœur de Philippe-Auguste, en fut chargé. Estimé des Grecs malgré son dévouement pour les Français, il étoit très-propre à devenir médiateur entre les deux nations. Ses soins pour rétablir la paix eurent un succès plus prompt qu'on ne l'avoit espéré. Les Grecs consentirent à demander au régent pardon de leur révolte. On leur accorda deux places de sûreté, Andrinople et Didymotique, qui furent confiées à Branas. Ainsi la sœur du roi de France, après avoir éprouvé toutes les vicissitudes de la vie la plus orageuse, se trouva, par la position de celui auquel son inclination l'avoit unie, l'objet de l'amour des Français, de la reconnoissance des Grecs, et le lien des deux peuples.

Le roi des Bulgares, après avoir ravagé les environs de Constantinople, marcha vers Andrinople et Didymotique, seules places que tinssent encore les Grecs. Ils se défendirent avec courage à Didymotique, et le régent vola à leur secours avec Ville-Hardouin, qu'il chargea du commandement de l'avant-garde. Les Barbares se retirèrent sans oser livrer de combat, et le maréchal partit pour aller délivrer Renier de Trih, prince de Philippopoli, qui, abandonné de son fils, de son frère, de son gendre et de ses meilleurs chevaliers, avoit été obligé de quitter sa capitale et de s'enfermer, avec un petit nombre de soldats fidèles, dans le château de Steminac, où, depuis treize mois, il étoit en proie à toutes les horreurs de la famine. Cette entreprise réussit. On éprouva la plus douce satisfaction en revoyant des compagnons qu'on croyoit perdus sans ressource : des deux côtés on se raconta les maux que l'on avoit soufferts ; et ce fut là que les Français apprirent la mort de l'empereur Baudouin.

D'après les instances du régent, le Pape s'étoit vivement intéressé au sort de l'Empereur, et avoit fait prier Jean d'accepter la rançon qui lui étoit offerte: le barbare, après avoir fait long-temps attendre sa réponse, s'étoit borné à dire que l'Empereur n'étoit plus en état de profiter des bontés de Sa Sainteté. En effet, Baudouin étoit mort, et ses derniers momens avoient été accompagnés d'horribles circonstances. Quelques historiens modernes ont élevé des doutes sur le récit qui nous a été transmis par un contemporain ; mais la cruauté du roi des Bulgares, et le caractère de Baudouin, font présumer que le fond en est vrai.

L'Empereur étoit détenu à Ternove, résidence principale de Jean : d'abord assez bien traité, il fut bientôt après jeté dans un cachot, et y souffrit toutes les espèces de privations. La reine des Bulgares, née en Tartarie, l'ayant vu dans les premiers momens, s'étoit vivement intéressée à lui. Baudouin, alors âgé de trente-cinq ans, réunissoit toutes les qualités d'un chevalier français : sa figure noble et pleine d'expression, sa haute réputation de valeur, sa résignation dans les revers, offroient des charmes nouveaux à une femme qui n'avoit jusqu'alors vécu qu'avec des barbares. La passion de la Reine s'augmenta par les difficultés. Sous prétexte de charité, elle alloit voir souvent Baudouin dans sa prison, et ne tarda pas à lui révéler le sentiment qu'il lui avoit inspiré. Pleine de hardiesse et de résolution, elle lui proposa de le délivrer et de fuir avec lui. Baudouin, fidèle au serment qu'il avoit fait à la mort de Marie, et d'ailleurs distingué par une pureté de mœurs qui lui avoit mérité le nom de *chaste*, rejeta cette proposition avec horreur. La Reine, désespérée, et passant tout à coup de l'excès de l'amour à l'excès de la haine, porta ses plaintes à son époux, et accusa Baudouin d'avoir voulu la séduire. Quelques jours après, Jean appelle sa cour à un festin, ordonne que son prisonnier lui soit amené, et le fait sabrer en sa présence. On le jette encore vivant dans une fosse destinée à recevoir des animaux morts, et il y expire après avoir éprouvé les plus affreux tourmens. Ainsi périt Baudouin, premier empereur français qui ait occupé le trône de Constantinople : la Providence lui fit payer chèrement cette grandeur passagère.

Le régent et les Français furent pénétrés de douleur en apprenant ces tristes détails. Après avoir laissé des garnisons dans les places importantes, l'armée revint à Constantinople, où le prince Henri fut couronné par le patriarche Morosini. Les Grecs s'étonnèrent que le frère de Baudouin eût tant tardé à se faire proclamer empereur. Habitués à fouler aux pieds les lois sur la succession au trône, ils ne pouvoient concevoir le désintéressement de Henri, qui n'avoit voulu prendre la pourpre qu'après s'être assuré de la mort de Baudouin. Les plus sages d'entre eux admirèrent cette modération qui distinguoit les princes d'Occident; et Nicétas, quoique ennemi déclaré des Français, l'offre pour modèle à ses compatriotes.

Le règne de Henri commençoit sous de funestes auspices : il falloit relever un empire déchiré par les factions, désolé par les invasions étrangères, plongé dans la plus horrible anarchie, et unir par les liens de la confiance et de l'amitié deux peuples dont les mœurs étoient absolument différentes. Il étoit réservé à sa modération et à sa prudence de surmonter tous ces obstacles.

A peine couronné, l'Empereur apprit qu'une nouvelle inondation des Bulgares menaçoit Andrinople, qu'ils enlevoient et emmenoient en esclavage toute la population des campagnes. Aussitôt il vole au secours de ses sujets, harcèle les ennemis, et, par une combinaison savante, parvient à délivrer une multitude innombrable de prisonniers que Jean faisoit filer sur les derrières de son armée. Ce premier succès montra que, si Henri l'emportoit sur Baudouin dans l'art de gouverner, il ne lui cédoit pas en valeur.

Henri, depuis qu'il avoit pris les rênes du gouvernement, s'étoit étudié à effacer tous les ombrages qui pouvoient encore exister entre sa famille et celle de Montferrat. Se trouvant en parfaite intelligence avec ce prince, il lui avoit demandé en mariage Agnès sa fille, dans l'espoir que cette union resserreroit leurs liens. Cette jeune princesse, que son père avoit depuis peu fait venir de Lombardie, fut envoyée à Constantinople. Ville-Hardouin, chargé par l'Empereur d'aller la recevoir dans la ville d'Abydos où elle débarqua, eut l'honneur de la présenter à son futur époux, et les noces eurent lieu presque immédiatement.

A la même époque, Théodore Lascaris, qui possédoit presque toute la partie de l'Empire située au-delà du détroit, et qui s'étoit affermi, tant par ses succès que par de grandes qualités politiques, se fit couronner solennellement à Nicée comme empereur d'Orient. C'étoit le rival le plus dangereux de l'empereur Henri; et sa puissance étoit d'autant plus à redouter, que non-seulement il étoit sûr de la fidélité de ses sujets, mais qu'il entretenoit de secrètes intelligences avec tous les Grecs qui étoient encore mécontens de leurs vainqueurs.

Lascaris, pour enlever à son rival l'appui sur lequel il comptoit le plus, ouvrit des négociations avec le Pape, et lui offrit de reconnoître la suprématie de l'Église latine : il se bornoit, pour le moment, à demander que les Français le laissassent jouir du territoire qu'il occupoit, de manière qu'il y auroit eu deux empires d'Orient, séparés par le Bosphore. Sa tentative n'eut pas de succès : le Pape lui répondit qu'il devoit se soumettre, et offrit seulement de lui ménager des conditions avantageuses.

Lascaris, n'ayant pas réussi de ce côté, et voyant que les Français faisoient des préparatifs sérieux pour l'attaquer, ne craignit pas de traiter avec le roi des Bulgares, de s'en faire un auxiliaire, et de rappeler sur sa patrie les maux dont elle avoit déjà tant souffert. Henri fut donc attaqué par deux ennemis implacables avec une violence qui auroit dû entraîner sa perte, s'il n'eût pas déployé tous les talens d'un grand prince et d'un grand général. Placé entre deux feux, il tint tête partout. On verra dans les Mémoires de Ville-Hardouin comment il sut se tirer des positions les plus difficiles, et payer de sa personne avec une audace qui avoit l'air de la témérité, mais qui, soumise aux calculs de la prudence, portoit au plus haut degré d'exaltation le courage des soldats, sans exposer la fortune de l'Empire. Il battit Lascaris à plusieurs reprises, et fit avec lui une trêve de deux ans, peu avantageuse si son trône eût été affermi, mais nécessaire dans la situation où il se trouvoit.

Tous ses efforts se tournèrent alors contre les Bulgares, qui ne tinrent pas devant lui, et se retirèrent dans leur pays. Il fit quelques courses sur leurs terres, et dans un moment de repos il eut une entrevue avec Montferrat, qui depuis long-temps désiroit concerter avec lui les moyens de rétablir l'ordre dans l'Empire. Les deux princes se virent dans la plaine de Cypsela : leur entretien fut plein de cordialité; Montferrat, après avoir fait hommage de son royaume, s'informa de la jeune Impératrice, et apprit avec joie qu'elle étoit enceinte. Ville-Hardouin, également cher à l'Empereur et au roi de Thessalonique, auxquels il avoit rendu les plus grands services, reçut du dernier la ville et le territoire de Messynople, et devint son homme lige, sans renoncer cependant à continuer de servir Henri comme maréchal de Romanie.

Cette entrevue, qui avoit rempli de joie les Français et les Italiens, fut suivie de la catastrophe la plus affreuse. Montferrat, d'après les conseils de quelques Grecs qui le trahissoient peut-être, fit une course vers le mont Rhodope, à une journée de Messynople. Dans les défilés de ce pays, il fut tout à coup enveloppé par les Bulgares, et périt après avoir vu massacrer tous ceux qui l'entouroient. Sa tête fut portée à Jean : ce roi barbare se glorifia ainsi d'avoir causé la perte des deux princes croisés qui s'étoient partagé l'Empire grec. Montferrat laissoit des enfans de son premier mariage, et il avoit eu de Marguerite de Hongrie un fils appelé Démétrius, qui devoit succéder au trône de Thessalonique. Ce prince étant encore dans l'enfance, sa tutelle fut confiée au comte de Blandras, seigneur italien, et la Reine fut déclarée régente.

Jean profita de la terreur que répandit dans ce

royaume la mort imprévue du héros qui l'avoit fondé, pour y faire une invasion. Tout plia devant lui, et l'Empereur ne se trouva pas suffisamment en force pour arrêter ce torrent. Jean, triomphant, vint assiéger Thessalonique, persuadé qu'une veuve désolée, et un enfant en bas âge, étoient incapables de lui résister. Cependant la ville se défendit courageusement; et, par un coup de la Providence, le roi des Bulgares trouva sous ses murs la punition des horribles excès auxquels il s'étoit livré. On ignore les circonstances de sa mort : tout porte à croire qu'il fut assassiné.

Phrorilas, son neveu, qui lui succéda, leva le siége et se retira dans son pays. Moins habile que son oncle, il voulut jouer le même rôle, et satisfaire ses sujets en leur procurant de nouveau le pillage de l'Empire. S'étant avancé jusqu'à Philippopoli, il rencontra Henri, qui, à la tête d'une armée qu'il avoit eu le temps de discipliner, le défit entièrement, et lui enleva quatre-vingts lieues de pays. Cette bataille mémorable mit fin aux invasions des Bulgares. Les deux États se rapprochèrent, on entama des négociations, et, pour cimenter la paix, Henri se détermina au plus grand sacrifice qu'un souverain puisse faire à son peuple. L'impératrice Agnès de Montferrat étant morte, et le fils qu'il avoit eu d'elle l'ayant suivie au tombeau, il épousa la sœur de Phrorilas, la nièce de celui qui avoit assassiné Baudouin. Depuis cette union, qui dut tant lui coûter, le repos de l'Empire fut assuré, et il ne s'occupa plus que du bonheur de ses sujets.

Son premier soin fut de protéger le jeune roi de

Thessalonique, et la régente sa mère, contre les entreprises du comte de Blandras, tuteur du prince. Ce seigneur avoit formé le projet de donner le trône à Guillaume de Montferrat, que le feu Roi avoit eu de son premier mariage, et qui étoit resté en Italie. Il s'empara donc de Thessalonique, résolu d'en chasser la veuve de son maître, et l'héritier de la couronne. Henri, en noble chevalier, vola au secours des opprimés; et Ville-Hardouin, qui avoit ses principaux domaines dans ce royaume, partagea la gloire de cette généreuse expédition. Blandras, vaincu, fut d'abord enfermé à Thessalonique, puis relégué en Italie.

Pendant cette guerre, qui fut de longue durée parce que Blandras entama des négociations, et manqua souvent de parole, Henri affermit encore son empire en faisant la paix avec Michel, despote d'Épire, dont le prince Eustache son frère épousa la fille.

L'usurpateur Alexis vivoit encore, et ne perdoit pas l'espoir de remonter sur le trône. Réfugié chez le despote d'Épire, et voyant que ce prince étoit disposé à faire la paix avec Henri, il passa en Asie, comme il en avoit eu depuis long-temps la résolution, et se retira près de son gendre Théodore Lascaris, dont bientôt il devint jaloux. Après l'avoir fatigué de ses prétentions, il le quitta et se retira dans les États du sultan d'Icone, Gaiatheddin, auquel il avoit autrefois rendu de grands services. Bien accueilli par ce nouveau protecteur, il le détermina sans peine à faire la guerre à Lascaris, qu'il traitoit d'usurpateur. Il accompagna le sultan dans une expédition qui avoit pour objet de le placer sur le trône de Nicée. Mais les sujets de Lascaris, dévoués à un souverain qui leur avoit conservé une patrie, méprisant un ambitieux qui n'étoit connu que par des défaites, montrèrent la plus grande ardeur contre les Musulmans. Le sultan fut vaincu, et Alexis, arrêté dans sa fuite, tomba au pouvoir de Lascaris. Relégué dans un monastère, il y termina, au milieu des chagrins de l'ambition trompée, une carrière qu'il n'avoit rendue fameuse que par ses crimes.

Jusqu'alors il n'avoit existé que des trèves passagères entre Henri et Lascaris. Dans les intervalles de ces suspensions d'armes, les deux États, presque aussi forts l'un que l'autre, n'étoient point parvenus à s'entamer, et les avantages long-temps balancés ne laissoient entrevoir aucun résultat définitif. Henri, toujours occupé du bonheur de ses peuples, résolut de faire une paix solide avec son rival. Les négociations eurent le succès qu'il désiroit. Il recouvra la Mysie jusqu'à Calame, qui dut rester inhabitée. Lascaris conserva Nicée, Pergame, Pruse et quelques autres villes considérables.

Bien avant d'être parvenu à conclure une paix générale, Henri s'étoit constamment appliqué à faire jouir ses sujets des avantages d'un gouvernement doux et modéré. Il rétablit la tranquillité, parvint à persuader aux vainqueurs qu'il étoit de leur intérêt de ménager les vaincus; et, sous son règne, la réconciliation des deux peuples parut sincère. Ayant tout à redouter du voisinage de Lascaris, qui offroit sans cesse un asile et des secours aux mécontens, il fut assez heureux pour convaincre les Grecs qui lui étoient soumis que lui seul pouvoit les préserver des maux dont ils avoient si long-temps souffert. Ses réglemens portent le caractère de la plus haute sagesse. Il voulut que les seigneurs grecs conservassent à sa cour les mêmes honneurs dont ils avoient été revêtus sous les empereurs de leur nation. Sans cesser d'être reconnoissant envers les Français et les Vénitiens, auxquels il devoit le trône, et sans manquer aux engagemens qu'il avoit pris avec eux, il admit le peuple vaincu dans les places de la magistrature et dans les rangs de son armée, paroissant n'accorder les distinctions qu'au mérite reconnu, quoique le dévouement fût à ses yeux le premier et le plus imposant de tous les titres. Donnant l'exemple de la plus haute piété, il ne souffrit point de persécutions religieuses. Persuadé que le schisme ne pouvoit s'éteindre que graduellement, et par des moyens doux, il permit au clergé grec de suivre ses anciens usages, et lui assigna des églises et des monastères. En 1210, il réprima le zèle trop ardent de Pélage, évêque d'Albe et légat du Pape, qui vouloit arracher par la contrainte ce qui ne doit être obtenu que par la persuasion. Ses représentations auprès de la cour romaine eurent tout le succès qu'il devoit attendre; et le concile de Latran, dont le principal objet étoit la réunion des deux Églises, entra pleinement dans ses vues. Les Grecs désiroient que chaque diocèse eût deux évêques de l'un et l'autre rit. Cette concession, qui auroit perpétué les divisions, troublé les consciences, et détruit à la longue la véritable piété, ne pouvoit être agréée par l'Empereur. D'après ses instances, le concile décida qu'il n'y auroit qu'un évêque par province, mais que ce prélat établiroit en faveur de chaque nation des personnes qui l'instruiroient, lui administreroient les sacremens et célébreroient l'office divin selon son rit et dans sa langue. Ainsi tous les fidèles d'un diocèse ne durent composer qu'un seul corps, quoiqu'il leur fût permis de suivre des usages différens. Ces sages réglemens, qui concilioient la vraie tolérance avec l'unité des Églises, auroient sans doute rapproché les esprits, et détruit pour jamais le schisme, si Henri, qui pouvoit seul en assurer le succès, n'étoit pas mort un an après l'ouverture du concile.

Michel, despote d'Épire, dont Eustache, frère de l'Empereur, avoit épousé la fille unique, s'étoit depuis quelque temps brouillé avec son gendre, et les hostilités avoient recommencé sans succès marqués de l'un et de l'autre côté. Ce prince ayant été assassiné par un de ses domestiques, Théodore son frère lui succéda, poussa plus vivement la guerre, et s'empara de Durazzo et de l'Albanie : l'Empereur marcha contre lui avec une puissante armée ; les Français et les Grecs brûloient de vaincre sous ses ordres, mais la mort le surprit à Thessalonique, le 11 juin 1216, à l'âge de quarante ans. Une fin si prompte fut attribuée au poison. Quelques-uns en accusèrent l'Impératrice, qu'il n'avoit épousée que par politique ; d'autres en accusèrent les Grecs : et cette conjecture, qui n'étoit appuyée par aucune preuve, contribua de nouveau à diviser les deux nations que l'Empereur avoit eu tant de peine à réunir. Henri régna dix ans neuf mois et vingt-deux jours. Malheureusement il ne laissa point d'enfans.

Ici finit la splendeur passagère de l'Empire latin. Dans le récit qui suivra les Mémoires de Ville-Hardouin, on ne verra plus le trône occupé que par des princes incapables de le soutenir; cet empire semblera pendant quelque temps n'exister que par une sorte de miracle, et la valeur des Français et des Vénitiens ne servira qu'à prolonger sa douloureuse agonie.

La mort du maréchal de Ville-Hardouin avoit précédé de quelques années celle de l'empereur Henri. Lorsque ses services ne lui étoient pas nécessaires, il vivoit à Messynople, dans les vastes domaines qui lui avoient été donnés par le roi de Thessalonique. La fortune considérable qu'il avoit acquise dans le nouvel Empire ne lui faisoit oublier ni sa patrie, ni sa souveraine, la comtesse Blanche, veuve du jeune prince qui auroit dû jouer le principal rôle dans la croisade. Blanche le consulta souvent sur ses différends avec la couronne de France; et, par ses conseils, elle conserva les comtés de Blois et de Sancerre qu'on vouloit distraire du patrimoine de son fils. Ses soins s'étendoient aussi sur sa famille. En 1207, il dota l'abbaye de Froyssi et celle de Troyes, où ses sœurs et ses deux filles étoient religieuses, et il mit pour condition de cette dotation qu'elles jouiroient du revenu pendant leur vie.

Son neveu Geoffroy, que nous avons laissé au moment où il entreprenoit avec Guillaume de Champlite la conquête de la Morée, fit une grande fortune. Il succéda dans cette principauté à Guillaume, qui mourut sans enfans. Ses descendans s'y maintinrent jusqu'à la destruction entière de l'Empire grec, et cette branche de la maison de Ville-Hardouin se fondit par la suite dans la maison de Savoie.

Le maréchal, parvenu à un âge fort avancé, s'étoit

acquis par ses services, par sa longue expérience, et surtout par son caractère plein de modération et de douceur, l'estime et l'affection des deux peuples. Ses Mémoires annoncent un esprit très-distingué pour le temps où il vécut : on ne peut les lire sans en aimer l'auteur. D'après des traditions, qui n'ont cependant rien de bien certain, il paroît que le maréchal de Ville-Hardouin mourut en 1213. La branche dont il étoit le chef s'éteignit en 1400.

GEOFFROY DE VILLE-HARDOUIN,

DE LA CONQUESTE

DE CONSTANTINOPLE.

GEOFFROY DE VILLE-HARDOUIN,

DE LA CONQUESTE

DE CONSTANTINOPLE.

[An 1198.] L'an de l'incarnation de nostre Seigneur mil cent quatre vingt dix-huict, au temps du pape Innocent III, de Philippes Auguste, roy de France, et de Richard, roy d'Angleterre, il y eut un saint homme en France appellé Foulques, et surnommé de Nueilly parce qu'il estoit curé de ce lieu, qui est un village entre Lagny sur Marne et Paris. Ce Foulques se mit à annoncer la parole de Dieu par la France et les pays circonvoisins, nostre Seigneur operant par lui grand nombre de miracles, tant que la renommée s'en épandit par tout, et vint jusques à la connoissance du Pape, lequel envoya en France vers ce saint homme pour luy enjoindre de prescher la croisade soûs son authorité. Quelque temps après il y deputa le cardinal Pierre de Capoüe, qui avoit pris la croix à dessein de s'acheminer en la Terre saincte, pour y inviter les autres à son exemple de faire le mesme, avec charge de publier de la part de Sa Sainteté les pardons et indulgences qu'elle octroyoit à ceux qui se croiseroient, et

GEOFFROY DE VILLE-HARDOUIN,

DE LA CONQUESTE DE CONSTANTINOPLE.

[AN 1198.] SACHIÉS que mille cent quatre-vinz et dix-huit ans après l'incarnation nostre seingnor Jesus-Christ, al tens Innocent III, apostoille de Rome, et Philippe, roy de France, et Richart, roy d'Engleterre, ot un saint home en France, qui ot nom Folques de Nuilli. Cil Nuillis siest entre Lagny sor Marne et Paris; et il ere prestre, et tenoit la parroiche de la ville : Et cil Folques dont je vous di, comença à parler de Dieu par France, et par les autres terres entor. Et nostre sires fist maint miracles por luy. Sachiés que la renomée de cil saint home alla tant, qu'elle vint à l'apostoille de Rome Innocent, et l'apostoille envoya en France, et manda al prodome que il en penchast des croiz par s'autorité : et après i envoya un suen chardonal maistre Perron de Chappes croisié, et manda par lui le pardon tel come vos dirai. Tuit cil qui se croiseroient et feroient le service Dieu un an en l'ost, seroient quittes de toz les pechiez que il avoiens faiz, dont il seroient confés. Porce que

procureroient le service de Dieu dans l'armée d'outremer par l'espace d'un an : telles, qu'ils auroient pleniere absolution de toús les pechez qu'ils auroient commis, et dont ils se seroient deuëment confessez. Et d'autant que ces indulgences estoient grandes, plusieurs se sentirent touchez dans leurs cœurs, et poussez de devotion à prendre la croix.

2. [AN 1199.] L'année d'après que Foulques eut ainsi publié la croisade, il y eut un tournoy en Champagne à un chasteau nommé Escriz (1) où Thibaut, comte de Champagne et de Brie, prit la croix, ensemble Louys, comte de Blois et de Chartres; et ce fut à l'entrée des Advents. Or le comte Thibaut estoit un jeune seigneur qui à peine avoit atteint l'âge de vingt-deux ans, et le comte Louys n'en avoit pas plus de vingt-sept. Ces deux comtes étoient neveux et cousins germains du roy de France d'une part, et neveux du roy d'Angleterre d'autre.

3. Avec ces deux comtes se croisérent deux grands barons de France, Simon de Montfort (2), et Renaud de Montmirail : en sorte que la renommée en fut grande par tout, quand ces deux seigneurs furent croisez.

4. En la terre du comte de Champagne se croiserent pareillement Regnier, evesque de Troyes, Gautier, comte de Brienne, Geoffroy de Joinville, seneschal de Champagne, Robert son frere, Gautier de Vignorry, Gautier de Montbeliard, Eustache de Con-

---

(1) *Escriz*, *Aicris* ou *Escry* : ce château étoit situé sur l'Aisne, près de Château-Porcien. — (2) *Simon de Montfort* : le même qui figura depuis dans la guerre contre les Albigeois.

cil pardons fu issi gran, si s'en esmeurent mult li cuers des gens, et mult s'en croisierent, porce que li pardons ere si gran.

2. [AN 1199.] *En l'autre an après que cil preudom Folques parla ensi de Dieu, ot un tornoy en la Champaigne à un chastel qui ot nom Aicris, et par la grace de Dieu, si avint que Thibauz, quens de Champaigne et de Brie, prit la croix, et li quens Loeys de Blois et Chartein. Et ce fu à l'entrée des Avenz. Or sachiés que cil quens Thibauz ere jones hom, et n'avoit pas plus de xxij ans, ne li quens Loeys n'avoit pas plus de xxvij ans. Cil dui conte ere nevou le roy de France, et si cousin germain, et nevou le roy d'Angleterre de l'autre part.*

3. *Avec ces deux contes se croisserent deux mult halt baron de France, Symons de Monfort, et Renauz de Mommirail. Mult fu gran la renomée par les terres, quant cil deux halt homes s'en croisserent.*

4. *En la terre le comte Thibauz de Champaigne, se croisa Garniers li vesques de Troies, li quens Gautiers de Briene, Joffroy de Joenville qui ere seneschaus de la terre, Robert ses freres, Gautiers de Gaignonru, Gautiers de Montbeliart, Euthaices de Chovelans, Guis de Plaissié ses freres, Henris d'Ardilliers, Ogiers de Saincheron, Villains de Nuilly, Joffroy de Ville-Hardoin li mareschaus de Cham-*

flans, Guy du Plessié son frere, Henry d'Ardilliers, Oger de Saintcheron, Villain de Nuilly, Geoffroy de Ville-Hardoüin, mareschal de Champagne, Geoffroy son nepveu, Guillaume de Nuily, Gautier de Juilimes, Everard de Montigny, Manassez de l'Isle, Machaire de Saincte-Menehould, Miles de Brabans de Provins, Guy de Chappes, Clerembaud son neveu, Renaud de Dampierre, Jean Foisnons, et plusieurs autres personnes de consideration.

5. Avec le comte de Blois se croiserent Gervais de Castel, Hervé son fils, Jean de Virsin, Olivier de Rochefort, Henry de Monstrueil, Payen d'Orleans, Pierre de Braiequel, Hugues son frere, Guillaume de Sains, Jean de Friaise, Gautier de Gandonville, Hugues de Cormery, Geoffroy son frere, Hervé de Beauvoir, Robert de Froieville, Pierre son frere, Oris de l'Isle, Robert du Quartier, et plusieurs autres dont les noms sont icy obmis.

6. En France, prirent la croix Nevelon, evesque de Soissons, Matthieu de Montmorency, Guy, chastellain de Coucy, son neveu, Robert de Mauvoisin, Dreux de Cressonessart, Bernard de Morueil, Enguerrand de Boves, Robert son frere, et grand nombre d'autres personnes de condition qui ne sont icy nommées.

7. [AN 1200.] A l'entrée du caresme ensuivant, le propre jour des Cendres, Beaudoüin, comte de Flandres et de Hainault, et la comtesse Marie sa femme, qui estoit sœur de Thibaut, comte de Champagne, prirent la croix en la ville de Bruges. Et à leur exemple Henry son frère, Thierry son neveu, qui fut fils du comte Philippes de Flandres, Guillaume, advoüé de Bethune, Conon son frere, Jean de Neelle, chastelain

paigne, Joffroy ses niers, Guillelmes de Nuilli, Gautiers de Juillimes, Curaz de Monteigni, Manasiers de Lisle, Machaires de Saincte-Menehalt, Miles li Braibans, Guy de Chapes, Clerembauz ses niers, Reignarz de Dampierre, Johans Foisnons, et maint d'autres bones gens dont li livre ne fait mie mention.

5. *Avec le conte Loeÿs se croisa Gervaises del Chastel, Hervils ses fils, Johans de Virsim, Oliviers de Rochefort, Henris de Monstruel, Païens d'Orliens, Pierres de Braiequel, Hues ses freres, Guilelmes de Sains, Johan de Friaise, Gautiers de Gandonvile, Hues de Cormeroy, Joffrois ses freres, Hervils de Belveoit, Robert de Froieville, Pierres ses freres, Oris de Lile, Robert del Quartier, et maint autre dont li livre ne fait mie mention.*

6. *En France se croisa Nevelon li evesques de Soissons, Mahe de Montmorensi, Guis li castellains de Coucy ses niers, Robert Malvoisins, Drues de Cressonessart, Bernarz de Monstervel, Engenraz de Bove, Robert ses freres, et maint autre prodome dont li livre ore se taist.*

7. [An 1200.] *A l'entrée de la quaresme aprés, le jour que on prent cendres, se croisa li quens Baudoins de Flandres et de Hennaut à Bruges, et la contesse Marie sa feme, qui ere suer le conte Thiebaut de Champaigne. Aprés se croisa Henris ses freres, Thierris ses niers, qui fu fil le conte Philippe de Flandres, Guiliermes l'avoëz de Bethune, Coenes ses freres, Johan de Neele chatelain de Bruges, Re-*

de Bruges, Renier de Trit, Renier son fils, Matthieu de Vaslincourt, Jacques d'Avesnes, Beaudoüin de Beauvoir, Hugues de Belines, Girard de Machicourt, Eudes de Ham, Guillaume de Comegnies, Dreux de Beaurain, Roger de Marche, Eustache de Sambruit, François de Colemy, Gautier de Bousiers, Renier de Monts, Gautier de Stombe, Bernard de Somerghen, et nombre d'autres seigneurs dont nous nous taisons.

8. Hugues, comte de Saint-Paul, se croisa ensuitte, et avec luy Pierre d'Amiens son neveu, Eustache de Canteleu, Nicolas de Mailli, Anseau de Kaieu, Guy de Hosdeng, Gautier de Neelle, Pierre son frere, et autres dont les noms ne sont venus à nostre connoissance.

9. D'autre part Geoffroy, comte du Perche, Estienne son frere, Rotrou du Montfort, Ives de la Valle, Aimery de Villerey, Geoffroy de Beaumont, et plusieurs autres firent le mesme.

10. Ensuite les seigneurs et barons croisez arresterent un parlement ou assemblée à Soissons, pour resoudre du temps qu'ils devroient partir, et du chemin qu'ils devroient prendre : mais ils ne peurent s'accorder ni convenir ensemble pour cette fois, ayans trouvé qu'ils n'avoient encore nombre suffisant de Croisez pour faire aucune entreprise qui pût reüssir. Toutesfois à peine deux mois furent escoulez qu'ils se rassemblerent derechef en la ville de Compiegne, où tous les comtes et barons qui avoient pris la croix se trouverent. Plusieurs choses y furent proposées et debatuës, dont la resolution fut qu'ils depécheroient des deputez les plus capables qu'ils pourroient choisir,

niers du Trit, Reniers ses fils, Mahuis de Valencort, Jakes d'Avesnes, Baudoins de Belveoir, Hues de Belines, Girart de Machicort, Oedes de Ham, Guillelmes de Gomeignies, Druis de Belraim, Rogiers de Marche, Eutaices de Sambruic, François de Colemi, Gautiers de Bousiers, Reiniers de Monz, Gautiers de Stombe, Bernarz de Soubrengheiem, et maint plusor prodome dont li livre ne parle mie.

8. Aprés se croisa li quens Hues de Saint Pol ; avec luy se croisa Pierres d'Amiens ses niers, Euthaices de Canteleu, Nicole de Mailli, Ansiaus de Lieu, Guis de Hosdeng, Gautier de Neelle, Pierre ses freres, et maint autre gent que nous ne connoissons pas.

9. Enqui aprés, s'encroisia li quens Jofrois del Perche, Estenes ses freres, Rotres de Montfort, Ive de Lavalle, Hantimeris de Vileroy, Joffroy de Belmont, et maint altre dont je ne sai pas le nons.

10. Aprés pristrent li baron un parlement à Soissons, pour savoir quant il voldroient movoir, et quel part il voldroient torner. A celle foiz ne se porent accorder, porce que il lor sembla que il n'avoient mie encore assez gens croisié. En tot cel an ne passa onques deux mois que il n'assemblassent à parlement à Compieigne. Enqui furent tuit li conte et li baron qui croisié estoint. Maint conseil i ot pris et doné. Mais la fin si fu tels, que il envoierent messages meillors que il poroient trover, et donroient plain pooir de faire toutes choses autretant com li seignor.

ausquels ils donneroient plein pouvoir de traitter et conclure en leur nom tout ce qu'ils jugeroient necessaire pour l'execution de leur dessein.

11. De ces deputez, deux furent nommez par Thibaut, comte de Champagne, deux par Baudoüin, comte de Flandres, et deux par Louys, comte de Blois. Les deputez du comte Thibaut furent Geoffroy de Ville-Hardoüin, mareschal de Champagne, et Miles de Brabant; ceux du comte Baudoüin furent Conon de Bethune, et Alard Macquereau : et ceux du comte de Blois, Jean de Friaise, et Gautier de Gandonville. Sur ces six les barons se remirent entierement de leurs affaires, et fut convenu qu'ils leur expedieroient chartes et patentes scellées de leurs sceaux, avec plein pouvoir d'agir en leurs noms, et promesse de tenir tout ce qui seroit par eux fait, ensemble d'agréer tous les traittez qu'ils feroient aux ports de mer, et autres lieux où ils s'addresseroient. Ainsi ces six deputez partirent, lesquels aprés avoir concerté ensemble, et jugé à propos de s'acheminer à Venise, à cause que là, plus qu'en nul autre port, ils pourroient rencontrer grand nombre de vaisseaux, firent si grande diligence, qu'ils y arriverent la premiere semaine de caresme.

12. [AN 1201.] HENRY DANDOLE estoit lors duc de Venise, homme sage, et vaillant de sa personne, qui les receut trés-courtoisement, et leur rendit tous les honneurs convenables à leur qualité. Les principaux citoyens et le reste du peuple leur firent aussi grand accueil, et témoignerent beaucoup de satisfaction de leur arrivée; mais quand ils presenterent les lettres de leurs seigneurs, ils demeurerent étonnez sur le sujet de l'affaire qui les pouvoit avoir amenez. Les lettres estoient

11. *De ces messages envoya Thiebauz li quens de Champaigne et de Brie, deux. Et Baudoins li quens de Flandres et Hennaut, deux. Et Loys li quens de Blois, deux. Li message li conte Thiebaut furent Joffroy de Ville-Hardoin li mareschaus de Campaigne, et Miles li Braibanz. Et li message le conte Baudoin, furent Coenes de Betune, et Alars Maqueriaus. Et li message li conte Loys, Iohan de Friaise, et Gautiers de Gandonville. Sur ces six si mistrent lor affaire entierement, en tel maniere: que il lor bailleroient bones cartres pendans, que il tiendroient ferme ce que cil six feroient, par toz les ports de mer, en quelque lieu que il allassent, de toutes convenances que il feroient. Ensi mûrent li six messages com vos avez oï, et pristrent conseil entr'aux, et fu tels lor conseil entr'aux accordé, que en Venise cuidoient trover plus grant plenté de vaissiax que à nul autre port. Et chevauchierent par les jornées tant, que il vindroient la premiere semaine de quaresme.*

12. [AN 1201.] *Li dux de Venise, qui ot à nom* HENRIS DANDOLE, *et ere mult sages, et mult prouz, si les honora mult, et il et les autres gens, et les virent mult volentiers. Et quant ils baillerent les lettres lor seignors, si se merveillerent mult por quel affaire ilz erent venuz en la tere. Les lettres erent de creance, et distrent li contes que autant les creist en come lor cors, et tenroient fait ce que cist six feroient. Et li Dux lor respont: Seignors*

de creance, et portoient en substance que les comtes prioient d'ajouster foy aux porteurs d'icelles, comme on feroit à leurs personnes, et qu'ils tiendroient pour bien fait tout ce que ces six feroient en leurs noms. A cela le duc fit response : « Seigneurs, nous avons veu vos « lettres, et en mesme temps reconneu que vos seigneurs « sont les plus grands et plus puissans princes d'entre « ceux qui ne portent point de couronne. Ils nous « mandent que nous ayons à ajouster foy à tout ce que « vous nous direz de leur part, et que nous tenions « pour ferme et stable tout ce que vous traitterez « avec nous : dites donc ce qu'il vous plaira. » A quoi les deputez respondirent : « Sire, nous ne pou- « vons exposer nostre legation qu'en présence de « vostre conseil, devant lequel nous dirons ce dont « nous sommes chargez de la part de nos seigneurs, « mesme demain, si vous l'avez agreable : » Mais le Duc leur demanda terme jusqu'à quatre jours, et que lors il feroit assembler son conseil, où ils pourroient faire entendre ce qu'ils demandoient.

13. Le jour venu, ils entrerent dans le palais, qui estoit beau et magnifique, et trouverent le Duc avec le conseil en une chambre, où ils firent entendre le sujet de leur arrivée en cette maniere : Sire, nous « sommes venus devers vous, deputez par les plus « grands barons de France, qui ont pris le signe de « la croix pour vanger l'injure faite à Jésus-Christ, « et pour conquerir Hierusalem, si Dieu le veut per- « mettre : et dautant qu'ils sçavent qu'il n'y a per- « sonne au monde qui les puisse mieux aider que vous « et vos sujets, ils vous requierent au nom de Dieu « que vous preniez compassion de la Terre saincte;

je ai veuës vos letres. Bien avons queneu que vostres seignors sont li plus hauts homes que soient sans corone, et il nos mandent que nos creons ce que vos nos direz, et tenons ferme ce que vos ferez. Or dites ce que vos plaira. Et li messages respondirent : Sire, nos volons que vos aiez vostre conseil ; et devant vostre conseil nos vos dirons ce que nostre seingnor vos mandent, demain se il vos plaist. Et li Dux lor respont que il lor requerroit respit al quart jour, et adonc aroit son conseil ensemble, et porroient dire ce que il requeroient.

13. Ils attendirent tresci quart jor que il lor ot mis. Ils entrerent el palais qui mult ere riches et biax, et troverent le Duc et son conseil en une chambre, et distrent lors messages en tel maniere : Sire, nos somes à toi venu de par les hals barons de France qui ont pris le signe de la croiz par la honte JESU-CHRIST vengier, et por Jerusalem conquere se Dieu le veut soffrir : et porce que il savent que nulle genz n'ont si grant pooir come vos et la vostre gent, vos prient par Dieux que vos aiez pitié de la terre d'oltremer, et de la honte JESU-CHRIST vengier, comment il puissent avoir navire, et estoire. En quel maniere ?

« et que vous entriez avec eux dans la resolution de
« venger la honte de nostre commun redempteur, en
« leur fournissant par vous des vaisseaux et autres
« commoditez pour leur passage d'outremer. En quelle
« maniere, et à quelle condition ? fait le Duc. En
« toutes les manieres et conditions, dirent-ils, que
« vous leur voudrez proposer ou conseiller, pourveu
« qu'ils y puissent satisfaire. Certes, dit le Duc aux
« siens, la demande que nous font ces deputez est de
« haute consequence, et paroit bien à leurs discours
« que leur entreprise est grande. » Puis, se tournant
vers eux, leur dit : « Nous vous ferons sçavoir nostre
« resolution dans huit jours, et ne vous étonnez pas
« si nous prenons un si long terme, car l'affaire que
« vous nous proposez merite bien que l'on y pense à
« loisir. »

14. Le jour que le Duc leur avoit designé venu, ils retournerent au palais, où aprés plusieurs discours que je ne vous puis raconter, le Duc finalement leur tint ce langage : « Seigneurs, nous vous dirons ce
« qui a été arresté entre nous au sujet de vostre af-
« faire, pourveu toutefois que nous y puissions faire
« condescendre nostre grand conseil, et le reste
« de la republique, aprés quoy vous adviserez en-
« semble si vous le desirez accepter. Nous vous four-
« nirons de palandries et vaisseaux plats (1) pour
« passer quatre mil cinq cens chevaux, et neuf mil
« escuyers, et de navires pour quatre mil cinq cens

---

(1) *Palandries et vaisseaux plats* : Du Cange explique ici le mot *palandrie* ou *palandrin*, qui veut dire *vaisseau plat*. Ville-Hardouin, dans son texte, se sert du mot *vuissier* ou *vissier*, qui signifie *barque, vaisseau de transport pour les chevaux.*

fait li Dux. En totes les manieres, font li messages, que vos lor saurez loer ne conseiller, que il faire ne soffrir puissent. Certes, fait li Dux, grant chose nos ont requise, et bien semble que il beent à haut affaire. Et nos vos en respondrons dui à huit jorz, et ne vos merveillez mie se li termes est lons, car il convient mult penser à si gran chose.

14. *Li termes que li Dux lor mist, il revindrent el palais. Totes les paroles qui la furent dites, et retraites ne vos puis mie reconter, mes la fin de la parole fu tels : Seignors, fait li Dux, nos vos dirons ce que nos avons pris à conseil, se nos i poons metre nostre grant conseil, et le commun de la terre que il ottroit, et vos vos conseillerois se vos le pourrois faire, ne soffrir. Nos ferons vuissiers à passer quatre milles cinq cens chevaux, et neuf mille escuyers, et es nés quatre mille et cinq cens chevaliers, et ving mille serjans à pié; et à toz ces chevaus et ces genz, i ert telz la convenance que il porteront viande à neuf mois. Tant vos ferômes al mains, en tel forme, que on donra por le cheval quatre mars, et por li home deux. Et totes ces convenances que nos vos devisons, nos tendrons par un an de le jour que nos*

« chevaliers, et vingt mil hommes de pied. Et à tous
« les chevaux et hommes nous promettons de fournir
« et porter vivres pour neuf mois entiers, à condition
« de nous payer quatre marcs d'argent pour chaque
« cheval, et pour l'homme deux. Toutes lesquelles con-
« ventions nous vous tiendrons et accomplirons l'espace
« d'un an, à conter du jour que nous partirons du
« port de Venise pour aller faire le service de Dieu,
« et de la chrestienté, en quelque lieu que ce puisse
« estre. La somme de ce que dessus monte à quatre-
« vingts cinq mille marcs. Nous promettons en outre
« d'équiper au moins cinquante galéres pour contri-
« buer de nostre part à l'avancement d'un si glo-
« rieux dessein, avec cette condition, que tant que
« nostre association durera, nous partagerons éga-
« lement toutes les conquestes que nous ferons, soit
« par terre, soit par mer; c'est à vous à adviser si vous
« voulez accepter les propositions. »

15. Les deputez dirent qu'ils en concerteroient ensemble, et que le lendemain ils leur feroient sçavoir
leur resolution; et là dessus se retirerent. La nuit
suivante ils tinrent conseil, et resolurent de passer
par les propositions qui leur avoient esté faites. A
cét effet ils furent trouver le Duc dés le lendemain
matin, et luy dirent qu'ils estoient prests de les accepter et conclure. Surquoy le Duc leur témoigna
qu'il en communiqueroit aux siens, et qu'il ne manqueroit de leur faire sçavoir ce qu'ils en arresteroient.
Le lendemain, qui fut le troisiéme jour, le Duc assembla son grand conseil, composé de quarante hommes
des plus habiles et des plus sages de toute la republique; et fit tant par ses remonstrances, comme per-

departirons del port de Venise à faire le service
Dieu et la chrestienté, en quelque lieu que ce soit.
La somme de cest avoir, qui icy est devant nommé,
si monte quatre-ving cinq mil mars. Et tant feromes
al moins, que nos metteromes cinquante galées pour
l'amour de Dieu, par tels convenance, que tant com
nostre compaignie durera, de totes conquestes que
nos ferons par mer, ou par terre, la moitié en aurons, et vos l'autre. Or si vos conseilliez se voz
pourroiz faire ne soffrir.

15. Li messages s'en vont, et distrent que il parleroient ensemble, et lor en respondront lendemain.
Conseillerent soi, et parlerent ensemble celle nuit, et
si s'acorderent al faire, et demain vindrent devant
le Duc, et distrent : Sire, nos sommes prest d'asseurer
ceste convenance. Et li dux dist qu'il en parleroit à
la soe gent, et ce que il troveroit, il le lor feroit
savoir. Lendemain al tiers jors manda li Dux, qui
mult ere sage et proz, son grant conseil, et li con-
seilx ere de quarante hommes, des plus sages de la
terre. Par son sen et engin, que il avoit mult cler et
mult bon, les mist en ce que il loérent et voltrent.
Ensi les mist, puis cent, puis deux cens, puis mil,

sonnage de bon sens et de grand esprit qu'il estoit, qu'il leur persuada l'entreprise proposée. De là il y en appela jusqu'à cent, puis deux cens, et puis mil, tant que tous l'approuverent et y consentirent. Finalement il en assembla bien dix mil en la chapelle de Sainct Marc, qui est l'une des plus belles et magnifiques qui se puisse voir, où il leur fit oüir la messe du Sainct Esprit, les exhortant à prier Dieu de les inspirer touchant la requeste des deputez ; à quoy ils se porterent avec grand zele et demonstration de bonne volonté.

16. La messe achevée, le Duc envoya vers les deputez, et leur fit dire qu'il estoit à propos qu'ils requissent, et priassent humblement tout le peuple de vouloir agréer les traitez. Les deputez vinrent en suite à l'église, où ils furent regardez d'un chacun, et particulierement de ceux qui ne les avoient encore veus. Alors Geoffroy de Ville-Hardoüin, mareschal de Champagne, prenant la parole pour ses compagnons, et de leur consentement, leur dit: « Seigneurs,
« les plus grands et plus puissans barons de France
« nous ont envoyé vers vous pour vous prier, au
« nom de Dieu, d'avoir compassion de Hierusalem
« qui gemit sous l'esclavage des Turcs, et de vouloir
« les accompagner en cette occasion, et les assister
« de vos forces et de vos moyens pour vanger unani-
« mement l'injure faite à nostre seigneur Jésus-Christ,
« ayans jetté les yeux sur vous comme ceux qu'ils
« sçavent estré les plus puissans sur la mer; et nous
« ont chargé de nous prosterner à vos pieds, sans
« nous relever que vous ne leur ayez donné la satis-

tant que tuit le creanterent et loérent : puis en assembla ensemble bien dix mil en la chapelle de Saint Marc, la plus belle qui soit, et si lor dist que il oïssent messe del Saint Esprit, et priassent Dieu que il les conseillast de la requeste as messages que il lor avoient faite; et il si firent mult volentiers.

16. Quant la messe fu dite, li Dux manda par les messages, et que il requissent à tout le peuple humblement, que il volsissent que celle convenance fust faite. Li messages vindrent el mostier. Mult furent esgardé de maint gent, qu'il nes avoient ains mais veuz. Joffroy de Ville-Hardouin, li mareschaus de Champaigne, monstra la parole pour l'accort, et par la volenté as autres messages, et lor dist: Seignor, li baron de France li plus halt et plus poestez nos ont à vos envoiez, si vos crient mercy que il vos preigne pitié de Hierusalem, qui est en servage de Turs, que vos por Dieu voilliez lor compaigner à la honte Jesu-Christ vengier, et porce vos i ont eslis que il sévent que nulles genz n'ont si grant pooir qui sor mer soient, comme vos et la vostre genz, et nos commandérent que nos vos anchaissions as piez, et que nos n'en leveissiens dés que vos ariez otroyé que vos ariez pitié de la Terre sainte d'outremer.

8.

« faction de leur octroyer leur requeste, et promis de
« les assister au recouvrement de la Terre Sainte. »

17. Là-dessus les six deputez s'estans prosternez en terre et pleurans à chaudes larmes, le Duc et tout le peuple s'écriérent tous d'une voix, en levant les mains en haut : « Nous l'accordons, nous l'accor-
« dons. » Puis s'éleva un bruit et un tintamarre si grand, qu'il sembloit que la terre deût abismer. Cette joyeuse et pitoyable acclamation appaisée, le Duc, qui estoit homme de grand jugement et de bon sens, monta au pupitre (1), et parla au peuple en cette sorte : « Seigneurs, voyez l'honneur que Dieu vous
« a fait, en ce que les plus vaillans hommes de la terre
« ont délaissé tous les autres peuples et potentats,
« pour chercher vostre compagnie à l'execution d'une
« si louable et sainte entreprise comme de retirer
« l'heritage de nostre Sauveur des mains des Infi-
« delles. » Je ne pretens point vous raconter tout le discours du Duc en cette occasion, me contentant de dire que la finale résolution fut de passer les traitez dés le lendemain, et de dresser les chartes et patentes nécessaires à cét effet. Ce qu'ayant esté exécuté, chacun sceut que l'on iroit à Babylone en Egypte (2), parce qu'on pourroit par cét endroit, mieux que par nul autre, deffaire et détruire les Turcs. Cependant il fut arresté que du jour de la feste de sainct Jean prochain en un an, qui seroit l'an M. CCII, les barons

---

(1) *Monta au pupitre:* Dans l'église Saint Marc il y avoit deux pupitres, l'un à droite, l'autre à gauche. Le Doge montoit au premier lorsqu'il vouloit haranguer le peuple; le second étoit destiné aux prédicateurs. — (2) *Babylone en Egypte :* On appeloit de ce nom une ville dont les ruines sont près du Caire.

17. *Maintenant li six messages s'agenoillent à lor piez mult plorant: et li Dux et tuit li autre s'escrierent tuit à une voiz, et tendent lor mains en halt, et distrent: Nos l'otrions, nos l'otrions. Enki ot si grant bruit et si grant noise, que il sembla que terre fondist. Et quant cele grant noise remest, et cele grant pitié, que onques plus grant ne vit nus home, li bon dux de Venise, qui mult ere sages et proz, monta el leteri, et parla au pueple, et lor dist: Seignor, veez l'onor que Dieus vos a fait, que la meillors genz del monde ont guerpi tote l'autre genz, et ont requis votre compaignie de si halte chose ensemble faire comme de la rescosse nostre Seignor. Des paroles que li Dux dist bones et belles ne vos puis tout raconter. Ensi fina la chose, et de faire les chartes pristrent lendemain jor, et furent faites et devisées: quant elles furent faites, si fu la cose seuë que on iroit en Babyloine, porce que par Babyloine poroient mielz les Turs destruire que par autre terre. Ettem oyan ce, fu devisé que de Saint-Joan en un an, qui fu* M. CC. *ans et deux aprés l'incarnation Jesu-Christ, devoient li baron et li pelerin estre en Venise, et les vassials apareilliez contre als. Quant elles furent faites et seellées si furent aportées devant le Duc el gran palais, ou el grant conseil ere, et li petiz. Et quant li Duc lor livra les soes chartres, si s'agenoilla mult plurant, et jura sor sains à bone foy, à bien tenir les convens qui érent és chartres, et toz ses conseils ansi, qui ere de* xlvj. *Et li messages rejurerent les lor chartres à tenir, et les sermens à*

et les pelerins se devroient trouver à Venise, où l'on leur tiendroit les vaisseaux tous prests. Quand les lettres furent seellées, on les apporta au grand palais, où le grand conseil estoit assemblé avec le petit en la présence du Duc, lequel en les délivrant aux députez se mit à genoux pleurant abondamment, et jura sur les saints Evangiles, ensemble le conseil qui estoit de quarante-six, que de bonne foy ils entretiendroient de leur part tous les traitez y contenus. Les deputez firent pareil serment aux noms de leurs maistres, et promirent de leur part d'observer le tout de bonne foy. Il y eut là mainte larme épanduë de pitié, entremeslée de joye. Ce fait, ils depécherent de part et d'autre à Rome vers le pape Innocent, pour confirmer les traitez, ce qu'il fit tres-volontiers. Alors les François emprunterent de quelques particuliers de la ville de Venise deux mil marcs d'argent, qu'ils delivrerent au Duc par avance, et pour fournir à la premiere dépense des vaisseaux : et ensuite prirent congé pour retourner en leur pays. Estans arrivez à Plaisance, ville de Lombardie, ils se separérent les uns des autres : Geoffroy, mareschal de Champagne, et Alard Macquereau prenans le droit chemin de France, et les autres tirans vers Pise et vers Gennes, pour sçavoir quel secours ils voudroient donner pour cette entreprise.

18. Comme le mareschal passoit le Mont Cenis, il y rencontra Gautier, comte de Brienne (1), lequel s'acheminoit en la Poüille pour conquerir le pays qui appartenoit à sa femme, fille du roy Tancred, qu'il

---

(1) *Gautier, comte de Brienne*, étoit frère de *Jean de Brienne* qui devint depuis empereur de Constantinople.

lor seignor, et les lor que il les tenroient à bonne foi. Sachiez que la ot mainte lerme plorée de pitié. Et maintenant envoièrent lor messages l'une partie et l'autre à Rome à l'apostoille Innocent, pour conferrmer ceste convenance, et il le fist mult volentiers. Alors empruntérent deux mil mars d'argent en là ville, et si le baillérent le Duc pour commencer l'enavile. Ensi pristrent congié por r'aler en lor païs. Et chevauchérent por lor jornees tant, que il vindrent à Plaisence en Lombardie. Enki se partirent Joffrois le mareschal de Champaigne, Alarz Makeriaus, si s'en allérent droit en France, et li autre s'en allérent à Genes et à Pise por savoir quele aie il fairoient a la terre d'outremer.

18. Quant Joffrois li mareschaus de Champaigne passa Mon-Cenis, si encontra li conte Gautier de Brene qui s'en alloit en Puille conquerre la terre sa fame, que il avoit espousée puis que il ot la croiz, et qui ére file le roy Tancred, et avec luy en aloit Gautier de Montbeliard, et Euthaices de Couelans, Robert de Joënville, et grant partie de la bonne gent

avoit épousée depuis avoir receu la croix. Il avoit en sa compagnie Gautier de Montbeliard, Eustache de Conflans, et Robert de Joinville, avec une bonne partie des Champenois qui s'estoient croisez. Quand le mareschal leur eut fait entendre comme toutes choses s'estoient passées en leur legation, ils en témoignérent beaucoup de joie, et le congratulérent du bon succés de cette negotiation, ajoustans : « Vous voiez comme « nous nous sommes desja mis en chemin pour gai- « gner les devans : Quand vous serez arrivez à Venise, « vous nous trouverez tous prests pour vous accom- « pagner. » Mais il avient des adventures comme il plaist à Dieu, dautant qu'il ne fut en leur pouvoir de rejoindre par apres l'armée, et ce fut un grand dommage, parce qu'ils estoient braves et vaillans. Ainsi ils se departirent les uns des autres, tirans outre chacun son chemin.

19. Le mareschal estant arrivé à Troyes en Champagne, il y trouva le comte Thibaut son seigneur malade et en mauvaise disposition de sa personne, lequel fut si joyeux de son arrivée, et encore plus d'apprendre par sa bouche le bon succés de son voyage, qu'il dit qu'il vouloit prendre l'air et monter à cheval, ce qu'il n'avoit fait il y avoit long-temps : là dessus il se leva du lict et monta à cheval ; mais helas! ce fut là son dernier effort, car sa maladie commença à rengreger (1); en sorte que se voyant en cét estat il fit son testament, et distribua l'argent qu'il devoit porter en son voyage à ses vassaux et compagnons, qui estoient tous vaillans hommes, et

---

(1) *Rengreger* ou *rengriger*, aggraver, augmenter en mal.

de Champaigne que croisié estoient. Et quant il lor conta les nouvelles coment il avoient esploitié, en firent mult grant joie, et mult prisiérent l'affaire, et li distrent: Nos somes ja meu: et quant vos viendroiz vos nos troveroiz toz prest. Més les aventures aviènent ensi com Dieu plaist. Ne n'orent nul pooir que plus assemblassent en l'ost. Ce fut mult grant domaiges, que moult estoient preu et vaillant. Et ensi se partirent, si tint chascuns sa voie.

19. Tant chevaucha Joffroi li mareschaus per ses jornees, que il vint à Troies en Champaigne, et trova son seingnor le conte Thibaut malades et deshaitiés, et si fu mult liez de sa venue. Et quant cil li ot contée la novele comment il avoient esploitié, si fu si liez qu'il dist qu'il chevaucheroit, ce qu'il n'avoit piece fait, et leva sus et chevalcha. A las com grant domages, car onques puis ne chevaucha que cele foiz. Sa maladie crût et efforça, tant que il fist sa devise et son lais, et departi son avoir, que il devoit porter à ses homes et à ses compaignons, dont il n'avoit mult de bons, nus hom à cel jor n'en avoit plus. Et si commanda si com chascuns recevroit son avoir, que il jureroit sor sains l'ost de Venise à tenir ensi

en si grand nombre, qu'aucun seigneur en ce temps-là n'en avoit davantage : enjoignant à châcun d'eux, en recevant ce qu'il leur avoit laissé, de jurer sur les saints Evangiles de se rendre à l'armée de Venise comme ils y estoient obligez. Mais il y en eut de ceux-là qui tinrent peu leur serment, et accomplirent mal leurs promesses, dont ils furent justement blasmez.

20. Il reserva en outre une partie de cét argent pour porter en l'armée, et l'employer où on verroit qu'il seroit necessaire. Ainsi le comte mourut, et fut l'homme du monde qui fit la plus belle fin. Aprés sa mort, grand nombre de seigneurs de sa parenté et de ses vassaux vinrent honorer ses obseques et funerailles, qui furent faites avec tout l'appareil possible et convenable à sa qualité; en sorte qu'on peut dire qu'il ne s'en fit jamais de plus magnifiques. Aussi aucun prince de son aage ne fut plus chery de ses vassaux ny plus universellement de tous. Il fut enterré prés de son pere en l'eglise de Saint-Estienne de Troyes, laissant la comtesse son espouse, nommée Blanche, fille du roy de Navarre, très-belle et sage princesse, qui avoit eu de luy une fille, grosse d'un posthume. Quand le comte fut enterré (1), Mathieu de Montmorency, Simon de Montfort, Geoffroy de Joinville qui estoit seneschal, et le mareschal Geoffroy, allerent trouver le duc de Bourgongne, auquel ils tinrent ce discours : « Sire, vous voyez le dommage avenu à

---

(1) *Quand le comte fut enterré* : Thibaut y fut inhumé dans l'église de Saint-Étienne de Troyes, fondée par Henri son frère. On remarque dans son épitaphe ce vers qui renferme une idée très-belle.

Terrenam quærens, cœlestem reperit urbem.

com il l'avoit promis. Mult i ot de cels qui malvaisement le tindrent, et mult en furent blasmés.

20. Une autre partie commanda li Cuens de son avoir à retenir et pour porter en l'ost, et pour departir là ou en verroit que il seroit emploié. Ensi morut li Cuens, et fu un des homes del munde qui feïst plus belle fin. Enki ot mult grant pueple assemblé de son lignage et de ses homes ; dél duel ne convient mie à parler qui illuec fu faiz, que onques plus grant ne fu faiz por home. Et il le dut bien estre, car onques hom de son aage ne fu plus amés de ses homes, ne de l'autre gent. Enterré fu de lés son pere au mostier de monseignor Sainct-Estiène à Troyes. La Comtesse remest sa femme qui Blanche avoit nom, mult belle, mult bone, qui ére file le roy de Navarre, qui avoit de lui une filliete, et ére grosse d'un fil. Quant li Cuens fu enterré Mahiu de Mommorenci, Symon de Monfort, Joffroy de Joënville qui ére seneschaus, et Joffroy li mareschaus allèrent al duc Oedon de Bourgoigne, et si li distrent : Sire, tu voiz le domage qui a la terre d'outremer est avenuz. Por Dieu, te volons proier que tu preigne la croix et secor la terre d'outremer et leu cestui. Et nos te ferons tot son avoir baillier, et te jurerons sor sains, et le te ferons aus autres jurer, que nos te servirons à bone foi, alsis com nos fassiens lui. Tel fu sa volenté que il refusa. Sachiez que il peust bien

« l'entreprise d'outremer par le decés de nostre
« maistre; c'est pourquoy nous venons icy à dessein
« de vous prier au nom de Dieu de prendre la croix,
« et de vouloir secourir la Terre-Sainte. Nous vous
« promettons de vous faire delivrer tout l'argent qu'il
« avoit amassé pour cette entreprise, et vous jure-
« rons, et le ferons ainsi jurer aux autres sur les saincts
« Evangiles, de vous obeïr et servir de bonne foy,
« comme nous aurions fait sa personne. » Mais il le
refusa nettement; et peut-être qu'il eust peu mieux
faire. Ensuitte Geoffroy de Joinville eut charge des
autres deputez d'aller vers Thibaut, comte de Bar-le-
Duc, cousin du defunt comte de Champagne, lequel
pareillement s'en excusa : ce qui redoubla l'affliction
des pelerins et de ceux qui avoient pris la croix
pour le service de Dieu, mais particulierement leur
augmenta le regret qu'ils avoient de la perte du comte
Thibaut leur seigneur. Sur quoy ils deliberérent de
s'assembler à la fin du mois en la ville de Soissons,
pour aviser à ce qu'ils auroient à faire. Ceux qui s'y
trouverent furent Baudoüin, comte de Flandres, Louys,
comte de Blois, Hugues, comte de Saint Paul, Geoffroy, comte du Perche, et grand nombre d'autres seigneurs.

21. Là le mareschal prit la parole, et leur fit entendre l'offre qu'ils avoient faite au duc de Bourgongne et au comte de Bar-le-Duc, et comme ils les
en avoient refusez ; puis leur dit : « Seigneurs, je
« serois d'avis d'une chose si vous le trouvez bon : le
« marquis Boniface de Montferrat est, comme châcun
« sçait, un prince fort genereux, et des plus experi-
« mentez au faict de la guerre qui soit pour le jour-

mielz faire. Joffroy de Joinville cargièrent li message que altre tel offre feist au conte Bar-le-Duc Thibaut, qui ère cousins al Conte qui mort estoit, et refusa le autre si. Mult fut granz desconforz as pelerins et à tos cels que devoient aller el service Dieu, de la mort le conte Thibaut de Champaigne. Et pristrent un parlement al chief del mois à Soissons, per savoir que il porroient faire. Cil qui furent li cuens Balduin de Flandres et de Hennaut, et li cuens Loeys de Blois et de Chartrain, li cuens Joffroy del Perche, li cuens Hues de Saint-Pol, et maint autre preudome.

21. Joffroy li mareschaus lor mostra la parole et l'offre que il avoient faite le duc de Bourgoingne et le conte de Bar-le-Duc, et comment il avoient refusé. Seignor, fait-il, escoltez, je vos loeroie une chose se vos i accordez. Li marquis Bonifaces de Montferrait est mult prodom, et un des plus proisié qui hui cest jor vive. Se vos le mandiez que il venist çà, et prist le signe de la crois, et se meist el leu le conte

« d'huy vivant : Si vous luy mandiez de venir par « deçà, et qu'il prit la croix, et lui offrissiez la « charge et la conduite de l'armée au lieu du defunt « comte de Champagne, je croy qu'il l'accepteroit. » Toutes choses concertées de part et d'autre, il fut resolu et accordé qu'on deputeroit vers luy. A cét effet on fit expédier les depêches, et on choisit des deputez pour l'aller trouver. Ensuitte dequoy il ne manqua de venir au jour assigné, prenant son chemin par la Champagne et par la France, où il fut bien receu, et particulierement du roy de France, duquel il estoit cousin. Ainsi il vint à Soissons, où l'on avoit assigné l'assemblée, et où plusieurs comtes et barons estoient desja arrivez avec grand nombre de pelerins, lesquels, quand ils sceurent qu'il approchoit, luy allérent au devant, et luy firent tout l'honneur qu'ils pûrent.

22. Le lendemain matin l'assemblée se tint en un verger de l'abbaye de Nostre-Dame de Soissons; où ils requirent tous unanimement le marquis qu'ils avoient mandé, et le priérent au nom de Dieu, se prosternans à ses pieds et pleurans à chaudes larmes, de vouloir prendre la croix, et d'accepter la conduite de l'armée au lieu du feu comté Thibaut de Champagne, et de recevoir ses trouppes et l'argent qu'il avoit destiné pour cette entreprise; ce que le marquis voyant, mit pareillement les genoux en terre, et leur dit qu'il le feroit volontiers. Ainsi deferant à leurs prieres il se chargea de la conduite de l'armée : et à l'instant l'evesque de Soissons, et messire Foulques, le bon sainct homme duquel nous avons parlé cy-dessus, et deux abbez de l'ordre de Cisteaux que le marquis

de Champaigne, et li donisiez la seigneurie de l'ost, assez tost la prendroit. Assez i ot paroles dittes avant et arriere, mais le fin de la parole fu telx, que tuit se accordérent, li grant et li petit : et furent les lettres escrites, et li messaige eslit, et fu envoié querre, et il vint al jor que il li orent mis, par Champaigne et parmi France, ou il fu mult honorez, et par le roy de France, cui cusin il ere. Ensi vint à un parlement à Soissons qui només fu, et illuec fu grant foisons des contes et des Croisiez : co il oïrent que li Marchis venoit, si alérent encontre lui, si l'honorérent mult.

22. Al matin si fu le parlemenz en un vergier à l'abbaïe madame Sainte Marie de Soissons. Enqui requistrent le Marchis que il avoient mandé, et li prient por Dieu que il preigne la croiz, et reçoive la seignorie de l'ost, et soit el leu le conte Thibaut de Champaigne, et preigne son avoir et ses homes, et l'enchaïrent as piez mult plorant, et il lor rechiert as piez, et dit que il le fera mult volentiers. Ensi fist li Marchis lor projere, et reçeut la seigneurie de l'ost. Maintenant li evesques de Soissons, et messire Folques li bon hom, et dui blanc abbé que il avoit amené de son païs, l'emmainent à l'église Nostre-Dame, et li atachent la croiz à l'espaule. En si fina cis parlemens. Et lendemain si prist congié por r'aller en son païs, et por atorner son affaire, et dist que

avoit amenez de son pays, le conduisirent à l'église de Nostre-Dame, et lui attachérent la croix sur l'épaule. L'assemblée finie, le lendemain il prit congé pour retourner au Montferrat, pour donner ordre à ses affaires, avertissant un châcun de se tenir prest, et qu'il ne manqueroit de les aller trouver à Venise.

En son chemin il passa par Cisteaux, et fut au chapitre qui se tient à la Saincte Croix en septembre, où il trouva grand nombre d'abbez, de barons, et autres gens assemblez : messire Foulques y alla aussi prêcher la croisade, ensuite dequoy plusieurs se croisérent, et entre autres Eudes le champenois de Champlite, et Guillaume son frere, Richard de Dampierre, Eudes son frere, Guy de Pesmes, Aymon son frere, Guy de Conflans, et plusieurs autres gentilshommes de la Bourgongne : l'evesque d'Authun y prit aussi la croix, comme encore Guignes comte de Forest, Hugues de Colemy, Aval en Provence, Pierre Bromons, et nombre d'autres dont nous ignorons les noms.

23. [AN 1202.] En cette sorte les pelerins se preparoient de tous costez; mais hélas! il leur arriva un grand malheur le caresme ensuivant : car comme ils estoient sur le terme de partir, Geoffroy comte du Perche devint malade, et fit son testament, par lequel il legua à Estienne son frere tout ce qu'il avoit amassé pour le voyage, à la charge de conduire ses gens en l'armée d'outre-mer : duquel échange les Croisez se fussent bien passez, s'il eust pleu à Dieu. Le comte termina ainsi ses jours au grand déplaisir d'un chacun, et avec sujet, car c'estoit un seigneur puissant et riche, et en grande reputation, et au reste bon chevalier : aussi fut-il fort regretté des siens.

cascuns atornast le suen, que il seroit contre als en Venise.

Ensi s'en alla li Marchis al capitre à Cistials, qui est à la Saincte Crois en septembre. Enqui trova mult grant plenté de abbé, et des barons, et des autres genz, et messire Folques i alla por parler des crois. Enqui se croisa Oedes li champenois de Chanlite, et Guillealmes ses freres, Richart de Dampierre, Oedes ses freres, Gui de Pesmes, Haimmes ses freres, Guis de Covelans, et maintes bones gens de Borgoingne dont li nom ne sont mie en escrit. Aprés se croisa li evesques d'Ostun; Guignes li cuens de Forois, Hughes de Colemi, Aval en Provence, Pierres Bromons, et autres gens assez dont nos ne savons pas le noms.

23. [An. 1202.] Ensi s'atornerent parmi totes les terres et li pelerin. Ha las, cont grant domages lor avint el quaresme aprés, devant ce que il durent movoir, que li cuens Joffrois del Perche s'acocha de maladie, et fist sa devise en tel maniere, que il commanda que Estene ses freres aust son avoir, et menast ses homes en l'ost. De cest escange se soffrissent mult bien li pelerin se Diex volsist. Ensi fina li Cuens, et morut, dont grant domages fu. Et bien fu droiz, car mult ére halt ber et honorez et bons chevaliers. Mult fu grant dielx par tote sa terre.

24: Aprés Pasques, et vers la Pentecoste, les pelerins commencérent à partir de leur pays : ce qui ne se fit point sans larmes lors qu'ils vinrent à prendre congé de leurs parens et de leurs amis. Ils prirent leur chemin par la Bourgongne, par le Mont-jou, par le mont Cenis, et par la Lombardie; et finalement arrivérent à Venise, où ils se logerent en une isle prés du port, appellée Sainct Nicolas.

25. En ce mesme temps une flotte de vaisseaux partit de Flandres avec grand nombre de gens d'armes et de soldats, dont Jean de Néelle chastelain de Bruges, et Thierry qui fut fils du comte Philippes de Flandres, et Nicolas de Mailly estoient chefs et conducteurs; lesquels avoient promis au comte Baudoüin, et ainsi le lui avoient juré sur les saincts Evangiles, d'aller par le détroit de Gibraltar se rendre en l'armée de Venise, et par tout ailleurs où ils apprendroient qu'il seroit. Pour cette occasion le Comte et Henry son frere leur avoient envoyé de leurs navires chargez de vivres et autres commoditez. Cette armée navale fut véritablement magnifique et richement équippée; aussi le comte de Flandres et le reste des pelerins y avoient mis leurs esperances, parce que la pluspart de leurs meilleurs hommes s'y estoient embarquez : mais ils tinrent mal ce qu'ils avoient promis à leur seigneur, aussi bien que les autres, dans l'apprehension qu'ils eurent du danger auquel ceux de l'armée de Venise sembloient s'exposer.

26. L'evesque d'Authun, Guignes comte de Forest, Pierre Bromons, et plusieurs autres leur manquerent pareillement de promesses, dont ils furent blâmez, et firent peu d'exploit où ils s'adressérent. Entre les

24. *Aprés la Pasque, entor la Pentecoste, en commenciérent à movoir li pelerin de lor païs. Et sachiez que mainte lerme i fu plorée de pitié al departir de lor pais, de lor genz et de lor amis. Ensi chevauchiérent parmi Borgoigne, et parmi les monz de Mongeu, et par Moncenis, et par Lombardie. Et ensi comenciérent à assembler en Venise, et se logiérent en une isle que on appelle Sainct Nicolas ens el port.*

25. *En cel termine mût uns estoires de Flandres par mer, con mult grant plenté de bones genz armée. De cele estoire si fu chevetaigne Johan de Neele chastelains de Bruges, et Thierris qui fu filz le conte Philippe de Flandres, et Nicholes de Mailli. Et cil promistrent le conte Baudoin, et jurérent sor sains que il iroient par le destroiz de Marroc, et assembleroient à l'ost de Venise, et à lui, en quelque lieu que il oroient dire que il torneroit. Et porce s'en envoiérent li cuens Henris ses freres de lor nés chargiés de dras et de viandes, et d'autres choses. Mult fu belle céle estoire et riche, et mult i avoit grant fiance li cuens de Flandres et li pelerin, porce que la plus granz plentez de lor bons serians s'en alérent en céle estoire. Mais malvaisement tindrent covent à lor seignor, et tuit li autre, porce que cist et maint autre douterent le grant peril que cil de Venise avoient enpris.*

26. *Ensi lor failli li evesques d'Ostun, Guighes li cuens de Forois, et Pierre Bromonz, et autre genz assez qui en furent blasmez, et petit esploit firent là où il alérent; et des François lor refailli Bernarz*

François leur manquèrent pareillement Bernard de Morveil, Hugues de Chaumont, Henry d'Araines, Jean de Villers, Gauthier de Saint-Denys, Hugues son frere, et nombre d'autres qui esquivèrent le passage de Venise pour les difficultez qu'ils y connoissoient, et s'en allèrent à Marseille, dont ils receurent pareillement grand blâme; et plusieurs mesaventures et infortunes leur en avinrent depuis.

27. Quant aux pelerins, il y en avoit desja grand nombre d'arrivez à Venise, et particulierement Baudoüin comte de Flandres, et plusieurs autres. Là les nouvelles leur vinrent que la plus grand part des Croisez s'en alloient par d'autres chemins, et s'embarquoient à d'autres ports; ce qui les mit en grande peine et merveilleuse perplexité, parce qu'ils croyoient bien qu'ils ne pourroient tenir ny accomplir les traitez qu'ils avoient faits avec les Venitiens, et qu'il leur seroit impossible d'acquitter les sommes pour lesquelles ils s'estoient obligez. C'est pourquoy ils avisérent entre eux d'envoyer de costé et d'autre vers les pelerins, et notamment vers le comte de Blois qui n'estoit encore arrivé, pour l'exhorter à poursuivre leur entreprise, et les prier d'avoir compassion de la terre d'outre-mer, et sur tout de ne chercher autre passage que celuy de Venise, comme ils ne devoient ny ne pouvoient suivant leurs promesses.

28. Hugues comte de Sainct-Paul, et Geoffroy mareschal de Champagne, furent deputez à cét effet; lesquels estans arrivez à Pavie, ville de Lombardie, ils y trouvérent le comte Louys avec nombre de bons chevaliers et soldats, et firent tant, par la force de leurs remonstrances et par leurs prieres, que plusieurs

de Morvel, Hues de Chaumont, Henris d'Areines, Johan de Villers, Gautiers de Sain Denise, Hues ses freres, et maint autres qui eschivérent le passage de Venise por le grant peril qui i ére, è s'en alérent à Marseille, dont il receurent grant honte, et mult en furent blasmé, et dont grant mesaventure lor en avint puis.

27. Or vos lairons de cels, et dirons des pelerins dont grant partie ére ja venu en Venise. Li cuens Baudoins de Flandres i ére ja venuz, et maint des autres. Là lor vint nouvelle que mult des pelerins s'en aloient par autres chemins à autres porz, et furent mult esmaié, porce que il ne pourroient la convenance tenir, ne l'avoir paier que il devoient às Venisiens, et pristrent conseil entr'als que il envoiérent bons messages encontre les pelerins, et encontre Loeys de Blois et de Chartein, qui n'ére mie encore venuz por conforter et por crier merci, qu'il aussent pitié de la Terre sainte d'oltremer, et que autres passages ne pooit nul pru que cil de Venise.

28. A cel message fu esliz li cuens Hues de Saint Pol et Joffrois li mareschaus de Champaigne, et chevauchérent tresci que à Pavie en Lombardie. Enqui trovérent le conte Loeys à grant plenté de bons chevaliers et de bones genz : par lor confort et par lor proiere guenchiérent genz assez en Venise, que

prirent le chemin de Venise, qui avoient proposé de s'embarquer à d'autres ports : ce qui n'empécha pas toutesfois qu'aucuns ne prissent le chemin de la Poüille, entre lesquels fut Villain de Nuilly, l'un des bons chevaliers de son temps, Henry d'Ardillieres, Regnard de Dampierre, Henry de Longchamp, Gilles de Trasegnies, homme lige de Baudoüin comte de Flandres, qui luy avoit donné cinq cens livres du sien pour le suivre en ce voyage, et avec eux grand nombre de chevaliers et de gens de pied dont nous taisons les noms : ce qui fut autant de diminution à l'armée qui s'assembloit à Venise, et causa depuis de grands inconvéniens, comme la suitte fera voir.

29. Ainsi le comte Louys et les autres barons prirent le chemin de Venise, où ils furent tres-bien receus, et se logérent en l'isle de Sainct Nicolas avec les autres. Jamais il ne se vit une plus belle armée, ny plus nombreuse, ny composée de plus vaillans hommes. Les Venitiens leur firent livrer abondamment toutes choses necessaires, tant pour les hommes que pour les chevaux. Les vaisseaux au reste qu'ils leur avoient apprestez, estoient si bien équippez et fournis, qu'il n'y manquoit rien, et en si grand nombre, qu'il y en avoit trois fois plus qu'il ne convenoit pour les Croisez qui s'estoient là rendus. Hà! que ce fut un grand malheur de ce que ceux qui allérent chercher d'autres ports ne vinrent joindre cette armée! Sans doute l'honneur de la chrestienté en eust esté relevé, et la force des Sarrazins abbatuë. Quant aux Venitiens, ils accomplirent fort bien leurs conventions, mesme au delà de ce qu'ils estoient obligez, et sommérent les comtes et barons de vouloir reciproquement s'aquitter

s'en allassent às autres porz par autres chemins. Ne port quant de Plaisance se partirent unes mult bones genz, qui s'en alérent par autres chemins en Puille. Là fu Villains de Nuilli, qui ére un des bons chevaliers del monde, Henris d'Ardillieres, Reinarz de Dampierre, Henris de Lonc-champ, Gilles de Treseignes, qui ére hom lige au conte Baudoin de Flandres et de Hennaut, et li avoit doné del suen cinq cens livres por aller avec lui el voiage. Avec cels s'en alla mult grant plenté de chevaliers et de serians dont li nom ne sont mie en escrit. Mult fu granz descroissement a cels de l'ost qui en Venise aloient, et els en avint grant mesaventure, si com vos porroiz oïr avant.

29. Ensi s'en alla li cuens Loeys et li autre baron en Venise, et furent receu à grant feste et à grant joië, et se logiérent en l'isle Saint Nicholas avec les autres. Mult fu l'ost bele et de bones genz. Onques de tant de gent nus hom plus belle ne vit. Et li Venissiens lor firent marchié si plenteurés com il convint de totes les choses que il convient à chevaus et à cors d'omes. Et li navies que il orent appareillé fu si riches et si bels que onques nus hom chrestiens plus bel ne plus riche ne vit; si cum de nés et de galies, et de vissiers bien à trois tanz que il n'aust en l'ost de gens. Ha! cum grant domages fu quant li autre qui allérent às autres pors ne vindrent illuec. Bien fust la chrestienté halcie, et la terre des Turs abassie. Mult orent bien attendues totes lors convenances li Venissiens, et plus assez, et il semonrent les contes et les barons les lor convenances à tenir, et que li avoirs lor fust rendus, que il estoient prest de movoir.

des leurs, et qu'ils eussent à leur faire délivrer l'argent dont on estoit convenu, de leur part estans prests de faire voile.

30. Sur cela la queste s'estant faite au camp pour le nolleage, il s'en trouva plusieurs qui alleguérent l'impuissance de payer, en sorte que les barons se trouvérent réduits à tirer d'eux ce qu'ils peurent. Et quand ils eurent payé ce qu'ils avoient ramassé, ils trouvérent qu'ils estoient bien éloignez de leur conte; ce qui obligea les barons de s'assembler pour aviser à ce qu'ils auroient à faire en cette conjoncture, aucuns desquels tinrent ce discours : « Seigneurs, les Veni-
« tiens nous ont fort bien accomply leurs traitez,
« mesmes au delà de ce qu'ils estoient tenus; mais
« nous ne sommes pas nombre suffisant pour payer le
« passage, et nous est impossible de l'acquitter, et ce
« par le deffaut de ceux qui sont allez aux autres
« ports. C'est pourquoy il est absolument necessaire que
« châcun contribuë du sien, tant que nous puissions
« payer tout ce que nous devons. Car il vaut mieux que
« nous employons tout le nostre icy, et que nous per-
« dions ce que nous y avons mis, que de manquer à
« nostre parole. D'ailleurs, si cette armée se rompt,
« nous perdrons l'occasion et les moyens de recouvrer
« la terre d'outre-mer pour jamais. » Ce rencontre en-
gendra de grandes divisions entre la plus grande partie des barons et des autres pelerins : les uns disoient :
« Puisque nous avons payé nostre passage, qu'on nous
« embarque, et qu'on nous emmeine, et nous nous en
« irons volontiers, sinon nous nous pourvoirons d'ail-
« leurs. » Ce qu'ils disoient malicieusement afin que le camp se rompit, ce qu'ils desiroient. Les autres

30. Porchaciez fu li passage par l'ost, et avoit assez de cels qui disoit que il ne pooit mie paier son passage, et li baron en prenoient ce qu'il pooient avoir. Ensi paièrent ce que il en porent avoir, le passage quant il l'orent quis et porchacié. Et quant il orent paié, si ne furent neemi ne assum, et lor parlèrent li baron ensemble, et distrent : Seignor, li Venissiens nos ont mult bien attendues nos convenances, et plus assez. Més nos ne somes mie tant de gent que par nos passages paier poons le leur attendre, et ce est par la defaute de cels qui allèrent as autres porz : por de se mette chascun de son avoir, tant que nos poissons paier nos convenances, que en tot est il mielx que nos mettons toz nos avoir ci, que ce que il defaillist, et que nos perdissiens ce que nos i avons mis, et que nos deffaillissiens de nos convenances, que se cest ost remaint, la rescolse d'outremer est faillie. Là ot grant descorde de la graindre partie des barons et de l'autre gent, et distrent : Nos avons paié nos passages, s'il nos en volent mener nos en iromes volentiers. Et se il ne vuellent, nos nos porchaçerons, et irons à altres passages. Porce le dissoient que il volsissent que li ost se departissent. Et l'autre partie dist : Mielx voluns nos tot nostre avoir mettre, et aller povre en l'ost, que ce que elle se departist ne faillist; quar Diex le nos rendra bien quant lui plaira.

alleguoient au contraire qu'ils aimoient mieux employer tout le reste de leurs biens, et aller paûvres en l'armée, que par leur deffaut elle vint à se deffaire, et que Dieu estoit tout-puissant pour le leur rendre au double quand il luy plairoit.

31. Alors le comte de Flandres commença à bailler tout ce qu'il avoit, et ce qu'il pût emprunter, ensemble le comte Louys, le marquis de Montferrat, le comte de Saint-Paul, et tous les autres de leur party. Lors vous eussiez veu porter tant de belles et riches vaisselles d'or et d'argent à l'hostel du Duc pour achever le payement : et nonobstant cela il ne laissa de leur manquer du prix convenu trente-quatre mil marcs d'argent : dont ceux qui avoient mis le leur à couvert, et n'avoient voulu rien contribuer, furent fort joyeux, estimans bien que par ce moyen le camp se romperoit, et que l'entreprise seroit faillie.

32. En cette conjoncture le duc de Venise assembla les siens et leur tint ce discours : « Seigneurs, ces « gens-cy ne peuvent nous satisfaire entierement de « ce qu'ils nous ont promis : c'est pourquoy tout ce « qu'ils nous ont payé jusques-icy nous demeure « acquis et gagné, suivant leurs propres traitez, qu'il « leur est impossible d'accomplir. Mais il ne nous « seroit pas honorable d'user de cette rigueur, et nous « en pourrions encourir un trop grand blâme : re- « querons-les plûtost d'une chose : vous sçavez que le « roy de Hongrie nous a osté Zara (1) en Esclavonie,

---

(1) *Zara*: ville de Dalmatie, située dans une petite île sur la mer Adriatique. Pline et les anciens la nomment *Jadera*, d'où vient le mot *Jadres* dont se sert Ville-Hardouin. Guillaume de Tyr l'appelle *Jazara*, d'où elle a probablement tiré le nom qu'elle porte aujourd'hui.

31. Lors commençe li cuens de Flandres à bailler quanque il ot, et quanque il pot emprunter, et li cuens Loeys, et li Marchis, et li cuens Hues de Sain Pol, et cil qui à la leur partie se tenoient. Lors penssiez veoir tante belle vaissellement d'or et d'argent porter à l'ostel le Duc por faire paiement. Et quant il orent paié, si failli de la convenance trente quatre mille mars d'argent. Et de ce furent mult lie cil qui lor avoir avoient mis arrière, ne ni voldrent riens mettre, que lors cuideront il bien que li ost fust faillie, et depeçast. Més Diex qui les desconsiliez conseille ne le vost mi ensi soffrir.

32. Lors parla li Dux à sa gent, et lor dist: Seignor, ceste gent ne nos puent plus paier, et quanque le nos ont paié, nos l'avons tot gaingnié, por la convenance que il ne nos puent mie tenir. Més nostre droit ne seroit mie par toz contenz, si en recevriens grant blasme et nostre terre. Or lor querons un plait. Li roys de Ungrie si nos tost Jadres en Esclavonie, qui est unes des plus forz citez del monde, ne jà par pooir que nos aions, recovrée ne sera, se par cest genz non. Querons lor qu'il le nos aient à conquerre, et nos lor respiterons le trente mille mars d'argent que il nos doivent, trosque a donc que Diex les nos laira conquerre ensemble nos et els. Ensi fu cis plais requis. Mult fu contrariez de ce qui volsissent que l'ost se departist, més totes voies fu faiz li plaiz et otroiez.

« l'une des plus fortes villes du monde, laquelle, quel-
« ques forces que nous ayons, nous ne pourrons ja-
« mais recouvrer sans leur assistance. Proposons-leur,
« s'ils nous veulent aider à reprendre cette place, que
« nous leur donnerons temps pour le payement des
« trente mil marcs d'argent qu'ils nous doivent,
« jusqu'à ce que Dieu par nos conquestes communes
« leur ait donné le moyen de s'en acquitter. » Cette
ouverture ayant esté faite aux barons, elle fut gran-
dement contredite par ceux qui desiroient que l'armée
se rompit : mais, nonobstant toutes leurs repugnances,
la condition fut receuë.

33. Ensuitte se fit une assemblée en un jour de dimanche en l'église de Saint Marc, où la plus grand
part des Venitiens et des barons et pelerins de l'armée
se trouvérent : et là, devant que l'on commençât la
grande messe, le duc Henri Dandole monta au pupitre, et parla en cette sorte : « Seigneurs, vous pouvez
« dire asseurément que vous vous estes associez aux
« meilleurs et plus vaillans hommes du monde, et
« pour la plus haute affaire que jamais on ait entre-
« pris. Je suis vieil, comme vous voyez, foible et de-
« bile, et mal disposé de mon corps, et aurois besoin
« de repos; neantmoins je reconnois bien qu'il n'y a
« personne qui vous puisse mieux conduire en ce
« voyage et entreprise que moy, qui ay l'honneur
« d'estre vostre seigneur et Duc : c'est pourquoy si
« vous voulez me permettre de prendre la croix pour
« vous conduire, et que mon fils demeure icy en ma
« place pour la conservation de cét Estat, j'irois vo-
« lontiers vivre et mourir avec vous et les pelerins. »
Ce qu'ayans entendu, ils s'écriérent tout d'une voix :

33. *Lors furent assemblé à un dimanche à l'iglise Sain Marc. Si ére une mult feste, et i fu li pueple de la terre, et li plus des barons et des pelerins. Devant ce que la grant messe commençast, et li dux de Venise qui avoit nom Henris Dandole monta el leteril, et parla al pueple, et lor dist: Seignor, acompagnié estes al la meillor gent dou monde, et por le plus halt affaire que onques genz entrepreissent: et je sui vialz hom et febles, et auroie mestier de repos, et maaigniez sui de mon cors. Més je voi que nus ne vos sauroit si gouverner, et si maïstrer com ge que vostre sire sui. Se vos voliez otroier que je preisse le signe de la croiz por vos garder et por vos enseingnier, et mes fils remansist en mon leu et gardast la terre, je iroie vivre ou morir avec vos et avec les pelerins. Et quant cil oïrent, si s'escrierent tuit à une voix: Nos vos proions por Dieu que vos l'otroiez, et que vos le façois, et que vos en viegnez avec nos.*

« Nous vous conjurons au nom de Dieu de le vouloir
« faire, et de venir avec nous. »

34. A la vérité tout le peuple et les pelerins furent attendris de compassion, et ne se pûrent empécher de pleurer à chaudes larmes, quand ils virent ce bon vieillard qui avoit tant de raison de demeurer au logis en repos, tant pour son grand âge que pource qu'il avoit perdu la veuë (1) (laquelle luy restoit neantmoins fort belle) par une playe qu'il avoit receu en la teste, d'estre encore d'une telle vigueur, et faire paroistre tant de courage. Hà ! que peu luy ressembloient ceux qui, pour échapper un peu de peril et de mesaise, s'estoient adressez aux autres ports. Cela fait, il descendit du pupitre, et s'en alla devant l'autel où il se mit à genoux tout pleurant, et là on lui attacha la croix sur un grand chappeau de cotton, pour estre plus éminente, parce qu'il vouloit que tous la vissent. A son exemple les Venitiens commencérent à se croiser à l'envy les uns des autres, encore bien que le nombre n'en fut pas grand. D'autre part les François furent fort rejoüis de la résolution de ce Duc, et de le voir croisé comme eux, à cause de son grand sens et valeur : et deslors on commença à équipper les vaisseaux, et les departir aux barons pour se mettre en mer le mois de septembre approchant.

35. Dans ces entrefaites voicy arriver une grande merveille et une aventure inespérée, et la plus étrange dont on ait oüy parler. En ce temps il y avoit un

---

(1) *Que pour ce qu'il avoit perdu la veuë :* La version que nous avons adoptée dans la Notice diffère de celle de Ville-Hardouin; nous l'avons puisée dans Sabellicus et Rhamnusio, historiens vénitiens qui devoient être plus instruits que le narrateur français.

34. Mult ot illuec grant pitié del pueple de la terre et des pelerins, et mainte lerme plorée, porce que cil prodom aust si grant ochoison de remanoir, car viels hom ére, et si avoit les yeulx en la teste biaus, et si n'en veoit gote, que perduë avoit la veüe per une plaie qu'il ot el chief : mult parere de grant cuer. Ha ! com mal le sembloient cil qui a autres pors estoient allé por eschiver le peril. Ensi avala li litteril, et alla devant l'autel, et se mist à genoilz mult plorant, et il li cousièrent la croiz en un grant chapel de coton, porce que il voloit que la gent la veissent. Et Venisien si commencent à croiser à mult grant foison, et à grant plenté en icel jor, encor en i ot mult poi de croisiez. Nostre pelerin orent mult grant joie, et mult grant pitié de celle croiz por le sens, et por la proesce que il avoit en lui. Ensi fu croisiez li Dux, com vos avez oï. Lors commença en aliner les nés et les galies, et les vissiers às barons por movoir, et del termine ot jà tant allé, que li septembre aproça.

35. Or oiez une des plus grant merveilles, et des greignor aventures que vos ohques oïssiez. A cel tens ot un empereor en Constantinoble, qui avoit a nom Sursac, et si avoit un frere qui avoit a nom Alexis, que il avoit racheté de prison de Turs. Icil Alexis si prist son frere l'Empereor, si li traist les iaulz de la teste, et se fist empereor en tel traïson com vos

empereur à Constantinople nommé Isaac, qui avoit un frere appellé Alexis, lequel il avoit retiré de prison et de la captivité des Turcs. Cét Alexis se saisit de l'Empereur son frere, luy fit crever les yeux, et aprés cette insigne trahison se fit proclamer empereur. Il le tint ainsi long-temps en prison, et un sien fils qui s'appelloit Alexis. Ce fils trouva moyen d'échapper, et s'enfuit sur un vaisseau jusques à Ancone, ville assise sur la mer, d'où il passa en Allemagne vers Philippes roy d'Allemagne, qui avoit espousé sa sœur : puis vint à Verone en Lombardie, où il sejourna, et trouva nombre de pelerins qui alloient se rendre en l'armée. Sur quoy ceux qui l'avoient aydé à s'évader prirent occasion de luy dire : « Sire, voicy « une armée prés de nous à Venise, composée des « plus nobles et valeureux chevaliers du monde, qui « vont outre-mer ; allez les prier qu'ils aient pitié de « la misere de l'Empereur vostre pere et de la vostre, « et de considérer l'injustice qu'on vous a faite de vous « avoir ainsi dépoüillé de vos Estats à tort : et leur « promettez que s'ils vous veulent ayder à vous rétablir de faire tout ce qu'ils desireront de vous : peut « estre que vostre malheur les touchera, et qu'ils en « auront compassion. » A quoy il fit réponse que le conseil luy sembloit bon, et qu'il en useroit.

36. De fait, il envoya ses deputez vers le marquis Boniface de Montferrat, general de l'armée, et les autres barons, qui d'abord furent surpris de cette ambassade, et leur répondirent en ces termes : « Sui- « vant ce que vous nous proposez, nous envoyerons « aucuns des nostres avec vostre maistre vers le roy « Philippes, vers lequel il s'en va : et s'il nous veut

avez oï. En si le tint longuement en prison, et un suen fil qui avoit nom Alexis. Ici filz si eschapa de la prison, et si s'enfui en un vassel trosque à une cité sour mer qui eut nom Ancone. Enki s'en alla al roy Phelippe d'Alemaigne qui avoit sa seror à fame. Si vint à Verone en Lombardie, et herberja en la ville. Et trova des pelerins assez qui s'en alloient en l'ost. Et cil qui l'avoient aidié a eschaper, qui estoient avec lui, li distrent : Sire, véez ci un ost en Venise prés de nos, de la meillor et des meillors chevaliers del monde qui vont oltremer; quar lor criez merci, que il aient de toy pitié, et de ton pere, qui a tel tort i estes deserité. Et se il te voloient aidier, tu feras quanque il deviseront. Je donque espooir en lor prendra pitiez. Et il dit que il le fera mult volentiers, et que cist conseils est bons.

36. Ensi pristrent ses messages, si envoia al marchis Boniface de Monferrat qui sires ere de l'ost, et as autres barons. Et quant le baron les virent, si s'en merveilliérent mult, et respondirent as messages : Nos entendons bien que vos dites. Nos envoirons al roy Phelippe avec lui, ou il s'en va. Se cist nos vielt aidier la terre d'oltremer à recovrer, nos li aiderons la soe

« secourir en nostre entreprise de la conqueste d'outre-
« mer, nous luy aiderons reciproquement à reprendre
« ses Estats, que nous sçavons luy avoir été usurpez
« et à son pere. » Ainsi furent envoyez des ambassadeurs en Allemagne vers le prince de Constantinople (1), et le roy Philippes d'Allemagne.

37. Peu auparavant ce que nous venons de raconter, vint une nouvelle en l'armée qui affligea sensi-
blement les barons et les autres, que messire Fouques,
ce saint homme qui avoit premierement prêché la
croisade, estoit decedé.

38. Qu'incontinent aprés cette aventure un renfort
leur arriva de fort braves gens d'Allemagne, dont
ils furent fort réjoüis. Entre autres s'y trouvérent
l'evesque d'Halberstat, Berthold comte de Catzenelbogen, Garnier de Borlande, Thierry de Los, Henry
Dorme, Thierry de Diest, Roger Desnitre, Alexandre
de Villers, Ulric de Tone, et autres. On departit ensuitte les navires et les palandries aux barons, qui
furent chargées d'armes et de toute sorte de provisions, et de pelerins, tant de cheval que de pied, dont
les escuz furent rangez le long des bords des navires,
et les banniéres, qui estoient en grand nombre, pla-
cées aux hunes et chasteaux de pouppe. On les chargea en outre de plusieurs perrieres et mangoneaux (2).

(1) *Vers le prince de Constantinople*: Le texte de Ville-Hardouin
porte *al valet de Constantinople*. Le mot *valet* signifioit un enfant, un
jeune homme qui n'avoit pas encore acquis l'usage des armes.

(2) *Perrieres et mangoneaux*: Perriere ou *pierrier*, machine dont on
se servoit pour jeter des pierres à l'ennemi. C'étoit une longue poutre
retenue par un contre-poids, qui, étant lâchée, lançoit des pierres
énormes dans les villes assiégées. *Mangoneau*, machine qui servoit
aussi à jeter des pierres, du grec μαγγανον, machine, ou du latin
mangonium, artifice.

terre à conquerre, que nos savons que le est toluë lui et son pere à tort. Ensi furent envoié li message en Alemaigne al valet de Constantinople, et al roy Phelippe d'Alemaigne.

37. Devant ce que nos vos avons ici conté, si vint une novelle en l'ost, dont il furent mult dolent li baron et les autres genz, que messire Folques, li bons hom qui parla premierement des croiz, fina et mori.

38. Et aprés cette aventure, lor vint une compaignie de mult bone gent de l'empire d'Alemaigne, dont il furent mult lie. Là vint li evesque de Havestat, et li cuens Beltous de Chassenele et de Boghe, Garniers de Borlande, Tierris de Los, Henris d'Orme, Tierris de Diés, Rogiers de Suicre, Alixandres de Villers, Olris de Tone. Adonc furent departies les nés et les vissiers par les barons. Hà Diex! tant bon i ot mis. Et quant les nés furent chargiés d'armes, et de viandes, et de chevaliers, et de serjanz, et li escu furent portendu environ de borz et des chaldeals des nés, et les banieres dont il avoit tant de belles. Et sachiez que il portérent es nés de perieres et de mangoniax plus de CCC, et toz les engins qui ont mestiers à vile prendre, à grant plenté. Ne onques plus belles estoires ne parti de nul port. Et ce fu as octave de la feste Saint Remi, en l'an de l'incarnation Jesu Christ, M. CC anz et II. Ensi partirent del port de Venise, çom vos avez oy.

jusques à trois cens, de quantité d'autres machines dont on se sert ordinairement aux attaques des villes; en sorte que jamais il ne partit d'aucun port plus belle armée navale. Et ce fut aux octaves de la Sainct Remy, l'an de l'incarnation de nostre Seigneur mil deux cens et deux qu'ils partirent ainsi du port de Venise.

39. La veille de la Saint Martin ils arrivérent devant Zara en Esclavonie, ville close et fermée de si hautes murailles et de si hautes tours, que mal-aisément on pourroit se figurer une place plus belle, ny d'ailleurs plus forte ou plus riche. Quand les pelerins l'eurent apperceuë ils se trouvérent merveilleusement surpris, demandans les uns aux autres comment on pourroit venir à bout d'une telle place à moins que Dieu n'y mit la main. Les vaisseaux qui estoient partis les premiers vinrent surgir (1) devant la ville, et y ancrérent attendans les autres; et le lendemain matin, le jour estant clair et beau, toutes les galéres, les palandries, et les autres navires qui estoient demeurées derriere, y arrivérent pareillement, où d'abord ils se saisirent du port par force, rompans la chaisne qui le tenoit fermé : puis prirent terre de l'autre costé, et mirent par ce moyen le port entre eux et la ville. Vous eussiez veu là plusieurs braves chevaliers et gens de pied descendre des navires, et les beaux chevaux de batailles en sortir pour gagner terre ferme, comme encore dresser les tentes et les pavillons. L'armée prit de la sorte ses logemens és environs de Zara, qu'elle commença à assieger le jour de la Saint Martin, quoy que tous les barons ne fussent encore arrivez; car le

(1) *Surgir :* aborder.

39. La veille de la Sain Martin vindrent devant Jadres en Esclavonie, et virent la cité fermie de halz murs et de haltes tors, et por noiant demandesiez plus béle, ne plus fort, ne plus riche. Et quant li pelerin la virent, il se merveillerent mult, et distrent li uns às autres : Coment porroit estre prise tel ville par force, se Diex meismes nel fait ? Les premiers nés vindrent devant la ville et ci ancrérent, et attendirent les autres, et al maitin fist mult bél jor et mult cler, et vinrent les galies totes et li vissiers et les autres nés qui estoient arriéres, et pristrent le port par force, et rompirent la caaine, qui mult ere forz, et bien atornée, et descendirent à terre. Si que li porz fu entr'aus et la ville. Lor veisiez maint chevalier et maint serjanz issir des nés, et maint bon destrier traire des vissiers, et maint riche tref et maint paveillon. Ensi se loja l'ost, et fu Jadres assegie le jor de la Sain Martin. A cele foiz ne furent mie venu tuit li baron, car encor n'ere mie venu li marchis de Monferrat qui ere remés arriere por afaire que il avoit. Esténes del Perche fu remés malades en Venise, et Mahuis de Mommorenci. Et quant il furent gari, si s'en vint Mahuis de Mommorenci après l'ost à Jadres. Més Esténes del Perche ne le fist mie si bien, quar il guerpi l'ost, et s'en alla en Puille séjorner. Avec lui s'en alla Rotre de Monfort et Ive de la Valle,

marquis de Montferrat estoit demeuré derriere pour quelques affaires particulieres qu'il avoit. Estienne du Perche et Mathieu de Montmorency estoient malades à Venise, lesquels estans gueris, Mathieu de Montmorency vint trouver l'armée à Zara; mais Estienne du Perche n'en usa pas si bien, car il passa dans la Poüille, et avec lui Rotrou de Montfort, Yves de la Valle, et plusieurs autres qui en furent depuis fort blâmez, et d'ou ils tirérent sur le renouveau vers la Syrie.

40. Le lendemain de la Saint Martin sortirent ceux de Zara, et vinrent trouver le duc de Venise en son pavillon, pour luy dire qu'ils estoient prests de luy rendre la place et tous leurs biens à discretion, sauf leurs personnes : à quoy le Duc fit réponse qu'il ne pouvoit entendre à ce traité ny autre quelconque sans en communiquer aux comtes et barons de l'armée, et qu'il leur en parleroit. Pendant que le duc conferoit avec eux, ceux que vous avez oüy cy-devant travailler à rompre le camp, vinrent aborder les deputez de Zara, et leur tinrent ce discours : « Pour-« quoy voulez vous rendre ainsi vostre ville ? Soyez « certains de la part des pelerins qu'ils n'ont aucun « dessein de vous attaquer, tenez-vous seurs de ce « costé-là. Si vous pouvez vous defendre des Veni-« tiens vous estes sauvez. » Et là-dessus envoiérent un d'entre eux appellé Robert de Boves sous les murs de la ville pour leur tenir le mesme langage, en suite dequoy les deputez s'en retournérent, et la capitulation demeura sans effet.

41. Cependant le duc de Venise vint trouver les comtes et les barons, et leur dit : « Seigneurs, ceux

et maint autre qui mult en furent blasmé, et passèrent au passage de marz en Surie.

40. Lendemain de la Sain Martin issirent de cels de Jadres, et vindrent parler al duc de Venise qui ére en son paveillon, et li distrent que il li randroient la cité et totes les lor choses, sals lors cors en sa merci. Et li Dux dist qu'il n'en prendroit mie cestui plait, ne autre, se par le conseil non as contes et as barons, et qu'il en iroit à els parler. Endementiers que il alla parler as contes et as barons, icele partie, dont vos avez oï arrieres, qui voloit l'ost depecier, parlerent as messages, et distrent lor : Porquoy volez vos rendre vostre cité ? Li pelerin ne vos assailliront mie, ne d'aus n'avez vos garde. Se vos vos poez defendre des Venisiens, dont estes vos quittes. Et ensi pristrent un d'aus meismes, qui avoit nom Robert de Bove, qui alla às murs de la ville, et lor dist ce meismes. Ensi r'entrèrent li message en la ville, et fu li plais remés.

41. Li dux de Venise, com il vint às contes et às barons, si lor dist : Seignor, ensi voelent cil de la de-

« de dedans veulent se rendre à ma mercy sauf leurs
« vies, mais je ne veux entendre à aucune propo-
« sition qu'aprés vous en avoir communiqué, et pris
« sur icelle vostre conseil. » A quoy les barons répondirent qu'ils estoient d'avis qu'il devoit accepter cette
condition, mesmes qu'ils l'en prioient; ce qu'il promit de faire. Et comme ils alloient de compagnie au
pavillon du Duc pour arrester les articles, ils trouvérent que les deputez estoient partis à l'instigation
de ceux qui vouloient que l'armée se rompit. Sur quoi
l'abbé de Vaux-de-Sernay, de l'ordre de Cisteaux,
se leva et dit : « Seigneurs, je vous fais deffense de par
« le Pape d'attaquer cette ville, parce qu'elle est aux
« Chrestiens, et vous estes pelerins et croisez pour
« autre dessein » Ce que le Duc ayant entendu, il
en fut fort irrité, et dit aux comtes et barons : « Sei-
« gneurs, j'avois cette ville en mes mains et à ma
« discretion, et vos gens me l'ont ostée : vous sçavez
« que vous estes obligez par le traité que vous avez
« avec nous de nous ayder à la conquerir; mainte-
« nant je vous somme de le faire. »

42. Alors les comtes et barons, et ceux qui se tenoient à leur party, s'assemblérent et dirent que
véritablement ceux-là avoient grand tort qui avoient
détourné cette reddition, et que c'estoient gens qui ne
laissoient échapper aucun jour sans travailler à la
dissipation et à la rupture de l'armée : mais que quant
à eux ils seroient blâmez pour jamais s'ils n'aidoient
les Venitiens à prendre cette place. Et de ce pas vinrent trouver le Duc auquel ils dirent : « Sire, nous
« vous aiderons à prendre cette ville, malgré et en
« dépit de ceux qui ont été cause que vous ne l'avez

denz rendre la cité sals lor cors à ma merci, ne je nes prendroie plait cestuy ne autre, se per voz conseil non. Et li baron li respondirent: Sire, no vos loons que vos le preigniez, et si le vos prion. Et il dist que il le feroit. Et il s'en tornèrent tuit ensemble al paveillon le Duc por le plait prendre: et trovèrent que li message s'en furent allé par li conseil à cels qui voloient l'ost depecier. Et donc se dreça uns abbes de Vals, de l'ordre de Cistials, et lor dist: Seignor, je vos deffent, de par l'apostoille de Rome, que vos ne assailliez cette cité, car elle est de chrestiens, et vos i estes pelerins. Et quant ce oy li Dux, si fu mult iriez et destroiz, et dist às contes et às barons: Seignor, je avoie de ceste ville plait à ma volonté, et vostre gent le m'ont tolu, et vos m'aviez convent que vos le m'aideriez à conquerre, et je vos semon que vos le façois.

42. Maintenant li conte et li baron parlèrent ensemble, et cil qui à la lor partie se tenoient, et distrent: Mult ont fait grant oltrage cil qui ont ceste plait deffait. Et il ne fu onques jorz que il ne meissent peine à ceste ost depecier. Or somes nos honi se nos ne l'aidons à prendre. Et il vienent al Duc et li dient: Sire, nos le vos aiderons à prendre por mal de cels qui destorné l'ont. Ensi fu li consels pris. Et al matin alèrent logier devant les portes de la ville, et si dreciérent lors perrieres et lor mangonialz, et lor autres engins dont il avoient assez. Et devers la mer dre-

« en vostre possession. » Et sur cette resolution, dés le lendemain matin, ils s'allerent loger devant les portes de la ville, et y plantérent leurs perrieres et mangoneaux, et autres machines dont ils avoient grand nombre : et du costé de la mer, ils dresserent leurs échelles dessus le tillac des vaisseaux, puis commencerent à lancer et jetter des pierres contre les murs et les tours. Cét assaut dura bien cinq jours, au bout desquels ayans trouvé le moyen d'approcher le pied d'une tour, ils y attachérent leurs mineurs, et commencérent à en sapper les fondemens. Ce que voyans ceux de la ville, ils demandérent derechef à parlementer, et requirent la mesme composition qu'ils avoient refusée par le conseil de ceux qui vouloient rompre le camp.

43. Ainsi la ville fut rendue à discretion au duc de Venise, vies sauves néantmoins aux habitans : en suitte le Duc vint trouver les comtes et barons, et leur dit : « Seigneurs, nous avons conquis cette place
« par la grace de Dieu et par vostre ayde, mais voicy
« l'hyver qui commence, et nous sera hors de puis-
« sance de partir d'icy avant Pasques; car nous ne
« trouverions aucunes commoditez ny vivres en autre
« lieu : cette ville est fort riche, et fournie de toutes
« choses; partageons-la entre nous, vous en prendrez
« la moitié et nous l'autre. » Ce qui fut exécuté; et eurent les Vénitiens le quartier de devers le port où estoient les vaisseaux à l'ancre, et les François l'autre.

44. Cette resolution prise, les logemens furent faits et departis à un châcun selon son rang et condition, et l'armée se renferma dans la ville; mais comme tous furent logez, le troisiéme jour survint un grand

ciérent les eschieles sor les nés. Lor commenciérent à la ville à jetter les pierres às murs et às tors. Ensi dura cils asals bien por cinq jorz, et lor si mistrent lors trancheors à une tour, et cil commenciérent à trenchier le mur. Et quand cil de dedenz virent ce, si quistrent plait tot altretel com il avoient refusé par le conseïl à cels qui l'ost voloient depeçier.

43. Ensi fu la ville rendue en la merci le duc de Venise sals lor cors. Et lor vint li Dux às contes et às barons, et lor dist: Seignor, nos avons ceste ville conquise par la Dieu grace, et par la vostre. Il est yvers entrez, et nos ne poons mais mouvoir de ci tresque à la Pasque, car nos troverions mie merchié en autre leu. Et ceste ville si est mult riche et mult bien garnie de toz biens; si la partirons parmi, si en prendromes la moitié, et vos l'autre. Ensi com il fu devisé si fu fait. Li Venisien si orent la partie devers le port ou les nés estoient, et li François orent l'autre.

44. Lors furent li ostel departi à chascun endroit soi tel com il afferi. Si se desloja, et vindrent herbergier en la ville. Et com il furent herbergiez, al tierz jor après si avint une mult grant mesaventure en l'ost.

desastre et un insigne malheur par une querelle qui commença sur le soir entre les Venitiens et les François. On courut de part et d'autre aux armes, et la meslée fut si sanglante, qu'il n'y eut ruë ny carrefour où l'on ne vint aux mains à coups d'épées et de lances, d'arbalestes et de dards; en sorte que plusieurs y furent navrez et mis à mort. Mais les Venitiens ne peurent endurer le fais du combat, et commençoient à avoir du pire et perdre nombre des leurs : ce qui obligea les barons, qui ne vouloient pas que ce mal passast plus outre, de se jeter à la traverse, venans tous armez au milieu de la meslée à dessein de l'appaiser : toutesfois à peine avoient-ils separé les mutinez en un lieu que le combat recommençoit en un autre : lequel dura jusques bien avant dans la nuit, qui les obligea de se separer bien qu'à grande peine. Certes ce fut là le plus grand malheur qui soit arrivé depuis en l'armée, s'en estant peu fallu qu'elle n'eut esté entierement ruinée et perduë; et l'eut esté si Dieu n'y eust mis la main. La perte fut grande des deux costez : un seigneur flamend nommé Gilles de Landas y reçeut un coup en l'œil, dont il mourut sur le champ, comme firent plusieurs autres dont les noms ne sont point remarquez. Cependant le duc de Venise et les barons travaillérent puissamment toute cette semaine à pacifier cette querelle, et firent tant qu'enfin Dieu mercy la paix et la reconciliation fut faite.

45. Quinze jours aprés, Boniface marquis de Montferrat, lequel estoit demeuré derriere, arriva au camp avec Mathieu de Montmorency, Pierre de Brajequel, et plusieurs autres vaillans hommes. Une autre quin-

endroit hore de vespres, que une meslée comença des Venissiens et des François mult grant et mult fiere. Et corrurent às armes de totes parts. Et fu si gran la meslée, que poi y ot des ruës ou il n'eust grant estorz d'espées, et de lances, et d'arbalestes, et de darz; et mult i ot genz navrez et morz. Mais li Venissiens ne porent mie l'estor endurer, si comencierent mult à perdre. Et li prudome qui ne voloient mie le mal vindrent tot armés à la meslée, et comencierent à desseurer. Et cum il avoient desseuré en un lieu, lors recomençoit en un altre. Assi dura trosque à grant pièce de nuit, et à grant travail et grant martire le departirent tote voye. Et sachiez que ce fu la plus grant dolors qui onques avenist en l'ost, et par poi que li ost ne fu tote perdue. Mais Diex nel vot mie soffrir. Mul i ot grant dommage d'ambedens parz. Là si fu morz un haulz hom de Flandres qui avoit nom Gilles de Landas, et fu feruz par mi l'uel, et de ce cop fu morz à la mellée, et maint autre dont il ne fu mie si grant parole. Lors orent li dux de Venise et li baron grant travail tote céle semaine de faire pais de céle mellée, et tant i travailliérent que pais en fu Dieu mercy.

45. Aprés céle quinsaine vint li marchis Boniface de Monferrat qui n'ére mie encores venuz, et Mahius de Mommorenci, et Pierres de Braiecuel, et maint autre prodome. Et aprés une autre quinzaine revindrent li

zaine aprés, les ambassadeurs du roy Philippes et du prince de Constantinople estans retournez d'Allemagne, les barons et le Duc s'assemblerent dans le palais auquel le Duc avoit pris son logement; où les ambassadeurs estans arrivez parlérent en cette sorte: « Seigneurs, le roy Philippes et le prince de Cons-
« tantinople, lequel est frere de sa femme, nous ont
« deputé vers vous de la part du Roy.

46. « Nous avons charge de vous dire qu'il consi-
« gnera le jeune prince son beau-frere en la main de
« Dieu (qui le veüille garder de mort et peril) et les
« vostres, et de vous representer que, comme vous
« entreprenez les longs et fâcheux voyages pour l'a-
« mour de Dieu, et pour maintenir le droit et la
« justice, vous devez reintegrer en leurs biens, entant
« qu'en vous est et que vous le pouvez, ceux qu'on
« a desherité à tort. Que si vous secourez ce prince
« il vous fera le plus avantageux traité qui jamais
« ait esté accordé à pas un autre, et vous promet un
« secours tres considerable pour la conqueste de la
« Terre Sainte. Premierement, si Dieu permet que
« vous le restablissiez dans ses Estats et dans son
« heritage, il remettra tout l'empire d'Orient à l'o-
« beïssance de l'Eglise Romaine, dont il est separé
« dés long-temps. En second lieu, pource qu'il sçait
« que vous avez jusques icy beaucoup employé du
« vostre en cette entreprise, et que vous estes in-
« commodez, il promet vous donner deux cens mille
« marcs d'argent, et des vivres pour tous ceux de
« vostre camp, tant grands que petits : luy-même
« vous accompagnera en personne et ira avec vous
« dans l'Egypte; ou, si vous croyez qu'il vous soit

messages d'Alemaigne qui estoient al roy Phelippe et al valet de Constantinople, et assemblérent li baron et li dux de Venise en un palais ou li Dux ére à ostel. Et lors parlérent li message et distrent : Seignors, le roy Phelippe nos envoie à vos, et li fils l'emperor de Constantinople qui frere sa fame est.

46. Seignor, fait le Rois, je vos envoierai le frere, si le mets en la Dieu main qui le gart de mort, et en la vostre. Porce que vos allez por Dieu, et por droit, et por justice, si devez à ce qui sont desherité à tort rendre lor heritages, se vos poez. Et si vos fera la plus haute convenance qui onques fust faite à gent, et la plus riche aie à la terre d'oltremer conquerre. Tot premiérement se Diex done que vos le remetez en son heritage, il metra tot l'empire de Romanie à la obedience de Rome, dont elle ére partie pieça. Aprés, il set que vos avez mis le vostre, et que vos i estes povre. Si vos donra deux cent mil mars d'argent, et viande à toz cels de l'ost, à petit et à grant. Et il ses cors ira avec vos en la terre de Babiloine, ou envoiera, se vos cuidiez que mielz sera, à toz dix mille homes à sa despense. Et ces service vos fera par un an, et à toz le jor de sa vie tendra cinq cens chevaliers en la terre d'oltremer, chi garderont la terre d'oltremer, si les tenra al suen. Seignor, de ce avons nos plat pooir, font li message, de seurer ceste convenance, se vos le volez asseurer devers vos. Et sachiez que si halte convenance ne fu onques més offerte à gent. He n'a mie grand talent de conquerre, qui cesti refusera. Et il dient que il en parleront. Et

« plus utile, il y envoyra dix mille hommes à sa
« solde qu'il entretiendra l'espace d'un an : et tant
« qu'il vivra il y aura cinq cens chevaliers pour la
« garde de la terre d'outremer, qu'il entretiendra pa-
« reillement à ses despens. De tout cela, Seigneurs,
« nous avons plein pouvoir de vous passer traité, si
« vous l'avez agreable, et voulez bien vous y obliger.
« Au reste, jamais condition si avantageuse n'a esté
« offerte à personne; de façon que nous pouvons dire
« veritablement que ceux-là n'ont pas grande envie
« de conquerir, qui refuseroient celles-cy. » Ils firent
réponse qu'ils en aviseroient ensemble; pourquoy ils
prirent jour au lendemain, et quand ils furent assemblez on fit ouverture de ces propositions.

47. Elles furent fort discutées de part et d'autre,
tant que l'abbé de Vaux-de-Sernay, de l'ordre de
Citeaux, et le party qui desiroit la rupture de l'armée, déclarérent qu'ils n'y pouvoient consentir, dautant que c'estoit pour faire la guerre aux Chrestiens,
et qu'ils n'estoient partis de leur pays pour cela,
mais qu'ils vouloient passer en Syrie. A quoy l'autre
party repliqua : « Seigneurs, vous n'ignorez pas que
« vous ne pourriez rien faire à present en Syrie, par
« l'exemple mesme de ceux qui nous ont quittez, et
« se sont embarquez aux autres ports. Mais bien vous
« devez sçavoir que si jamais la Terre Sainte est re-
« couvrée, ce ne peut estre que par l'Egypte ou par
« la Grece; de façon que si nous refusons ces traitez
« nous en serons blâmez pour jamais. »

48. Ainsi les esprits estoient divisez dans le camp :
et ne faut pas s'estonner si la discorde estoit entre
les lais, veu que les moines mesmes de l'ordre de

fu pris un parlement à lendemain : et quant il furent ensemble, si lor fu ceste parole mostrée.

47. *Là ot parlé en maint endroit, et parla l'abés de Vaulx de l'ordre de Cistiaus, et celle partie qui voloit l'ost depecier, et distrent qu'il ny si accorderoient mie, que ce ére trésor chrestiens, et il n'estoient mie porce meu; ainz voloient aller en Surie. Et l'autre partie lor respondi : Bel seignor, en Surie ne poez vos rien faire, et si le verroiz bien à cels meismes qui nos ont deguerpis et sont allé às autre porz. Et sachiez que par la terre de Babiloïne ou par Grece i ert recovrée la terre d'oltremer, s'elle jammais est recovrée. Et se nos refusons ceste convenance, nos somes honi à toz jorz.*

48. *Ensi ére en discorde l'ost, et ne vos merveilliez mie se li laie genz ére en discorde, que li blanc moine de l'ordre de Cystiaus érent altressi en dis-*

I. 11

Citeaux leur en monstroient le chemin : car l'abbé de Los, qui estoit un sainct personnage et homme de bien, et les autres abbez qui tenoient son party, alloient par le camp, prians à mains jointes que, pour l'amour de Dieu, ils ne se separassent les uns des autres, et ne se divisassent, mais qu'ils acceptassent les avantages qui leur estoient offerts, estant l'unique moyen pour recouvrer la Terre Sainte. L'abbé de Vaux au contraire, et ceux qui estoient de sa faction, y contredisoient formellement, alleguans que le tout ne pouvoit que succeder mal, et qu'il estoit bien plus à propos d'aller droit en Syrie, et que là ils y feroient ce qu'ils pourroient.

49. Le marquis de Montferrat, et les comtes de Flandres, de Blois et de Saint Paul, avec ceux qui estoient de leur party, vinrent alors, et dirent qu'ils estoient resolus d'accepter ces conventions, et qu'ils ne les pouvoient refuser sans encourir du blâme. Et de ce pas s'en allerent trouver le Duc, où les ambassadeurs furent mandez, lesquels arresterent les articles, tels qu'ils ont esté rapportez cy-dessus, et les confirmérent par sermens aux noms de leurs maistres, et par patentes seellées de leurs seaux. Mais de la part des François, il n'y en eut que douze qui les jurérent, sans qu'il s'en peut trouver davantage.

50. Entre ceux-là furent le marquis de Montferrat, le comte Baudoüin de Flandres, le comte Louys de Blois, et le comte Hugues de Saint Paul, avec huict des principaux de leur party. Ainsi les traitez furent passez, les patentes expediées, et le jour pris que le prince de Constantinople les viendroit trouver, qui fut à la quinzaine d'aprés Pasques.

corde en l'ost. Li abbes de Loces, qui mult ére sainz home, et prodom, et altre abbé qui à lui se tenoient, preçoient et crioient mercy à la gent que il por Dieu tenissent l'ost ensamble, et que il seussent ceste convenance : car ce est la chose par quoy on puet mielz recovrer la terre d'oltremer. Et l'abbes de Vaulx, et cil qui à lui se tenoient, reprochoient mult sovent, et disoient que tot c'ére mals : mais allassent en la terre de Surie, et feissent ce que il porroient.

49. Lors vint le marchis Bonifaces de Montferrat, et Baudoins li cuens de Flandres et Hennault, et li cuens Loeys, et li cuens Hues de Sain Pol, et cil qui à els se tenoient, et distrent que il feroient ceste convenance, que il seroient honi se il la refusoient. Ensi s'en allérent à l'ostel le Duc, et furent mandé li messages, et asseurérent la convenance, si com vos l'avez oï arriere, par sairemens, et par chartres pendanz. Et tant vos retrait li livres que il ne furent que douze qui les sairemens jurérent de la partie des François, ne plus n'en pooient avoir.

50. De cels si fu li uns li marchis de Montferrat, li cuens Baudoins de Flandres, li cuens Loeys de Blois et de Chartein, et li cuens Hue de Sain Pol, et huict altres qui à elx se tenoient. Ensi fu la convenance faite, et les chartres faites, et mis le termes quant li vallet vendroit, et ce fu à la quinzaine de Pasques aprés.

[AN 1203.] Cependant l'armée françoise sejourna tout cét hyver à Zara contre le roy de Hongrie. Durant lequel temps les esprits des Croisez ne furent pas pour cela en paix, aucuns se travaillans pour faire rompre le camp, les autres faisans leur possible pour le tenir ensemble. Dans toutes ces divisions, il y en eut plusieurs de moindre condition qui se derobérent et s'embarquérent dans des navires de marchands, et mesmes il y en eut bien cinq cens qui se mirent en un seul vaisseau qui coula à fonds, et furent tous noyez et perdus. Une autre trouppe, ayant pris son chemin par terre, pensoit se sauver par l'Esclavonie; mais les paysans lui ayant couru sus, elle fut presque toute devalisée ou mise à mort; le reste qui se peut sauver prit la fuitte et regagna le camp. Et ainsi l'armée alloit tous les jours en diminuant.

51. D'autre part, un grand seigneur d'Allemagne, appellé Garnier de Borlande, s'embarqua dans un navire marchand et laissa l'armée, dont il fut fort blâmé. Peu aprés, un autre grand baron de France, nommé Regnaud de Montmirail, fit tant par l'entremise du comte de Blois, qu'il fut deputé et envoyé en ambassade en Syrie sur l'un des vaisseaux de la flotte, ayant juré et promis sur les saincts Evangiles que, quinze jours aprés que lui et les chevaliers qui l'accompagnoient seroient arrivez, et auroient achevé leurs affaires, ils se rembarqueroient pour retourner au camp. Et sur cette promesse il en partit, et avec luy Henry de Castel son neveu, Guillaume vidame de Chartres, Geoffroy de Beaumont, Jean de Froieville, Pierre son frere, et plusieurs autres. Ils tinrent néant-

[AN 1203.] *Ensi sejorna l'ost des François à Jadres toz cel yver contre le roy de Hongrie. Et sachez que li cuer des genz ne furent mie en pais, que l'une des partie se travailla à ce que li ost se departist, et li autre à ce que elle se tenist ensemble. Maint s'en emblerent des menues genz és nés des marcheans. En une nef s'en emblérent bien cinq cens, si noiérent tuit, et furent perdu. Une altre compaignie s'en embla par terre, et si s'en cuida aller par Esclavonie : et li païsant de la terre les assailliérent, et en occistrent assez. Et li altre s'en repariérent fuiant arriére en l'ost, et ensi en alloient forment en amenuissant chascun jour.*

51. *En cel termine se travailla tant un halz hom de l'ost qui ére d'Alemaigne, Garniers de Borlande, que il s'en alla en une nef de mercheans, et guerpit l'ost, dont il receut grant blasme. Aprés ne tarda gaires que un haut ber de France, qui ot a nom Renaus de Mommirail, pria tant par l'aie le conte Loeys que il fu envoiez en Surie en message en une des nés de l'estoire. Et si jura sor sains de son poing destre, et il, et tuit li chevaliers qui avec lui allérent, que dedenz la quinzaine que il seroient en Surie, et auroient fait lor message, que il repareroient arriéres en l'ost. Por ceste convenance se departi de l'ost, et avec luy Henris de Castel ses niers, Guillielmes li visdame de Chartres, Geoffroy de Belmont, Johan de Froeville, Pierres ses freres, et maint altre. Et*

moins mal leur serment, en ne retournérent plus en l'armée.

52. Au mesme temps vint une agreable nouvelle au camp, que la flotte de Flandres, dont nous avons parlé ci-dessus, estoit arrivée à Marseille; et Jean de Néelle chastelain de Bruges chef de cette armée de mer, Thierry qui fut fils du comte Philippes de Flandres, et Nicolas de Mailly, mandoient au comte de Flandres leur seigneur qu'ils hyverneroient à Marseille, et que là ils attendroient ses ordres, prests à executer ce qu'il leur enjoindroit. Le comte, aprés avoir pris là dessus les avis du duc de Venise et des barons, leur manda qu'ils eussent à faire voile sur la fin de mars, et qu'ils le vinssent trouver au port de Modon en Romanie. Mais las! ils obeïrent mal à ces ordres, et tinrent peu ce qu'ils avoient promis, s'en estans allez en Syrie, où ils sçavoient bien qu'ils ne feroient aucun exploit considerable.

53. D'où l'on peut recueillir que si Dieu n'eust assisté et favorisé cette armée d'une grace particuliere, elle n'eût pû jamais se maintenir, veu que tant de personnes ne cherchoient que ses desavantages et sa rupture. Alors les barons consultérent ensemble, et resolurent d'envoyer à Rome vers le Pape, qui témoignoit leur sçavoir mauvais gré de la prise de Zara. Ils eleûrent deux chevaliers et deux ecclesiastiques, les plus capables qu'ils crûrent se pouvoir acquitter dignement de cette ambassade : les deux ecclesiastiques furent Nevelon évesque de Soissons, et maistre Jean de Noyon chancelier de Baudoüin, comte de Flandres; l'un des chevaliers fut Jean de Friaise, l'autre Robert de Boves : lesquels promirent

li sairemenz que il firent ne furent mie bien tenu, que il ne reparérent pas en l'ost.

52. Lors revint une novelle en l'ost qui fu volentiers oïe, que li estoire de Flandres dont vos avez oï arriéres ére arrivez à Marseille : et Johans de Néele chastellains de Bruges, qui ére chevetaines de cel ost, et Tierris qui fu filz le conte Phelippe de Flandres, et Nichole de Mailli, mandérent le conte de Flandres lor seignor que il ivernoient à Marseille, et que il lor mandast sa volenté, que il feroient ce que il lor manderoit. Et il lor manda, per le conseil le duc de Venise et des autres barons, que il meüssent à l'issuë de marz, et veinssent encontre lui au port de Modon en Romanie. Hà las! il l'atendirent si malvaisement que onques convenz ne lor tindrent, ainz s'en alérent en Surie ou il savoient que il ne feroient rien nul esploit.

53. Or poez savoir, seignor, que se Diex ne amast ceste ost, qu'elle ne peust mie tenir ensemble a ce que tant de gent li queroient mal. Lors parlérent li baron ensemble, si distrent qu'il envoiroient à Rome à l'Apostoille, porce que il lor savoit mal gré de la prise de Jadres. Et eslistrent messages deux chevaliers et deux clers, telx qu'il savoient qui bon fussent à cest message. Des deux clers fu li uns Nevelons li evesques de Soissons, et maistre Johan de Noyon qui ére canceliere le conte Baudoins des Flandres, et des chevaliers li uns Johans de Friaise, et Robert de Bove. Et cil jurerent sor sains loialement que il feroient li message en bone foi, et que il repaireroient à l'ost.

et jurérent sur les saincts Evangiles de bien et fidellement executer leurs commissions, et de retourner au camp.

54. Les trois s'acquittérent de leur parole, mais non pas le quatriéme, qui fut Robert de Boves, lequel fit du pis qu'il pût, et au préjudice du serment qu'il avoit fait s'en alla en Syrie rejoindre les autres de sa faction. Les trois autres firent fort bien leur legation, et ce dont ils estoient chargez de la part des barons, et dirent au Pape : « Les barons vous de« mandent tres humblement pardon de la prise de « Zara, l'ayans fait par contrainte, et ne pouvans « mieux par le deffaut de ceux qui se sont embarquez « aux autres ports; et sans quoy ils eussent esté ne« cessitez de rompre le camp, et de s'en retourner « sans rien faire : vous asseurans au surplus qu'ils « sont prests de recevoir vos commandemens, et de « vous obeïr en tout comme à leur bon pasteur et « pere. » Le Pape fit réponse aux deputez que il sçavoit bien que par la faute de leurs compagnons ils avoient esté obligez de faire ce qu'ils avoient fait, et qu'il en avoit grand déplaisir. Et là dessus escrivit aux barons, et leur manda qu'il les absolvoit comme ses bons enfans, et qu'il leur ordonnoit et prioit de faire en sorte que l'armée ne se rompit point, parce qu'il sçavoit bien que sans elle on ne pourroit rien entreprendre en la Terre Sainte. Il donna en mesme temps plein pouvoir à Nevelon évesque de Soissons, et à maistre Jean de Noion, de lier et délier les pelerins, jusqu'à ce que le cardinal legat fust arrivé en l'armée.

55. Le caresme venu, ils commencérent à apprêter leurs vaisseaux pour partir vers Pasques; et aprés les

54. Mult le tindrent bien li troi, et li quarz malvaisement : Et ce fu Robert de Bove; quar il fist le message al pis qu'il pot, et s'en parjura, et s'en alla en Surie aprés les autres, et li autres troi le firent mult bien, et distrent lor message, ensi commandirent li baron, et distrent à l'Apostoille : Li baron vos merci crient de la prise de Jadres, que il le fistrent com cil qui mielz non pooient faire por le defaute de cels qui estoient allé aus autres porz, et que autrement ne poient tenir ensemble, et sor ce mandent à vos, come à lor bon pere, que vos alor commandoiz vostre commandemenz que il sont prest de faire. Et li Apostoille dist aus messages qu'il savoit bien que par la defaute des autres lor convint à faire, si en ot grant pitié, et lor manda às barons et às pelerins saluz, et qui les assolt come ses filz; et lor commandoit et prioit que il tenissent l'ost ensemble, car il savoit bien que sanz cel ost ne pooit li services Diex estre fais : et dona plain pooir à Nevelon l'evesque de Soissons, et à maistre Jean de Noion, de lier et deslier les pelerins trosqu'adonc que li çardonax vendroit en l'ost.

55. Ensi fu jà del tens passé que li quaresme fu, et atornérent lor navile por movoir à la Pasque.

avoir chargez et équippez ils se logérent le lendemain de la feste hors la ville sur le port : cependant les Venitiens firent démanteler les tours et les murailles. Sur ces entrefaites arriva une chose qui fut fâcheuse pour ceux de l'armée, de ce qu'un des plus grands seigneurs d'entre eux, appellé Simon de Montfort, ayant fait traité avec le roy de Hongrie, lequel estoit ennemy de ceux de l'armée, quitta le camp pour s'aller rendre vers luy : et fut suivy de Guy de Montfort son frere, Simon de Neaufle, Robert de Mauvoisin, Dreux de Cressonessart, l'abbé de Vaux qui estoit moine de l'ordre de Cisteaux, et de plusieurs autres. Incontinent aprés un autre grand seigneur, nommé Enguerrand de Boves, et Hugues son frere, se retirérent pareillement du camp avec tous ceux de leur pays qu'ils purent débaucher. Ce qui affoiblit autant l'armée qu'il causa de honte à ceux qui l'abandonnérent.

56. On commença à faire voile, et fut arresté qu'on iroit prendre port à Corfou, qui est une isle de l'empire d'Orient, et que là les premiers venus attendroient les autres tant qu'ils seroient tous ensemble ; ce qui fut exécuté. Mais avant que le Duc et le Marquis partissent de Zara, et les galéres, le prince Alexis, fils de l'empereur Isaac de Constantinople, que Philippes roy d'Allemagne leur avoit envoyé, arriva, et fut receu avec grande réjoüissance et beaucoup d'honneur. Le Duc luy donna des galéres et vaisseaux ronds autant qu'il luy en falloit : et estans tous délogez du port de Zara avec bon vent, cinglérent tant qu'ils arrivérent à Duraz (1), dont les habitans

---

(1) *Duraz : Durazzo*, ville d'Albanie sur le golfe Adriatique ; c'est l'ancienne Dyrrhachium.

Quant les nés furent chargiés, lendemain de la Pasque si logiérent li pelerins for de la ville sor le port: Et li Venisiens firent abatre la ville, et les tors, et les murs. Et dont avint une aventure dont mult pesa à cels de l'ost: que uns des halz barons de l'ost, qui avoit nom Simon de Monfort, ot fait son plait al roy de Ungrie qui anemis estoit à cels de l'ost, qu'il s'en alla à lui, et guerpi l'ost. Avec lui alla Guis de Monfort ses freres, Simons de Neafle, et Robert Malvoisins, et Druis de Cressonessart, et l'abbés de Vals qui ére moine de l'ordre de Cystiaus, et maint autre. Et ne tarda guaires aprés che s'en alla une autre halz hom de l'ost, qui Engelranz de Bove ére appellez, et Hues ses freres, et les genz de lor païs ce que il en porroient mener. Ensi partirent cil de l'ost com vos avez oï. Mult fu granz domages à l'ost, et honte à cels qui esirent.

56. Lors commenciérent à movoir les nés et les vissiers, et fu devisé que il prendroient port à Corfol, une ysle en Romanie, et li premiers attendroient les darrains tant que il seroient ensemble, et il si fistrent. Ainz que li Dux ne li Marchis partissent del porz de Jadres, ne les galies, vint Alexis, le fils l'empereor Sursac de Constantinople, et li envoia li roys Phelippe d'Alemaigne, et fu reçeus à mult grant joie et à mult grant honor. Et ensi bailla li Dux les galies et les vassials, tant con lui convint. Et ensi partirent del port de Jadres, et orent bon vent, et allérent tant que il pristrent porz à Duraz, enqui rendirent cil de la ville la ville à lor seignor quant il le virent mult volentiers, et li firent fealté. Et d'enqui s'en partirent, et vindrent à Corfol, et tro-

se rendirent sans aucune résistance à la veuë de leur seigneur, et luy firent serment de fidélité. De là ils passérent à Corfou, où ils trouvérent l'armée desja logée devant la ville, les tentes et pavillons dressez, et les chevaux tirez hors des palandries pour les rafraischir. D'abord qu'ils apprirent que le fils de l'empereur de Constantinople estoit arrivé, les chevaliers et les soldats luy allérent au devant, y faisant conduire les chevaux de bataille, et le receurent avec grand honneur. Le prince fit tendre son pavillon au milieu du camp, et le marquis de Montferrat fit dresser le sien tout joignant, parce que le roy Philippes, qui avoit espousé la sœur du prince, le luy avoit fort recommandé et l'avoit mis en sa garde.

57. Ils sejournérent en cette isle l'espace de trois semaines, dautant qu'elle estoit riche et abondante en toutes sortes de commoditez : durant lequel temps survint une fâcheuse disgrâce; car une partie de ceux qui butoient à rompre le camp, et qui avoient tousjours esté contraires aux bons sentimens du reste de l'armée, consultérent ensemble, et dirent que cette entreprise leur sembloit trop longue et dangereuse, et qu'il valoit mieux demeurer en cette isle, et laisser partir les troupes sous la conduite des autres, pour ensuitte depécher vers le comte Gautier de Brienne qui tenoit alors Brandis (1), à ce qu'il leur envoyast des vaisseaux pour le pouvoir aller trouver. Je ne vous nommeray pas tous ceux de ce complot, mais seulement les principaux, qui furent :

58. Eudes le champenois de Champlite, Jacques

---

(1) *Brandis* : c'est la ville de Brindes, dans le royaume de Naples, occupée alors par Gautier, comte de Brienne.

vèrent l'ost qui ère logié devant la ville, et tenduz trez et paveillons, et les chevaus traiz des vissiers por refraichir. Et cùm il oïrent que le fils l'empereor de Constantinople ère arrivez al port, si veissiez maint bon chevalier et maint bon serjanz aller encontre, et mener maint bel destrierz. Ensi le reçurent à mult grant joie et à mult grant honor. Et i fist son tré tendre enmi l'ost. Et li marchis de Montferrat le suen de lez, en cui garde le roy Phelippe l'avoit commandé, qui sua seror avoit à fame.

57. Ensi sejornérent en cele ysle trois semaines, qui mult ère riche et plenteuroise. Et dedenz cel jor lor avint une mesaventure qui fu pésme et dure, que une grant partie de cels qui voloient l'ost depecier, et qui avoient autre foiz esté encontre l'ost, parlérent ensemble, et distrent que céle chose lor sembloit estre mult longhe et mult perillose, et que il remanroient en l'isle, et lairoient l'ost aller, et par le conduit à cels. Et quant l'ost en seroit alée renvoiérent au comte Gautier de Breine, qui adonc tenoit Brandiz, qui lor envoiast vaissiaus por aller à Brandiz. Je ne vos puis mie toz cels nomer qui à ceste ouvre faire furent, més je vos en nomerai une partie des plus maistre chevetaine.

58. De cels fu li uns Odes le champenois de Chamlite, Jaques d'Avennes, Pierres d'Amiens, Gui li castellains de Coci, Ogiers de Saint-Cheron, Guis

d'Avennes, Pierre d'Amiens, Guy chastelain de Coucy, Oger de Saint-Cheron, Guy de Chappes, Clerembault son neveu, Guillaume d'Ainoy, Pierre Coiseaux, Guy de Pesmes, Haimon son frere, Guy de Conflans, Richard de Dampierre, Eudes son frere, et plusieurs autres qui leur avoient promis en cachette de se tenir à leur party, ne l'ozans faire paroistre publiquement de crainte de blâme.

59. Si bien que l'on peut dire que plus de la moitié du camp estoit de leur faction. Quand le marquis de Montferrat, le comte Baudoüin de Flandres, le comte Louys, le comte de Saint Paul, et les barons qui estoient de leur party eurent advis de cela, ils furent bien étonnez, et dirent : « Seigneurs, nous serons en
« fort mauvais termes et mal-traitez si ces gens-cy
« se retirent, outre ceux qui nous ont abandonnez par
« diverses fois ; car nostre armée demeurera inutile
« et defectueuse, et ne pourrons faire aucun exploit
« ni conqueste. Allons à eux, et les conjurons au nom
« de Dieu qu'ils aient pitié d'eux et de nous, et qu'ils
« évitent le reproche qu'on leur pourroit faire d'avoir
« empéché le recouvrement de la Terre Sainte. »

60. Ce qu'ayant esté resolu de la sorte, ils s'en allérent tous ensemble en une vallée où les autres estoient assemblez, et menérent avec eux le fils de l'empereur de Constantinople, et tous les evesques et abbez de l'armée. Estans là arrivez, ils mirent pied à terre : et comme les autres les apperceurent, ils descendirent pareillement de leurs chevaux, et leur allérent à la rencontre. D'abord les barons se prosternérent à leurs pieds, pleurans à chaudes larmes, protestans de ne se lever qu'ils n'eussent obtenu d'eux qu'ils

de Cappes, et Clarashauz de Mez, Guillelmes d'Ainoy, Pierres Coiseaus, Guis de Pésmes et Haimes ses freres, Guis de Couvelans, Richart de Dampierres, Odes ses freres, et maint autre qui lor avoient creancé par derriere qu'il se tenroient à lor partie, qui ne l'osoient mostrer par devant por la honte.

59. Si que li livre testimoigne bien que plus de la moitié de l'ost se tenoient à lor accort. Et quant ce oït li marchis de Monferrat, et li cuens Baudoins de Flandres, et li cuens Loeys, et li cuens de Sain Pol, et li baron qui se tenoient à lor accort, si furent mult esmaié, et distrent : Seignor, nos sommes mal bailli se ceste gent se partent de nos ; avec cels qui s'en sunt parti par maintes foiz, nostre ot sera faillie, et nos ne porons nulle conqueste faire. Mais alons à els, et lor crions merci que il aient por Dieu pitié d'els et de nos, et que il ne se honissent, et que il ne toillent la rescosse d'oltremer.

60. Ensi fu li conseils accordez, et allérent toz ensemble en une vallée ou cil tenoient lor parlemenz, et menérent avec als le fils l'empereor de Constantinople, et toz les evesques et toz les abbez de l'ost. Et cùm il vindrent là, si descendirent à pié. Et cil cùm il les virent, si descendirent de lor chevaus, et allérent encontre, et li baron lor cheïrent as piez mult plorant, et distrent que il ne se moveroient tresque cil aroient creancé que il ne se mouroient d'els. Et quant cil virent ce, si orent mult grant pitié, et plorérent mult durement.

ne les abandonneroient point. Quand les autres virent cela, ils furent vivement touchez, et le cœur leur attendrit de façon qu'ils ne peurent contenir leurs larmes.

61. Et particuliérement lors qu'ils virent leurs seigneurs, leurs plus proches parens et amis tomber à leurs pieds, ils témoignérent plus de ressentiment et dirent qu'ils en aviseroient ensemble. Là dessus ils se retirerent, et conferérent entre : eux le resultat de leur conseil fut qu'ils demeureroient encore avec eux jusqu'à la Saint Michel, à condition qu'on leur promettroit, et qu'on leur jureroit sur les saints Evangiles, que de là en avant, à toute heure qu'ils les en voudroient requerir, dedans la quinzaine ensuivant, ils leur fourniroient de bonne foy, sans aucune fraude, des vaisseaux pour passer en Syrie.

62. Ces conditions leur furent accordées et jurées solemnellement; en suitte tous se rembarquérent dans les vaisseaux, et les chevaux furent passez dans les palandries : et ainsi firent voile du port de Corfou la veille de la Pentecoste, l'an de l'incarnation de nostre Seigneur mil deux cens trois, avec tous les vaisseaux, tant palandries que galéres, et autres de l'armée navale, que nefs marchandes (1) qui s'estoient associées de conserve avec cette flotte. Le jour estoit clair et serain, la mer bonace, et le vent propre et doux, lors qu'ils se mirent en mer et lâchérent les voiles au vent. Et moi, GEOFROY, MARESCHAL DE CHAMPAGNE, autheur de cét œuvre, asseure n'y avoir rien mis qui ne soit de la vérité, comme ayant assisté à tous les conseils, et que jamais on ne vit armée na-

---

(1) *Nefs marchandes*: vaisseaux marchands.

61. *Quant il virent lor seignors, et lor parenz, et lor amis chaoir à lor piez, si distrent que il en parleroient. Et se traistrent à une part, et parlèrent ensemble; et la summe de lor conseils fu tels : que il seroient encor avec els tresqu'à la Sain Michel por tel convent : que il lor jureroient sor sainz loialment que des enqui en avant, à quele eure que il les semonroient dedenz les quinze jors, que il lor donroient navie à bone foi, sanz mal engin, dont il porroient aller en Surie.*

62. *Ensi fu otroié et juré. Et lors ot gant joie par tote l'ost. Et se recueillèrent es nés, et li chevaus furent mis es vissiers. Ensi se partirent del port de Corfol la veille de Pentecoste, qui fu* M. et CC. *ans et trois après l'incarnation nostre Seignor Jesu Christ. Et enqui furent totes les nés ensemble et tuit li vissier, et totes les galies de l'ost, et assez d'autres nés de marcheans qui avec s'erent arroutées. Et li jors fu bels et clers, et li venz dols et soés : Et il laissent aller les voiles al vent. Et bien* TESMOIGNE JOFFROIS LI MARESCHAUS DE CHAMPAIGNE, *qui ceste œuvre dicta, que ainc ni ment de mot à son escient, si com cil qui à toz les conseils fu, que onc si béle chose ne fu veuë. Et bien sembloit estoire qui terre deust conquerre, que, tant que on pooit veoir à oil, ne poit on veoir se voiles non de nés et des vaissiaus, si que li cuer des homes s'en esjoissoient mult.*

vale ny si belle ny en si grand nombre de vaisseaux ; en sorte qu'il n'y avoit personne qui ne jugeast en la voyant qu'elle ne deust conquerir tout le monde, la mer, tant que la veuë se pouvoit étendre, estant couverte de voiles et de navires : en sorte que cela faisoit plaisir à voir.

63. Ils cinglérent de la sorte en pleine mer, tant qu'ils vinrent au cap de Malée, qui est un détroit vers la Morée, où ils rencontrérent deux navires chargez de pelerins, de chevaliers et de gens de pied, qui retournoient de Syrie, et estoient de ceux qui s'estoient allez embarquer au port de Marseille : lesquels, quand ils apperçeurent cette belle et magnifique flotte, en eurent une telle honte qu'ils ne s'ozérent monstrer. Le comte de Flandres envoya l'esquif de son vaisseau pour les reconnoistre, et savoir quelles gens c'estoient, ce qu'ils declarérent. Et à l'instant un soldat se laissa couler du navire où il estoit dans l'esquif, et dit à ceux de sa compagnie : «Je reclame tout ce que vous « avez du mien dans ce vaisseau, car je m'en veux « aller avec ceux-cy qui me semblent bien estre en « estat de conquerir.» On luy en sceut fort bon gré, et le receut-on dans l'armée de bon œil. C'est pourquoy avec raison on dit en commun proverbe : Que de mil mauvais chemins on peut se remettre au bon quand l'on veut.

64. Ils passérent de là jusques en Negrepont, qui est une isle où il y a une bonne ville de mesme nom. Là les barons tinrent conseil : et ensuitte le marquis Boniface de Montferrat, et le comte de Flandres avec une partie des navires et galéres, et le prince de Constantinople tirérent à la volte d'Andros, où ils descen-

63. *Ensi coururent per mer tant que il vindrent à Cademelée, à un trespas qui sor mer siet. Et lors encontrérent deux nés de pelerins et de chevaliers et de serjanz qui repairoient de Surie. Et ce estoient de cels qui estoient allez al port de Marseille passer. Et quant ils virent l'estoire si belle et si riche, si orent tel honte que ne il s'ousérent mostrer. Et li cuens Baudoins de Flandres et de Hennaut envoia la barge de sa nef por savoir quel genz ce estoient, et il distrent qu'il estoient, et un serjant se lait corrérer contre val de la nef en la barge, et dist à cel de la nef : Je vos clame tuite ce qui remaint en la nef dou mien, car je m'en iray avec cez, car il semble bien que il doivent terre conquérre. A grant bien fu atornez a serjanz, et mult fu volentiers en l'ost veuz. Et porce dit on que de mil males voies puet on retourner.*

64. *Ensi corut l'ost trosque à Nigre, si est une mult bone ysle, et une mult bone citez, que on appelle Nigrepont. Enqui si pristrent conseil li baron. Si s'en ala li marchis Bonifaces de Monferrat, et li cuens Baudoins de Flandres et de Hennaut, à grant parties de vissiers et de galies avec l'Empereor le fil l'empereor*

dirent en terre. Les gens de cheval firent une course dans l'isle, laquelle vint incontinent à l'obeïssance du fils de l'Empereur, et les habitans donnérent tant du leur qu'ils obtinrent de luy la paix : puis ils rentrérent dans leurs vaisseaux, et coururent en mer; auquel temps il leur arriva un grand malheur par la mort de Guy chastelain de Coucy, l'un des principaux barons de l'armée, dont le corps fut jetté dans la mer.

65. Les autres vaisseaux qui ne s'estoient pas détournez de ce costé-là, poursuivans le droit chemin, entrérent dans le détroit de l'Hellespont, qu'on appelle le bras de Sainct George (1), lequel vient se rendre dans la mer Egée : et cinglérent tant contremont (2) qu'ils abordérent à Abyde, ville forte et située du costé de la Natolie à l'entrée de ce détroit, où ils allérent donner fonds, et descendirent en terre. Les habitans sortirent au devant, et leur apportérent les clefs, n'ayans eu la hardiesse de se deffendre. Aussi on donna si bon ordre qu'ils n'y perdirent la valeur d'un denier. Ils y sejournérent huict jours entiers pour attendre les vaisseaux qui estoient demeurez derrière : et cependant ils se fournirent de bleds là autour, tant pource que c'estoit le temps de la moisson, que pource qu'ils en avoient grand besoin. Et dans les huit jours tous les vaisseaux et les barons arrivérent, Dieu leur ayant donné temps favorable.

(1) *Le bras de Saint-George :* Le Bosphore s'appeloit alors *Bras de Saint-George*, à cause du monastère de Saint-Georges de Mangaux qui étoit hors des murs de Constantinople, à l'entrée du détroit. Quelquefois ce nom se donnoit à la Propontide : c'est ainsi que l'entend Ville-Hardouin dans ce passage. — (2) *Contremont :* en remontant.

Sursac de Constantinople, en une ysle que on appelle Andre, et descendirent à terre. Si s'armérent li chevaliers, et corurent en la terre; et la genz del païs vindrent à merci al fil l'empereor de Constantinople, et li donérent tant dou lor que païs firent à lui. Et r'entrérent en lor vaissiaus, et corurent par mer. Lors lor avint un grant domaiges, que uns halt home de l'ost, qui avoit nom Guis li castellains de Coci, morut, et fu gitez en la mer.

65. Les autres nés qui n'erent mie céle part guenchies, furent entrées en boche d'Avie (et ce est là ou li braz Sain Jorge chiét en la grant mer), et corurent contre mont le braz tresque a une cité que on apelle Avie, qui siet sor le braz Sain George devers la Turquie, mult béle et mult bien assise. Et enqui pristrent port, et descendirent à terre, et cil de la cité vindrent encontre els, et lor rendirent la ville, si com cil qui ne l'osoient defendre. Et il si fisent mult bien garder, si que cil de la ville n'i perdirent vaillant un denier. Ensi sejornérent enki huict jorz por attendre les nés et les galies et les vissiers qui estoient encor à venir. Et dedenz cel sejor pristrent des blez en la terre que il ére moissons, et il en avoient grant mestier, car il en avoient pou. Et dedenz ces huict jorz, furent venu tuit li vaissel et li baron, et Diex lor dona bon tens.

66. Puis ils partirent tous de conserve du port d'Abyde, en sorte que vous eussiez veu le canal comme tapissé et parsemé de galéres et de palandries, qui rendoit de loin un merveilleux éclat à l'œil : et à force d'avirons et de voiles surmontans le courant du bras arrivérent à Saint Estienne, qui est une abbaye à trois lieuës de Constantinople ; d'où ils commencérent à découvrir et voir à plein cette ville. Et ceux des vaisseaux et galéres qui vinrent à prendre port ayant jetté l'ancre, ceux qui ne l'avoient encor veuë se mirent à contempler cette magnifique cité, ne pouvans se persuader qu'en tout le monde il y en eust une si belle et si riche : particulierement quand ils apperçeurent ses hautes murailles et ses belles tours, dont elle estoit revestuë et fermée tout à l'entour, et ses riches et superbes palais, et ses magnifiques eglises, qui estoient en si grand nombre qu'à peine on se le pourroit imaginer si on ne les voyoit de ses yeux, ensemble la belle assiette tant en longueur que largeur de cette capitale de l'Empire. Certes il n'y eut là cœur si asseuré ny si hardy qui ne fremit, et non sans raison, veu que depuis la creation du monde jamais une si haute entreprise ne fut faite par un si petit nombre de gens.

67. Les comtes et barons, comme aussi le duc de Venise, descendirent en terre, et tinrent conseil en l'église de Saint Estienne, où plusieurs choses furent alleguées et debatuës, que je passe sous silence ; aprés quoy le duc de Venise se leva de son siege, et parla en cette maniere : « Seigneurs, je connois un peu
« mieux que vous l'estat et les façons d'agir de ce pays,
« y ayant esté autrefois ; vous avez entrepris la plus

66. *Lors se partirent del port d'Avie tuit ensemble, si peussiez veoir flori le braz Sain Jorge contre mont de nés et de galies et de vissiers, et mult grant mervoille ére la bialtez a regarder. Et ensi corrurent contre mont le braz Sain Jorge, tant que il vindrent à Sain Estienne, a une abbaie qui ére à trois lieues de Constantinople, et lors virent tout à plain Constantinople. Cil des nés et des galies et des vissiers pristrent port, et aancrérent lor vaissials. Or poez savoir que mult esgardérent Constantinople cil qui onques mais ne l'avoient veuë, que il ne pooient mie cuidier que si riche vile peust estre en tot le monde. Cùm il virent ces halz murs et ces riches tours dont ére close tot entor a la reonde, et ces riches palais et ces haltes yglises dont il i avoit tant que nuls nel poist croire se il ne le veist à l'oil, et le lonc et le lé de la ville que de totes les autres ére souveraine. Et sachiez que il ni ot si hardi cui le cuer ne fremist; et ce ne fu mie merveille que onques si grant affaires ne fu empris de tant de gent puis que li monz fu estorez.*

67. *Lors descendirent à terre li conte et li baron, et li dux de Venise, et fu li parlemenz ou monstier Saint Estiene. La ot maint conseil pris et doné. Totes les paroles qui la furent dites ne vos contera mie li livres; més la summe del conseil si fu tielx, que li dux de Venise se dreça en estant, et lor dist: Seignor, je sais plus del convine de cest païs que vos ne faites, car altre foiz i ai esté. Vos avez le plus grant*

« grande affaire et la plus perilleuse que jamais on
« aye entrepris : c'est pourquoy j'estime qu'il y faut
« aller sagement et avec conduite; car si nous nous
« abandonnons en la terre ferme, le pays estant large
« et spatieux, et nos gens ayans besoin de vivres, ils
« se répandront çà et là pour en recouvrer : et comme
« il y a grand nombre de peuple dans le plat pays,
« nous ne sçaurions si bien faire que nous ne perdions
« beaucoup de nos hommes, dont nous n'avons pas
« de besoin à present, veu le peu de gens qui nous
« reste pour ce que nous avons entrepris. Au surplus
« il y a des isles icy prés, que vous pouvez apper-
« cevoir, qui sont habitées et abondantes en bled et
« autres biens et commoditez : allons y prendre terre,
« et enlevons les bleds et les vivres du pays. Et quand
« nous aurons fait nos provisions, et que nous les
« aurons mises dans nos vaisseaux, alors nous irons
« camper devant la ville, et ferons ce que Dieu nous
« inspirera; car sans doute ceux qui sont ainsi pour-
« veus de vivres font la guerre plus seürement que
« ceux qui n'en ont point. » Tous les comtes et barons applaudirent à ce conseil, se remirent tous dans
leurs vaisseaux, et y reposérent celle nuit : le lendemain matin, qui fut le jour de saint Jean Baptiste en
juin, les banniéres et gonfanons (1) furent arborez
és chasteaux de pouppe et aux hauts des masts et des
hunes; et les escus des chevaliers furent rangez le
long de la pallemente (2) pour servir comme de pa-

---

(1) *Gonfanons* : écharpes ou bandelettes terminées en pointe dont les chevaliers ornoient leurs lances. — (2) *Pallemente* : lieu où l'on tenoit le conseil.

affaire et le plus perillous entrepris que onques genz entreprissent. Porce si convendroit que on ouvrast sagement. Sachiez se nos alons à la terre ferme, la terre est granz et large, et nostre genz sont povre et diseteus de la viande, si s'espandront par la terre por querre la viande. Et il y a mult grant plenté de gent al païs : si ne porriens tot garder que nos ne perdissiens, et nos n'avons mestier de perdre; que mult avons poi de gent a ce que nos volons faire. Il a isles ci prés que vos poez veoir deci qui sont habitées de genz, et laborées de blez et de viandes et d'autres biens. Alons i la prendre port, et recueillons les blés et les viandes del païs. Et quant nos aurons mis les viandes recueillies, alomes devant la ville, et ferons ce que nostre sires nos aura porveu; quar plus seurement guerroie cil qui a la viande que cil qui n'en a point. A cel conseil s'acordérent li conte et li baron, et s'en r'alérent tuit à lor nés chascuns et à sez vaissiaus. Ensi repousérent cele nuit. Et al matin fu le jor de la feste mon seignor sainz Johan Baptiste en juing : furent dreciés les banieres et li confanon és chastials des nés, et les hosches des escuz, et portenduz les borz des nés. Chascuns regardoit ses armes tels com à lui convint que defisenssent, que par tens en arons mestier.

vesade (1), representans les crenaux des murailles des villes, châcun jettant la veuē sur ses armes comme prevoyant bien que le temps approchoit qu'il les leur faudroit employer.

68. Cependant les mattelots levérent les ancres et mirent les voiles au vent, lequel frappant dedans à souhait, ils passérent le long et vis-à-vis de Constantinople, si prés des tours et des murailles, que les traits et coups de pierres donnérent en plusieurs de leurs vaisseaux, la courtine estans garnie et bordée de si grand nombre de soldats, qu'il sembloit qu'il n'y eut rien autre chose. Ainsi Dieu détourna la resolution qui avoit esté prise le soir precedent de descendre dans les isles, comme si jamais ils n'en eussent oüy parler; et s'en allérent à pleines voiles, le plus droit chemin qu'ils peurent, aborder en la terre ferme, où ils prirent port devant un palais de l'empereur Alexis, au lieu appelé Chalcedon (2), vis-à-vis de Constantinople, au delà du détroit du costé de l'Asie. Ce palais estoit l'un des plus beaux et des plus agreables que jamais on ait veu, estant accompagné de toutes les delices et plaisirs que l'homme auroit peu souhaitter, et qui sont bien seans à un grand prince.

69. Les comtes et les barons descendirent en terre, et prirent leur logement dans ce palais, dans la ville et aux environs, où la pluspart firent tendre leurs pavillons. Les chevaux à mesme temps furent tirez hors des palandries, et toute la cavalerie et infanterie prit terre, châcun ayant ses armes, en sorte qu'il ne de-

---

(1) *Pavesade*: espèce de grande claie portative, derrière laquelle les archers se mettoient à couvert pour tirer. — (2) *Chalcedon*, aujourd'hui Calcédoine.

68. Li marinier traistrent les anchres, et laissent les voilles al vent aler, et Diex lor done bon vent tel com a els convint; si s'en passent tres par devant Constantinople, si prés des murs et des tours, que à maintes de lor nés traist on. Si i avoit tant de gent sor les murs et sor les tours, que il sembloit que il n'aust sela non. Ensi lor destorna Diex sires le conseil qui fu pris le soir de torner es ysles, ausi com se chascuns n'aust onques oy parler. Et maintenant traient à la fermé terre plus droit que il onques puent, et pristrent port devant un palais l'empereor Alexis, dont li leus estoit appellez Calchidoines; et fu endroit Constantinople d'autre part del braz devers la Turchie. Cil palais fu un des plus biaux et des plus delitables que onques oel peussent esgarder de toz les deliz que il convient à cors d'home que en maison de prince doit avoir.

69. Et li conte et li baron descendirent à la terre, et se hebergiérent el palais et en la ville entor, et li plusor tendirent lor paveillons. Lors furent li cheval trait fors des vissiers, et li chevaliers et li sergeant descend à la terre, a totes lor armes, si que il ne remest és vaissiaus que li marinier. La contrée fu belle et riche, et plenteurose de toz bien. Et les moies des blez qui estoient messoné parmi les champs, tant que chascuns en volt prendre, si en prinst con cil qui grant

meura dans les vaisseaux que les mariniers. La contrée estoit belle, riche, plantureuse et abondante en tous biens, et les grands tas de bled desja moissonné gisoient à l'abandon emmy les champs (1) : châcun en pouvoit prendre sans contredit, ce qu'ils firent, en ayans grand besoin. Ils sejournérent en ce palais tout le lendemain : et au troisiéme jour, Dieu leur ayant donné bon vent, les mariniers reserrérent leurs ancres, et dressans les voiles descendirent le courant du détroit une bonne lieuë au dessus de Constantinople, à un palais de l'empereur Alexis, appelé Scutari, où allérent surgir en la plage, tant les vaisseaux ronds que les palandries et les galéres.

70. Cependant la cavalerie qui estoit logée au palais de Chalcedon en partit, et alla, costoyant Constantinople par terre, se loger sur la rive du bras de Saint George à Scutari, au dessus de l'armée françoise. Ce que l'empereur Alexis ayant apperçeu, fit sortir ses gens de Constantinople, et s'en vint loger sur l'autre bord vis-à-vis d'eux, et y fit tendre ses pavillons, à dessein de les empécher de prendre terre par force sur luy. Et ainsi l'armée françoise sejourna l'espace de neuf jours, durant lesquels ceux qui eurent besoin de vivres en firent provision, et l'on peut dire que ce fut toute l'armée.

71. En ce même temps une compagnie de fort braves gens sortit en campagne pour aller faire la découverte, et empécher les surprises : et les fourrageurs par mesme moyen allérent sous leur escorte fourrager et piller la contrée. De laquelle trouppe

---

(1) *Emmy les champs :* au milieu des champs.

mestier en avoient. Ensi sejournèrent en cel palais lendemain. Et al tierz jor lor dona Diex bon vent, et cil marinier resacquent lor anchres, et dreçent lor voilles al vent. Ensi qu'il s'en vont contre val le braz bien une lieuë desor Constantinople, à un palais qui ére l'empereor Alexis, qui ére appellez le Scutaire. Enki se ancréerent les nés et les vissiers, et totes les galies.

70. Et la chevalerie qui era hebergie el palais de Calcedoine alla costoiant Constantinople par terre. Ensi se hebergiérent sor le braiz Sain Jorge à le Scutaire, et contre mont l'ost des François. Et quant ce vit l'emperére Alexis, si fist la soe ost issir de Constantinople, si le herberja sor l'autre rive d'autre part endroits als : si fist tendre ses paveillons, porce que cil ne peussent prendre terre par force sor lui. Ensi séjorna l'ost des François par neuf jorz; et se procaça de viande cil que mestier en ot, et ce furent tuit cil de l'ost.

71. Dedenz cel jour issi une compagnie de mult bone gent por garder l'ost que on ne li feist mal, et les forriers cerchiérent la contrée. En celle compaignie fu Odes li champenois de Chanlite, et Guillelmes ses freres, et Ogiers de Saint Cheron, et Manassiers de Lisle, et li cuens Cras, uns cuens de Lombardie qui ére del marchis de Monferrat; et orent bien avec als

entre autres estoient Eudes le champenois de Champlite, Guillaume son frere, Oger de Saint-Cheron, Manassés de Lisle, et un seigneur, nommé le comte Gras, qui estoit de Lombardie, et de la suitte du marquis de Montferrat, et avoient avec eux environ quatre-vingt chevaliers, tous vaillans hommes : d'abord ils découvrirent de loin au pied d'un costeau plusieurs tentes et pavillons à trois lieuës du camp : c'estoit le grand duc ou chef des armées de mer de l'empereur de Constantinople, qui avoit bien jusques à cinq cens chevaliers grecs. Quand ils les eurent reconnus ils se partagérent en quatre escadrons, avec resolution de les attaquer. Les Grecs d'autre part se rangérent aussi en bataille devant leurs tentes, et les attendirent de pied ferme : mais nos gens sans marchander davantage les allérent charger. La meslée ne dura gueres, car les Grecs d'abord et au premier choc tournérent le dos, se rompans d'eux-mesmes, et les nostres leur donnérent la chasse une bonne lieuë. Ils gagnérent en cette rencontre nombre de chevaux, roucins, palefroiz et mulets, ensemble les tentes et pavillons, et generalement ce qui est de l'attirail des trouppes. Et ainsi retournérent au camp, où ils furent bien accueillis, et partagérent le butin comme ils devoient.

72. Le jour ensuivant, l'empereur Alexis envoya un ambassadeur aux comtes et barons de l'armée avec lettres de creance : cét ambassadeur s'appelloit Nicolas Roux, et estoit natif de Lombardie. Il les trouva assemblez au conseil dans le palais de Scutari, et les salüa de la part de l'Empereur son maistre, puis présenta ses lettres au marquis Boniface de Montferrat

quatres vingts chevaliers de mult bone gent. Et choisièrent el pié de la montaigne paveillons bien à trois liuës de l'ost. Et ce estoit li megedux l'empereor de Constantinople, qui bien avoit cinq cens chevaliers de Grieu. Quant nostre gent les vit, si ordenèrent lor gent en quatre batailles. Et fu lor conselx tielx, que iroint combatre à els. Et quant li Grieu les virent, si ordenèrent lors gens et lor batailles, et se rangièrent par devant lor paveillons et les attendirent, et nostre gent les alèrent ferir mult vigueroisement. A l'aie de Dieu nostre Seingnor petiz dura cil estorz. Et li Grieu lor tornent les dos, si furent desconfiz à la premiere assemblée. Et li nostres les enchaucent bien une liuë grant. La guaignèrent assez chevaus et roncins, et palefroiz et muls, et tentes et paveillons, et tel gaing com à tel besoigne aferoit. Ensi se revindrent en l'ost, ou il furent mult volentiers veuz, et departirent lor gaing si com il durent.

72. A l'autre jor aprés, envoia l'emperére Alexis uns messages às contes et às barons, et ses lettres. Cil messages avoit nom Nicholas Rous, et ère nez de Lombardie, et trova les barons el riche palais del Scutaire, où il estoient à un conseil. Et les salua de par l'empereor Alexis de Constantinople. Et tendi ses lettres le marchis Bonifaces de Monferrat, et cil les

qui les reçeut, et furent leuës en presence de tous les barons : elles contenoient plusieurs choses, et particuliérement que l'on eust à ajouster toute croiance au porteur, dont le nom estoit Nicolas Roux. Surquoy les barons luy dirent : « Beau Sire, nous avons veu vos
« lettres, qui portent que nous ayons à ajouster foy
« à ce que vous nous direz : exposez donc vostre
« charge, et dites ce qu'il vous plaira. » L'ambassadeur qui estoit debout devant eux leur parla en ces termes : « Seigneurs, l'Empereur m'a commandé de
« vous faire entendre qu'il n'ignore pas que vous ne
« soyez les plus grands et les plus puissans princes
« d'entre ceux qui ne portent point de couronne, et
« des plus valeureux pays qui soient en tout le reste
« du monde ; mais il s'étonne pourquoy, et à quelle
« occasion, vous estes ainsi venus dans ses terres, vous
« estans chrestiens, et luy pareillement chrestien. Il
« sçait assez que le principal dessein de vostre voyage
« est pour recouvrer la Terre-Sainte et le saint sepul-
« chre de nostre Seigneur : si vous avez besoin de
« vivres ou de toute autre chose pour l'exécution de
« cette enteprise, il vous donnera tres-volontiers du
« sien. Vuidez seulement de ses terres, car il luy dé-
« plairoit de vous courir sus, ou vous porter dom-
« mage, encore qu'il n'en ait que trop de pouvoir. Et
« quand vous seriez vingt fois plus de gens que vous
« n'estes, vous ne pourriez toutesfois vous retirer ny
« empécher que vous ne fussiez tous mis à mort ou
« faits prisonniers, s'il avoit le dessein de vous mal
« faire. »

73. En suitte de cette harangue, Conon de Bethune, qui estoit un sage chevalier, eloquent et bien

reçut. Et furent leuës devant toz les barons; et paroles i ot de maintes maniéres és lettres que li livres ne raconte mie. Et aprés les autres paroles qui furent, si furent de creance que l'om creist celui qui les avoit aportées, qui Nicholas Rous avoit nom. Biels sire, font il, nos avons veuës voz lettres, et nos dient que nos vos creons; et nos vos creons bien. Or dites ce que vos plaira. Et li message estoit devant les barons en estant, et parla. Seignor, fait il, l'empereor Alexis vos mande que bien sèt que vos estes la meillor gent qui soient sans corone, et de la meillor terre qui soit. Et mult se merveille por quoi ne a quoi vos i estes venuz en son regne, que vos estes chrestiens et il est chrestiens. Et bien sèt que vos i estes meu por la Sainte Terre d'oltremer et por la Sainte Croiz, et por le sepulcre rescorre. Se vos vos i estes povre, ne disetels, il vos donra volentiers de ses viandes et de son avoir, et vos lui vuidiez sa terre. Ne vos voldroit autre mal faire, et ne por quant s'en na il le pooir; car se vos estiez vint tant de gent, ne vos en porroiz vos aler, se il mal vos voloit faire, que vos ne fussiez morz et desconfiz.

73. Par l'accort et par li conseil aus autres barons et le duc de Venise, se leva empiéz Cœnes de Be-

disant, de l'avis et du consentement des autres barons et du duc de Venise se leva, et repliqua en ces termes : « Beau sire, vous nous venez alleguer que
« vostre maistre s'étonne pourquoy nos seigneurs et
« nos barons sont ainsi entrez dans son empire et
« dans ses terres : vous sçavez trop bien qu'ils ne sont
« pas entrez sur le sien, puis qu'il occupe à tort, et
« contre Dieu et contre raison, ce qui doit appartenir
« à son neveu, que vous pouvez voir icy assis avec
« nous, fils de son frere l'empereur Isaac; mais s'il
« luy vouloit demander pardon et luy restituer la cou-
« ronne et l'empire, nous employerions nos prieres
« vers luy à ce qu'il luy pardonnast et luy donnast
« dequoy vivre honorablement et selon sa condition.
« Au reste, à l'avenir ne soyez si temeraire ny si
« hardy que de venir icy pour de semblables messages. »
L'ambassadeur s'en retourna de la sorte à Constantinople vers l'empereur Alexis.

74. D'autre part, les barons concertérent ensemble, et avisérent que le lendemain ils feroient voir le jeune Alexis, fils du légitime Empereur, au peuple; et à cét effet firent equipper toutes les galéres : en l'une desquelles le duc de Venise et le marquis de Montferrat entrérent, et mirent avec eux le jeune prince, fils de l'empereur Isaac; es autres entrérent les barons et les chevaliers comme ils voulurent. Et ainsi s'en allérent voguans le long des murailles de Constantinople, et le firent voir aux Grecs, leurs disans: « Voicy vostre seigneur naturel; sçachez que nous ne
« sommes pas icy venus pour vous mal faire, mais
« pour vous garder et defendre, si vous faites ce que
« vous devez : vous sçavez que celui auquel vous

thune, qui ére bons chevalier et sages, et bien eloquens, et respont al message : Bel sire, vos nos avez dit que vostre sires se merveille mult porquoi nostre seignor et nostre baron sont entré en son regne ne en sa terre : il ne sont mie entré, quar il le tint à tort et à pechié, contre Dieu et contre raison. Ainz est son nevou, qui ci siet entre nos sor une chaire, qui est fil de son frere l'empereor Sursac. Més s'il voloit à la merci son nevou venir, et li rendoit la corone et l'Empire, nos li proieriens que il li pardonast, et li donast tant que il peust vivre richement. Et se vos por cestui message ni revenez altre foiz, ne soiez si hardiz que vos plus i revegniez. Ensi se parti li messages, et s'en arala arriere en Constantinople à l'empereor Alexis.

74. Li baron parlérent ensemble, et distrent lendemain qu'il mostreroient Alexis, le fil l'empereor de Constantinople, al pueple de la cité. Et dont firent armer les galies totes. Li dux de Venise et li marchis de Monferrat entrérent en une, et mistrent avec als Alexis le filz l'empereor Sursac, et és autres galies entrérent li chevalier et li baron qui volt. Ensi s'en allérent rés à rés des murs de Constantinople, et mostrerent al pueple des Grez li valet, et distrent : Véez ici vostre seignor naturel, et sachiez nos ne venimes por vos mal faire, ains venimes por vos garder et por vos defendre, se vos faites ce que vos devez. Car cil cui vous obeïssiez al seignor vos tient à tort et à pechié, contre Dieu et contre raison. Et

« obéissez maintenant s'est méchamment et à tort em-
« paré de l'Estat; et vous n'ignorez pas de quelle
« déloyauté il a usé vers son seigneur et frere, au-
« quel il a fait crever les yeux, et enlevé l'empire,
« dont vous voyez icy parmy nous le legitime heritier.
« Si vous vous rangez de son party vous ferez ce que
« vous devez; si vous faites au contraire, ne doutez
« pas que nous ne vous fassions du pis que nous
« pourrons. » Mais il n'y eut pas un seul, ny de la
ville ni du plat pays, qui témoigna vouloir le suivre
ny prendre son party, pour la crainte qu'ils avoient
de l'empereur Alexis. Et ainsi châcun s'en retourna
au camp et dans ses logemens.

75. Le lendemain aprés avoir ouy la messe, ils s'assemblérent derechef, et tinrent conseil tous à cheval
au milieu de la campagne, où vous eussiez peu voir
plusieurs beaux chevaux de bataille harnachez richement, et montez par de braves chevaliers. Le sujet
de cette assemblée fut sur l'ordonnance de leurs
batailles, et de la maniere de combattre : sur quoy,
aprés que toutes choses eussent esté debatuës de part
et d'autre, il fut enfin arresté que le comte Baudoüin
de Flandres conduiroit l'avant-garde, pource qu'il
avoit plus grand nombre de braves hommes, et mesmes
plus d'archers et d'arbalestriers que pas un autre baron
de l'armée.

76. Il fut encor arresté que Henry son frere conduiroit la seconde bataille, accompagné de Mathieu
de Valincourt, Baudoüin de Beauvoir, et autres bons
chevaliers de leurs terres et de leurs pays qui estoient
venus avec eux.

77. La troisiéme seroit conduite par Hugues, comte

bien savez com il a disloiaument ovré vers son seignor et vers son frere, que il li a les els traiz, et tolu son Empire, et à pechié, et véez ci le droit hoir. Se vos vos tenez à lui voz feroiz ce que vos devroiz; et se vos nel faites nos vos ferons le pis que nos porrons. Onques nuls de la terre et del païs ne fist semblant que il se tenist à lui, por la tremor et por la dotance de l'empereor Alexis. Ensi s'en revindrent en l'ost arriere, et alérent chascuns à son heberge.

75. Lendemain quant il orent la messe oïe, s'asemblérent à parlement, et fu li parlemenz à cheval enmi le champ. La peussiez veoir maint bel destrier et maint chevalier de sus; et fu li conseils des bataille deviser quantes et quel il en auroient. Bestance i ot assez d'unes choses et d'autres; més la fin del conseils fu tels: que al conte Baudoin de Flandres fu otroié l'avangarde, porce que il avoit mult grant plenté de bone gent, et d'archiers et d'arbalestiers plus que nuls que in l'ost feust.

76. Et aprés fu devisé que l'autre bataille feroit Henris ses freres, Mahius de Vaslaincort, et Balduins de Belveoir, et maint autre bon chevalier de lor terres et de lor païs qui avec els estoient.

77. La tierce bataille fist li cuens Hues de Sain

de Saint Paul, Pierre d'Amiens son neveu, Eustache de Canteleu, Anseau de Cahieu, et plusieurs bons chevaliers de leurs terres et pays.

78. Que Louys, comte de Blois, qui estoit un riche, puissant et redouté seigneur, et qui avoit à sa suitte grand nombre de bons chevaliers et de braves gens, feroit la quatriéme.

79. La cinquiéme bataille seroit de Mathieu de Montmorency et du champenois Eudes de Champlite : Geoffroy, mareschal de Champagne, fut en celle-là avec Oger de Saint-Cheron, Manassés de Lisle, Miles de Brabans, Machaire de Sainte-Menehoult, Jean Foisnons, Guy de Chappes, Clerembaut son neveu, et Robert de Ronçoy. Tous ceux-cy firent la cinquiesme bataille, en laquelle il y eut nombre de bons chevaliers.

80. La sixiéme fut du marquis Boniface de Montferrat, qui fut bien fournie et nombreuse, parce que les Lombards, les Toscans, les Alemans, et generalement tous ceux qui estoient du pays enclavé depuis le Mont-Cenis jusqu'à Lyon sur le Rhosne, s'y rangérent; et fut convenu que le marquis feroit l'arriere-garde.

81. Le jour fut aussi arresté auquel ils se devroient retirer dans leurs vaisseaux pour ensuite prendre terre, resolus de vaincre ou de mourir.

82. Et veritablement ce fut là la plus perilleuse entreprise qui se fit jamais. Alors les evesques et les ecclesiastiques qui estoient pour lors en l'armée, firent leurs remonstrances à tous ceux du camp, les exhortans à se confesser et à faire leurs testamens dautant qu'ils ne sçavoient l'heure qu'il plairoit à

Pol, Pierres d'Amiens ses niers, Eustaches de Cantheleu, Ansiaus de Kaieu, et maint bon chevalier de lor terre et de lor païs.

78. La quarte bataille fist li cuens Loeys de Blois et de Chartain, qui mult fu granz et riche et redotez, que il i avoit mult grant plenté de bons chevaliers et de bone gent.

79. La quinte bataille fist Mahius de Mommorenci, et li champenois Odes de Chanlite; Joffrois li mareschaus de Champaigne fu en céle, Ogiers de Saint Cheron, Manassiers de Lisle, Miles li Braibanz, Machaire de Sainte Menehalt, Johans Foisnons, Guis de Capes, Clarembaus ses niers, Robert de Ronçoi : totes ces genz fisent la quinte bataille. Sachiez que il i ot maint bon chevalier.

80. La sesime bataille fist li marchis Bonifaces de Monferrat, qui mult fu granz. Il i furent li Lombart, et li Toschain, et li Aleman, et totes les genz qui furent de le mont de Moncenis trosque à Lion sor le Rône. Tuit cil furent en la bataille li marchis, et fu devisé que il feroit la riere garde.

81. Li jorz fu devisé quant il se recueildroient es nés et vaissiaus, et por prendre terre, ou pour vivre ou por morir.

82. Et sachiez que ce fu une des plus doutoses choses à faire qui onques fust. Lors parlérent li evesques et li clergiez al pueple, et lors mostrérent que ils fussent confés; et feist chascuns sa devise, que il ne savoient quant Diex feroit son commandement d'els. Et il si firent mult volentiers par tote l'ost, et mult pitose-

Dieu les appeller et faire sa volonté d'eux : ce qu'ils firent de grand zele et devotion. Le jour pris estant arrivé, les chevaliers s'embarquérent avec leurs chevaux de batailles dans les palandries, armez de pied en cap, leurs heaumes (1) laçez, les chevaux sellez et couverts de leurs grandes couvertures ; les autres qui estoient de moindre considération pour le combat, se reduisirent dans les gros et pesans vaisseaux ; toutes les galéres furent pareillement armées et équippées : ce qui se fit en un beau matin peu aprés le soleil levé. Cependant l'empereur Alexis les attendoit de l'autre costé avec grand nombre d'escadrons et force trouppes en bon ordre, les trompettes sonnans desja de toutes parts. A châque galére fut attaché un vaisseau rond pour le remorquer et passer outre plus legerement. On ne demandoit pas qui devoit aller le premier, qui aprés, châcun s'efforçant à l'envi de gagner les devants ; et les chevaliers se lançoient de leurs palandries dans la mer jusqu'à la ceinture, le heaume lacé en teste, et la lance au poing : les archers pareillement, les arbalestriers, ensemble tous les gens de pied, châcun à l'endroit où leurs vaisseaux abordérent. Les Grecs firent contenance de leur vouloir contester la descente ; mais quand ce vint aux coups ils tournérent soudain le dos, et leur quittérent le rivage. Et sans doute on peut dire que jamais on ne prit terre avec tant de hardiesse et de braverie. Lors les mariniers commencérent de tous costez à ouvrir les portes des palandries, et à jetter les ponts dehors : on en tira les

---

(1) *Heaumes* : casques à visière.

ment. Li termes vint si com devisés fu. Et li chevaliers furent és vissiers tuit avec lor destriers, et furent tuit armé, les helmes laciez, et li cheval covert et enselé; et les autres genz qui n'avoient mie si grant mestier en bataille furent es grans nés tuit, et les galées furent armées et atornées totes : et li matins fu biels apres le soleil un poi levant. Et l'emperéres Alexis les attendoit à granz batailles et à granz corroiz de l'autre part; et on sone les bozines. Et chascune galie fu à un vissiers liée por passer oltre plu delivréement. Il ne demandent mie chascuns qui doit aller devant; mais qui ainçois puet, ainçois arive. Et li chevalier issirent des vissiers, et saillent en la mer trosque a la çainture, tuit armé, les hielmes laciez, et les glaives és mains, et li bon archier et li bon serjanz et li bon arbalestier, chascune compaignie où endroit éle ariva. Et li Greu firent mult grant semblant del retenir; et quant ce vint às lances baissier, et li Greu lor tornérent les dos, si s'en vont fuiant, et lor laissent le rivage. Et sachiez que onques plus orgueilleusement nuls por ne fu pris. Adonc commencent li marinier à ovrir les portes des vissiers et à giter les ponz fors; et on commence les chevax à traire. Et li chevalier comencent à monter sor lor chevaus, et les batailles se commencent à rengier si com il devoient.

chevaux, les chevaliers montérent dessus, et les batailles se rangérent selon l'ordre qui avoit esté arresté.

83. Le comte de Flandres et de Hainaut, qui conduisoit l'avant-garde, marcha devant, et les autres trouppes aprés en leur rang, jusques où l'empereur Alexis s'estoit campé : mais il avoit desja rebroussé chemin vers Constantinople, laissant ses pavillons et tentes à l'abandon, où nos gens gagnérent beaucoup. Cependant nos barons resolurent de se loger sur le port devant la tour de Galatha, où la chaisne qui le fermoit estoit tenduë d'un bord à l'autre, en sorte qu'il falloit passer par cette chaisne à quiconque eust voulu entrer dans le port; de façon que nos barons virent bien que s'ils ne prenoient cette tour, et ne rompoient la chaisne, ils estoient en fort mauvais termes, et en danger d'estre mal traitez. Cela fut cause qu'ils se logérent cette nuict devant la tour, et en la Juifverie, que l'on appelle *le Stenon*, qui est une fort bonne habitation et tres-riche, où ils firent bon guet durant la nuict. Le lendemain, environ heure de tierce, ceux de la tour de Galatha, et les autres qui leur venoient à la file de Constantinople au secours dans des barques, firent une sortie; et nos gens coururent soudain aux armes : le premier qui arriva à la mélée fut Jacques d'Avennes avec ses gens à pied, qui y eut beaucoup à souffrir ; mêmes il y reçeut un coup de lance dans le visage, et eût esté en grand hazard de mort, si un de ses chevaliers, appellé Nicolas de Laulain, ne fut venu à son secours, ayant monté à cheval pour le deffendre, et s'y comporta si vaillamment qu'il en remporta grand honneur. Cependant l'alarme s'estant épanduë

83. *Li cuens Baudoins de Flandres et de Hennaut chevauche, qui l'avangarde faisoit; et les autres batailles aprés, chascune si cum éle chevauchier devoient. Et allérent trosque là où l'emperére Alexis avoit esté logiez; et il s'en fu tornez vers Constantinople, et laissa tenduz trés et paveillons. Et la gaingnérent nostre gent assez. De nostre baron fu tels li conseils, que il se hebergeroient sor le port devant la tor de Galathas, ou la chaiene fermoit, qui movoit de Constantinople. Et sachiez de voir que par céle chaiene covenoit entrer qui al port de Constantinople voloit entrer. Et bien virent nostre baron se il ne prenoient cel tor, et rompoient céle chaiene, que il estoienz mort et mal bailli. Ensi se hebergiérent la nuit devant la tor, et en la Juërie, que l'en appelle le Stanor, ou il avoit mult bone ville, et mult riche. Bien se fissent la nuit eschaugaitier. Et lendemain quant fu hore de tierce, si firent une assaillie cil de la tor de Galathas et cil qui de Constantinople lor venoient aidier en barges; et nostre gent corrent as armes. La assembla Jaches d'Avenes, et la soe masnie à pié. Et sachiez que il fu mult chargiez, et fu feruz parmi le vis d'un glaive en aventure de mort. Et un suen chevalier fu montez à cheval, qui avoit nom Nicholes de Janlain, et secourut mult bien son seignor; et le fist mult bien si que il en ot grant pris. Et li cris fu levez en l'ost, et nostre gent vienent de totes parz, et li remistrent ens mult laidement, si que assez en i ot de morz et de pris, si que des tels i ot qui ne guenchirent mie à la tor, ainz allérent as barges dunt il ére venu,*

au camp, nos gens y arrivérent de toutes parts, et recoignérent si vivement les autres, qu'il y en demeura grand nombre de morts et de pris : si bien que la pluspart ne peurent regagner le chemin de la tour, ains se détournérent et se mirent dans les barques dans lesquelles ils estoient venus, et y en eut beaucoup de noyez ; les autres evadérent au mieux qu'ils peurent ; ceux qui pensérent se sauver à la tour furent talonnez de si prés, qu'ils n'eurent le moyen ny le loisir de fermer les portes sur eux. Ce fut là où fut le plus fort du combat, dont à la fin les nostres demeurérent les maistres, les enfonçans avec un grand carnage et prise des Grecs.

84. Ainsi fut le chasteau de Galatha emporté, et le port de Constantinople gagné de vive force, dont toute l'armée fut fort réjoüye, et tous en rendirent graces à Dieu ; au contraire ceux de la ville furent tres-déconfortez de cette perte, et non sans raison ; car le lendemain les vaisseaux, les galéres et les palandries y allérent surgir sans aucune résistance. Cela fait, ils tinrent conseil pour aviser à ce qui restoit à faire, et si l'on devoit attaquer la ville ou par terre ou par mer. Les Venitiens estoient d'avis de dresser les échelles sur les vaisseaux, et que tous les assauts se fissent par mer ; mais les François alleguoient qu'ils n'estoient pas si bien duits (1) ny si adroits sur mer comme eux : où quand ils seroient montez sur leurs chevaux, et armez de leurs armes, ils s'en acquitteroient beaucoup mieux sur terre. Enfin il fut resolu que les Venitiens livreroient l'assaut par mer, et que

---

(1) *Duits*, participe du verbe *duire*, signifie habile, expérimenté.

et là en i ot assez de noiez; et al quant en eschapérent, et cels qui guenchirent à la tor, cil de l'ost
les tindrent si prés que il ne porent la porte fermer.
Enqui refu granz li estorz à la porte, et la lor tol-
lirent par force, et les pristrent laienz; là en i ot assez
de mors et de pris.

84. *Ensi fu li chastiaux de Galathas pris, et li
port gaigniez de Constantinople per force.* Mult en
furent conforté cil de l'ost, et mult en loerent dam le
Dieu, et cil de la ville desconforté. Et lendemain
furent enz traites les nés et les vaissiels, et les galies
et li vissier. Et donc pristrent cil de l'ost conseil ensemble por savoir quel chose il porroient faire : si
assauroient la ville par mer ou par terre. Mult s'a-
cordérent li Venisien que les eschiéles fussient drecies
es nés, et que toz li assaus fust par devers la mer. Li
François disoient que il ne se savoient mie si bien aider
sor mer com il savoient; mais quant il aroient lor
chevaus et lors armes, il se sauroient mielx aider par
terre. Ensi fu la fin del conseil : que li Venisien assauroient per mer, et li baron et cil de l'ost par terre.
Ensi sejornérent per quatre jorz.

les barons avec l'armée attaqueroient par terre. Et ainsi sejornérent là l'espace de quatre jours.

85. Au cinquiéme, toute l'armée prit les armes, et marcha en bataille, suivant l'ordre arresté, au dessus du port, jusques au palais de Blaquerne (1), et les vaisseaux les costoyans tant qu'ils furent vers le fonds du port, où il y a une riviere qui entre dedans, laquelle on ne peut passer que par un pont de pierre que les Grecs avoient rompu; mais les nostres y firent travailler le long du jour et la nuict suivante pour le refaire : estant remis en estat, ils passérent tous sur le matin sous les armes en bonne ordonnance, et vinrent les uns aprés les autres dans l'ordre prescrit jusques devant les murailles, sans que personne sortit sur eux, quoy que, pour un qu'ils estoient en l'armée, il y en eût plus de deux cens dans la ville.

86. Là dessus les barons avisérent de se loger entre le palais de Blaquerne et le chasteau de Boemond, qui est une abbaye close de murs, où ils tendirent leurs pavillons. Ce fut une chose étonnante et bien hardie, de voir qu'une si petite poignée de gens entreprit d'assieger Constantinople qui avoit trois lieuës de front du costé de terre, quoy qu'elle n'eût des forces que pour s'attacher à l'une de ses portes : quant aux Venitiens, ils estoient en mer dans leurs vaisseaux, où ils dressérent force échelles, avec grand

(1) *Blaquerne :* L'impératrice Pulchérie, femme de Marcien, avoit fait bâtir une église dédiée à la sainte Vierge, près du port, hors des murs. Héraclius enferma cette église dans la ville pour la préserver des incursions des Avares et des Hongrois. Bientôt on construisit près de l'église un palais auquel on donna le nom de *Blaquerne.* Manuel Comnène agrandit ce palais, le fortifia et l'orna de peintures où ses victoires étoient représentées.

85. Al cinquiesme jorz apres s'arma tote l'oz. Et chevauchiérent les batailles si com éles érent ordenées, tot par desor le port, trosque endroit le palais de Blaquerne. Et li naviles vint par devant le port de Scique endroit els, et ce fu pres del chief del port, et la si à un flum qui fiert en la mer, que on ni puet passer se par un pont de pierre non. Li Grieu avoient le pont colpé, et li baron firent tote jor l'ost laborer, et tote la nuit, por le pont affuitier. Ensi fu li ponz afuitiez, et les batailles armées au maitin. Et chevauche li uns apres l'autre, si com éles érent ordinées; et vont devant la ville, et nus de la cité n'issi fors encontre als. Et fu mult grant merveille que, por un qu'il estoient en l'ost, estoient il deux cens en la ville.

86. Lors fu le conseils des barons telx : que il se hebergeroient entre le palais de Blaquerne et le chastel Buimont, qui ére une abbaie close de murs. Et lors furent tendu li tref et li paveillon : et bien fu fiére chose à regarder, que de Constantinople, qui tenoit trois lieues de front par devers la terre, ne pot tote l'ost assegier que l'une des portes. Et li Venisiens furent en la mer ès nés et ès vaissiaus, et dreciérent les eschiéles et les mangoniaus et les perrieres, et ordenérent lor assaut mult bien. Et li baron ratornérent le lor par devers la terre, et de perrierés et des mangoniaus. Et sachiez que il n'estoient mie en pais, que il n'ére hore de nuit ne de jor que l'une des batailles ne fust armée par devant la porte por garder les engins et les assaillies. Et por tot ce, ne remannoit mie que il ne feissent assez par cele porte et par autres, si que il

nombre de mangoneaux, et autres machines propres à lancer pierres, et ordonnérent fort bien leurs assauts, comme firent aussi les barons du costé de terre avec leurs perieres et mangoneaux, où à peine ils avoient le temps de reposer, n'y ayant heure de jour ny de nuit qu'il n'y eût l'une des batailles toute armée en garde devant la porte pour garder les machines, et veiller aux sorties : nonobstant quoy ceux de la ville ne laissoient d'en faire souvent par cette mesme porte et les autres : ce qui les tenoit si serrez, que plus de six fois en un jour tout le camp estoit obligé de prendre les armes, et qu'ils n'avoient la liberté d'aller fourrager et chercher des vivres quatre jets d'arc au delà du camp, en ayans fort peu et estans mal pourveus, horsmis de quelques farines dont ils avoient fait provision, ayant pareillement peu de chair salée et de sel, et point du tout de chair fraische, hors celle des chevaux qu'on leur tuoit. Bref, tout le camp n'avoit pas des vivres pour trois semaines; et d'ailleurs ils estoient en grand peril, veu que jamais tant de gens ne furent assiegez en une ville par un si petit nombre.

87. Alors ils s'aviserent d'une chose bien utile, qui estoit de fermer le camp de bonnes barriéres et pallissades : au moyen de quoy ils se fortifiérent, et furent à l'avenir en plus grande asseurance. Toutefois cela n'empécha pas que les Grecs ne continuassent leurs sorties, et ne vinssent souvent attaquer le camp, sans leur donner le temps de se reposer; mais les nostres les repoussoient vertement, les Grecs y perdans tousjours quelques-uns des leurs.

88. Un jour les Bourguignons estans de garde, les

les tenoient si corz, que six foiz ou sept les convenoit armer par tote l'ost, ne n'avoient pooir que il porcaçassent viande quatre arbalestées loing de l'ost. Et il en avoient mult poi, se de farine non : et de bacons et de sel avoient poi ; et de char fresche nulle chose, se il ne l'avoient des chevauus que on lor ocioit. Et sachiez que il n'avoient viande communalment à tote l'ost trois semaines, et mult estoient perillosement, que onques par tant de gent ne furent assegiez tant de gent en une ville.

87. Lors se porpensérent de un mult bon engins, que il fermérent totes l'ostes de bones lices, et de bons merriens, et de bones barres, et si en furent mult plus fort et plus seur. Li Grieu lor faisoient si souvent assaillies que il nes laissoient reposser. Et cil de l'ost le resmetoient arrieres mult durement ; et totes foiz que il issoient, i perdoient li Grieu.

88. Un jor feissoient li Borgueignon la gait, et li

Grecs firent une sortie avec une partie de leurs meilleurs hommes; mais ils furent fort bien receus, et rechassez si prés de la porte, que les pierres que l'on lançoit de la ville tomboient sur ceux qui les poursuivoient. Là un des plus grands seigneurs grecs, appellé Constantin Lascaris, fut pris, tout à cheval qu'il estoit, par Gautier de Nuilly : Guillaume de Champlite y eut le bras brisé d'une pierre, dont ce fut dommage, dautant qu'il estoit tres-vaillant et courageux. Il y en eut encore plusieurs de blessez et de tuez de part et d'autre, que je ne puis raconter. Avant que le combat finit, arriva un chevalier de la suitte de Henry frere du comte Baudoüin de Flandres, appellé Eustache le Markis, lequel, n'estant armé que d'un gamboison (1) et d'un chappeau de fer, l'escu au col, les ayda beaucoup à les recoigner dans la ville; en sorte qu'il en acquit beaucoup d'honneur. Depuis il ne se passa presque point de jour qu'on ne fit nombre de sorties, les ennemis nous pressans de si prés, qu'il nous estoit impossible de reposer ny prendre nos repas, sinon armez de pied en cap. Entre autres, ils en firent une par l'une de leurs portes, en laquelle ils perdirent beaucoup; mais en recompense un de nos chevaliers nommé Guillaume Delgi y demeura sur la place. Mathieu de Valincourt y fit fort bien, et eut son cheval tué sous luy sur le pont-levis de la porte : et generalement tous ceux qui se trouvérent à cette meslée s'y comportérent en gens de cœur.

(1) *Gamboison* : pourpoint garni en piqué, qui se mettoit sur la chair, et sur lequel on posoit la cotte de mailles : c'étoit un plastron de linge et d'étoupes qui empêchoit que l'armure ne blessât.

Grieu lor firent un assaillie, et issirent de lor meillor gens une partie fors, et cil lor recorrurent sus : si les remistrent enz mult durement, et les menérent si prés de la porte, que granz fés de pierres lor getoit un sor als. Là ot pris uns des meillors Grex de lajenz, qui ot nom Constantin Liascres, et le prist Gautiers de Nuilli toz montez sor le cheval, et enqui ot Guillelme de Chanlite brisié le braz d'une pierre, dont grant domages fu, que il ére mult preuz et mult vaillant. Toz les corps, et toz les bleciez, et toz les morz, ne vous pui mie raconter. Maiz ainz que li estorz parfinast, vint un chevalier de la masnie Henris le frere le conte Baudouin de Flandres et de Hennaut, qui ot nom Euthaices le Marchis, et ne fu arméz que d'un gamboison et d'un chapel de fer, son escu à son col, et le fist mult bien alenz mettre, si que grant pris l'en dona l'on. Poi ere jorz que on non feist assaillies ; mès ne vos puis totes retraire, tant les tenoient prés que ne pooient dormir, ne reposser, ne mangier, s'armé non. Une autre assaillie firent per une porte defors, ou le Grieu reperdirent assez. Més là si fu morz uns chevaliers qui ot a nom Guillelme Delgi, et là le fist mult bien Mahius de Valencor, et perdi son cheval al pont de la porte qui li fu morz, et maint le firent mult bien qui à celle mellée furent.

89. A cette porte au-dessus du palais de Blaquerne, par où les Grecs faisoient le plus ordinairement leurs sorties, Pierre de Graiel y fit mieux que pas un autre, parce qu'il estoit en un poste plus avancé, et ainsi estoit plus souvent dans les occasions. Ce peril et travail dura prés de dix jours, tant qu'un jeudy matin toutes choses furent disposées pour donner l'assaut, et les échelles dressées. Les Venitiens s'aprétérent pareillement du costé de la mer : et fut arresté que des sept batailles les trois demeureroient à la garde du camp par dehors pendant que les quatre autres iroient à l'assaut. Le marquis de Montferrat eut la charge de garder le camp du costé de la campagne, avec la bataille des Champenois et des Bourguignons, et Mathieu de Montmorency : et le comte Baudoüin de Flandres avec ses gens, Henry son frere, le comte Louys de Blois, le comte de Saint Paul et leurs trouppes allérent à l'assaut, et dressérent leurs échelles à un avant-mur qui estoit fortement garny d'Anglois et de Danois (1), où ils donnérent une rude attaque : quelques chevaliers montans sur les échelles avec deux hommes de pied gagnérent le mur jusques au nombre de quinze, et y combatirent quelque temps main à main, à coup de hâches et d'espées; mais ceux de dedans reprenans vigueur les rechassérent vigoureusement, et prirent deux prisonniers qu'ils conduisirent sur le champ à l'empereur Alexis, lequel en témoigna beaucoup de joye. Ainsi cét assaut demeura sans effet, y ayant eu nombre de blessez et de navrez de la part

---

(1) *D'Anglois et de Danois.* Ces troupes étrangères à la solde des empereurs grecs composoient leur garde ; elles s'appeloient Varangues ou Barangues.

89. *A céle porté desus le palais de Blakerne*, où il issoient plus souventesfois en ot, Pierres de Braiecuel sel plus le pris que nus, porce qu'il ère plus prés logiez, et plus souvent i avint. Ensi lor dura cil perils et cil travaus prés de dix jorz, tant que un joesdi maitin fu lor assauls atornez, et les eschiéles. Et li Venisien r'orent le lor appareillé per mer. Ensi fu devisiés li assaus: que les deux batailles des six garderoient l'ost par defors, et les quatre iroient à l'assaut. Li marchis Bonifaces de Monferrat garda l'ost par devers les champs, et la bataille des Champenois et des Borgoignons, et Mahius de Mommorenci: et li cuens Baudoin de Flandres et de Hennaut alla assaillir et la soa gent, et Henri ses freres; et li cuens Loeys de Blois et de Chartein, et li cuens Hues de Sain Pol, et cil qui à els se tenoient, allérent à l'assaut, et dreciérent à une barbacane deux eschiéles emprés la mer. Et li murs fu mult garnis d'Anglois et de Danois, et li assauz forz et bons, et durs, et par vive force montérent les chevalier sor les eschiéles et deux serjanz, et consquistrent le mur sor als: et montérent sor le mur bien quinze, et se combatoient main à main às haches et às espées, et cels dedenz se reconfortérent, si les metent fors mult laidement, si que il en retindrent deux. Et cil qui furent retenu de la nostre gent si furent menez devant l'empereor Alexis, s'en fu mult liez. Ensi remest li assauz devers les François, et en i ot assez de bleciez et de quassez, s'en furent mult irié li baron. Et li dux de Venise ne se fu mie obliez; ainz ot ses nés, et ses vissiers, et ses vaissiaus ordenéz d'un front. Et cil front duroit bien trois arbalestrées, et començe la

des barons, ce qui leur causa un extréme déplaisir. D'autre côsté, le duc de Venise et les Venitiens ne s'endormoient point : car tous leurs vaisseaux, rangez en tres-belle ordonnance d'un front qui contenoit plus de trois jets d'arc; commencérent courageusement bord à bord à approcher la muraille et les tours qui estoient le long du rivage. Vous eussiez veu les mangoneaux, et autres machines de guerre, affustées (1) dessus le tillac des navires et des palandries, jetter de grandes pierres contre la ville, et les traits d'arbalètes et de fléches voler en grand nombre, tandis que ceux de dedans se deffendoient genereusement; d'autre part, les échelles qui estoient sur les vaisseaux approcher si prés des murs, qu'en plusieurs lieux les soldats estoient aux prises, et combattoient à coups de lances et d'espées; les crys estans si grands qu'il sembloit que la terre et la mer deussent fondre. Mais les galéres ne sçavoient où, ny comment prendre terre.

90. A la vérité c'estoit une chose presque incroyable de voir le grand courage et la proüesse du duc de Venise en cette occasion; car quoy qu'il fust vieil et caduc, et ne vit goutte, il ne laissa neantmoins de se presenter tout armé sur la proüe de sa galére, avec l'estendart de Saint Marc devant soy, s'écriant à ses gens qu'ils le missent à bord, sinon qu'il en feroit justice et les puniroit: ce qui les obligea de faire tant que la galére vint au bord; et soudain saillirent (2) dehors, portans devant luy la maistresse banniére de la Seigneurie, que les autres n'eurent pas plustost

---

(1) *Affustées: affuster*, mettre à l'affût, viser, ajuster.
(2) *Saillirent: saillir*, sauter, sortir.

rive à aprochier qui desus les murs et desoz les tors estoit. Lors veissiez mangoniaus giter des nés et des vissiers, et quarriaus d'arbalestre traire, et ces ars traire mult delivrément, et cels dedenz deffendre des murs et des tours mult durement que en plusors leus; et les eschiéles des nés aprochier si durement que en plusors leus s'entreferoient d'espées et de lances, et li huz ére si granz que il sembloit que terre et mer fundist. Et sachiez que les galées n'osoient terre prendre.

90. Or porroiz oïr estrange proesce, que li dux de Venise, qui vialz hom ére, et gote ne veoit, fu toz armez el chief de la soe galie, et ot le gonfanon Sain Marc pardevant lui, et escrient as suens que il les meissent a terre, ou se ce non il feroit justice de lor cors. Et il si firent que la galie prent terre, et il saillent fors, si portent le gonfanon Sain Marc par devant lui à la terre. Et quant li Venisien voient le gonfanon Sain Marc à la terre, et la galie lor seignor qui ot terre prise devant als, si se tint chascuns à honni, et vont à la terre tuit. Et cil de vissiers saillent fors, et vont à la terre, qui ainz ainz, qui mielz miélz. Lors veissiez assault merveillox, ET CE TES-MOIGNE JOFFROIS DE VILLE-HARDUIN LI MARESCHAUS

apperçuë, et comme la galére de leur duc avoit pris terre la premiere, que, se tenans perdus d'honneur et de reputation s'ils ne le suivoient, s'approchérent du bord nonobstant tous perils et empéchemens, et saillirent hors des palandries à qui mieux mieux, et donnérent un furieux assaut : durant lequel arriva un cas merveilleux qui fut attesté à Geoffroy de Ville-Hardouin, mareschal de Champagne, par plus de quarante, qui lui asseurérent avoir apperçeu le gonfanon de Saint Marc arboré au haut d'une tour sans qu'on sceust qui l'y avoit porté : ce que veu par ceux de dedans, ils quittérent la muraille, et les autres entrérent à foule, et s'emparérent de vingt-cinq tours qu'ils garnirent de leurs soldats. En mesme temps le duc depécha un bateau aux barons de l'armée, pour leur faire entendre comme ils s'estoient rendus maistres de ces vingt-cinq tours, et qu'il n'estoit pas bien aisé de les en déloger.

91. Les barons furent tellement surpris de joye de cette nouvelle, qu'à peine la pouvoient-ils croire : mais les Venitiens pour la leur confirmer leur envoiérent en des batteaux nombre de chevaux et de palefroiz de ceux qu'ils avoient desja gagnez dans la ville. Quand l'empereur Alexis les vit ainsi entrez dans Constantinople, et s'estre emparez des tours, il y envoya une bonne partie de ses trouppes pour les en déloger. Lors les Venitiens, voyans qu'ils ne les pourroient souffrir à la longue, mirent le feu aux prochains édifices d'entre eux et les Grecs, qui estoient au dessous du vent, qui chassoit d'une telle impetuosité vers eux qu'ils ne pouvoient plus rien voir au devant ; et ainsi les Venitiens retournérent à leurs

DE CHAMPAIGNE, QUI CESTE OVRE TRACTA, *de que plus de quarante li distrent por verité, que il virent li gonfanon Sain Marc de Venise en une des tors, et mie ne sorent qui li porta. Or oiez estrange miracle, et cil dedenz s'enfuirent, si guerpissent les murs. Et cil entrent enz, qui ainz ainz, qui mielz mielz : si que il saisissent vingt cinq des tors, et garnissent de lor gent. Et li dux prent un batel, si mande messages às barons de l'ost, et lor fait assavoir que il avoient vingt cinq tors et seussent por voir que il nel pooent reperdre.*

91. *Li baron sont si lie que il nel pooient croire que ce soit voirs. Et li Venisien comencent à envoier chevaus et palefroiz à l'ost en baticaus, de cels que il avoient gaaigniez dedenz la ville. Et quant l'empereres Alexis vit que il furent ensi entré dedenz la ville, si comence ses genz à envoier à si grant foison vers els. Et quant cil virent que il nes porroient soffrir, mistrent le feu entre els et les Grex. Et li vens venoit devers nos genz. Et li feus si començe si grant à naistre, que li Grex ne pooient veoir nos genz. Ensi se retraistrent à lors tors que il avoient laissies et conquises.*

tours qu'ils avoient, conquises et puis abandonnées.

92. Incontinent aprés, l'empereur Alexis sortit de Constantinople avec toutes ses forces par les autres portes, éloignées environ d'une lieuë du camp des François, et en si grand nombre qu'il sembloit que tout le monde y fust : et là dessus les rangea en ordonnance, et dressa ses batailles pour marcher contre nos gens; lesquels, d'abord qu'ils les apperçeurent, coururent aux armes de toutes parts. Or ce jour là Henry, frere du comte Baudoüin de Flandres, estoit de garde avec Mathieu de Valincourt et Beaudoüin de Beauvoir, et leurs trouppes. A l'endroit où ils estoient campez, l'empereur Alexis avoit ordonné force gens pour sortir par trois portes, et les attaquer pendant que d'un autre costé il donneroit de tout son effort, et viendroit fondre sur eux. Cependant les six batailles qui avoient esté ordonnées, ainsi qu'il a esté dit cy-devant, se rangérent au devant de leurs palissades, ayans leurs sergeans et leurs escuyers à pied joignant la crouppe de leurs chevaux, et devant eux les archers et les arbalestriers. Ils dressérent encore un autre petit bataillon de bien deux cens de leurs chevaliers qui avoient perdu leurs chevaux ; et ainsi les attendirent de pied ferme devant leurs lices sans avancer : ce qui fut sagement avisé, car, s'ils se fussent abandonnez à la plaine pour charger les autres, ils estoient en si grand nombre que de leur foulle il les eussent accablez.

93. De fait, il sembloit que toute la campagne fût couverte d'esquadrons, et venoient le petit pas en bonne ordonnance; de maniere qu'il sembloit estre chose bien périlleuse que six batailles, et encore foibles, en voulussent attendre plus de soixante, dont

92. Adonc issi l'emperére Alexis de Constantinople à tote sa force fors de la cité par autres portes, bien loin de une liuë de l'ost. Et comence si grant genz à issir que il sembloit que ce fust toz li monz. Lors fist ses batailles ordener parmi la campaigne, et chevauchent vers l'ost. Et quant nos François les voient, si saillent as armes de totes pars. Cel jor faisoit Henri le frere le conte Baudoin de Flandres et de Hennaut la gait, et Mahius de Vaslencort, et Baudoins de Belveoir, et lor genz qui a els se tenoient. Endroit aus avoit l'emperéres Alexis atorné granz genz qui saldroient par trois portes fors, com il se feroient en l'ost par d'autre part. Et lors issirent les six batailles qui furent ordenées, et se rengent par devant lor lices, et lor serjans et lors escuiers a pié par derriere les cropes de lor chevaus, et les archiers et les arbalestiers pardevant als, et firent bataille de lor chevalier à pié, dont il avoient bien deux cens qui n'avoient mais nul cheval. Et ensi se tindrent quoi devant lor lices. Et fu mult granz sens ; que se il allassent à la campaigne assembler à els, cil avoient si grant foison de gent que tuit feissiens noié entr'aus.

93. Il sembloit que tote la campaigne fust coverte de batailles, et venoient li petit pas tuit ordené. Bien sembloit perillose chose, que cil n'avoient que six batailles, è li Grieu en avoient bien soixante que il ni avoit celi qui ne fust graindre que une des lor ;

la moindre estoit plus grosse et renforcée d'hommes, que pas une des leurs ; mais elles estoient ordonnées et rangées de sorte qu'on ne les pouvoit aborder ny charger que par devant. Enfin l'empereur Alexis avança avec son armée, et se trouva si prés d'eux que l'on tiroit des uns aux autres. La nouvelle en estant venuë au duc de Venise, il fit à l'instant retirer ses gens, et abandonner les tours qu'ils avoient conquises, disant qu'il vouloit vivre et mourir avec les pelerins. Et ainsi s'en vint droit au camp, et descendit luy-mesme des premiers en terre avec ce qu'il peût tirer hors de ses gens. Cependant les batailles des pelerins et des Grecs furent assez long-temps vis-à-vis les unes des autres, ceux-cy n'ozans venir à la charge, et les autres ne voulans s'éloigner de leurs barriéres et palissades : ce que voyant l'empereur Alexis, il commença à faire sonner la retraite, et aprés avoir rallié les siens, il rebroussa chemin en arriére. D'autre part, l'armée des pelerins commença à le suivre le petit pas, et les Grecs à se retirer, tant qu'ils vinrent à un palais appellé le Philopas. Pour dire le vray, jamais Dieu ne délivra personne de plus grand peril comme il fit les nostres en ce jour, n'y ayant eû aucun si asseuré ny si hardy qui n'eût esté bien aise de cette retraite. Les choses donc demeurérent en cét estat, et la bataille differée par la permission de Dieu. L'empereur Alexis rentra dans la ville, et les nostres dans leur camp, où ils se desarmérent lassez et fatiguez de cette journée, ayans d'ailleurs beaucoup souffert par la disette ; car effectivement ils mangérent et beurent peu, estans mal fournis de vivres.

94. Mais voicy un rencontre où nostre Seigneur

mais li nostre estoient ordené en tel maniere que on ne pooit à els venir se par devant non. Et tant chevaucha l'empereor Alexis, qu'il fu si prés que on traoit des uns aus autres. Et quant ce oï li dux de Venise, si fist ses gens retraire, et guerpir les tors que il avoient conquises, et dist que il voloit vivre ou morir avec les pelerins. Ensi s'en vint devers l'ost, et descendi il meismes toz premiers à la terre, et ce que il i en pot traire de la soe gent fors. Ensi furent longuement les batailles des pelerins et des Grieus vis à vis, que li Grieu ne s'osérent venir ferir en lor estal; et cil ne voltrent eslongnier les lices. Et quant l'emperéres Alexis vit ce, si comença ses genz à retraire; et quant il ot ses genz raliéz, si s'en retorna arrière. Et quant ce vit li hos des pelerins, si comença à chevaucher li petit pas vers lui, et les batailles des Grès comencent à aller en voie, et se traistrent ariers à un palais qui ére appellez au Philopaz. Et sachiez que onques Diex ne traist des plus grant perilz nuls genz comme il fist cel de l'ost cel jor. Et sachiez qu'il n'i ot si hardi qui n'aust grant joie. Ensi se remest cele bataille cel jor, que plus ni ot fait si com Diex le volt. L'emperéres Alexis s'en rentra en la ville, et cil de l'ost allérent à lor herberges, si se desarmérent, qui ére mult las et travaillié, et poi mangiérent et poi burent, car poi avoient de viande.

94. Or oiez les miracles nostre Seignor, com eles

fit éclater sa toute-puissance; car cette nuit mesme l'empereur Alexis sans aucune autre occasion prit de son tresor ce qu'il peût, et avec ceux qui le voulurent suivre s'enfuit en cachette (1) et abandonna la ville. Dequoy les habitans demeurérent d'abord merveilleusement étonnez et surpris; et à l'instant s'en allérent à la prison où l'empereur Isaac, qui avoit eu les yeux crevez, estoit detenu; d'où, aprés l'avoir revestu de ses ornemens et habits imperiaux, ils l'emmenérent au palais de Blaquerne, et le firent seoir dans le throsne, luy prestans de nouveau obeïssance comme à leur naturel seigneur. Aprés cela, de l'avis de l'empereur Isaac, ils envoiérent des deputez au camp pour avertir le prince son fils, et faire entendre aux barons comme le tyran s'en estoit fuy, et comme Isaac avoit esté derechef reconnu empereur. Sur cette nouvelle, le prince manda le marquis de Montferrat, et le marquis les barons par toute l'armée; lesquels s'estans assemblez au pavillon du prince, il leur fit part de cette nouvelle, de laquelle ils témoignérent la réjoüyssance telle qu'on peut assez se la persuader en cette occasion, remercians et loüans Dieu tres-devotement de ce qu'en si peu de temps il les avoit secourus, et que d'un estat si deploré où estoient leurs affaires il les avoit mis au-dessus. Ce qui fait voir que ce n'est pas sans raison qu'on dit vulgairement qu'à celuy à qui Dieu veut ayder, nul ne peut nuire.

95. Cependant le jour ayant commencé à paroistre, tous ceux de l'armée prirent les armes et se mirent en

---

(1) *S'enfuit en cachette.* Alexis se retira dans la ville de Zagora, autrefois Debeltus, place appartenant au roi des Bulgares.

sont beles tot par tot là où li plaist. Céle nuit domagement l'empereres Alexis de Constantinople prist de son tresor ce qu'il en pot porter, et mena de ses gens avec lui qui aller s'en voldrent, si s'enfui, et laissa la cité; et cil de la ville remestrent mult esbais, et traistrent à la prison où l'emperére Sursac estoit, qui avoit les ials traiz. Si le vestent imperialement, si l'emportérent al halt palais de Blaquerne, et l'asistrent en la halte chaiere, et li obéirent come lor seignor. Et dont pristrent messages per le conseil l'empereor Sursac, et envoièrent en l'ost, et mandérent le fil l'empereor Sursac et les barons que l'empereres Alexis s'en ère fuiz, et si avoient relevé à empereor l'empereor Sursac. Quant le valet le sot, si manda li marchis Boniface de Monferat, et li marchis manda li barons par l'ost. Et quant il furent assemblé al paveillon le fil l'empereor Sursac, si lor conte ceste novele. Et quant il oïrent, de la joie ne convint mie à parler, que onques plus grant joie ne fu faite el munde, et mult fu nostre Sire loez pitousement per as toz de ce que en si petit de terme le secoruz, et de si bas com il estoient les ot mis al desore. Et porce puet on bien dire: Qui Diex vielt aidier, nuls hom ne li puet nuire.

95. Lors comença à ajorner, et l'ost se comença à armer, si s'armérent tuit par l'ost, porce que il ne creoient mie bien des Grex. Et messaiges comencent à aisir un, deux ensemble, et content ces novelles meismes. Li conseils às barons et às contes fu tels,

estat de deffense, parce qu'ils ne se fioient pas entierement aux Grecs. Mais d'ailleurs diverses personnes arrivérent au camp, qui un, qui deux, qui raconterent et asseurerent les mesmes nouvelles : sur quoy les barons et les comtes et le duc de Venise aviserent d'envoyer dans la ville pour voir comme les choses s'y passoient, et, en cas que la nouvelle qui leur avoit esté debitée fut véritable, requerir l'empereur Isaac qu'il eût à ratifier les traitez et promesses faites par le prince son fils, à faute dequoy ils ne le laisseroient retourner dans la ville. Pour cette ambassade furent éleus de la part des François Mathieu de Montmorency et Geoffroy, mareschal de Champagne, et de la part du duc de Venise deux Venitiens. Ils furent conduits jusqu'à la porte, laquelle leur fut ouverte; et y estans descendus de leurs chevaux, ils furent menez jusqu'au palais de Blaquerne, toutes les ruës par où ils passerent, depuis la porte de la ville jusques à l'entrée de ce palais, estans bordées d'Anglois et de Danois, armez de leurs hallebardes, que les Grecs y avoient rangez. Là ils trouvérent l'empereur Isaac si richement vestu, que malaisément on se pourroit persuader un prince plus superbement couvert : il avoit prés de luy l'Imperatrice sa femme, qui estoit une tres-belle et vertueuse princesse, sœur du roy de Hongrie, accompagnez au reste d'un si grand nombre de seigneurs et de dames magnifiquement vestus, qu'à peine on pouvoit s'y tourner : car tous ceux qui le jour precedent avoient esté contre luy estoient ce jour là sous son obeïssance.

96. Les ambassadeurs vinrent saluer l'Empereur et l'Imperatrice, qui les receurent avec grand honneur,

et celui al duc de Venise, que il envoièrent messaiges lajenz savoir coment li affaires i estoit. Et se ce estoit voirs que on lor avoit dit que on requeroit le pere que il asseurast al telx convenances com li filz avoit faites, où il ne lairoient mie entrer le fil en la ville. Eslit furent li message : si en fu li uns Mahius de Mommorenci, et Joffroi li mareschaus de Champaigne fu li autres, et dui Venitien de par le duc de Venise. Ensi furent li message conduit trosque la porte, et on lor ovri la porte, et descendirent à pié, et li Griffon orent mis d'Englois et de Danois à totes les haches à la porte tresci que al palais de Blaquerne. Là trovèrent l'empereor Sursac si richement vestu que por noient demandast on home plus richement vestu ; et l'Empererix sa fame de coste lui, qui ere mult belle dame, suer le roy de Ongrie : des autres hauz homes et des haltes dames i avoit tant, que on ni pooit son pié torner, si richement atornees que éles ne pooient plus ; et tuit cil qui avoient esté le jor devant contre lui estoient cel jor tost à sa volenté.

96. Li message vindrent devant l'empereor Sursac et l'Empereris, et tuit li autre les honorérent mult,

comme firent encore tous les autres grands seigneurs de leur suitte, et dirent à l'Empereur qu'ils avoient à luy parler en particulier de la part du prince son fils et des barons de l'armée : sur quoy s'estant levé de son siege, il entra dans une chambre prochaine, où il n'emmena avec luy que l'Imperatrice, son chambellan et son interprete, et les quatre ambassadeurs, l'un desquels, sçavoir Geoffroy de Ville-Hardoüin mareschal de Champagne, du consentement des autres porta la parole, et tint ce discours à l'Empereur : « Sire, vous voyez et reconnoissez assez le
« service que nous avons rendu au prince vostre fils, et
« comme nous avons accomply à son égard de point
« en point les traitez : or par ses propres conventions
« il ne peut pas retourner dans Constantinople qu'il
« ne se soit au prealable acquitté de ce dont il est
« obligé vers nous. C'est pourquoy il vous prie
« comme vostre fils de vouloir ratifier les traitez
« en la mesme forme et maniere qu'il les a fait avec
« nous.

97. « Quels sont les traitez, dit l'Empereur ? Tels
« que je vous les vais dire, répond l'ambassadeur : En
« premier lieu, de remettre tout l'empire d'Orient
« sous l'obeïssance du Saint Siege de Rome, duquel il
« s'est distrait il y a desja long-temps. En second lieu,
« de nous payer la somme de deux cens mille marcs
« d'argent, et fournir nostre armée de vivres l'espace
« d'un an, et d'envoyer avec nous sur ses vaisseaux
« jusqu'à dix mil hommes de guerre, et les deffrayer
« pour un an, et d'entretenir cinq cens chevaliers à
« ses dépens en la terre d'outremer tant qu'il vivra.
« Tels sont les traitez dont le prince vostre fils est

et distrent li message que il voloient parler à lui privéement de par son fil et de par les barons de l'ost. Et il se dreça, si s'en entra en une chambre, et n'en mena avec lui que l'Empereris et son chambrier, et son dragomenz et les quatre messages. Par l'acort as autres messages, Joffroy de Ville-Hardoin li mareschaus de Champaigne parla à l'empereor Sursac. Sire, vois le service que nos avons fait à ton fil, et combien nos li avons sa convenance tenue. Ne il ne puet çaiens entrer trosque adonc qu'il ara fait nostre creant des convenz qu'il nos ha. Et à vos mande comme vos filz que vos asseurez la convenance en tel forme et en tel maniere com il nos a fait.

97. Quelx est la convenance, fait l'Empereres? Tele com je vos dirai, respont li messagiers. Tot el premier chief, metre tot l'empire de Romanie à l'obedience de Rome, dont il est partie pieça. Aprés adonc deux cens mille mars d'argent à celx de l'ost, et viande à un an, à petiz et à granz. Et mener dix mille homes en ses vaisseaus, et à sa despense tenir par un an. Et en la terre d'oltremer à tenir cinq cens chevalier à sa despence tote sa vie, qui garderont la terre. Telx èst la convenance que vostre filx nos a, sele vos asseure par saremenz, et par le chartres pendanz, et par le roi Phelippe d'Allemaigne, qui

« convenu avec nous, et qu'il s'est obligé d'observer,
« tant par serment que par ses patentes deuëment
« seellées de son sceau, et de celui du roi Philippes
« d'Allemagne vostre gendre : nous desirons pareille-
« ment que vous ayez à ratifier et confirmer ces con-
« ventions.

98. « Certes, répond l'Empereur, ces traitez sont
« de haute consequence, et ne vois pas comme on les
« puisse accomplir; toutefois vous avez tant fait, et
« pour moy et pour luy, que quand on vous donne-
« roit tout l'Empire, vous l'avez bien merité. » Il y
eut encor d'autres propos tenus de part et d'autre,
dont la fin fut que le prince ratifieroit les conventions de son fils, en la propre forme qu'il les avoit
faites, par serment et par ses bulles d'or, lesquelles
furent délivrées à l'instant aux ambassadeurs. Et là
dessus ils prirent congé de l'empereur Isaac, et s'en
retournérent au camp, où ils firent entendre aux
barons ce qu'ils avoient negotié.

99. Aprés quoy ils montérent tous à cheval, et
amenérent le prince avec grand cortége dans la ville
à l'Empereur son pere. Les Grecs leur ouvrirent la
porte, et reçeurent d'une merveilleuse allegresse leur
jeune seigneur. La joye que le pere et le fils témoignérent, et l'accueil qu'ils s'entrefirent en cét abord, ne
se peut exprimer, veu le temps qu'il y avoit qu'ils ne
s'estoient veus, et que d'une telle pauvreté et misere
de l'un, et d'un si long exil de l'autre, ils estoient derechef, contre toute espérance, rentrez en la dignité
imperiale par la grace de Dieu, et par l'ayde et
secours des pelerins. Ainsi la réjoüyssance fut grande,
tant en la ville pour le recouvrement de leur legi-

vostre file a. Icestui convenant volons nos que vos asseurez alsi.

98. Certes, fait l'Empereres, la convenance est mult grant, ne je ne voi coment elle puisse estre ferme; et ne pour quant vos l'avez tant servi, et moi et lui, que se on vos donoit trestot l'Empire se l'ariez vos bien deservi. En maintes maniéres i ot paroles dites et retraites, mais la fins si fu telx : que li peres asseura les convenances si com li fils les avoit asseurée, par sairemenz et par chartres pendanz bullées d'or. La chartre fu delivrée às messages. Ensi pristrent congié à l'empereor Sursac, et tornérent en l'ost arriere, et distrent às barons qu'il avoient la besoigne faite.

99. Lors montérent li baron à cheval, et amenérent le vallet à mult grant joie en la cité à son pére, et li Grè li ovrirent la porte, et le reçurent à mult grant joie et à mult grant feste. La joie del pere et del fil fu mult grant que il ne s'estoient pieça veu, et que de si grant poverté et de si grant essil furent torné à si grant haltesce, par Dieu avant, et per les pelerins aprés. Ensi fu la joie mult grant dedenz Constantinople, et en l'ost defors des pelerins, et de l'honor et de la victoire que Diex lor ot donnée : et lendemain proia l'Empereres às contes et às barons, et ses fils meismes, que il por Dieu s'allassent herbergier d'autre part del port, devers le Stanor, que se il se

time prince, que dehors au camp pour l'honneur de la belle victoire qu'il avoit pleû à Dieu octroyer aux pelerins. Le jour ensuivant, l'Empereur pria les comtes et les barons, et son fils mesme, de vouloir aller prendre leurs logemens au delà du port, vers le Stenon, apprehendant que s'ils logeoient en la ville il ne survint quelque different et ne s'elevast quelque contraste entre eux et les Grecs; ce qui pourroit causer la ruine de la ville; à quoy ils repartirent qu'ils l'avoient si bien servy en tant de façons, qu'ils ne luy refuseroient chose aucune dont il les priast. Et ainsi s'en allérent loger de l'autre costé, où ils sejournèrent en paix et repos, et avec abondance de toute sorte de vivres.

100. Il est aisé de se persuader que la pluspart de ceux de l'armée eurent la curiosité d'aller voir cette belle et grande ville de Constantinople, les riches palais et les superbes églises et monastéres qu'elle a dans son enceinte, et toutes les richesses qu'elle possede, dont le nombre est si grand que l'on peut dire asseurément qu'il n'y a ville au monde qui en aye tant. Je ne parle point des reliques, y en ayant pour lors dans la ville autant qu'en tout le reste du monde. Les Grecs et les François demeurérent fort unis, s'entrecommuniquans par le commerce de marchandises et autres choses. En suitte de quoy, et de l'avis et du consentement des uns et des autres, fut arresté que le nouveau Empereur seroit couronné le jour de Saint Pierre sur la fin du mois de juin.

101. Cela fut executé avec toute la solemnité et magnificence qu'on avoit coûtume d'observer pour les empereurs grecs. On commença aprés à payer ce

herberjoient en la ville il doteroient la mellée d'als et des Grius, et bien en porroit la cité estre destruite. Et il dient que il l'avoient tant servi en mainte maniere, que il ne refuseroient la chose qui lor proiassent. Ensi s'en allérent herbergier d'altre part. Ensi sejornérent en pais et en repos, en grant plenté de bones viandes.

100. *Or poez savoir que mult de cels de l'ost allérent à veoir Constantinople et les riches palais et les vglises altes, dont il avoit tant, et les granz richesses, que onques en nulle villes tant n'en ot. Des santuaires ne covient mie à parler, que autant en avoit il à ice jor en la ville com il remanant du monde. Ensi furent mult communel li Grieu et li François de totes choses, et de merchandises et d'autres biens. Par le communs conseil des François et des Grex, fu devisé que li noviaus Emperére seroit encoronez à la feste monseignor Sain Pierre entrant august. Ensi fu devisé, et ensi fu fait.*

101. *Coronez fu si haltement et si honoréement com l'en faisoit les Emperéres grex al tens. Aprés comença à paier l'avoir que il devoit à cels de l'ost, et il le*

qu'on devoit à ceux de l'armée, et on remboursa un châcun de ce qu'il avoit avancé pour son embarquement à Venise, le nouveau Empereur visitant souvent les princes et barons au camp, ausquels il rendit autant d'honneur qu'il pût : à quoy veritablement il estoit obligé, veu les grands services qu'ils luy avoient rendus. Or un jour il vint vers eux privément au logis du comte de Flandres, où le duc de Venise et les principaux de l'armée furent mandez, et là leur tint ce discours : « Seigneurs, je puis dire qu'aprés Dieu
« je vous ay l'obligation entiére d'estre empereur, et
« que vous m'avez rendu le plus signalé service qui
« fut jamais fait à aucun prince chrestien. Mais il faut
« que vous sçachiez que plusieurs me font bon visage,
« qui dans leur interieur ne m'ayment point, les
« Grecs ayans un grand dépit de ce que je suis rétabli
« dans mes biens par vostre moyen : au reste, le terme
« approche que vous vous en devez retourner, et
« l'association d'entre vous et les Venitiens ne dure
« que jusques à la Saint Michel : et comme le terme
« est court, il me seroit du tout impossible d'accom-
« plir les traitez que j'ay faits avec vous. D'ailleurs
« si vous m'abandonnez, je suis en danger de perdre
« et ma terre et la vie; car les Grecs ont conceu une
« haine contre moy à cause de vous. Mais si vous le
« trouvez bon, faisons une chose que je vous vay
« dire : si vous voulez demeurer jusqu'au mois de
« mars, je ferois en sorte de prolonger vostre asso-
« ciation jusqu'à la Saint Michel qui vient en un an,
« et payerois le deffray aux Venitiens; et cependant
« je vous ferois fournir ce qui vous seroit necessaire
« jusques aux Pasques suivantes, esperant dans ce

departirent per l'ost, et rendirent à chascun son passage tel com il l'avoient paié en Venise. Li noviáls Emperéres alla sovent veoir les barons en l'ost, et mult les honora tant com il pot plus faire. Et il le dût bien faire, quar il l'avoient mult bien servi. Un jor vint as barons privéement en l'ostel le conte Baudoin de Flandres et de Hennaut. En qui fu mandé li dux de Venise, et li halt baron privéement. Et il lor mostra une parole, et dist : Seignor, je suis emperére par Dieu et par vos; et fait m'avez plus halte service que onques gens feïssent mais à nul home chrestien. Sachiez que assez genz me mostrent bel semblant qui ne m'aiment mie. Et mult ont li Grieu grant despit quant je par vos forces fu entréz en mon heritage : vostre terme est prés que vos vos en devez r'aler. Et la compaignie de vos et de Venisiens ne dure que trosque à la feste Sain Michel. Dedenz si cort terme ne puis vostre convent assovir. Sachiez se vos me laissiez li Grieu me héent por vos, je reperdrai la terre, et si m'occiront. Mais faiçois une chose que je vos dirai : demoressiez trosque al mars, et je vos alongeroie vostre estoire de la feste Sain Michel en un an, et paieroie le costement as Venisiens, et vos donroie ce que mestier vos seroit trosque à la Pasque. Et dedenz cel termine aroie ma terre si mise à point que je ne la poroie reperdre. Et vostre convenance si seroit attendue que je auroie l'avoir paié, qui me vendroit de par totes mes terres; et je seroie atornéz de navile de aller avec vos; ou d'envoier, si com je le vos ai convent. Et l'or ariez l'esté de lonc en lonc por ostoier.

« terme là avoir donné si bon ordre à mes affaires
« que je n'aurois aucun sujet de craindre. Et cepen-
« dant j'accomplirois ce à quoy je vous suis tenu, au
« moyen du revenu de toutes mes terres. J'aurois aussi
« le temps de m'équipper de vaisseaux pour m'en aller
« avec vous, ou y envoyer suivant le traité, et lors
« vous auriez tout l'esté pour camper à vostre loisir. »

102. Les barons luy firent réponse qu'ils en aviseroient ensemble, quoy qu'ils connussent bien qu'il
disoit la verité, et que c'estoit effectivement le meilleur,
tant pour l'Empereur que pour eux; mais qu'ils ne
le pouvoient faire sans en communiquer à toute l'armée, et que lors qu'ils l'auroient fait ils luy feroient
entendre ce qui auroit esté resolu. Sur cela l'empereur Alexis se departit des barons, et retourna à
Constantinople. Le conseil fut assigné au lendemain,
où tous les barons et les capitaines de l'armée, et la
plus grande partie des chevaliers furent appellez, ausquels on proposa l'ouverture qui leur avoit esté faite
par l'Empereur.

103. Sur quoy il y eut diversité d'avis qui passérent
jusques aux discordes, comme il y avoit eu plusieurs
fois de la part de ceux qui vouloient que l'armée se
deffit, parce qu'il leur sembloit que ce voyage alloit
trop en longueur. Ceux du party qui avoient mono-
polé à Corfou sommoient les autres de leurs sermens,
et de leur fournir des vaisseaux, ainsi qu'il leur avoit
esté promis, pour passer en la Terre Sainte. Les autres
au contraire les prioient à mains jointes de vouloir
demeurer, et leur disoient : « Seigneurs, au nom de
« Dieu, ne ternissons et ne perdons pas l'honneur que
« Dieu nous a fait : considerez que si nous allons en

102. Li baron distrent que il en parleroient sanz lui. Ils connurent bien que c'ére voirs que il disoit, et que c'ére mielz por l'Empereor et por als. Et il respondirent que il nel pooient faire se par le commun de l'ost non, et cil en parleroient à cels de l'ost, et l'en respondroient ce que il poroient trover. Ensi s'en parti l'emperéres Alexis d'els, et s'en r'alla en Constantinople ariéres. Et ils remestrent en l'ost, et pristrent lendemain un parlement, et furent mandé tuit li baron et li chevetaigne de l'ost, et des chevaliers la graindre pertie. Et lors fu à toz ceste parole retraite, si com l'Empereor lor ot requise.

103. Lors ot mult grant discorde en l'ost, si com il avoit eü maintes foiz de cels qui volsissent que li ost se departist, que il lor sembloit que elle durast trop. Et céle partie qui à Corfol avoit eu la discorde semonstrent les autres de lor sairemenz, et distrent : Baillez nos li vaissiaus, si com vos le nos avez juré, car nos en volons aller en Surie. Et li autre lor crioient merci, et distrent : Seignor, por Dieu, ne perissons l'honor que Dieus nos a faite. Se nos allons en Surie l'entrée de l'iver est, et quant nos y vendrons ne nos ne porons ostoier; ensique ért la besoigne nostre Seignor perdue. Mais se nos attendons trosque al marz,

« Syrie, nous ne pouvons y arriver que sur l'entrée
« de l'hyver, en sorte qu'il nous sera impossible de
« camper; et par ce moyen l'occasion du service de
« Dieu s'évanouïra et se perdra entiérement. Ou si
« nous attendons jusqu'au renouveau nous laisserons
« cét Empereur paisible de ses Estats, et lors nous
« partirons d'icy riches de tous biens, et équippez
« de vivres et autres commoditez, et passerons en
« Syrie, et de là en Egypte et en Babylone, et par
« ce moyen nostre association durera jusqu'à la Saint
« Michel, et de la Saint Michel jusqu'à Pasques, dau-
« tant que les Venitiens ne pourront se departir d'avec
« nous à cause de l'hyver et du mauvais temps : ce
« qui facilitera le progrés de la conqueste d'outre-
« mer. »

104. Il n'importoit à ceux qui vouloient rompre l'armée, ny du meilleur ny du pire, de commodité ny d'incommodité, pourveu qu'ils arrivassent à leur fin. Mais ceux qui s'estoient proposé le bien public et travailloient à retenir l'armée ensemblé, firent tant avec l'ayde de Dieu que leur bonne intention prevalut, en sorte que les Venitiens accordérent dere-chef la prolongation de leur flotte de la Saint Michel prochaine à un an, au moyen de ce que l'empereur Alexis leur donna tant qu'ils y consentirent. Et les pelerins ayans reciproquement renouvellé l'association qu'ils avoient avec eux pour le mesme terme, la concorde et la paix fut parfaitement rétablie en l'armée. Environ ce mesme temps leur arriva un grand malheur par la mort de Mathieu de Montmorency, qui estoit l'un des meilleurs chevaliers du royaume de France, et des plus estimez et cheris :

nos lairons cest Empereor en bon estat, et nos en irons riche d'avoir et de viandes, et puis nos en irons en Surie, et corrons en la terre de Babilloine, et nostre estoires nos dura trosque à la Sain Michel, et de la Sain Michel trosque à la Pasque, porce que il ne se porront partir de nos por l'iver. Et ensi porra estre la terre d'oltremer aquise.

104. Il ne chaloit à cels qui l'ost voloit depecier de meillor ne de pejor, mais que il l'ost se departist. Et cil qui l'ost voloient tenir ensemble travaillèrent tant à l'aie de Dieu que li afaires fu mis à fin, en tel manière que li Venisiens rejurérent un an de la feste Sain Michel à retenir l'estoire. Et l'emperéres Alexis lor dona tant que fait fu. Et li pelerin lor rejurérent la compaignie à tenir, si com il l'avoient fait autre foiz, à cel termine meismes. Et ensi fu la concorde et la pais mise en l'ost. Lors lor avint une mult grant mesaventure en l'ost, que Mahius de Mommorenci, que ére uns des meillor chevalier del roiaume de France, et des plus prisiez et des plus amez, fu mors. Et ce fu grant diels et grant domages, uns des greignors qui avenist en l'ost d'un sol home; et fu enterrez en une yglise de monseignor Sain Johan de l'Hospital de Jerusalem.

cette perte fut tres-sensible et dommageable à l'armée, quoy que causée par la mort d'un seul homme. Il fut enterré en l'église de Saint Jean de l'Hospital de Hierusalem.

105. Ensuitte l'empereur Alexis par le conseil des Grecs et des François partit de Constantinople avec une puissante armée, pour reduire le reste de l'Empire soûs son obeïssance, et fut accompagné en cette expedition d'une grande partie des barons, tandis que l'autre demeura à la garde du camp. Ceux qui l'accompagnérent furent entre autres, le marquis de Montferrat, Hugues, comte de Saint Paul, Henry frere du comte de Flandres, Jacques d'Avesnes, Guillaume de Champlite, Hugues de Colemy, et nombre d'autres.

106. Ceux qui demeurérent au camp furent Baudoüin, comte de Flandres et de Haynault, Loys, comte de Bloys et de Chartres, et la meilleure partie des pelerins. Par tout où l'Empereur conduisit son armée, les Grecs, d'une part et d'autre du bras de Saint-George, se soûmirent à son obéissance, et luy firent serment de fidélité comme à leur legitime seigneur, à la reserve de Jean, roy de Valachie. Ce prince estoit un Valache qui s'estoit révolté contre son pere et contre son oncle, et leur avoit fait la guerre par l'espace de vingt ans, et avoit tant conquis sur eux qu'il s'estoit fait un fort riche et puissant Estat, ayant étendu ses limites bien avant dans cette partie du bras de Saint-George qui est vers l'occident; et mesmes peu s'en falloit qu'il n'en occupast la moitié. Ce prince donc ne voulut pas reconnoistre l'Empereur.

107. Pendant qu'Alexis estoit avec son armée en

105. Aprés, par li conseil des Grius et des François, issi l'emperéres Alexis à mult grant compaignie de Constantinople, por l'Empire aquirer et mettre à sa volenté. Avec lui en alla grant partie des barons, et l'autre remest por l'ost garder. Li marchis Bonifaces de Monferrat alla avec lui, et lui cuens Hues de Sain Pol, et Henris le frere le conte Baudoins de Flandres et de Hennaut, et Jaques d'Avesnes, Guillelmes de Chanlite, et Hues de Colemi, et altres genz assez dont li livre ore se taist.

106. En l'ost remaint li cuens Baudoins de Flandres et de Hennaut, et li cuens Loeys de Blois et de Chartein, et la graindre partie des pelerins. Et sachiez que en céle ost ou l'Emperéres alla, che tuit li Grieu de l'une part et del l'autre des Braz vindrent à lui, et à son comandement et à sa volenté; et li firent fealté et homage com à lor seignor, fors solement Johanis qui ére roi de Blakie et de Bougrie. Et cil Johanis si éres uns Blaqui qui ére reveléz contre son pere et contre son oncle, et les avoit guerroiéz vingt anz; et avoit tant de la terre conquis sor als, que rois s'en ére fait riches. Et sachiez que de céle partie del braz Sain George devers occident, poi en falloit que il ne l'en avoit tolu pres de la moitié. Icil ne vint pas à sa volenté ne à sa merci.

107. Endementiers que l'emperéres Alexis fu en

campagne, il survint un insigne malheur et un grand desastre à Constantinople, par une querelle qui s'alluma entre les Grecs et les Latins qui y estoient habituez en grand nombre; durant laquelle je ne sçai quelles gens mirent malicieusement le feu dans la ville, qui fut si grand et si horrible, qu'on ne le pût éteindre ny appaiser. Ce que les barons de l'armée qui estoient logez au delà du port ayant apperceu, ils en furent fort fâchez, et eurent grande compassion de voir ces hautes églises et ces beaux palais tomber et se consommer en cendres, et les grandes ruës marchandes avec des richesses inestimables toutes en feu et en flammes, sans qu'ils pûssent y apporter remede. Ce feu prit depuis le quartier qui avoisine le port, et, gagnant le plus épais de la ville, brûla tout ce qui se rencontra jusques à l'autre part qui regarde la mer de la Propontide, le long de l'église Sainte Sophie, et dura huit jours sans qu'il pût estre éteint, tenant bien une lieuë de front.

108. Quant au dommage que causa le feu, et les richesses que cét embrasement consomma, c'est chose qui ne se peut estimer, non plus que le nombre des hommes, femmes et enfans qui y finirent leurs jours par les flammes; à cause dequoy tous les Latins qui estoient habituez dans Constantinople, de quelque contrée qu'ils fussent, n'y ozérent plus demeurer, et furent obligez de se retirer avec leurs femmes et enfans, et tout ce qu'ils pûrent sauver du feu, dans des barques et autres vaisseaux au mieux qu'ils pûrent vers les pelerins, en si grand nombre qu'ils se trouvérent bien quinze mil, tant grands que petits. Il vint aussi bien à propos aux pelerins de ce qu'ils passé-

cele ost, si r'avint une mult grant mesaventure en
Constantinople, que une melée comença de Grieus et
des Latins qui erent en Constantinople estagier, dont
il en i avoit mult; et ne sai quex genz por mal mistrent
li feu en la ville. Et cil feu fu si granz et si orribles,
que nul hom nel pot estaindre ni abaissier. Et quant
ce virent li baron de l'ost qui estoient herbergié d'autre
part del port, si furent mult dolent et mult en orent
grant pitié, cum il virent ces haltes yglises et ces
palais riches fondre et abaissier, et ces granz rues
marcheandes ardoir en feu; et il n'en pooient plus
faire. Ensi porprist le feu desus le port à travers
tresci que parmi le plus espés de la ville, trosque en
la mer d'autre part, rez à rez del mostier Sainte
Sophie, et dura huit jorz que onque ne pot estre es-
tainz par home, et tenoit bien li frons del feu, si com
il aloit ardant, bien de une liuë de terre.

108. Del domage, ne de l'avoir, ne de la richesse
qui la fu perduz ne vos porroit nus conter, et des homes,
et des fames, et des enfanz dont il ot mult ars. Tuit li
Latin qui estoient herbergié dedenz Constantinople,
de quelque terre que il fussent, ni osserent plus de-
morer, ainz pristrent lor fames et lor enfanz, et
que il en porent traire del feu, ne escamper. Et entrérent en barges et en vaissiaus, et passérent le
port devers les pelerins; et ne furent mie pou que il
furent bien quinze mil, que petiz que granz. Et puis
orent il grant mestier as pelerins que il fussent oltre
passé. Ensi furent desacointié le Franc et li Grec,
que il ne fusrent mie si communel com il avoient esté

rent ainsi vers eux. De là en avant il n'y eut plus si bonne intelligence entre les François et les Grecs comme auparavant, ne sçachans neantmoins et les uns et les autres à qui s'en plaindre, ny à qui en attribuer la cause, leur restant le seul déplaisir de cét accident.

109. Vers ce mesme temps arriva un autre malheur qui causa bien de la tristesse aux barons et à ceux de l'armée, qui fut la mort de l'abbé de Los, de l'ordre de Cisteaux, qui estoit un sainct homme et de bonne vie, et qui avoit toûjours travaillé au bien commun de l'armée. L'empereur Alexis demeura de la sorte en campagne fort long-temps, et jusques à la Saint Martin qu'il retourna à Constantinople, où on le reçeut avec grand témoignage de réjoüyssance. Les principaux Grecs, hommes et dames de la ville, allérent à grand cortége et suitte au devant de leurs parens et amis, comme firent aussi les pelerins au devant des leurs. Ainsi l'empereur Alexis rentra en la ville, et se logea au palais de Blaquerne, et le marquis de Montferrat avec les autres barons se retirérent au camp.

110. Cependant le jeune Empereur, estimant avoir de tous points rétably ses affaires, et estre independant de qui que ce fût, vint tout à coup à s'en orgueillir, et à se méconnoistre vers les barons ausquels il avoit tant d'obligation, et qui l'avoient si utilement servi, commençant à les visiter moins souvent qu'il avoit coûtume de faire; eux d'autre part envoyoient à toute heure vers luy pour avoir raison de l'execution de leur traité, sans qu'ils en pûssent tirer aucune satisfaction, les menant de delay, et faisant de petits et chetifs payemens de fois à autre, tant que le tout

devant. Si ne s'en sorent à cui plaindre qu'il lor pesa d'une part et d'autre.

109. En cel termine lor avint une chose dont li baron et cil del l'ost furent mult iré : que li abbés de Loçes, qui ére saint hom et prodom, fu morz, et qui avoit volu li bien de l'ost, et ére moines de l'ordre de Cistials Ensi demora l'empereres Alexis mult longuement en l'ost où il fu issus trosque à la Sain Martin; et lors revint en Constantinople arriére. Mult fu grant joie de lor venue, que li Grieu et les dame de Constantinople allérent encontre lor amis à granz chevauchies. Et li pelerin r'alérent encontre les lor, dont il orent mult grant joie. Ensi s'en rentra l'empereres en Constantinople, el palais de Blaquerne. Et li marchis de Monferrat et li autre baron s'en reparierent avec les pelerins.

110. L'Empereres qui mult ot bien fait son afaire, et mult cuida estre d'elx desseuré, s'en orgueilli vers li baron et vers cels que tant de bien li avoient fait. Ne les alla mie veoir si com il soloit faire en l'ost. Et il envoient à lui, et prioient que il lor feist paiement de lor avoir, si com il lor avoit convent. Et il les mena de respit en respit, et lor faisoit dotes en altres petit paiemenz et povres, et en la fin devint noienz li paiemenz. Li marchis Bonifaces de Monferrat, qui plus l'avoit des autres servi, et mielz ére de lui, i alla mult sovent, et li blasmoit le tort que

fut reduit à neant. Le marquis de Montferrat, qui luy avoit rendu de grands services, et qui estoit bien venu de luy, l'alla voir souvent pour lui reprocher le tort qu'il avoit de se comporter ainsi vers eux, aprés en avoir tiré un ayde et un secours si considerable en ses plus urgentes necessitez, et tel que jamais ne fut fait à aucun prince, et qu'au lieu de reconnoissance il les amusoit par des fuittes, et ne tenoit chose aucune de ce à quoy il s'estoit obligé par les traitez qu'ils avoient ensemble. Mais à la fin ils s'apperçeurent et connurent clairement sa mauvaise volonté, et qu'il ne cherchoit que les occasions de leur faire un mauvais tour : ce qui obligea les barons et le duc de Venise de s'assembler pour aviser à ce qui estoit à faire en cette occurrence. Et furent d'avis, attendu que il leur estoit trop notoire que ce prince n'avoit aucune intention d'accomplir les conventions, et que jamais il ne leur disoit verité, usant toûjours de dissimulation, d'envoyer vers luy, une fois pour toutes, pour le sommer d'effectuer ses promesses, et luy reprocher le service qu'ils lui avoient rendu : que s'il avoit dessein de les accomplir, ils acceptassent sa parole; sinon, qu'ils le deffiassent de par eux, et luy declarassent la guerre.

111. Pour cette ambassade furent choisis Conon de Bethune, Geoffroy de Ville-Hardoüin mareschal de Champagne, et Miles de Brabans de Provins; et de la part du duc de Venise, trois principaux de son conseil : lesquels montez sur leurs chevaux, l'espée çeinte, allérent de compagnie jusqu'au palais de Blaquerne, non toutefois sans danger de leurs personnes, à cause de la trahison qui est ordinaire aux Grecs. Estans descendus à la porte ils entrérent au palais, où ils

il avoit vers els, et reprovoit le grant service que il li avoient fait, que onques si granz ne fu fait à nul home. Et il le menoit par respit, ne chose qu'il lor creançast ne tenoit. Tant que il virent et conurent clérement que il ne queroit se mal non. Et pristrent li baron de l'ost un parlement, et li dux de Venise, et distrent qu'il conoissoient que cil ne lor attendroit nul convent, et si ne lor disoit onques voir, et qu'il envoiassent bons messages por requérre lor convenance, et por reprover lou service que il li avoient fait; et se il le voloit faire prinssent le, et s'il nel voloit faire, deffiassent le de par als.

111. A cel message fu esliz Coenes de Betune et Geoffroi de Ville-Hardoin li mareschaus de Champaigne, et Miles le Braibanz de Provinz. Et li dux de Venise envoia trois hals homes de son conseil. Ensi montérent li message sor lor chevax, les espées çaintes, et chevauchérent ensemble trosque al palais de Blaquerne. Et sachiez que il allérent en grant peril et en grant aventure selonc la traïson às Grex. Ensi descendirent à la porte, et entrérent és palais, et

trouvérent l'empereur Alexis et l'empereur Isaac son pere, assis en leurs chaires impériales, à costé l'un de l'autre, et prés d'eux l'Imperatrice belle-mere d'Alexis, laquelle estoit sœur du roy de Hongrie, une fort belle et bonne dame, avec si grand nombre de seigneurs de condition, que cette suitte ressentoit bien la cour d'un puissant et riche prince.

112. Conon de Bethune, comme sage et eloquent, porta la parole du consentement des autres, et tint ce discours au jeune Empereur : « Sire, nous sommes
« icy envoyez vers vous de la part des barons fran-
« çois et du duc de Venise, pour vous remettre de-
« vant les yeux les grands services qu'ils vous ont
« rendus, comme châcun sçait, et que vous ne pou-
« vez dénier. Vous leur aviez juré, et vostre pere,
« de tenir les traitez que vous avez fait avec eux,
« ainsi qu'il paroist par vos patentes, qu'ils ont scellées
« de vostre grand seau; ce que vous n'avez fait toutefois,
« quoy que vous en soyez tenu. Ils vous ont sommé
« plusieurs fois, et nous vous sommons encores dere-
« chef de leur part, en présence de vos barons, que
« vous ayez à satisfaire aux articles arrestez entre
« vous et eux : si vous le faites, à la bonne heure, ils
« auront occasion de se contenter : si au contraire,
« sçachez que d'ores en avant ils ne vous tiennent ny
« pour seigneur ny pour amy; mais vous declarent
« qu'ils se pourvoieront en toutes les maniéres qu'ils
« aviseront, et veulent bien vous faire sçavoir qu'ils
« ne voudroient vous avoir couru sus ny sur aucun
« autre sans deffy, n'estant pas la coûtume de leur
« pays d'en user autrement, ny de surprendre aucun,
« ou faire trahison. C'est donc là le sujet de nostre

trovèrent l'empereor Alexis et l'empereor Sursac son père seans en deux chaieres, lez à lez. Et delez aus seoit l'Empereris, qui ère fame al pere, et marastre al fil, et ère suer al roi de Hungrie, belle dame et bone. Et furent à grant plenté de halt genz, et mult sembla bien cort al riche prince.

112. Par le conseil as autres messages, mostra la parole Coenes de Betune, qui mult ère sages et bien emparléz. Sire, nos sommes à toi venu de par le baron de l'ost, et de par le duc de Venise : et sachies tu que il te reprovent que il t'ont fait, com la gent sevent, et cum il est apparissant. Vos lor avez juré, vos et vostre pere, la convenance à tenir que vos lor avez convent, et vos chartres en ont. Vos ne lor avez mie si bien tenuë com vos deussiez. Semont vos en ont maintes foiz, et nos vos en semmonons voiant toz vos barons, de par als, que vos lor taignoiz la convenance que est entre vos et als. Se vos la faites mult lor ert bel. Et se vos nel faites, sachiez que des hore en avant il ne vous tiegne ne por seignor ne por ami : ainz porchaceront que il auront le leu en totes les manieres que il porront, et bien vos mandent il que il ne feroient ne vos ne altrui mal, tant que il aussent deffié, que il ne firent onques traïson, ne en lor terre n'est il mie acostumé que il le façent. Vos avez bien oï que nos vos avons dit, et vos vos conseilleroiz si com vos plaira. Mult tindrent li Greu à gran mervoille et à grant oltrage ceste deffiance, et distrent que onques mais nus n'avoit esté si hardiz qui ossast l'empereor de Constantinople deffier en sa chambre. Mult fist as messages malvais semblant l'empereres

« ambassade, sur quoy vous prendrez telle resolution
« qu'il vous plaira. » Les Grecs furent merveilleusement surpris de ce deffy, et le tinrent à grand outrage, disans que jamais aucun n'avoit esté si hardy de deffier l'empereur de Constantinople en sa chambre et en personne. Aussi l'empereur Alexis témoigna aux ambassadeurs estre tres-mal satisfait, et leur fit mauvais visage, aussi bien que tous les autres qui auparavant leur avoient esté amis.

113. Là dessus le bruit se leva fort grand au palais; les deputez cependant sortirent et remontérent promptement sur leurs chevaux. Lors qu'ils furent hors la porte il n'y eut aucun d'eux qui ne se tint tres-heureux, et non sans raison, de se voir échappé d'un si grand peril, peu s'en estant fallu qu'ils ne fussent tous pris ou tuez. Et ainsi retournérent au camp, et racontérent aux barons comme le tout s'estoit passé. Dès ce jour là la guerre commença entre les Grecs et les François, châcun faisant le pis qu'il pouvoit, tant sur mer que sur terre. Il y eut en plusieurs lieux diverses rencontres et divers combats entre eux, mais Dieu mercy les Grecs y eurent toûjours du pire. Cette guerre dura long-temps, et jusques au cœur de l'hyver, que les Grecs s'avisérent de ce stratageme : ils prirent dix-sept grands navires, et les emplirent de fassines et autre bois sec, gros et menu, avec force poix et étouppes en des tonneaux, et attendirent qu'un vent se leva à propos qui donna sur l'armée navale des pelerins; puis en plein minuit attachérent le feu aux vaisseaux, et les laissérent aller au vent, les voiles tenduës et tous brûlans, en sorte qu'il sembloit que toute la terre fût en flammes; et ainsi furent chassez

Alexis, et tuit li autres qui maintes fois lor avoient fait mult bel.

113. Li bruis fu mult granz par la dedenz, et li message s'en tornent, et vienent à la porte, et montent sur les chevaus. Quant il furent de fors la porte, ni ot celui ne fust mult liez, et ne fu mie granz mervoille que il érent mult de grant peril escampé : que mult se tint à pou que il ne furent tuit mort et pris. Ensi s'en revindrent à l'ost, et contèrent às barons si com il avoient esploitié. Ensi comença la guerre, et forfist qui forfaire pot, et par terre et par mer. En maint lieu assemblèrent li Franc et li Grieu. Onques, Dieu merci, n'asemblèrent ensemble que plus n'y perdissent li Grieu que li Franc. Ensi dura la guerre grant piece, trosque enz el cuer de l'yver. Et lors se porpensèrent li Grieu d'un mult grant enging : qu'il pristrent dix sept nés granz, les emplirent toutes de granz merriens, et des prises, et d'estoppes, et de poiz, et des toniaus, et attendirent tant que li vent venta devers aus mult durement. Et une nuit, à mie nuit mistrent le feu és nés, et laissent les voiles aller al vent, et li feu allumer mult halt : si que il sembloit que tote la terre arsist. Et ensi s'en vienent vers les navires des pelerins, et li criz liéve en l'ost, et saillent as armes de totes parz.

droit contre ceux des pelerins. Cependant l'alarme se met au camp, et châcun prend les armes de toutes parts.

114. Les Venitiens coururent promptement à leurs vaisseaux, et tous les autres qui en avoient, et se mirent à les secourir d'une telle diligence et devoir, que jamais personne ne s'ayda et fit mieux sur mer en semblables inconvéniens comme firent les Venitiens en ceux-cy, comme peuvent témoigner ceux qui s'y trouvérent : car à l'instant ils sautérent dans les fustes (1) et galliotes, et dans les esquifs des navires, agraffans avec de longs crocs celles qui estoient allumées, et, à force de rames les remorquans, les tiroient à vive force du port, puis les envoyoient contre-bas le courant du canal, et les laissoient aller ainsi brûlantes à l'impétuosité du vent et des vagues. Au reste une si grande multitude de Grecs s'estoit épanduë à ce spectacle dessus le rivage pour voir le succés de ce stratagéme, qu'il ne se peut dire davantage, jettans des cris et hurlemens si grands qu'il sembloit que la terre et la mer deussent abysmer, la pluspart entrans dans des barques et nacelles pour tirer aux nostres occupez à se garentir et à se deméler de ce feu, en sorte qu'il y en eut nombre de blessez.

115. Si tost que la cavalerie de l'armée eut oüy le bruit et le tintamarre, elle s'arma à l'instant et sortit en campagne, châcun rangé en bataille comme de coûtume, craignant que les Grecs ne les vinssent attaquer par devers la plaine; et se tinrent ainsi en or-

---

(1) *Fustes* : *fust* veut dire un morceau de bois ; on appeloit ainsi, par figure, un petit vaisseau.

114. Li Venisiens corrent à lor vaissiaus, et tuit li autres qui vaissiaus i avoient, et les comencent à rescore mult vigeurosement. ET BIEN TESMOIGNE JOFFROIS, LI MARESCHAUS DE CHAMPAIGNE, QUI CESTE OVRE DICTA, QUE ONQUES SOR MER NO S'AIDERENT GENZ MIELZ QUE LI VENISSIENS FIRENT, qu'ils saillirent es galies et barges des nés, et prenoient les nés à cros, et les tiroient par vive force devant lor annemis fors del port, et les metoient el corrant del braz, et les laissoient aller ardant contre val le braz. Des Grex i avoit tant sur la rive venuz, que ce n'ére fins ne mesure; Et ére li criz si granz, que il sembloit que terre et mer fundist. Et entroient ès barges et en salvations, et traioient à noz qui rescooient le feu, et en i ot de bleciez.

115. La chevalerie de l'ost, erramment que le ot oï le cri, si s'armérent tuit, et issirent les batailles às camps, chascun endroit soi, si com elle ére ordenée. Et il doutérent que li Grieu ne les venissent assaillir par devers les champs. Ensi soffrirent cel travail et celle angoisse trosque al cler jor. Mais par l'aie de Dieu ne perdirent noient les nos, fors que une nef de Puissiens qui ére plaine de marchandise. Icele si fu arse del feu.

donnance de combattre jusques au point du jour avec beaucoup de peine et de travail. Mais Dieu mercy les nostres ne perdirent qu'un vaisseau d'un marchand de Pise, plein de marchandises, qui fut entiérement brûlé, le surplus ayant couru grand risque de pareil accident toute cette nuit là; ce qui eût causé la ruine entiére de l'armée, et l'eût reduite à l'extremité, et en estat de né pouvoir plus aller avant ny arriére, soit par terre, soit par mer.

116. Sur ces entrefaites les Grecs, voyant que l'Empereur avoit de tout point rompu avec les François sans aucune esperance d'accommodement, resolurent de luy joüer mauvais tour, et machinérent contre luy une insigne trahison. Il y avoit un seigneur grec à la cour de l'Empereur, nommé Murtzuphle, qui estoit son principal favory, et l'avoit porté plus qu'aucun autre à rompre avec les François. Celuy-là, par le conseil et du consentement de quelques autres, prit son temps qu'un soir sur la minuit que l'Empereur dormoit en sa chambre, par complot pris avec ceux de sa garde et les autres qui estoient de sa faction, entrérent dedans en cachette, le prirent, l'enlevérent et le jettérent dans une prison. Cela fait, Murtzuphle chaussa les brodequins de couleur de pourpre, l'une des principales marques de la dignité imperiale, et à l'ayde et par le conseil de ses adherans se fit proclamer empereur, et en suitte fut couronné en cette qualité en l'église Sainte Sophie. Mais entendez le surplus de la trahison et de la déloyauté, et si jamais il s'en fit de plus étrange ni de plus horrible.

117. Quand l'empereur Isaac eût appris que son fils estoit arresté prisonnier, et que Murtzuphe avoit

Mult orent esté en grant peril celle nuit que lor naviles ne fust ars : car il aussent tot pardu, que il ne s'en peussent aller par terre ne par mer.

116. *Et lors vindrent li Gré, qui érent issi mellé as Frans, qu'il n'i avoit mais point de la pais, si pristrent conseil privéement por luy traïr. Il i avoit un Gré qui ére mielz de lui que tuit li autre, et plus li avoit fait faire la mellée ás Francs plus que nus. Cil Grieu avoit à nom Morchuflex. Par le conseil et par le consentiment as autres, un soir à la mienuit, que l'empereres Alexis dormoit en sa chambre, cil qui garder le devoient, Morcufles demainement, et li autres qui avec lui estoient, le pristrent en son lit, et le gitterent en une chartre en prison. Et Morchuflex chauça les hueses vermoilles par l'aie et par le conseil des autres Grex, si se fist empereor. Aprés le coronérent à Sainte Sofie. Or oiez si onques si orrible traïson fu faite par nulle genz.*

117. *Quant ce oï l'emperére Sursac que ses fils fu pris, et cil fu coronez, si ot grant paor, et li prist*

esté couronné empereur, il en conçeut une si grande frayeur qu'il en devint malade, et mourut peu de temps aprés. Cependant Murtzuphle fit deux ou trois fois empoisonner le fils qu'il tenoit en prison, sans que Dieu eût permis qu'il en mourût : et voyant que le poison ne luy avoit succédé, il le fit étrangler malheureusement et traistreusement, faisant courir le bruit qu'il estoit decedé de sa mort naturelle; puis luy fit faire de magnifiques obseques, et le fit inhumer avec les ceremonies observées pour les empereurs, feignant avoir grand déplaisir de sa mort. Mais un meurtre ne se peut cacher long-temps, les Grecs et les François ayans conneu incontinent aprés la vérité de l'affaire, et qu'elle s'estoit passée de la façon que vous l'avez oüy raconter. Là dessus les princes et barons de l'armée et le duc de Venise s'assemblérent à un conseil, où les évesques et prelats et tout le clergé furent appelez, ensemble ceux qui y estoient de la part du Pape, lesquels remonstrérent aux barons et aux pelerins par vives raisons que celuy qui avoit commis un tel attentat contre son seigneur, n'avoit droit de posseder terre ny seigneurie, et que tous ceux qui luy adheroient estoient participans du meurtre, et par consequent coupables; outre qu'ils estoient vrayement schismatiques, d'autant qu'ils s'estoient separez de l'union de l'Eglise, et soustraits de l'obeïssance du Saint Siege de Rome. « C'est pour-
« quoy, disoit le clergé, nous vous asseurons que la
« guerre que vous entreprenez est juste et legitime.
« Et davantage, si vous avez bonne intention de con-
« quérir la terre, et la ranger à l'obeïssance de Rome,
« vous joüyrez des indulgences et pardons, tels que

une maladie, ne dura mie longuement, si moru. Et cil emperére Morchuflex si fist le fil que il avoit en prison deux foiz ou troiz empoisonner, et ne plot Dieu que il morust. Aprés alla, si l'estrangla en murtre. Et quant il ot estranglé, si fist dire par tot que il ére morz de sa morz, et le fist ensepelir comme empereor honorablement, et metre en terre, et fist grant semblant que lui pesoit. Mais murtres ne puet estre celez. Clerement fu seu prochainement des Grieus et des François que li murtres ére si faiz com vos avez oï retraires. Lor pristrent li baron de l'ost et li dux de Venise un parlement, et si i furent li evesque et toz li clergiez, et cil qui avoient le commandement de l'Apostoille; et mostrérent às barons et às pelerims que cil qui tel murtre faisoit n'avoit droit en terre tenir: et tuit cil qui estoient consentant estoient parçonnier del murtres; et oltre tot, ce que il s'estoient sotraitz de l'obedience de Rome. Porquoi nos vos disons, fait li clergiez, que la bataille est droite et juste. Et se vos avez droite entention de conquerre la terre, et metre à la obedience de Rome, vos arez le pardon tel com l'Apostoille le vos a otroié tuit cil qui confés i morront. Sachiez que ceste chose fu granz confors às barons et às pelerins. Grant fu la guerre entre les Frans et les Grex, car ele n'apaisa mie : ainz elle crût adès, et efforça, et poi ére jorz que on ni assemblast ou par terre ou par mer.

« le Pape les a octroyez de pleniere remission à tous
« ceux qui mourront confessez et repentans de leurs
« fautes. » Ce discours servit d'un grand encouragement et de confort aux barons et pelerins. Cependant la guerre se ralluma entre les François et les Grecs, et alloit croissant de jour en jour, ne s'en passant presque aucun qu'il n'y eût quelque rencontre ou escarmouche, soit par mer, soit par terre.

118. Durant ce temps-là Henry, frere de Baudoüin, comte de Flandres, fit une course et cavalcade où il mena une bonne partie des meilleurs hommes de l'armée. Entre autres, Jacques d'Avesne, Baudoüin de Beauvoir, et Eudes le champenois de Champlite, et Guillaume son frere, se trouvérent à cette expédition avec les gens de leur pays. Ils cheminérent le long de la nuit : et le lendemain le jour estant desja avancé, ils arrivérent à une bonne ville, dite Philée, assise sur la mer Majour (1), qu'ils prirent de force, où ils firent grand butin et riches meubles, vivres, et de prisonniers qu'ils envoiérent contre bas dans des barques droit au camp : ils y sejournérent deux jours pour se rafraischir, estant pourveuë abondamment de toutes choses nécessaires.

119. Le troisiéme jour ils en partirent avec le reste du butin pour s'en retourner au camp. L'empereur Murtzuphle, ayant eu avis qu'ils estoient en campagne, partit de nuit de Constantinople avec une grande partie de son armée, et s'alla mettre en une embuscade par où ils devoient retourner, et les laissa passer

---

(1) *Mer Majour:* c'est la Mer Noire, que Ville-Hardouin, dans le texte, appelle *mer de Rossie.*

118. Lors fist une chevauchie Henris le frere le conte Baudoin de Flandres, et mena grant partie de la bone gent de l'ost. Avec lui alla Jaques d'Avesnes, et Baldoins de Belvooir, et Odes li champenois de Chanlite, Guillelmes ses freres, et les genz de lor païs, et chevauchérent toute nuict. Et lendemain de halte hore si vindrent à une bone ville qui la Filée avoit nom, et la pristrent, et firent grant gaieng de proies, de prison, de robes, de viandes qu'il envoiérent ès barges à l'ost contre val le Braz, que la ville seoit sor la mer de Rossie. Ensi sejornérent deux jorz en cele ville, à mult grant plenté de viandes, dont il en i avoit à grant plenté.

119. Li tiers jorz s'en partirent à tot lor proies, et à toz lor gaienz, et chevauchiérent arriéres vers l'ost. L'emperéres Morchuflex oï dire les novelles que cil estoient issuz de l'ost, et parti par nuit de Constantinople à grant partie de sa gent. Et lors se mist en un agait ou cil devoient revenir; et les vit passer à totes lor proies et à toz lor guains, et les batailles l'une aprés l'autre, tant que l'ariere garde vint. L'ariere faisoit Henris le frere le conte Baudoin de

avec le butin, et les escadrons les uns après les autres, tant que l'arriére-garde arriva, que Henry frere du comte de Flandres conduisoit avec ses gens : lors Murtzuphle leur courut sus, et les chargea à l'entrée d'un bois; mais les nostres tournans bravement visage vinrent à la rencontre, et combatirent vaillamment, tant que l'empereur Murtzuphle fut deffait, et son chariot d'armes et l'estendard imperial pris, avec une banniére ou image qu'il faisoit porter devant luy, en laquelle il avoit grande confiance, comme aussi tous les autres Grecs, et où l'image de Notre-Dame estoit représentée. Il perdit au reste jusques à vingt des meilleurs chevaliers qu'il eust. Ainsi l'empereur Murtzuphle fut déconfy, la guerre s'aigrissant de jour à autre entre luy et les François : cependant la plus grande partie de l'hyver se passa, et arriva le temps de la Chandeleur et du caresme.

120. [An 1204.] Tandis que les nostres estoient devant Constantinople, ceux de la flotte de Flandres qui avoient sejourné tout l'hyver au port de Marseille, firent de là voile vers l'esté, et passérent tous en la Terre-Sainte, en plus grand nombre que n'estoient ceux qui estoient devant Constantinople. Ce fut un grand malheur de ce qu'ils ne se joignirent avec cette armée, estant certain que les affaires de la chrestienté en eussent de beaucoup mieux reüssi; mais Dieu ne le voulut point permettre pour leurs pechez : et de fait, les uns moururent de maladie pour l'intemperance de l'air; les autres rebroussérent chemin en leur pays au mieux qu'ils pûrent, sans avoir fait aucun exploit ny bien és lieux où ils allérent. Une compaignie des meilleurs hommes d'entre eux vint à Antioche, et prit

Flandres, et la soe gent. Et l'emperéres Morchuflex lor corrut sore à l'entrée d'un bois. Et cil tornent encontre lui : si assemblérent mult durement. A l'aie de Dieu fu desconfiz l'empereor Morchuflex, et dût estre pris ses chars d'armes, et pardi son gonfanon imperial, et une ancone quil faisoit porter devant lui, ou il se fioit mult, il et li autre Grè. En céle ANCONE ére NOSTRE-DAME formée. Et pardi bien trosqu'à vingt chevalier de la meillor gent que il avoit. Ensi fu desconfiz l'emperéres Morchuflex com vos avez oï, et fu grant la guerre entre lui et les Frans : et fu ja de l'iver grant partie passé, et entor la Candelor fu, et approcha le quaresme.

120. [AN 1204.] Or nos lairons de cels qui devant Constantinople furent; si parlerons de cels qui allérent às autres porz, et de le estoire de Flandres qui avoit l'iver sejorné à Marseille, et furent passé en l'esté en la terre de Surie tuit. Et furent si granz genz, que il estoient assez plus que cil qui estoient devant Constantinople. Or oïez quex domages fu quant il ne furent avec celei oste qu'a toz jorz-mais fust la chrestientez alcie. Mais Diex ne volt por lor pechiéz. Li un furent mort de l'enfirmité de la terre : li autre tornérent en lor païs ariére : ne onques nul esploit ne firent, ne nul bien, là où il allérent en la terre. Et une compaignie des mult bone gent s'esmut por r'aller en Antioche al prince Buimont qui ére prince d'Antioche et cuens de Triple, et avoit guerre

party dans les trouppes de Boemond prince d'Antioche et comte de Tripoly, lequel pour lors estoit en guerre avec Leon roy d'Armenie, et se mit à sa solde. Mais les Turcs du pays, ayans eu avis de leur marche, leur dressérent une embuscade à un passage, et leur livrérent combat, où enfin les François eurent du pire, et y demeurérent tous ou morts ou pris, sans qu'il en échappast aucun.

121. Entre les morts furent Villain de Nuilly, l'un des meilleurs chevaliers du monde, Gilles de Trasegnies, et plusieurs autres. Bernard de Montmirail, Regnard de Dampierre, et Jean de Villers y demeurérent prisonniers, avec Guillaume de Nuilly qui n'en pouvoit mais : si bien que de quatre-vingt chevaliers qui se trouvérent en cette trouppe, il n'y en eut un seul qui ne fût pris ou mis à mort. Estant à remarquer que nul n'esquiva l'armée de Venise qu'il ne luy arrivast honte ou malheur : ce qui fait voir que c'est sagement fait de se tenir toûjours au mieux.

122. Pour retourner à ceux qui estoient demeurez devant Constantinople, ils commencérent à apprester leurs machines, et à dresser leurs perriéres et leurs mangoneaux sur leurs navires et leurs palandries, et generalement toutes les machines dont on se sert pour battre et prendre les villes, et eslever les eschelles le long des anténnes des vaisseaux, qui estoient extrémement hautes. Ce que voyans les Grecs, ils se préparérent à la deffense, et fortifiérent les murailles à l'endroit où les nostres faisoient leurs efforts : car quoy qu'elles fussent hautes et garnies de fortes tours, il n'y en eût une seule de ce costé-là où ils ne fissent encor deux ou trois estages de charpen-

al roy Lion, qui ére sires des Hermins. Et celle compaignie alloit al prince en soldées. Et li Tur del païs le sorent, et lor firent un agait par là où il devoient passer, et vindrent à els, si se combatirent, et furent dezconfit li Franc, que onques nus ne n'eschampa qui ne fust ou morz ou priz.

121. Là si fu morz Villains de Nuilli qui ert uns des bons chevaliers del munde, et Giles de Traisignes, et maint autres. Et fu pris Bernarz de Mommirail, et Renaus de Dampierre, et Johans de Villiers, et Guillelme de Nuilli qui colpes ni avoit. Et sachiez que de quatre-vingts chevaliers que il avoit en la rote, onques n'en remaint uns qu'il ne fussent ou morz ou pris. Et bien tesmoigne li livres que onques nus n'eschiva l'ost de Venise que mal ou hontes ne lor venist. Et porce si fait que sage qui se tient devers le mielx.

122. Or nos lairons de cels; si parlerons de cels qui devant Constantinople remestrent, qui mult bien firent lor engins atorner, et lor perrieres, et les mangonials drecier par les nés et par les vissiers, et toz engins qui ont mestier à ville prandre, et les eschieles des antaines des nés, qui estoient si haltes que n'ère merveille non. Et quant ce virent li Grieu, si recomenciérent la ville à rehorder endroit als, qui mult ère fermé de halt murs et de haltes torz. Ne ni avoit si halte tor ou il ne feissent deux estages ou trois de fust por plus halcier : ne onques nulle ville ne fu si bien hordée. Ensi laborérent d'une part et d'autre li Grieu et li Franc grant partie del quaresme.

terje pour les exhausser davantage : en sorte qu'on peut dire que jamais place ne fut mieux remparée. Ainsi les Grecs et les François travaillérent une bonne partie du caresme, les uns pour la deffense, les autres pour l'attaque.

123. Là dessus ceux de l'armée s'assemblérent, et tinrent conseil (1) pour aviser à ce qui estoit à faire. Les opinions debatuës, fut enfin resolu que si Dieu leur octroyoit d'entrer de force dans Constantinople, tout le butin qu'on y feroit seroit apporté et partagé en commun, et qu'on nommeroit six personnes de la part des François, et autant des Venitiens, qui jureroient sur les saints Evangiles d'eslire empereur celuy qu'ils jugeroient en leurs consciences le plus capable et le plus propre à regir l'Estat; qu'il auroit le quart de tout ce qui seroit conquis, tant dedans la ville que dehors, avec le palais de Blaquerne et celuy de Bucoléon; que le surplus seroit partagé en deux parts, dont l'une seroit aux François, et l'autre aux Venitiens; aprés quoy on choisiroit douze des plus sages de l'armée des pelerins, et douze des Venitiens, qui feroient le departement des fiefs et des honneurs, pour estre distribuez à ceux que l'on jugeroit à propos, et arresteroient le service qui seroit deu à l'Empereur pour châcun d'iceux. Ce qui fut arresté, et les conditions jurées de part et d'autre sous peine d'excommunication à quiconque y contreviendroit, avec liberté à un châcun, de la fin du mois de mars en un an, de s'en pouvoir retourner en son pays ; à la charge

---

(1) *Tinrent conseil :* Dans cette convention, les seigneurs français et vénitiens prirent pour modèle les assises de Jérusalem.

123. Lors parlérent cil de l'ost ensemble, et pristrent conseil coment il se contendroient. Assez i ot parlé et avant et arriére. Mais la summe del conseil fu tel : que se Diex donoit qu'il entrassent en la ville à force, que toz li guainz qu'il issiroit fait seroit aportez ensemble, et departiz communelment si com il devroit. Et se il estoient poestei de la cité, six homes seroient de François, et six de Venissiens, et cil jureroient sor sains que il esliroient à empereor celui cui il cuideroient que fust plus à profit de la terre ; et cil qui empereres seroit par l'esletions de cels, si aroit lo quart de tote la conqueste, et dedenz la cité et de fors, et aroit le palais de Bouchelion et celui de Blaquerne ; et les trois pars seroient parties parmi la moitié as Venissiens, et la moitié à cels de l'ost ; et lors seroient pris douze des plus sages de l'ost des pelerins, et douze des Venissiens, et cil departiroient les fiez et les honors par les homes, et deviseroient quel service il en feroient à l'Empereor. Ensi fu ceste convenance asseurée et jurée d'une part et d'autre des François et des Venissiens, qu'à l'issuë de marz en un an s'en porroit aller qui voldroit, et cil qui demoreroient en la terre seroient tenu de servise à l'Empereor, tel com ordené seroit. Ensi fu faite la convenance, et asseurée, et escommenié tuit cil qui ne le tendroient.

pareillement que ceux qui demeureroient seroient tenus de servir l'Empereur, suivant et conformément à ce qui seroit ordonné.

124. Ce fait, on prepara les vaisseaux, qu'on fournit de vivres et de ce qui estoit necessaire pour l'armée. Et le jeudy d'aprés la my-caresme ils s'embarquérent tous dans les navires, et firent entrer les chevaux dans les palandries. Puis à châque bataille fut departie une petite flotte à part soy, dont les vaisseaux estoient rangez à costé l'un de l'autre, les navires ou vaisseaux ronds separez neantmoins des galéres et des palandries : chose veritablement magnifique et belle à voir, cette ordonnance ainsi rangée pour donner l'assaut contenant bien de front une demie lieuë françoise d'étenduë. Le vendredy ensuivant au matin ils levérent les ancres, et à force de rames et de voiles firent approcher leurs navires, galéres et autres vaisseaux vers la ville, rangez comme il a esté dit, où ils commencérent une rude et cruelle attaque, prenans terre en plusieurs endroits, et venans jusqu'au pied des murailles ; et en divers lieux les eschelles des navires furent approchées si prés, que, tant ceux qui estoient sur la courtine et dans les tours, que ceux qui estoient sur les eschelles, combattoient à coup de lances.

125. Ainsi cette rude attaque continua en plus de cent lieux jusqu'à heure de none, que nostre malheur, ou plûtost nos pechez, voulurent que nous en fussions repoussez; en sorte que tous ceux qui estoient descendus à terre furent recoignez à vive force, et contraints de regagner les vaisseaux et palandries. Les nostres perdirent en cét assaut sans comparaison plus

124. Mult fu bien li naviles atornez et hordées, et recueillies les viandes totes às pelerins. Joesdi apres mi-quaresme, entrérent tuit és nés, et traistrent les chevaus és vissiers. Et chascune bataille si ot son naville par soi, et furent tuit coste à coste arengiés. Et furent departies les nés d'entre les galies et les vissiers, et fu grant mervoille à regarder. Et bien tesmoigne li livres que bien duroit demie liuë françoise li assals, si cum il ére ordenéz. Et les vendresdi matin si traistrent les nés et les galies, et les autres vassials vers la ville, si com ordené ére, et comance li assals, mult fors et mult durs. En mains lieus descendirent à terre, et allérent trosque às murs, et en main lieus refurent les eschiéles des nés si aprochies, que cil des tors et des murs et cil des eschiéles s'entreferoient dés glaives de mantenant.

125. Ensi dura cel assals, mult durs et mult fors et mult fiers, trosque vers hore de none en plus de cent lieus. Mais par nos pechiez furent li pelerin resorti de l'assault. Et cil qui estoient descendu à terre des galies et des vissiers, furent remis entre à force. Et bien sachiez que plus pardirent cil de l'ost cel jour que li Grieu. Et furent li Grieu resbaudi. Tels i ot

que les Grecs, qui furent fort réjoüys d'avoir remporté cét avantage. Il y en eut au reste de nostre costé qui se tinrent un peu au large aprés la retraite, et leurs vaisseaux éloignez : et d'ailleurs il y en eût qui ancrérent si prés des murailles, qu'ils se pouvoient s'entroffenser les uns les autres à coups de perriéres et de mangoneaux.

126. Sur le soir, ceux de l'armée et le duc de Venise se rassemblérent derechef, et tinrent conseil dans une église, au delà du lieu où ils estoient campéz. Il y eût divers avis proposez et debatus sur le malheur qui leur estoit arrivé ce jour là, et qui les tenoit tous en grand émoy. Aucuns furent de sentiment qu'on devoit passer à l'autre costé de la ville, et se camper à l'endroit où elle n'estoit pas si bien fortifiée; mais les Venitiens, qui estoient plus versez au fait de la mer, remonstrérent que s'ils y alloient le cours de l'eau les emporteroit au courant du détroit malgré eux, sans qu'ils pûssent arréter leurs vaisseaux. Et veritablement il y en avoit qui eussent volontiers desiré que les vents et la mer eussent de la sorte entraisné toute la flotte, tout leur estant indifferent pourveu qu'ils partissent de là, et s'en retournassent dans leurs maisons : dont toutefois il ne faut pas trop s'étonner, veu le grand peril où ils estoient. Enfin ils arrétérent que le lendemain, qui estoit le samedy, et le dimanche tout le jour, ils disposeroient derechef leurs affaires à un nouvel assaut qu'ils tenteroient le lundy ensuivant, et que les navires où estoient les eschelles seroient accouplées ensemble, afin que deux de compagnie pûssent assaillir une tour, parce que l'expérience leur avoit appris qu'y estans allez une à une, ils

qui se traistrent ariére de l'assault, et les vassials en quoi il estoient. Et tels i ot qui remestrent à ancre si prés de la ville, que il getoient à perriéres et à mangonials li uns às autres.

126. Lors pristrent à la vesprée un parlement cil de l'ost et li dux de Venise, et assemblérent en une yglise d'autre part de céle part où il avoient esté logié. Là ot maint conseil doné et pris, et furent mult esmaié cil de l'ost, porce que il lor fu le jor mescheu. Assez i ot de cels qui loërent que on allast d'autre part de la ville, de céle part où ele n'ére mie hordée. Et li Venitien, qui plus savoient de la mer, distrent que se il i haloient li corrans de l'aigue les enmenroit contre val le Braz, si ne porroient lor vaissiaus arrester. Et sachiez que il avoit de cels qui volsissent que li corranz les enmenast les vaissials contre val le Braz, ou li venz à cels ne cassist ne, mais qu'il partissent de la terre, et allassent en voie. Et il n'ére mie mervoille que mult érent grant peril. Assez i ot parlé, et avant et arriére. Mais la somme del conseil si fu telx: que il ratorneroient lor afaire lendemain qui semadi ere, et le dimenche tote jor, et le lunedi iroient à l'assaut, et lieroient les nés où les eschiéles estoient, deux et deux; ensi assauroient deux nés une tor, porce qui orent veü que à cel jour n'avoit assailli que une nés à une tor, si estoit trop grevée chascune per soi, que cil de la tor estoient plus que cil des eschiéles. Et porce si fu bon proposement que plus grevereoit deux eschiéles à une tor que une. Ensi com il fu devisé si fu fait. Et ensi attendirent le semadi et dimenche.

avoient esté trop grevez, ceux de châque tour estans en plus grand nombre que ceux des nostres qui montoient aux eschelles; lesquelles estans redoublées feroient beaucoup plus d'effet à une tour qu'une seule. Ce qu'estant ainsi conclu, ils attendirent le lundy qui avoit esté pris pour donner cét assaut.

127. Cependant l'empereur Murtzuphle s'estoit venu loger en une grande place prés de là avec toutes ses forces, et y avoit fait dresser ses tentes et pavillons d'écarlate. D'autre part, le lundy arrivé, les nostres qui estoient dans les navires, les palandries et les galéres, prirent tous les armes, et se mirent en estat de faire une nouvelle attaque; ce que voyans ceux de la ville, ils commencérent à les craindre plus que devant: mais d'ailleurs des nostres furent étonnez de voir les murailles et les tours remplies d'un si grand nombre de soldats qu'il n'y paroissoit que des hommes. Alors l'assaut commença rude et furieux, châque vaisseau faisant son effort à l'endroit où il estoit: et les cris s'élevérent si grands qu'il sembloit que la terre dûst abismer. Cét assaut dura long-temps, et jusques à ce que nostre Seigneur leur fit lever une forte bise qui poussa les navires plus prés de terre qu'elles n'estoient auparavant; en sorte que deux d'entre elles qui estoient liées ensemble, l'une appellée la Pelerine et l'autre le Paradis, furent portées si prés d'une tour, l'une d'un costé, l'autre de l'autre, que, comme Dieu et le vent les conduisit là, l'eschelle de la Pelerine s'alla joindre contre la tour. Et à l'instant un Venitien, et un chevalier françois appellé André d'Urboise, y entrérent, suivis incontinent aprés de nombre d'autres qui tournérent en fuitte ceux qui la gardoient, et les obligérent à l'abandonner.

127. L'emperéres Morchufles s'ére venuz herbergier devant l'assaut à une place à tot son pooir, et ot tendues ses vermeilles tentes. Ensi dura cil afaires trosque à lundi matin : et lors furent armé cil des nés et des vissiers, et cil des galies. Et cil de la ville les dotérent plus que il ne firent à premiers. Si furent si esbaudi, que sor les murs et sor les tors ne paroient se genz non. Et lors comença li assaus fiers et merveilleus. Et chascuns vaissiaus assailloit endroit lui. Li huz de la noise fu si granz, que il sembla que terre fondist. Ensi dura li assauls longuement, tant que nostre Sires lor fist lever un vent que on appelle Boire. Et bota les nés et les vaissiaus sor la rive plus qu'il n'estoient devant. Et deux nés qui estoient liées ensemble, dont l'une avoit nom la Pelerine, et li autre li Paravis, et aprochiérent à la tor, l'une d'une part, et l'autre d'autre, si com Diex et li venz li mena, que l'eschiéle de la Pelerine se joint à la tor, et maintenant uns Venitiens, et uns chevalier de France qui avoit nom André d'Urboise, entrérent en la tor, et autre genz commence à entrer aprés als, et cil de la tor se desconfissent et s'en vont.

128. Les chevaliers qui estoient dans les palandries, ayans veu que leurs compagnons avoient gagné la tour, sautérent à l'instant sur le rivage, et, ayans planté leurs eschelles au pied du mur, montérent contremont à vive force, et conquirent encore quatre autres tours. Les autres, animez de leur exemple, commencérent de leurs navires, palandries et galéres, à redoubler l'attaque à qui mieux mieux, enfoncérent trois des portes de la ville, entrérent dedans, et, ayans tiré leurs chevaux hors des palandries, montérent dessus, et allérent à toute bride au lieu où l'empereur Murtzuphle estoit campé. Il avoit rangé ses gens en bataille devant ses tentes et pavillons; lesquels, comme ils virent les chevaliers montez sur leurs chevaux de combat venir droit à eux, se mirent en fuite, et l'Empereur mesme s'en alla courant dans les ruës, et fuyant au chasteau ou palais de Bucoleon (1). Lors vous eussiez veu abatre Grecs de tous costez, les nostres gagner chevaux, palefrois, mulets et autre butin, et tant de morts et de blessez qu'ils ne se pouvoient nombrer. La pluspart des principaux seigneurs grecs se retirérent vers la porte de Blaquerne. Comme le soir approchoit desjà, et que nos gens estoient las et fatiguez du combat et du carnage, ils sonnérent la retraite, se rallians en une grande place qui estoit

(1) *Bucoleon*. C'étoit un immense édifice situé sur la rive de la Propontide. Il y avoit une multitude de corps de logis bâtis par divers empereurs: on y distinguoit le *Delphicum* où les empereurs mangeoient, le *Porphyre* où les impératrices faisoient leurs couches, d'où leurs enfans prenoient le nom de Porphyrogenètes. Ce palais portoit le nom de Bucoleon, parce que, près d'un des appartemens s'élevoit un groupe de marbre blanc représentant un bœuf luttant contre un lion. Il étoit très-fortifié : les Grecs l'appeloient *un nid de tyrans*.

128. Quant ce virent li chevalier qui estoient és vissiers si s'en issent à la terre, et dreçent eschiéle à plain del mur, et montérent contremont le mur par force. Et conquistrent bien quatre des tors : et il comencent assaillir des nés et des vissiers et des galies, qui ainz ainz, qui mielz mielz, et depeçent bien trois des portes et entrent enz, et commençent à monter. Et chevauchent droit à la herberge l'empereor Morchuflex. Et il avoit ses batailles rengies devant ses tentes. Et cùm ils virent venir les chevaliers à cheval, si se disconfissent. Et s'en va l'Emperéres fuiant par les rues à chastel de Boukelion. Lors veissiez Griffons abatre, et chevaus gaignier, et palefroi, muls et mules, et autres avoirs. Là ot tant des morz et des navrez, qu'il ne n'ére ne fins ne mesure. Grant partie des halz homes de Grece guenchirent às la porte de Blaquerne, et vespres i ére jà bas, et furent cil de l'ost laisse de la bataille et de l'ocision, et si comencent à assembler en une place granz qui estoit dedenz Constantinople. Et pristrent conseil que il se herbergeroient prés des murs et des tors que il avoient conquises, que il ne cuidoient mie que il eussent la ville vaincue en un mois, les forz yglises, ne les forz palais, et le pueple qui ére dedenz. Ensi com il fu devisé si fu fait.

dans l'enceinte de Constantinople; puis aviserent de se loger cette nuit prés des murailles et des tours qu'ils avoient gagnées, n'estimans point que d'un mois entier ils pûssent conquerir le reste de la ville, tant il y avoit d'églises fortes et de palais, et autres lieux où l'on se pouvoit deffendre, outre le grand nombre de peuple qu'il y avoit dans la ville.

129. Suivant cette resolution, ils se logérent devant les murs et les tours prés de leurs vaisseaux. Le comte Baudoüin de Flandres s'alla loger dans les tentes d'écarlatte de l'empereur Murtzuphle qu'il avoit laissées toutes tenduës; Henry son frere devant le palais de Blaquerne, et le marquis de Monferrat avec ses gens dans le quartier plus avancé de la ville. Ainsi l'armée prit ses logemens, et Constantinople fut prise d'assaut le lundy de Pasques-fleuries. Le comte Louys de Blois avoit esté detenu en langueur tout le long de l'hyver d'une fiévre quarte qui l'avoit empéché de prendre les armes en cette occasion, et le tenoit encore lors malade dans un vaisseau; ce qui fut un grand dommage pour l'armée, dautant qu'il estoit fort brave et vaillant de sa personne. Cette nuit les nostres reposérent estant fatiguez du combat du jour precedent : ce que l'empereur Murtzuphle ne fit pas, mais ayant assemblé tous ses gens feignit de vouloir aller donner une camisade (1) aux François : et au lieu

---

(1) *Camisade* : attaque soudaine qu'on faisoit à la pointe du jour ou pendant la nuit.

« Le marquis de Pescaire, en 1523, dit M. Gaillard, avoit fait
« mettre à ses soldats des chemises sur leurs habits, pour qu'on ne pût
« les reconnoître dans l'obscurité..... On nomma ce coup de main la
« Camisade de Rebec, à cause des chemises que les Espagnols avoient

129. *Ensi se herbergiérent devant les murs et devant les tors prés de lor vaissials. Li cuens Baudoins de Flandres et de Hennaut sé herberja és vermeilles tentes l'empereor Morchuflex qu'il avoit laissées tendues, et Henris ses freres devant le palais de Blaquerne, Bonifaces li marchis de Monferrat, il et la soe gent, devers l'espès de la ville. Ensi fu l'oz herbergié com vos avez oï, et Constantinople prise le lundi de Pasque florie; et li cuens Loeys de Bloys et de Chartain avoit langui tot l'iver d'une fiévre quartaine, et ne se pot armer. Sachiez que mult ére grant domages à cels de l'ost, que mult i avoit bon chevalier de cors, et gisoit en un vissiers. Ensi se reposérent cil de l'ost céle nuit, qui mult ére lasse. Mais l'emperéres Morchuflex ne reposa mie; ainz assembla totes ses genz, et dist que il iroit les Frans assaillir : mais il nel fist mie com il dist, ainz chevança vers autres rues plus loing qu'il pout de cels de l'ost. Et vint à une porte que on appelle porte Oirée, par enqui fui et guerpi la cité. Et après lui s'enfui qui fuir en pot : et de tot ce ne sorent noient cil de l'ost.*

« sur leurs habits, et le nom de camisade est resté à ces sortes d'ex-
« péditions nocturnes. » (*Histoire de François I*, t. 2, p. 11, édit. en
5 vol. in-8°. Paris, Foucault, 1819.)

de le faire comme il avoit avancé, il se détourna par d'autres ruës, le plus loing qu'il pût de nos gens, tant qu'il gagna la porte Dorée, par où il s'enfuit, et abandonna la ville. Et aprés luy s'évadérent tous ceux qui le peurent, sans que ceux de l'armée s'en apperçeussent.

130. Cette nuit à l'endroit où le marquis de Montferrat avoit pris ses logemens, quelques gens qui craignoient que les Grecs ne les vinssent attaquer, mirent le feu au quartier qui les separoit : lequel à l'instant s'alluma et prit de sorte, qu'il dura toute la nuit et le lendemain jusques au soir. Ce fut le troisiéme embrasement avenu à Constantinople depuis que les François vinrent en ce pays là, et qui consomma plus de maisons qu'il n'y en a en trois des plus grandes villes de France. Le lendemain au matin, qui fut le mardy, si tost qu'il commença à faire jour, tous les chevaliers et gens de pied de l'armée prirent les armes, et, sortans de leurs logemens, se rangérent châcun en sa bataille, estimans qu'ils auroient encores plus à combattre qu'ils n'avoient fait, ne sachans pas que l'Empereur eût pris la fuitte ; mais ils ne trouvérent personne qui leur fit resistance.

131. Le marquis Boniface de Montferrat fit marcher ses trouppes toute la matinée droit vers le palais de Bucoleon, qui luy fut rendu par ceux de dedans, leurs vies sauves : les plus grandes princesses du monde qui s'y estoient retirées y furent trouvées, sçavoir la sœur du roy de France, laquelle avoit esté imperatrice, et la sœur du roy de Hongrie, qui l'avoit esté pareillement, avec plusieurs autres dames de haute condition. Je ne parle point des inestimables richesses

130. *En céle nuit, devers la herberge Boniface le marchis de Monferrat, ne sai quel genz qui cremoient les Grex qui nes assaillissent, mistrent le feu entr'aus et les Grex. Et la ville comence à esprendre et à alumer mult durement : et ardi tote céle nuit et lendemain, trosque al vespre. Et ce fu li tiers feu en Constantinople dés que li Franc li vindrent el païs; et plus ot ars maison qu'il n'ait és trois plus granz citez del roialme de France. Céle nuit trespassa, et vint li jors, qui fu al mardi maitin, et lors s'armérent tuit par l'ost, et chevalier et serjant, et traist chascun à sa bataille : et issirent des herberges, et cuidérent plus grant bataille trover que il n'avoient fait, qu'il ne savoient mot que l'Empereres s'en fust fuist. Le jor si ne trovérent onques qui fu encontre als.*

131. *Li marchis Bonifaces de Monferrat chevaucha tote la matinée droit vers Bochedelion. Et quand il vint là, se li fu rendu salves les vies à cels qui dedenz estoient. Là fu trové li plus des haltes dames del munde qui estoient fuies el chastel, que là fu trovée la suer le roy de France qui avoit esté empererix, et la suer le roy de Hongrie qui avoit esté empererix, et des haltes dames mult. Del trésor qui ére en cel palais ne convint mie à parler, quar 'ant en avoit que ne fins*

qui estoient en ce palais, lequel au mesme temps qu'il fut rendu au marquis de Montferrat, celuy de Blaquerne vint aussi en la puissance de Henry frere du comte de Flandres sous les mesmes conditions, et y fut trouvé un tresor non moindre qu'en celuy de Bucoléon.

132. Châcun d'eux garnit de ses gens le château qui luy fut rendu, et fit soigneusement garder les richesses qui y estoient : mais les autres qui s'estoient épandus par la ville y firent un notable butin, qui fut tel qu'on ne peut exprimer combien ils gagnérent d'or et d'argent, de vaisselles, pierres precieuses, de velours et autres draps de soye, et fourrures exquises, de martes, de vairs, de gris (1), et d'hermines, et autres semblables precieux meubles : en sorte qu'on peut dire veritablement que, depuis la creation du monde, jamais ne fut fait si grand butin en ville conquise.

133. Toute l'armée se logea comme il luy plût, y ayant suffisamment dequoy, tant les pelerins que les Venitiens, parmy lesquels la rejoüyssance fut grande pour cette signalée victoire que Dieu leur avoit donnée : au moyen de laquelle ceux qui auparavant estoient reduits à une extréme pauvreté et misere, se trouvérent en un instant dans une abondance de tous biens et de delices. Et ainsi passérent le jour des Rameaux et la feste de Pasques ensuivant dans des sentimens d'une joye extraordinaire, ayans tous les sujets imaginables de rendre graces à Dieu de ce que, n'ayans en tout en leur armée que vingt mil hommes de guerre,

---

(1) *De vairs, de gris: vair*, fourrure de gris blanc, mêlé à d'autres couleurs, du latin *varius*. *Gris* ou *petit-gris*, autre fourrure très-rechérchée.

ne mesure. Autressi cum cil palais fu renduz le marchis Bonifaces de Monferrat, fu rendux cil de Blaquerne à Henris frere le conte Baudoin de Flandres, sals les cors à celz qui estoient dedenz. La refu li tresor si tres granz trovez, que il n'en ni ot mie mains que en celui de Bokedelion.

132. Chascuns garni le chastel qui li fu renduz de sa gent, et fist le tresor garder. Et les autres genz qui furent espandu parmi la ville gaaigniérent assez, et fu si granz la gaaiez fait, que nus ne vos en sauroit dire la fin d'or et d'argent, et de vasselement, et de pierres precieuses, et de samiz, et de dras de soie, et de robes vaires et grises, et hermines, et toz les chiers avoirs qui onques furent trové en terre. Et bien TESMOIGNE JOFFROI DE VILLE-HARDOIN LI MARESCHAUS DE CHAMPAIGNE à son escient por verté, que puis que li siecles fu estorez ne fu tant gaaignié en une ville.

133. Chascuns prist ostel tel cum lui plot, et il en i avoit assez. Ensi se herberja l'ost des pelerins et des Venitiens, et fu granz la joie de l'onor et de la victoire que Diex lor ot donée; que cil qui avoient esté en poverté estoient en richeçe et en delit. Ensi firent la Pasque florie, et la grant Pasque aprez, en cele honor et en cele joie que Diex lor ot donée. Et bien en dûrent nostre Seignor loer, que il n'avoient mie plus de vingt mil homes armez entre uns et altres, et par l'aie de Dieu si avoient pris de quatre cens mil homes ou plus, et en plu fort ville qui fust en tot le munde, qui grant ville fust, et la mielz fermée. Lors fu crié par tote l'ost, de par li marchis Bonifaces de Montferrat qui sires ére de l'ost, et de par les barons, et de par le duc de Venise, que toz li avoirs fust aportez

ils s'estoient rendus maistres de plus de quatre cens mil hommes dans la plus forte ville, la plus grande, et la mieux fermée qui fût au monde. Alors fut fait un ban et cry public en tout le camp de par le marquis de Montferrat comme general de l'armée, des barons, et du duc de Venise, que tout le butin fût apporté en commun, comme on y estoit obligé par serment et soûs peine d'excommunication. Pour le rassembler trois églises furent choisies, dont on donna la garde à certain nombre de François et de Venitiens, des plus gens de bien et des plus loyaux qu'on pût choisir : ensuitte dequoy châcun commença à apporter le butin qu'il avoit fait au pillage de la ville, pour le mettre en commun.

134. Aucuns en usérent bien et fidellement, les autres non ; car ceux-cy, portez de convoitise, qui est la source et la racine de tous maux, commencérent de là en avant à faire leur cas à part, et à retenir ce qu'ils avoient pris : ce qui fut cause que nostre Seigneur commença à les aimer moins. Hà bon Dieu ! qu'ils s'estoient jusques là bien comportez, et avec beaucoup de loyauté ! aussi Dieu leur avoit bien monstré qu'il les avoit pris en sa protection, et leurs affaires, et qu'il les avoit honoré et élevé pardessus tous autres : mais le plus souvent les bons patissent pour les mauvais. Le butin fut donc ramassé et mis ensemble au mieux qu'on pût, et ce qui se trouva (le tout n'ayant pas esté rapporté) fut partagé sur le champ entre les François et les Venitiens par moitié, suivant qu'il avoit esté arresté. Ce partage estant fait, les nostres prirent sur leur part cinquante mille marcs d'argent, pour achever le payement qu'ils devoient

et assemblez, si com il ére asseuré et juré, et fais escomuniemenz : et furent nomé li leu en trois yglises, et la mist on gardes de François et des Venitiens, des plus loiaus que on pot trover. Et lors comença chascuns à aporter le gaieng, et à metre ensemble.

134. Li uns aporta bien, et li autres mauvaisement, que convoitise qui est racines de toz mals ne laissa, ainz comenciérent d'enqui en avant li covotous à retenir les choses. Et nostre Sires les comença mains à amer. Ha, Diex! com s'estoient leialment demené trosque à cel point. Et damle Diex lor avoit bien mostré que de toz lor affaires les avoit honorez et essauciez sor tote l'autre genz. Et maintes foiz ont domages li bon por les malvais. Assemblez fu li avoirs et li gains. Et sachiez que il ne fu mie aporté tot avant, assemblez fu et despartiz des Frans et des Venitiens par moitié, si com la compaignie ére juré. Et sachiez quant il orent parti, que il paiérent de la lor partie cinquante mil mars d'argent às Venitiens, et bien departirent cent mil entr'als ensemble par lor gent. Et savez coment? deux serjanz à pié contre un à cheval, et deux serjanz à cheval contre un chevalier. Et sachiez que onques on ne ot plus altesces que il eust,

faire aux Venitiens, et le surplus montant à cent mil fut partagé entre eux de la sorte, savoir : deux pietons eurent autant comme un homme de cheval, et deux hommes de cheval autant qu'un chevalier. Jamais il n'y eût eu rien de plus glorieux, si ce qu'on avoit arresté eût esté executé fidellement, et que le butin n'eût esté détourné : on fit toutefois rigoureuse justice de ceux que l'on pût convaincre d'en avoir retenu quelque chose, dont il y eût plusieurs de pendus.

135. Le comte de Saint Paul fit mesme pendre un de ses chevaliers l'escu au col, accusé et convaincu d'en avoir retenu. Il y en eût nombre d'autres, tant de haute que de basse condition, qui ne le rapportérent pareillement, quoy qu'il ne leur appartint point avec justice. Il est aisé de juger de là combien fut grand le butin qui se fit dans Constantinople, veu que sans celuy qui fut caché et recellé, et sans la part des Venitiens, les nostres eurent bien quatre cent mil marcs d'argent, et plus de dix mil montures, tant chevaux de service que bestes de somme. Tel donc fut le partage de tout le butin fait dans Constantinople.

136. Aprés cela ils s'assemblérent et tinrent conseil pour aviser avec le corps de l'armée de ce qui estoit à faire touchant ce qui avoit esté arresté entre eux : où il fut resolu aprés plusieurs avis qu'on prendroit un autre jour auquel on esliroit douze personnes pour creer un empereur. Il ne faut pas doûter qu'il n'y eût beaucoup d'abbayans (1) aprés un honneur et une dignité si relevée, telle que de l'empire de Cons-

---

(1) *Abbayans* ou *Habaanz* : regardant, aspirant à.

si ensi non com il fu devisé et fais, se emblez ne fu. Et de l'embler cels qui en fu revoiz sachiez que il en fu fais granz justice. Et assez en i ot de penduz.

135. Li cuens de Sain Pol en pendi un suen chevalier l'escu al col, qui en avoit retenu. Et mult i ot de cels qui en retindrent des petiz et des granz : mès ne fu mie seu. Bien poez savoir que granz fu li avoirs, que sanz celui qui fu emblez, et sanz la partie des Venitiens, en vint bien avant cinq cens mil mars d'argent, et bien dix mil chevaucheures, que unes que autres. Ainsi fu départiz li gaienz de Constantinople, com vos avez oï.

136. Lors assemblérent à un parlement, et requistrent li communs de l'ost ce que il voloient faire, si com devisé ére. Et tant parlérent que il pristrent un autre jor. Et à cel jor seroient eslit li douze sus qui seroit l'eslection. Et ne pooit estre que à si grant honor com de l'empire de Constantinople, n'en ni aust mult des habaanz et des envious. Mais la grant discorde i fu del conte Baudoin de Flandres et de Hennaut, et del marchis Boniface de Monferrat. Et de ces deux disoient tote la gent que li uns le seroit.

tantinople; mais les principaux contendans furent Baudoüin comte de Flandres et de Hainault, et Boniface marquis de Montferrat, chacun jugeant bien que l'un de ces deux ne manqueroit de l'emporter : ce que voyans les gens de bien qui tenoient le party de l'un et de l'autre, parlérent ensemble et dirent : « Sei-
« gneurs, si l'on vient à eslire l'un de ces grands et
« puissans princes, il est à craindre que l'autre n'en
« conçoive une telle envie qu'il n'emmene quant et
« soy une grande partie de l'armée; et ainsi toutes
« nos conquestes se pourront perdre, de la mesme
« façon qu'il pensa arriver à la Terre Sainte, lors
« qu'aprés qu'elle fut conquise on eslut Godefroy de
« Bouillon pour roy, le comte de Saint Gilles en
« ayant eu une telle jalousie, qu'il sollicita les sei-
« gneurs et barons et autres de s'en retourner : en
« sorte que plusieurs se retirérent, et en demeura si
« peu, que si Dieu ne les eût assistez particuliere-
« ment on eût esté en danger de perdre toute la terre
« d'outremer. C'est pourquoy prenons garde à ce que
« le semblable ne nous arrive, et faisons si bien que
« nous les retenions tous deux, et que Dieu ayant
« octroyé à l'un d'estre empereur, l'autre en soit sa-
« tisfait et content. Et pour y parvenir, il faut que
« celuy qui aura l'Empire donne à l'autre toutes les
« terres de delà le Canal vers la Turquie, avec l'isle
« de Candie, dont il luy fasse foy et hommage, et
« en soit son homme lige, et par ce moyen nous
« les pourrons retenir l'un et l'autre. » Ce qui fut accordé, et mesmes arresté par tous les deux. Cependant vint le jour pris pour l'assemblée, auquel furent esleus les douze, six d'une part et six d'autre,

Et quant ce virent li preudome de l'ost qui taignoient à l'un et à l'autre, si parlérent ensemble, et distrent : Seignor, se on eslit l'un de ces deux hals homes, li autres aura tel envie qu'il emmenra tote la gent, et ensi se puet pardre la terre que altressi dût estre perduë céle de Jerusalem, quant il eslistrent Godefroi del Buillon, quant la terre fu conquise. Et li cuens de Sain Gille en ot si grant envie, qu'il porchacier às autres barons et à toz cels qu'il se partissent de l'ost. Et s'en alla assez de la gent, que cil remestrent si poi, que se Diex nes aust sostenuz que parduë fust la terre. Et porce se devons garder que altressi ne nos aviegne. Ne mais porchaçons coment nos les reteignons ambedeus ; que celui cui Diex donra qui soit esliz d'aus à empereor, que li autres en soit liéz. Et cil doint à l'autre tote la terre d'autre part del Braz devers la Turkie, et l'isle de Crete, et cil en sera ses hom. Ensi les porrons ambedeus retenir. Ensi com il fu devisé si fu fait. Et l'otroiérent andui mult debonnairement. Et vint li jorz del parlement, que li parlemenz assembla, et furent eslit li douze, six d'une part, et six d'autre. Et cil jurérent sor sainz que il esliroient à bien et à bone foi celui qui plus grant mestier i auroit, et qui mieldres seroit à governer l'Empire. Ensi furent eslit li douze. Et un jor pris assemblérent à un riche palais ou li dux de Venise ére à ostel, un des plus bials del munde.

qui jurérent sur les saints évangiles de bien et fidelement eslire celuy qu'en leurs consciences ils jugeroient le plus capable à tenir l'Empire et estre le plus utile au bien commun des affaires. Aprés quoy fut assigné un autre jour pour proceder à l'eslection : lequel escheu, ils s'assemblérent à l'hostel du duc de Venise, qui estoit l'un des beaux palais du monde.

137. Là se trouva une grande multitude de gens, et non sans raison, châcun estant attiré par la curiosité, et porté du desir de sçavoir qui seroit esleu. Les douze qui devoient faire l'élection y furent mandez, et mis en une fort riche chappelle qui estoit dans le palais, où ils tinrent conseil tant qu'ils furent tous tombez dans un mesme sentiment : et chargérent Nevelon evesque de Soissons, qui estoit l'un des douze, de porter la parole pour les autres; puis sortirent et vinrent dehors où estoient tous les barons et le duc de Venise. Vous pouvez assez presumer qu'ils furent regardez de plusieurs, ausquels il tardoit de sçavoir qui auroit esté esleu. Lors l'evesque leur dit : « Seigneurs, nous sommes, Dieu mercy, tombez d'ac« cord de faire un empereur; vous avez tous juré et « promis de tenir et reconnoistre celui qui sera par « nous esleu, et que si aucun vouloit y contredire « vous luy ayderez de tout vostre pouvoir; nous vous « le nommerons donc à l'heure que Jesus-Christ fut « né : c'est Baudoüin comte de Flandres et de Hai« nault. » A l'instant se leva un grand cry d'allegresse par tout le palais; et de ce pas les barons l'emportérent droit à l'eglise, mesmes le marquis de Montferrat avant tous les autres, qui lui rendit tous les honneurs

137. Là ot si grant assemblée de gent, que ce n'ére si grant mervoille non, chascuns voloit veoir qui seroit esliz. Appellé furent li douze qui devoient faire l'eslections ; et furent mis en une mult riche chappelle qui dedenz le palais ére. Et dura li conseils tant que il furent à un accort, et cargiérent lor parole par le créant de toz les autres a Nevelon li evèsque de Soissons, qui ére uns des douze, et vindrent fors là où li baron furent tuit et li dux de Venise. Or poez savoir qu'il furent de maint hom esgardé, et por savoir quels li eslections seroit. Et li evesque lor mostra le parole et lor dist : Seignor, nos somes accordé la, Dieu merci, de faire empereor ; et vous avez tuit juré que celui cui nous eslirons à empereor, vous lo tendrez por empereor. Et se nus en voloit estre encontre, que vous le seriez aidant, et vous le nomerons en l'eure que Diex fu nés, le conte Baudoin de Flandres et de Hennaut. Et li criz fu levez de joie al palais. Si l'emportérent del mostier. Et li marchis Bonifaces de Monferrat l'emporte tute avant d'une part enz el mostier, et li fait tote l'onor que il pot. Ensi fu esliz li cuens Baudoins de Flandres et de Hennaut à empereor, et li jors pris de son coronement à trois semaines de Pasques. Or poez savoir

dont il pût s'aviser : ainsi Baudoüin comte de Flandres fut eslu empereur, et le jour pris de son couronnement à trois semaines aprés Pasques. Cependant châcun fit ses préparatifs pour s'équipper le plus richement qu'il pourroit, ayans tous dequoy pour cela.

138. Dans le temps du couronnement, Boniface marquis de Montferrat espousa l'Imperatrice veuve de l'empereur Isaac, et sœur du roy de Hongrie. En ces mesmes jours mourut un grand seigneur de l'armée, qui se nommoit Eudes le champenois de Champlite, qui fut fort plaint et regretté par Guillaume son frere et ses autres amis, et fut enterré avec grande ceremonie en l'église des Saincts Apostres.

139. Le jour du couronnement arrivé, l'empereur Baudoüin fut couronné avec grande rejoüyssance et magnificence en l'église de Sainte Sophie, l'an de l'incarnation de nostre Seigneur mil deux cens et quatre; où le marquis Boniface de Montferrat et le comte Louys de Blois se trouvérent, et luy rendirent leurs devoirs comme à leur souverain seigneur; comme firent encore tous les autres barons et chevaliers. De là il fut mené à grande pompe et suitte de gens au riche et superbe palais de Bucoleon : et quand la ceremonie fut passée il commença à vacquer à ses affaires.

140. Le marquis de Montferrat d'abord luy fit instance que, suivant ce qui avoit esté convenu, il fust investy des terres d'outre le Canal vers la Natolie, ensemble de l'isle de Candie : ce que l'Empereur, connoissant la justice de sa demande, luy accorda volontiers. Et comme le marquis eût veu la bonne volonté de l'Empereur, qui se portoit si franchement à

que mainte riche robbe i ot, faites por le coronement, et il orent bien de quoi.

138. Dedenz le terme del coronement, espousa li marchis Boniface de Monferrat l'Empereris qui fu fame l'empereor Sursac, qui ére suer le roi d'Hungrie. Et en cel termine si morut uns halz barons de l'ost, qui avoit nom Oedes li champenois de Chanlite. Et fu mult plainz et ploré de Guillelme son freres, et de ses autres amis. Et fu enterrez al mostier des Apostres à grant honor.

139. Li termes del coronement aproiça, et fu coronéz à grant joie et à grant honor l'empereres Baudoins al mostier Sainte Sophie, en l'an de l'incarnation Jesu Christ M. CC. ans et IV. De la joie ne de la feste ne convient mie à parler, que tant en fissent li baron et li chevalier cum il plus porent. Et li marchis Bonifaces de Monferrat et li cuens Loeys l'honorèrent cum lor seignor. Aprés la grant joie del coronement, en fu menez à grant feste et à grant procession el riche palais de Bokelion, que onques plus riches ne fu veuz. Et quant la feste fu passée si parla de ses affaires.

140. Bonifaces li marchis de Monferrat li requist ses convenances que il li attendist, si com il li devoit donner la terre d'oltre le Braz devers la Turchie, et l'isle de Crete. Et l'Empereres le conut bien que il li devoit faire, et que il le li feroit mult volentiers. Et quant ce vit li marchis de Monferrat que l'Empereres li voloit attendre ses convenances si debonai-

luy garder parole, il s'avisa de luy demander qu'en eschange de ce pays-là il lui donnât le royaume de Thessalonique, parce qu'il confinoit aux terres du roy de Hongrie, dont il avoit espousé la sœur. Cela fut debatu quelque temps, mais enfin accordé par l'Empereur, auquel le marquis en fit hommage. Et la rejoüyssance en fut grande au camp, dautant que le marquis estoit l'un des plus vaillans et des meilleurs chevaliers du monde, chery et aimé de tous les chevaliers et soldats à cause des largesses et liberalitez qu'il leur faisoit au delà de tous les autres. Par ce moyen le marquis de Montferrat demeura dans les terres nouvellement conquises.

141. L'empereur Murtzuphle cependant ne s'estoit pas éloigné de Constantinople plus de quatre journées, et avoit emmené quant et soy la femme et la fille de l'empereur Alexis, qui avoit auparavant usurpé l'Empire sur son frere Isaac, et s'en estoit fuy. Cét Alexis estoit lors à une ville nommée Messynople (1) avec ses trouppes, et tenoit une grande partie des provinces circonvoisines. D'autre part, les plus grands seigneurs grecs s'écartérent çà et là, tant dans la Natolie outre le détroit, qu'és autres endroits de l'Empire, où châcun d'eux se rendit maistre des provinces et places qui estoient en leur bien seance. Murtzuphle pareillement prit vers ce mesme temps une ville qui estoit venuë à l'obeïssance de l'empereur Baudoüin, appellée Tzurulum (2), qu'il saccagea entierement, et en enleva tout ce qu'il y pût rencontrer.

(1) *Messynople*: Cette ville étoit située dans la province de Rhodope à l'embouchure de l'Hèbre.

(2) *Tzurulum*: Cette ville appelée par Ville-Hardouin *le Charlot*,

rement, si le requist que en eschange de céle terre li donast le roialme de Saloniqué, porce que il ére devers le roy de Hungrie, cui seror il avoit à fame. Assez en fu parlé en maintes manieres : més totes voies fu la chose menée à tant que li Emperéres li otroia. Et cil en fist homage, et fu mult grant joie par tot l'ost, porce que li marchis ére un des plus proissiez chevaliers dou monde, et des plus amez des chevaliers, que nus plus largement ne lor donoit. Ensi fu remés en la terre li marchis de Monferrat, com vos avez oï.

141. Li emperéres Morchuflex n'ére mie eslongniez encor de Constantinople quatres jornées, et si en avoit amenée avec lui l'Emperevix qui ére fame l'empereor Alexis, qui devant s'en ére fuis, et sa fille. Et cil emperéres Alexis ert à une cité que on apele Messinople, à tote la soe gent, et tenoit encore grant partie de la terre. Et lors se departirent li halt home de Greçe, et grant partie en passa oltre le Braz par devers la Turchie, et chascun faisit de la terre endroit soi tant com lui plot, et par les contrées de l'Empire autres chascuns vers son païs. Et l'emperéres Morchuflex ne tarda gaires quil prist une cité qui ére à la merci de monseignor l'empereor Baudoin venue, que on appelle le Churlot; si la prist et roba, et i prist quanqu'il i trova.

étoit nommée par les Grecs *Tzeulouros* ; elle étoit située à trois journées de Constantinople.

142. La nouvelle de cette prise ayant esté portée à l'empereur Baudoüin, il prit conseil des barons et du duc de Venise, qui furent d'avis que sans differer davantage il eût à se mettre promptement en campagne avec son armée pour conquerir les terres de l'Empire, et laissât Constantinople (qui avoit esté nouvellement prise, et estoit peuplée de Grecs) garnie d'un nombre suffisant de trouppes pour la garder. Suivant le conseil, fut arresté que l'armée marcheroit; et ceux qui devoient demeurer pour la garde de la ville furent choisis, sçavoir: le comte Louys de Blois et de Chartres, qui estoit encore indisposé, et n'estoit pas entierement guery de sa maladie, le duc de Venise, et Conon de Bethune, qui demeurérent és palais de Blaquerne et de Bucoleon; Geoffroy, mareschal de Champagne, Miles de Brabans, et Manasses de Lisle, avec leurs gens de guerre, et tous les autres, se préparérent pour accompagner l'Empereur en son voyage.

143. Mais avant que l'Empereur partit de Constantinople, Henry son frere alla devant avec cent bons hommes d'armes de ville en ville; et à châcune d'icelle où il arrivoit, les habitans venoient soûs l'obeïssance de l'Empereur, et lui faisoient serment de fidelité. Et ainsi donna jusques à Andrinople, ville tres-bonne et riche, où il fut bien reçeu des habitans, qui firent le mesme serment et hommage; puis s'y logea avec ses trouppes attendant son frere, qui y arriva quelques jours aprés. D'abord que l'empereur Murtzuphle eût avis de la marche de l'armée françoise, il n'oza l'attendre, et s'en alla tousjours fuyant devant elle deux ou trois journées, tant qu'il arriva vers Messy-

142. Quant la novelle vint à l'empereor Baudoin, si prist conseil às barons et al duc de Venise. Li conseil si fu tels: qu'il s'accordérent qu'il issist fors à tote s'ost et por conquerre la terre, et laissast Constantinople garnie, qui ére novellement conquise, et ére poplée de Grex, qu'elle fu seure. Ensi fu li conseils acordé, et li ost semuncé, et devisé cil qui demoroient en Constantinople. Remest li cuens Loeys de Bloys et de Chartayn qui malades ére, et n'ére mie encor gariz; et li dux de Venise et Coenes de Betune remest el palais de Blaquerne et de Bochelion por garder la ville : et Joffroi li mareschaus de Champaigne, et Miles le Braibanz, et Manassiers de l'Isle à totes lor gens, et tuit li autre s'atornérent por aller en l'ost avec l'Empereor.

143. Ançois que l'emperéres Baudoin partist de Constantinople, s'en parti Henris ses freres par son commandement bien à tot cent de mult bone gent, et chevaucha de cité en cité, et de chascune ville là où il venoit les genz faisoient le féalté l'Empereor. Ensi alla trosque à Andrenople, qui ére mult bone citez et riche. Et cil de la cité le reçûrent encontre volentiers, et firent féalté l'Empereor. Lors se herberja en la vile, il et sa gent, et enqui sejorna tant que l'emperéres Baudoin vint. L'emperéres Morchuflex, com il oï qu'il venoient, issi, si nes osa attendre, ainz fui toz iorz deux jornées ou trois devant. Et ensi s'en alla trosque Messinople, ó l'emperére

nople, où estoit l'empereur Alexis, auquel il envoya ses ambassadeurs pour luy faire entendre qu'il estoit prest de luy donner son secours et de luy obeïr en ce qu'il desireroit. A quoy l'empereur Alexis fit responses qu'il seroit le bien venu, et le recevroit comme son fils, et vouloit lui donner sa fille en mariage. Cependant Murtzuphle campa et prit ses logemens devant Messynople, où il fit dresser ses pavillons, tandis qu'Alexis estoit en la ville. Et l'un et l'autre s'estans abouchez, ils se donnérent la foy de s'ayder reciproquement, et de n'avoir plus de là en avant que des interests communs. En suitte de ce traité ils sejournérent quelques jours, l'un en son camp, l'autre en la ville; tant qu'Alexis voyant Murtzuphle hors de soupçon, il l'invita à disner chez lui, pour en suitte aller prendre les bains ensemble. Ce qui fut fait comme il avoit esté proposé.

144. Mais à l'instant que l'empereur Murtzuphle fut entré dans la maison d'Alexis, il le fit entrer en une chambre, où l'ayant fait jeter par terre on luy arracha les yeux de la teste. On peut juger par cét exemple si des personnes si perfides devoient tenir ou posseder aucune seigneurie, qui à tous moments commettoient de si énormes cruautez les uns vers les autres. Ceux de l'armée de l'empereur Murtzuphle ayans appris cette nouvelle se desbandérent et prirent la fuitte, qui çà qui là, aucuns d'eux s'estans retirez vers Alexis, qu'ils reconnurent pour empereur, et servirent depuis dans ses trouppes.

145. Vers ce mesme temps l'empereur Baudoüin partit de Constantinople, et sortit en campagne avec toute son armée. Il vint droit à Andrinople, où il

Alexis ére, et l'envoia ses messages, et li manda que li aideroit et feroit tot son commandement. Et l'emperéres Alexis respondi que bien fust il venuz come ses fil, que il voloit que il avoit sa file à fame, et feroit de lui son fil. Ensi se herberja l'emperéres Morchuflex devant Messinople. Et tendi ses trés et ses paveillons, et cil fu herbergié dedenz la cité. Et lors parlérent ensemble, et distrent que il seroint tuit une chose. Ensi sejornérent ne sai quanz jorz, cil en l'ost, et cil en la ville. Et lors semont l'emperére Alexis l'empereor Morchuflex que il venist à lui mengier, et iroient ensemble al bainz. Ensi com il fu devisé si fu fait.

144. L'emperéres Morchuflex com il fu dedenz sa maison, l'emperéres Alexis l'appella en une chambre, et lo fist jetter à terre, et traire les œls de la teste, en tel traïson com vos avez oï. Or oiez se cest genz devroient terre tenir ne perdre, qui si grant crualtez faisoient li un des autres. Et quant ce oïrent cil de l'ost l'empereor Morchuflex, si se desconfissent, et tornent en fuies, li uns ça, et li altres la; et de tels i ot qui allérent à l'empereor Alexis, et li obeïrent comme à seignor, et remestrent entor lui.

145. Lors s'esmut l'emperéres Baudoins à tote s'ost de Constantinople, et chevauça tant que il vint à Andrenople. Qui trova Henri ses frere, et les autres

trouva son frere Henry avec ceux qu'il avoit menez avec luy, tous les lieux par où il passa s'estans reduits à son obeïssance. Lors leur vindrent nouvelles comme l'empereur Alexis avoit fait crever les yeux à Murtzuphle; ce qui leur donna matiere d'entretien, et de dire que ceux-là estoient indignes de posseder l'Empire qui se traitoient les uns les autres avec tant d'inhumanité et de déloyauté. L'empereur Baudoüin prit resolution d'aller droit à Messynople, où estoit l'empereur Alexis; mais les Grecs d'Andrinople le prierent comme leur seigneur de leur laisser garnison dans la ville, à cause de Jean, roy de Valachie et de Bulgarie, qui leur couroit sus souvent. Sur cette requeste, l'Empereur leur laissa Eustache de Salebruit, chevalier flamen, preux et vaillant, avec quarante chevaliers d'élite et leurs chevaux-legers.

146. Cét ordre donné il partit d'Andrinople, et tira avec son armée vers Messynople, où il croyoit trouver encore l'empereur Alexis, tous les lieux par où il passa s'estans pareillement rangez à sa devotion. Mais Alexis, qui avoit desja appris la marche de l'Empereur, estoit délogé, et avoit pris la fuitte. Baudoüin estant arrivé vers Messynople, ceux de la ville vinrent au devant de luy, et luy presentérent les clefs. Estant entré dedans, il resolut d'y attendre le marquis de Montferrat, qui n'estoit encores arrivé à l'armée par ce qu'il n'avoit pû faire de si grandes traittes que l'Empereur, à cause qu'il amenoit l'Imperatrice sa femme avec luy. Il y arriva incontinent aprés, et prit ses logemens sur la riviére, où il fit tendre ses pavillons : puis le lendemain alla trouver l'empereur Baudoüin pour le prier de vouloir executer les traitez.

genz qui avec lui furent. Totes les genz parmi là où il passa vindrent à lui, à sa merci et à son commandement. Et lors vint la novelle que l'emperéres Alexis avoit traiz les œils à l'emperére Morchuflex. Mult en fu grant parole entr'aus, et bien distrent que il n'avoient droit en terre tenir, que si desloialment traitoit li uns l'autre. Lors fu li consels l'empereor Baudoins qu'il chevaucheroit droit à Messinople ou l'emperéres Alexis ére, et li Grex d'Andrenople le requistrent cum à seignor qu'il lor laissast la ville garnie por Johan le roi de Blakie et de Bougrie, qui guerre lor faisoit sovent. Et l'emperéres Baudoins i laissa Eude Salebruit, qui ére uns chevalier de Flandres mult preuz et mult vaillant, à tot quarante chevalier de mult bone gent, et cent serjanz à cheval.

146. Ensi s'en parti l'empereor Baudoins d'Andrenople, et chevauça vers Messinople, où il cuida l'empereor Alexis trover. Totes les terres par la où il passa vindrent à son commandement et à sa merci. Et quant ce vit l'emperéres Alexis, si vuide Messinople, et s'enfui. Et l'emperéres Baudoins chevaucha tant que il vint devant Messinople. Et cil de la ville vont encontre lui, et li rendent la ville à son commandement. Et lors dist l'emperéres Baudoins que il sejorneroit por attendre Boniface li marchis de Monferrat, qui n'ére mie encor venuz en l'ost, porce que il ne pot mie si tost venir com l'Empereor, qu'il en amenoit avec lui l'Empererix sa fame, et chevaucha tant que il vint vers Messinoples sor le flum, et enchi se herberja, et fit tendre ses trés et ses paveillons, et lendemain alla parler à l'empereor Baudoin, et lui veoir, et li requist sa convenance.

147. « Sire, dit-il, j'ai eu nouvelles de Thessalo-
« nique, et ceux du pays me mandent qu'ils me rece-
« vront volontiers, et me recognoistront pour sei-
« gneur : je tiens cette terre de vous, et en suis vostre
« homme lige; souffrez que je m'y achemine, et lors
« que j'auray pris possession, tant de la ville que du
« royaume, je retourneray vers vous, prest de faire
« vos commandemens, et vous ameneray des vivres
« et provisions. Cependant ne ruinez pas ainsi mes
« terres avec vostre armée ; mais plûtost allons,
« si vous l'avez agreable, contre Jean, roi de Vala-
« chie et de Bulgarie, qui usurpe injustement une
« grande partie de vostre Empire. » Je ne sçay ce qui
porta l'Empereur, nonobstant cette remonstrance,
de vouloir à toute force prendre le chemin de Thessalonique, remettant à une autre fois le reste de ses
affaires, et à conquerir le surplus de ses terres. Ce
qui obligea le marquis à lui représenter derechef, et
luy dire : « Sire, puisque je puis sans vous venir à
bout des terres qui m'ont esté laissées, faites moy
« la grace de n'y vouloir entrer : que si au prejudice
« de cette priere vous y entrez, j'auray sujet de croire
« que vous n'y venez pas pour mon bien. C'est pour-
« quoy tenez pour constant que je ne vous y accom-
« pagneray pas, et que je vous abandonneray. »
L'Empereur répondit qu'il ne laisseroit pas d'y aller.
Hà ! bon Dieu, que l'un et l'autre deferérent à de
mauvais conseils, et que ceux qui furent cause de
cette querelle se rendirent coupables d'un grand crime !
cette division estant de telle consequence, que si Dieu
n'eût eu pitié et compassion d'eux, ils estoient en
peril de reperdre tout ce qu'ils avoient conquis jusques alors, et tous les chrestiens de par delà en danger

147. Sire, fait-il, novelles me sunt venues de Salenike, que la gent del païs me mandent que il me recevront volentiers à seignor, et je en sui vostre hom, et la tieng de vos, si vos vuel proier que vos me laissiez aller; et quant je serai saisiz de ma terre et de ma cité, je vos amenrai les viandes encontre vos, et venrai appareilliez de faire vostre commandement; et ne me destruiez mie ma terre, et allomes, si vostre plaisirs est, sor Johans qui est rois de Blakie et de Bogrie, qui tient grant partie de la terre à tort. Ne sai par cui conseil l'Emperéres voloit aller totes voies vers Salenike, et feroit ses autres afaires en la terre. Sire, fait Bonifaces li marchis de Monferrat, je te proi, desque je puis ma terre conquerre sanz toi, que tu ni entre; et se tu i entres, ne me semble mie que tu le faces por mon bien; et sachiez vos de voir je n'irai mie avec vos, ainz me partirai de vos. Et l'emperéres Baudoins respondi que il ne lairoit mie porce que il ni allast tote voie. Ha las! com malvais conseil orent et li uns et li autres, et com firent grant pechié cil qui ceste mellée fissent. Quar se Diex n'en preist pitiez, com aussent pardue tote la conqueste que il avoient faite, et la chrestientez mise en aventure de perir. Ensi partirent par mal l'emperéres Baudoins de Constantinople, et Bonifaces li marchis de Monferrat, et par malvais conseil.

de perir. Ainsi l'empereur Baudoüin et le marquis de Montferrat se séparérent en mauvaise intelligence, à la suscitation de leur mauvais conseil.

148. L'Empereur tira droit à Thessalonique, suivant sa premiere resolution, avec son armée et toutes ses forces; et le marquis rebroussa chemin en arriére, accompagné d'un bon nombre de braves gens. Jacques d'Avesnes, Guillaume de Champlite, Hugues de Colemy, et le comte Berthold de Catzenelbogen s'en estans allez avec luy, ensemble la plus grande partie des Allemans qui tenoient son party. Estant arrivé au chasteau de Didymothique (1), qui est beau et fort riche, il luy fut rendu par un seigneur grec y habitué, et y mit garnison : en suitte dequoy les Grecs d'alentour, à une ou deux journées, commencérent à se rendre à luy, invitez et poussez à cela par les persuasions et la consideration de l'Imperatrice sa femme.

149. Cependant l'empereur Baudoüin poursuivit son chemin droit vers Thessalonique, et arriva à un chasteau, dit Christople (2), place tres-forte, qui luy fut renduë par les habitans, desquels il receut le serment de fidelité. De là il vint à une autre ville appellée La Blache (3), aussi tres-forte et tres-riche,

---

(1) *Chasteau de Didymothique :* Cette ville, que Ville-Hardouin appelle *Dimot*, étoit nommée par les Grecs *Didumotécon ;* elle faisoit partie de la province de Rhodope. Cette place très-forte étoit bâtie sur un rocher, ceinte de doubles murs, et environnée par la rivière de Marizza ; les Turcs l'appellent *Dimotus*.

(2) *Un chasteau, dit Christople :* Cette ville étoit située sur la Propontide, du côté de l'Europe, vis-à-vis l'île de Tano, à l'endroit où la Macédoine est séparée de la Thrace.

(3) *La Blache :* Cette ville étoit appelée par les Grecs *Belikea ;* elle étoit voisine de Philippopoli, ville située sur le bord de la Marizza.

148. L'emperéres Baudoins chevaucha vers Salenique, si com il ot enpris, à totes ses genz et à tote sa force. Et Boniface le marchis de Monferrat retorna arriére, qui i ot une grant partie de bone gent avec lui. Avec lui s'en torna Jaques d'Avennes, Guillelmes de Chanlite, Hues de Colemi, li cuens Selite de Chassenelle en Bouche, et la grande partie de toz cels de l'empire d'Alemaigne qui se tenoient al marchis. Ensi chevaucha li marchis arriére trosque à un chastel qui li Dimot ére appellé, mult bel, et mult fort, et mult riche, et cil li fu renduz per un Greu de la ville. Et cum il fu dedenz, si le garni, et lors comencent li Grieu à torner, par le comandement de l'Empereris et de tote la terre de là entor à une jornée ou à deus, venir à sa merci.

149. L'emperéres Baudoins chevaucha adés droit à Salenique, et vint à un chastel qui ot à nom Christopole, qui ére uns des plus fors del munde, et li fu renduz, et li firent fealté cil de la ville; et aprés vint à un altre que l'on appelloit La Blache, qui ére mult fors et mult riche, et li fu renduz altressi, et li firent fealté. Et d'enqui chevaucha à La Setre, qui ére une citez fort et riche, et vint à son comandement et à sa volenté, et li firent fealté, et se herberja devant la ville, et i fu par trois jors; et cil rendirent la ville, qui ére une des meillors et des plus riche de la chrestienté à cel jor, par tel convent que il les tendroit às us et às costumes que li empereor grieu les avoit tenuz.

laquelle se rendit, et dont les habitans luy jurèrent pareillement obeïssance : puis il tira à Cetre (1), non moins riche et forte que les precedentes, se campa devant, et y sejourna l'espace de trois jours; et enfin les habitans rendirent leur ville, l'une des plus abondantes en biens et en richesses qui fût lors en toute la chrestienté, à condition qu'il les maintiendroit en leurs privileges, libertez et franchises, telles qu'ils souloient avoir sous les empereurs grecs.

150. Tandis que l'empereur Baudoüin s'acheminoit ainsi vers Thessalonique, et que tout le pays se rendoit à sa devotion, le marquis de Montferrat avec ses troupes, et grand nombre de Grecs qui tenoient et avoient pris son party, s'en alla droit devant Andrinople, qu'il assiegea, faisant dresser ses tentes et pavillons à l'entour. Eustache de Sambruit, et les gens de guerre que l'Empereur avoit laissé dans la ville pour la garder, montérent soudain sur les rempars et dans les tours, et se preparérent pour se deffendre. Cependant Eustache de Sambruit depécha deux courriers en diligence jour et nuit à Constantinople vers le duc de Venise, le comte de Blois, et ceux qui avoient esté laissez dans la ville par l'Empereur, pour leur donner avis comme luy et le marquis estoient en mauvaise intelligence, et que le marquis s'estoit saisy de Didymotique, l'un des plus forts et des plus riches chasteaux de l'empire d'Orient, et que de là il les estoit venu investir dans Andrinople. Ce qu'ayans appris, ils en eurent grand déplaisir, prevoyant bien qu'au moyen de cette querelle toutes les conquestes qu'ils avoient faites seroient perduës.

(1) *Cetre*, appelée par les Grecs *Citros*: ville dépendante de l'archevêché de Thessalonique.

150. *Endementiers que l'emperéres Baudoins ére vers Salenike, et la terre venoit à son plaisir et à son commandement, li marchis Bonifaces de Monferrat à tote la soe gent, et la grant plenté des Grex qui à lui se tenoient, chevaucha devant Andrenople, et l'assist, et tendit ses trés et ses paveillons entor. Et Eustaices de Saubruit fu dedenz, et les genz que l'Emperéres i avoit laissié, et montérent ás murs et ás tors, et s'atornérent d'els defendre. Et lors preist Eusthaices de Saubruit deux messaiges, et les envoia, et par jor et par nuict, en Constantinople, et vindrent al duc de Venise et al conte Loeys, et à cels qui estoient dedenz la ville remés de par l'empereor Baudoin, et lors disrent que Euthaices de Saubruit lor mandoit que l'Emperéres et le marchis estoient mellé ensemble, et li marchis ére saisiz del Dimot, qui ére un des plus fors chastiaus de Romanie, et uns des plus riches, et els avoit assiz Andrenople. Et quant il oïrent, s'en furent mult irié, que lors cuidérent il bien que tote la conqueste que il avoient faite fust pardue.*

151. Là-dessus le duc de Venise, le comte de Blois, et les autres barons qui estoient à Constantinople, s'assemblérent au palais de Blaquerne, fort irritez contre ceux qui avoient ainsi broüillé l'Empereur et le marquis : et priérent Geoffroy de Ville-Hardoüin mareschal de Champagne, parce qu'il estoit bien venu du marquis, d'aller au siege d'Andrinople pour trouver moyen d'appaiser ce differend s'il pouvoit, estimans qu'il y auroit plus de facilité qu'aucun autre. Il accepta cette charge sur leur priere, et mena avec luy Manassés de L'Isle l'un des vaillans chevaliers de l'armée, et des plus aymez. Ils partirent ainsi de Constantinople, et firent tant qu'ils arrivérent à Andrinople, où le siége estoit. Le marquis, ayant eu avis de leur arrivée, alla au devant pour les recevoir, accompagné de Jacques d'Avesnes, Guillaume de Champlite, Hugues de Colemy, et Othon de La Roche, qui estoient les principaux de son conseil, et les receut avec grand accueil, leur faisant tout l'honneur possible.

152. Geoffroy mareschal de Champagne, qui estoit fort bien auprés de lui, et avoit part en sa confidence, le reprit aigrement de ce qu'il avoit entrepris si legerement de se jetter sur les terres de l'Empereur, et d'assieger ses gens dans Andrinople, sans s'en estre plaint auparavant à ceux qui estoient demeurez à Constantinople, qui luy eussent bien fait reparer le tort que l'Empereur luy pouvoit avoir fait. Le marquis s'en excusa fort, alleguant que l'injustice dont l'Empereur avoit usé en son endroit l'avoit obligé à

151. Lors assemblérent el palais de Blakerne li dux de Venise et li cuens Loeys de Bloys et de Chartein, et li autre baron qui estoient en Constantinople. Et furent mult destroit et mult irié, et mult se plaistrent de cels qui avoient faite la mellée entre l'Empereor et le marchis. Par la proiere le duc de Venise et del conte Loeys fu requis Joffrois de Ville-Hardoins, li mareschaus de Champaigne, qu'il allast al siege d'Andrenople, et que il meist conseil de ceste guerre se il pooit, porce qu'il ére bien del marchis, et cuidérent qui aust plus grant pooir que nus autres hom; et cil por lor proiere dist qu'il ieroit mult volentiers, et mena avec lui Manassiers de Lisle, qui ére uns des bons chevaliers de l'ost, et des plus honorez. Ensi compartirent de Constantinople, et chevauchérent par lor jornées, et vindrent à Andrenople, où li sieges ére. Et quant li marchis le oït, ci issi de l'ost, et alla encontre als. Avec lui en alla Jaques d'Avesnes, et Guillelmes de Chanlite, et Hues de Colemi, et Otthes de La Roche, qui plus halz estoient del conseil del marquis; et quant il vit les messaiges, si les honora mult, et fist mult bel semblant.

152. Joffrois li mareschaus, qui mult ére bien de lui, li coisonna mult durement coment ne en quel guise il avoit prise la terre l'Empereor, ne assigie sa gent dedenz Andrenople, tant que il l'eust fait assavoir à cels de Costantinople, qui bien li feissent a dreçier se li Emperéres li eust nul tort fait. Et li marchis se descolpa mult, et dist que, por le tort que l'Emperéres li avoit fait, avoit il issi esploitié. Tant travailla Joffrois li mareschaus de Champaigne, à l'aie de Dieu et des barons qui estoient del conseil le marquis, de cui

entreprendre ce qu'il avoit fait jusques là. Neantmoins le mareschal de Champagne fit si bien, que, moyennant l'ayde de Dieu et des barons qui estoient du conseil du marquis, lequel d'ailleurs luy portoit beaucoup d'affection, luy promit de s'en remettre au duc de Venise, au comte de Blois, à Conon de Bethune, et à luy-mesme, qui tous sçavoient bien les conventions. Par ce moyen il y eût tréve et suspension d'armes entre ceux de l'armée du marquis et ceux de la ville; ce qui tourna au contentement des uns et des autres, qui ne desiroient que la paix entre ces deux princes, et en témoignérent grande obligation au mareschal et à Manassés de Lisle, qui l'avoient mise en bon chemin. Mais autant que les François furent réjoüys de cét accommodement, autant les Grecs en eurent de dépit et de creve-cœur, desirans avec passion que cette querelle et cette guerre durât long-temps. De cette façon le siege d'Andrinople fut levé, et le marquis s'en retourna avec son armée à Didymotique, où il avoit laissé l'Imperatrice sa femme.

153. Les deputez retournérent à Constantinople, et racontérent ce qu'ils avoient negotié; dont le duc de Venise, et le comte Louys de Blois, et tous les autres eurent grande satisfaction, particuliérement quand ils apprirent que le marquis s'estoit remis entiérement sur eux pour l'accommodement. Ils depéchérent à l'instant un courrier vers l'empereur Baudoüin pour luy faire entendre le tout, et comme le marquis se remettoit sur eux de leur differend, ce qu'il devoit faire de sa part, et l'en supplioient instamment, ne pouvans souffrir en aucune façon qu'ils vinssent aux armes l'un contre l'autre, et aussi de

il ére mult amez, que il marchis li asseura que il se metroit el duc de Venise, et el conte Loeys de Blois et de Chartein, et en Coenes de Betune, et en Joffroi de Ville-Hardoin li mareschal, qui bien savoient la convenance d'aus deus. Ensi fu la trive prise de cels de l'ost et de cels de la cité. Et sachiez que mult fu volentiers veuz Joffrois li mareschaus au retorner, et Manassiers de Lisle de cels de l'ost, et de cels de la cité qui voloient la paix d'ambedeus part. Et ausi lie cum li Franc, en furent li Grieu dolent, qui volsissent mult volentiers la guerre et la mellée. Ensi fu dessiegie Andrenople, et tornassent li marchis arriére al Dimot à tote sa gent, là où l'Empereris sa fame ére.

153. Li message s'en revindrent de Constantinople, et contérent les novelles si com il l'avoient esploitié. Mult orent grant joie li dux de Venise et li cuens Loeys, et tuit li autre, de ce qu'il se remis sor als de la pais. Lors pristrent bons messages, et escristrent les lettres, et envoiérent à l'empereor Baudoins, et li mandérent que li marchis se remis sor als, et bien l'avoit asseuré, et il si devoit encor mielz metre, si le prioient qu'il le feïst, que il ne souffriroient mie la guerre en nulle fin, et qu'il asseurast ce que il diroient, alsi com li marchis avoit fait. Endementiers que ce fu, l'emperéres Baudoins ot fait ses affaires vers

vouloir leur donner parole et les assûrer de tenir ce qu'ils feroient, comme le marquis avoit fait de son costé. Durant ces negotiations, l'Empereur avoit achevé ses affaires vers Thessalonique, et en estoit party, y ayant laissé garnisons, et pour gouverneur Renier de Monts, fort sage et vaillant chevalier. Dans son chemin luy vinrent nouvelles que le marquis s'estoit emparé de Didymotique et du pays circonvoisin, et qu'en outre il avoit assiegé ses gens dans Andrinople.

154. L'Empereur, irrité de cette entreprise, fit haster le pas à son armée, disant hautement qu'il vouloit aller faire lever le siege d'Andrinople, et qu'il feroit du pis qu'il pourroit au marquis. Hà! bon Dieu, quel malheur eût causé cette discorde si Dieu n'y eût mis la main! car sans doute la chrestienté couroit risque de recevoir un grand eschec. La pluspart au reste des gens de l'Empereur estoient devenus malades vers Thessalonique, en sorte que plusieurs estoient contraints de demeurer par les chemins, villes et les bourgades où l'armée passoit: les autres se faisoient porter en littieres et en des brancars avec des grandes incommoditez.

155. De ce nombre mourut en la ville de Serres (1) maistre Jean de Noyon, qui estoit chancelier de l'Empereur, homme sage, vertueux et bon ecclesiastique, et qui avoit consolé toute l'armée par ses predications, estant fort eloquent et bien disant; aussi fut-il regretté de tous les gens de bien de l'armée. Peu aprés arriva un autre insigne malheur par la mort de Pierre d'Amiens, riche et puissant seigneur, et vaillant che-

---

(1) *Serres*: ville de la province de Rhodope.

Salenike, si s'en parti, et la laissa garnie de sa gent, et il laissa chevetaine Reignier de Monz, qui ére mult preuz et vaillant, et les novelles si furent venues que li marchis avoit pris le Dimot, et que il ére dedenz, et chelli avoit grant partie de la terre entor, et assise sa gent dedenz Andrenople.

154. Mult fu iriez l'emperéres Baudoins quant la novelle li fu venue, et mult s'en hasti que il iroit dessegier Andrenople, et feroit tot le mal qu'il porroit al marchis. Hà Diex! quel domage dût estre par céle discorde! que se Diex ni eust mis conseil, destruite fust la chrestientez. Ensi s'en repaira l'emperéres Baudoins par ses jornées. Et une mesaventure lor fu avenue devant Salenike mult grant, que d'enfermeté furent acolchie multe de sa gent, assez en remanoit par les chastials où l'Emperéres passoit qui ne pooient mais venir. Et assez en aportoit en littieres qui a grant mesaise venoient.

155. Lors fu mors maistre Johan de Noion à La Setre, qui ére chanceliers l'empereor Baudoins, et mult bons clers, et mult sages, et mult avoit conforté l'ost per la parole de Dieu, qu'il savoit mult bien dire; et sachiez que mult en furent li prodome de l'ost desconforté. Ne tarda gaires après que il lor avint une mult grant mesaventure, que mort fu Pierre d'Amiens, qui mult ére riches et halz hom, et bon chevaliers et proz : et s'en fist mult grant dueil li cuens Hues de Sain Pol, cui cousins germains il ére, et mult en pesa

valier : de laquelle le comte Hugues de Sainct Paul, qui estoit son cousin germain, et generalement tous ceux du camp, témoignérent grand dueil, comme encore de la mort de Girard de Machicourt, qui estoit un brave chevalier, de Gilles d'Aunoy, et de plusieurs autres personnes de marque, jusqu'au nombre de quarante chevaliers, qui demeurérent en ce voyage, dont l'armée fut fort affoiblie. Cependant comme l'empereur Baudoüin poursuivoit son chemin, il rencontra les deputez que ceux de Constantinople luy envoyoient; dont l'un estoit un chevalier du comte de Blois, et son vassal, appellé Bégues de Fransures, gentilhomme fort sage et discret, lequel de la part de son maistre et des autres barons exposa genereusement sa charge en cette maniere : « Sire, le duc de
« Venise, le comte Louys mon seigneur, et les autres
« barons qui sont demeurez à Constantinople, vous
« saluent comme leur prince souverain, et se plai-
« gnent à Dieu premierement, puis à vous, de ceux
« qui par leur malice ou mauvais conseil ont allumé
« cette querelle entre vous et le marquis de Mont-
« ferrat, de laquelle peu s'est fallu que la ruine totale
« de la chrestienté ne se soit ensuivie : nous pouvons
« vous dire avec verité que vous fîtes tres-mal quand
« vous leur prétastes l'oreille; maintenant ils vous
« prient que, comme le marquis s'est remis à eux du
« different qui est entre vous et luy, vous fassiez le
« mesme de vostre part, et que vous leur donniez
« asseurance de tenir ce qu'ils en feront : ayant au
« surplus charge de vous dire qu'ils ne sont resolus
« en aucune façon de souffrir une plus longue suitte
« et continuation de cette guerre. »

à toz cels de l'ost. Lors fu après Girar de Manchicort mort. Et mult en pesa à toz cels de l'ost, qui il ére mult proisiez chevaliers, et Gilles d'Ainnoy, et mult de bone gent. En céle voie morut quarante chevaliers, dont l'ost fu mult afeblie. Tant chevaucha l'emperéres Baudoins par ses jornées, qu'il encontra les messages qui venoient encontre lui, que cil de Constantinople li enveoient. Li messages fu un chevaliers de la terre le comte Loeys de Blois, et ses hom liges, et fu appellez Beghes de Fransures, sages et enparlès, et dist li messages son seignor et les autres barons mult vivement, et dist : Sire, li dux de Venise, et li cuens Loeys mi sires, et li autre baron qui sunt dedenz Constantinople, vos mandent saluz comme à lor seignor, et se plaignent à Dieu et à vos de cels qui ont mise la mellée entre vos et le marchis de Monferrat, que par poi qu'il n'ont destruite la chrestienté : et vós feistes mult mal quant vos les en crestes. Or si vos mandent que li marchis s'est mis sor als del contenz qui est entre vos et lui. Si vos proient comme a seignor que vos vos i metez alsi, et que vos l'asseurez à tenir; et sachiez que ils vos mandent que il ne souffriroient la guerre en nulle fin.

156. L'empereur Baudoüin leur dit qu'il se conseilleroit là dessus, et leur feroit sçavoir ses intentions. Plusieurs de ceux de son conseil qui l'avoient porté à cette guerre, tenoient que c'estoit une grande presomption et un grand outrage de la part de ceux de Constantinople de luy envoyer tenir tels discours, et luy dirent : « Sire, vous entendez bien « comme ils vous mandent qu'ils ne souffriront point « que vous vous vangiez de vostre ennemi : et il « semble par telles paroles qu'ils vous donnent assez à « entendre que, si vous ne faites ce qu'ils vous man-« dent, ils se declareront contre vous. » Plusieurs autres propos furent tenus sur ce sujet, dont la conclusion fut que l'Empereur, ne voulant pas desobliger le duc de Venise, ny le comte de Blois, ny les autres qui estoient dans Constantinople, respondit aux deputez : « Je ne veux pas promettre absolument que « je me remettray sur eux de nos differens; mais « bien je retourneray à Constantinople sans meffaire « davantage au marquis. » Et sur cela l'Empereur poursuivit son chemin, tant qu'il arriva à Constantinople; au devant duquel sortirent les barons et autres, et le receurent avec grand honneur comme leur seigneur souverain.

157. Dans le quatriéme jour l'Empereur conneût clairement qu'on luy avoit donné mauvais conseil de se broüiller avec le marquis. Sur quoy le duc de Venise et le comte de Blois prirent occasion de luy tenir ce discours : « Sire, nous voulons vous prier de vou-« loir vous remettre sur nous de vos differends, comme « a fait le marquis. » Ce que l'Empereur leur accorda librement. Et en suitte furent choisis des députez

156. L'emperéres Baudoins ala, si prist son conseil, et dist qu'il lor en respondroit. Mult i ot de cels del conseil de l'Empereor qui avoient aidié la mellée à faire, qui tindrent à grant oltrage le mandement qui cil de Constantinople li avoient fait, et li distrent : Sire, vos oez que il vos mandent que il ne souffriroient mie que vos vos vengiez de vostre anemi. Il est avis que se vos ne faisiez ce qu'il vos mandent, que il seroient encontre vos. Assez i ot grosses paroles dites; mais la fins del conseil si fu tels : que l'Emperéres ne voloit mie pardre le duc de Venise, ne le comte Loeys, ne les autres qui érent dedenz Constantinople, et respondi al message : Je n'asseureray que je me mete sor als, mais je m'en irai en Constantinople sanz forfaire al marchis noient. Ensi s'en vint l'emperéres Baudoins en Constantinople, et li baron et le autres gens allérent encontre lui, et le reçûrent à grant honor come lor seignor.

157. Dedenz lo quar jor conút l'Emperéres clérement que il avoit esté mal conseilliez de mesler soi al marchis. Et lors parla à lui le duc de Venise et li cuens Loeys, et distrent : Sire, nos vos volons proier que vos vos metez sor nos alsi com li marchis si est mis. Et l'Emperéres dist que il feroit mult volentiers. Et lors furent eslit li messages qui iroient por le marchis, et le conduiroient. De ces messages fu uns Ger-

pour aller trouver le marquis et l'amener : l'un fut Gervais de Castel, l'autre Renier de Trit, et le troisiesme Geoffroy mareschal de Champagne : le duc de Venise y envoya aussi de sa part deux des siens. Les deputez partirent à l'instant, et arrivérent à Didymotique, où ils trouvérent le marquis et l'Imperatrice sa femme, accompagnez d'un grand nombre de braves hommes, et luy firent entendre comme ils estoient envoyez vers luy pour le prier de vouloir venir à Constantinople; et particuliérement le mareschal de Champagne, auquel il avoit donné sa parole d'y venir, le pria de la vouloir executer, et de tenir le traité d'accord et de paix qui seroit arresté par ceux sur qui ils s'en estoient remis, s'offrans de le conduire en toute seureté, ensemble ceux qu'il voudroit mener avec luy.

158. Le marquis prit conseil là dessus des siens, aucuns estans de sentiment qu'il y allast, d'autres estans d'avis contraire. Mais à la fin il prit resolution d'y aller, et mena avec luy environ cent chevaliers. Estant arrivé à Constantinople, il y fut fort bien veu, tant du duc de Venise et du comte de Blois, que de nombre de personnes de condition desquels il estoit aimé, et qui luy allérent à la rencontre. Alors le conseil fut assemblé, où les conventions d'entre l'Empereur et le marquis furent renouvellées, et Thessalonique rendüe au marquis avec ses appartenances et dependances, à la charge qu'il mettroit la ville de Didymotique, de laquelle il s'estoit emparé, és mains de Geoffroy mareschal de Champagne, qui s'obligea par serment de la garder sans s'en dessaisir, jusques à ce qu'il eust de luy messagers exprés avec bon pou-

vaises del Chastel, et Reniers de Trit li autres, et Joffrois li mareschaus de Champaigne li tierz, et li dux de Venise i envoia deux des suens. Ensi chevauchiérent li messages par lor jornées, tant que il vindrent al Dimot, et trovérent li marchis et l'Empereris sa fame à grant plenté de bone gent, et li distrent si·cum il estoient venu querre. Lors requist Joffrois li mareschaus, si com il li avoit asseuré, que il venist en Constantinople por tenir la pais, tel com il deviseront sor cui il est mis, et il le conduiroient salvement, et tuit cil qui avec lui iroient.

158. Conseil prist li marchis à ses homes. Si i ot de cels qui li ottroiérent qui il li allast, et de cels qui li loerent qu'il ni allast mie. Mais la fin del conseil si fu tels : qu'il alla avec als en Constantinople, et mena bien cent chevaliers avec lui, et chevauchiérent tant par lor jornées, que il vindrent en Constantinople. Mult fu volentiers veuz en la ville, et allérent encontre lui li cuens Loeys de Blois et de Chartein et li dux de Venise, et mult d'autre bone gent de qui il ére mult amez en l'ost. Et lors assemblérent à un parlement, et la convenance fu retraite de l'empereor Baudoin et del marchis Bonifaces, et li fu Salenikes rendue, et la terre, en tel maniére que il mist en la main Joffroi li mareschaus de Champaigne le Dimot dont il ére saisiz, et cil li creança que il le garderoit en sa main trosque adonc que il aroit creant messages, ou

voir, ou ses lettres bien seellées, comme il seroit maistre de Thessalonique; aprés quoy il la remettroit és mains de l'Empereur. Toute l'armée témoigna beaucoup de rejoüyssance de la conclusion de la paix entre les deux princes, et dautant plus que de cette querelle pouvoient survenir de grands inconveniens.

159. Le marquis ayant pris congé s'en alla vers Thessalonique avec sa femme et ses trouppes, ensemble les deputez de l'Empereur, lesquels, à mesure qu'il arrivoit de chasteaux en chasteaux, les luy faisoient restituer; tant que finalement il arriva à Thessalonique, qui luy fut mise entre les mains par ceux qui l'avoient en garde : auquel temps Renier de Monts, que l'Empereur y avoit laissé pour gouverneur, estoit mort; et comme il estoit en reputation de brave homme il fut fort regretté.

160. Alors tout le pays commença à se rendre au marquis, et à venir sous son obeïssance, à la reserve d'un riche et puissant seigneur grec, nommé Leon Sgure, qui s'estoit saisy de Corinthe et de Naples de Romanie, deux bonnes villes assises sur la mer, et des plus fortes qui soient sous le ciel. Cettuy-cy ne se voulut pas soumettre au marquis, ains commença à luy faire la guerre, assisté de la plus grand part de ceux du pays qui suivoient son party, et à la reserve aussi d'un autre seigneur grec, appellé Michel, qui estoit venu de Constantinople avec le marquis, qui le croyoit bien affectionné à son service : mais il se desroba de luy sans qu'il en eût advis, et s'en alla à une ville qu'on appelloit Duraz, où il espousa la fille d'un riche Grec auquel l'Empereur en avoit confié le gouvernement; et s'empara en suitte, tant de la ville que de

ses letres pendanz, que il ert saisiz de Salenike; et adonc le rendroit à l'Empereor, et à son commandement. Et ensi fu fait la pais de l'Empereor et de le marchis, com vos avez oï. Et mult en orent grant joie par l'ost, que ce ert la chose dont grant domages pooit avenir.

159. Lors prist le marchis congié, et s'en alla vers Salenique à totes ses genz et à totes sa fame, et avec lui chevauchièrent li message l'Empereor; et si com il venoit de chastel en chastel, se li furent rendu de par l'Empereor, et la seigneurie tote, et vint à Salenique: Cil qui la gardoient la rendirent de par l'Empereor. Et li chevetaines, qui ère appellez Reniers de Mons, si fu morz, qui mult ère prodom, dont grant domages fu de sa mort.

160. Lors si commença la terre et li païs à rendre al marchis, et grant partie à venir à son commandement; fors que uns Grex, halt hom, qui ère appellez Leosgur; et cil ne volt mie venir à son commandement, que il ère saisiz de Corinthe et de Naples, deux citez qui sor mer sient, des plus forz de soz ciel. Et cil ne volt mie venir à la merci del marchis, ainz le commença à guerroier, et granz pars se tindrent à lui, et uns autres Grieux qui ère appellez Michalis, et ère venuz avec le marchis de Constantinople, et cuidoit estre mult bien de lui; mais il se departi de lui qu'il nen sot mot, et s'en alla à une cité que on appelloit Duraz, et prist la fille à un riche Grieu qui tenoit la terre de par l'Empereor, et se saisi de la terre, et commença le marchis à guerroier. Et la terre de Constantinople trosque Salonique ère en si bone païs,

toute la contrée. Ainsi le marquis commença à faire la guerre de ce costé là, tout le païs au reste depuis Thessalonique jusques à Constantinople estant paisible, et les chemins si seurs, qu'on y pouvoit aller et venir sans escorte, bien qu'il y eût douze grandes journées de l'une à l'autre. Il estoit lors la fin de septembre; et l'empereur Baudoüin demeuroit à Constantinople, tout le pays estant en paix et reduit sous son obeyssance.

161. Durant ce temps deux vaillans chevaliers, Eustache de Canteleu et Aimery de Villerey, decederent à Constantinople, et furent regrettez de leurs amis. On se mit en suitte à travailler au departement et distribution des terres, dont les Venitiens eurent leur part, et l'armée des pelerins l'autre. Mais après que chacun fut estably en ce qui luy estoit escheu, la convoitise, qui de tout temps a esté cause de tant de maux, ne les laissa pas long-temps en repos, se mettans à faire de grandes levées et pilleries en leurs terres, les uns plus, les autres moins : ce qui fut cause que les Grecs commencérent à les haïr et leur vouloir mal.

162. L'empereur Baudoüin donna lors au comte de Blois le duché de Nicée, l'une des meilleures pieces et des plus honorables de tout l'empire d'Orient, située au delà du détroit, du costé de la Natolie, quoy que la terre d'outre le détroit ne fût venuë à l'obeïssance de l'Empereur, et tint encore contre luy. Il fit don au mesme temps à Renier de Trit du duché de Philippople. En suitte de quoy le comte de Blois envoya, sous la conduite de Pierre de Braiecuel et de Payen d'Orleans, environ six-vingt chevaliers de ses

que li chemins ére si seürs, que il i pooient bien aller qui aller i voloient. Et si avoit d'une cité à autre bien douze jornées granz. Et fu jà tant del tens passé que il ére à l'isue de septembre, et l'empereres Baudoins fu en Constantinople, et la terre fu en pais et à sa volenté.

161. Lors furent deux bons chevaliers mort en Constantinople, Eustaices de Canteleu, et Haimeris de Villeroy, dont grant domages fu à lor amis. Lors commença l'en les terres departir. Li Venisien orent la lor part, et l'ost des pelerins l'autre. Et quant chascuns fot asseuré à sa terre, la convoitise del monde, qui tant aura mal fait, nes laissa estre en pais, ainz commença chascuns à faire mal en sa terre, li uns plus, et li autre moins, et li Grieu les commencièrent à haïr et à porter malvais cuer.

162. Lors dona l'empereres Baudoins au conte Loeys la duché de Nike, qui ére une des plus haltes honors de la terre de Romenie, et seoit d'autre part del Braz de la Turchie, devers la Turchie. Et tote la terre d'autre part del Braz n'ére mie venue à la merci l'Empereor, ainz ére contre lui. Lors aprés dona la duchée de Finepople à Renier de Trict. Et envoia li cuens Loeys de ses hommes por sa terre conquerre bien six vingt chevaliers; de cels si furent chevetaines Pierres de Braiecuel et Paiens d'Orleans. Et cil s'en

gens, lesquels partirent à la Toussaints de Constantinople, et, ayans passé le bras de Sainct-George et Abyde, arrivérent à Piga (1), ville assise sur la mer, et qui estoit pour lors peuplée de Latins; d'où ils commencérent la guerre contre les Grecs.

163. En ce mesme temps arriva que Murtzuphle, qui avoit eû les yeux crevez, et qui par une insigne trahison avoit malheureusement fait mourir l'empereur Alexis, fils de l'empereur Isaac, que les pelerins avoient ramené et rétably en ses Estats, fut arresté et pris comme il s'enfuyoit en cachette au delà du détroit avec peu de gens, par Thierry de Los qui en eut advis, et fut par luy conduit à Constantinople, et presenté à l'empereur Baudoüin, qui témoigna beaucoup de joye de cette prise, et en suitte avisa avec les barons de ce qu'il devoit faire d'un homme qui avoit ainsi meurtry et assassiné son seigneur. Tous s'accordérent d'en faire une punition rigoureuse, et dirent qu'il y avoit une colomne (2) de marbre dans Constantinople, des plus hautes et des mieux travaillées qui fut jamais, qu'on le devoit conduire là, et le précipiter du haut en bas, afin qu'une si signalée justice et si exemplaire fût veuë de tout le monde. Suivant cette resolution l'empereur Murtzuphle fut conduit à cette colomne, et monté en haut, tout le peuple estant accouru à ce spectacle, puis jetté en bas, en sorte qu'il fut tout fracassé et rompu. Or par une espece de merveille il se trouva qu'en cette colomne de laquelle il fut précipité, il y avoit plusieurs

---

(1) *Piga*, en grec Pégas, place importante située en Asie près de la Propontide. — (2) La colomne d'où Murtzuphle fut précipité étoit dans un marché appartenant au septième quartier de la ville.

partirent à la feste Tossainz de Constantinople, et passérent le braz Sain George à Avie, et vindrent à Lespigal, une cité qui sor mer siet, et ére poplée de Latins : et lors commenciérent la guerre contre les Grex.

163. En cel termine si avint que l'emperéres Morchuflex qui avoit les œls traiz, cil qui avoit murtri son seignor l'empereor Alexis, le fil l'empereor Sursac, celui que li pelerin avoient amené en la terre, s'enfuioit oltre le Braz coiement, et à poi de gent. Et Tierris de Los le sot, cui il fu enseigniez, si le prist, et l'amena à l'empereor Baudoin en Constantinople. Et l'empereor Baudoin en fu mult liez, et emprist conseil à ses homes qu'il en feroit d'home qui tel murtre avoit fait de son seignor. A ce fu accordez li conseil : que il avoit une colonne en Constantinople enmi la ville auques, qui ére une des plus haltes et des mielz ovrées de marbre qui onques fust vëue d'oil, et en qui le feist mener, et lo feist saillir aval, voiant tote la gent que si halte justise devoit bien toz li monz veoir. Ensi fu menez à la colonne l'empereor Morchuflex, et fu menez sus; et toz li pueples de la citez acorrut por veoir la merveille. Lor fut botez à val, et chaï de si halt, que quant il vint à terre, que il fu toz esmiez. Or oïez une grant merveille, que en céle colonne dont il chaï à val avoit images de maintes maniéres ovrées el marbre. Et entre céles imaiges si en avoit une qui ére laborée en forme d'empereor, et céle si chaït outre val. Car de long temps ére profeiticié qui auroit un empereor en Constantinople qui devoit estre gitez à val céle columpne. Et ensi fu céle semblance et céle prophetie averée.

figures taillées dans le marbre, et entre autres une d'un empereur, lequel tomboit à bas d'une colomne; ayant esté predit il y avoit long-temps qu'un empereur de Constantinople seroit jetté à bas de celle-cy. Et ainsi cette figure fut representée en effect, et la prophetie accomplie.

164. Vers le mesme temps arriva pareillement que le marquis de Montferrat, qui estoit vers Thessalonique, prit l'empereur Alexis qui avoit fait crever les yeux à l'empereur Isaac, avec l'Imperatrice sa femme, et envoya les brodequins de pourpre, et les robes imperiales à l'empereur Baudoüin à Constantinople, lequel lui en sceut fort bon gré : il le fit puis aprés conduire prisonnier au Montferrat

165. Environ la feste de Sainct Martin ensuivant, Henry frere de l'Empereur sortit de Constantinople, et descendit le braz de Sainct George, jusques au détroit d'Abyde, ayant avec luy cent ou six vingt chevaliers, tous braves hommes, et prit terre à la ville d'Abyde, qu'il trouva garnie de tous biens, de vivres, de viandes, et autres comoditez requises pour l'usage de l'homme, s'empara de la ville et se logea dedans, commençant de là à faire la guerre aux Grecs d'alentour, assisté des Armeniens qui s'estoient habituez en ces contrées, lesquels, pour la haine qu'ils portoient aux Grecs, se mirent incontinent de son party.

166. Renier de Trit partit en ce mesme temps de Constantinople, et s'en alla vers Philippople, que l'empereur Baudoüin lui avoit donnée, emmenant quant et luy environ six vingt bons chevaliers; et fit tant qu'il passa à Andrinople, et vint à Philippople,

164. En icel termine r'avint altressi que li marchis Bonifaces de Monferrat, qui ére vers Salenique, prist l'empereor Alexis, celui qui avoit à l'empereor Sursac traiz les iaulz, et l'empereris sa fame avec, et envoia les huesces vermeilles et les dras imperials l'empereor Baudoin son seignor en Constantinople, qui mult bon gré l'en sot, et il envoia puis aprés l'empereor Alexis en prison en Monferrat.

165. A la feste Sain Martin aprés, s'en issi Henris li freres l'empereor Baudoin de Constantinople, et s'en alla contre val le Braz trosque à boche d'Avie, et mena bien six vingt chevaliers avec lui de mult bone gent, et passa le Braz à la cité que l'en appelle Avie, et la trova mult bien garnie de toz biens, de blés et de viandes, et de totes choses que mestier ont à cors d'home; et il se saisist de la cité, et se herberja dedenz. Et lors comença la guerre contre les Grex endroit lui; et li Hemin de la terre, dont il en i avoit mult, se comenciérent à torner devers lui, qui haoient mult les Grex.

166. A cel termine se parti Reniers de Trit de Constantinople, et s'en alla vers Finepople, que l'emperéres Baudoins li avoit donée, et emmena bien avec lui six vingt chevaliers de mult bone gent, et chevaucha tant par ses jornées, et trespassa Andrenople, et vint

où ceux du pays le receurent, et luy prestérent serment de fidélité comme à leur seigneur ; et furent dautant plus aises de son arrivée qu'ils avoient grand besoin d'estre secourus, parce que Jean roy de Walachie leur faisoit fortement la guerre, et les tenoit oppressez ; c'est pourquoy il leur vint bien à propos, leur aydant de si bonne sorte, que la plus grande partie de la contrée, mesmes ceux qui avoient pris le party de Jean, se tournérent de son costé. Et de là en avant la guerre fut grande entre eux dans ces quartiers là.

167. Bien-tost aprés l'Empereur fit passer cent chevaliers au delà du braz de Sainct George vis-à-vis de Constantinople, sous la conduite de Machaire de Saincte Menehoult, accompagné de Mathieu de Valincourt et de Robert de Ronçoy. Ils tirérent droit à Nicomedie, qui est une ville assise sur un golfe de mer, à deux journées de Constantinople. Les Grecs, ayant eu le vent de leur arrivée, abandonnérent incontinent la ville et s'enfuirent ; et les nostres la trouvans vuide s'y logérent, la fermérent et y mirent garnison, et de là commencérent à faire la guerre dans la Natolie. Il y avoit en ce temps-là un seigneur grec, appellé Theodore Lascaris, qui avoit espousé la fille de l'Empereur, celuy que les François avoient chassé de Constantinople, et qui avoit fait crever les yeux à son frére, au nom de laquelle il possedoit en ces quartiers là quelques terres et seigneuries. Cettuy-cy faisoit la guerre aux François qui avoient passé le détroit, en tous les lieux qu'ils occupoient. Cependant l'empereur Baudoüin estoit demeuré à Constantinople avec le comte Louys de Blois et peu de

à Phinepople; et la gent de la terre le reçurent, et li obeïrent à seignor, qui le virent mult volentiers. Et il avoit mult grant mestiers de secors, che Johans le roi de Blaquie les avoit mult oppressez de guerre. Et il lor aida mult bien, et tint grant partie de la terre, et la grande partie qui s'ére retenue devers Johans se torna devers lui; enqui endroit refu la guerre grant entr'als.

167. L'Emperéres ot bien envoié cent chevalier passer le braz Sain George endroit Constantinople: de cels si fu chevetaines Machaires de Sainte Manehalt; avec lui alla Mahius de Vaslaincort et Robert del Ronchoi, et chevauchiérent à une cité qui ére appellez Nichomie, et si sist sor un goffre de mer, et ére bien deux jornées loing de Constantinople. Et quant li Grieu les oïrent venir si vuidiérent la cité, si s'en allérent, et il se herbergiérent dedenz, si la garnirent et refermérent, et recomenciérent à guerroier de céle marche endroit als la terre d'autre part del Braz. Si avoit seignor un Grieu que on appeloit Toldre Lascre, et avoit la file l'Empereor à fame, dont il clamoit la terre, celui cui li Franc avoient chacié de Constantinople, et qui avoit à son frere traiz les ialz. Icil se tenoit la guerre contre les Franz outre les Braz, per tot là où il estoient. Et l'emperéres Baudoins fu remés en Constantinople, et li cuens Loeys à poi de gent, et li cuens Hues de Sain Pol, qui malade ére d'une grant maladie de gote qui le tenoit es genols et és piez.

21.

trouppes, et le comte Hugues de Sainct Paul, qui estoit travaillé et detenu de la goutte, qui le tenoit aux genoux et aux pieds.

168. Vers ce mesme temps arriva une grande flotte de la Terre Saincte, de ceux qui avoient abandonné nostre armée pendant qu'elle s'assembloit à Venise, pour s'embarquer aux autres ports, du nombre desquels furent Estienne du Perche et Regnaud de Montmirail cousin du comte de Blois, qui leur fit grand accueil, et fut infiniment réjoüy de leur arrivée. L'empereur Baudoüin et les autres barons françois furent pareillement ravis de les voir, parce qu'ils estoient grands seigneurs, puissans et riches : ils amenérent quant et eux plusieurs braves hommes, parmy lesquels arriva de la Palestine Hugues de Tabarie, Raoul son frere, et Thierry de Tenremonde, avec grand nombre de gens du pays, de chevaliers, de Turcoples, et de gens de pied. Et lors l'empereur Baudoüin donna à Estienne du Perche le duché de Philadelphie (1).

169. Mais d'ailleurs survint une mauvaise nouvelle à l'Empereur, qui l'affligea et l'attrista fort, de la comtesse Marie sa femme, laquelle s'estant croisée avec son mary estoit demeurée grosse en Flandres lors qu'il en partit, et ne l'avoit pû accompagner en son voyage. Cette princesse accoucha depuis d'une fille; et aprés qu'elle fut relevée elle s'en alla au port de Marseille, pour de là faire voile en la Terre Saincte, et tâcher d'y joindre son mary. A peine fut-elle arrivée en la ville d'Acre, que la nouvelle lui fut ap-

---

(1) *Philadelphie* étoit située dans l'ancien royaume de Lydie, vers la partie occidentale de l'Asie mineure.

168. En cel termine aprés vint un granz passages de cels de la terre de Surie, et de cels qui l'ost avoient laissié, et estoient allé passer às autres passages. A cels passages vint Estène del Perche et Reignaut de Mommirail, qui cosin estoient le conte Loeys, qui mult les honora, et fu mult liez de lor venue. Et l'emperéres Baudoins el les autres genz les virent mult volentiers, qu'il estoient mult halt home et mult riche, et amenérent grant plenté de bone gent. De la terre de Surie vint Huë de Tabarie et Raols ses freres, et Tierris de Tendre-monde, et grant plenté de la gent del païs, de chevaliers, de Turchoples et de serjanz; et lors aprés si dona l'emperéres Baudoins à Estène del Perche la duchée de Phanadelphye.

169. Entre les autres fu venuës une novelle à l'empereor Baudoins dont il fu mult dolenz : que la contesse Marie sa fame qu'il avoit laissié en Flandres enceinte porce qu'elle ne pot avec lui movoir, qui adonc ére cuens. La dame si aiut d'une file. Et aprés quant elle fu relevée si s'esmut, et alla oltremer aprés son seignor, et passa al port de Marseille; et quant elle vint à Acre, si ni ot gaires esté, que la novelle li vint que Constantinople ére conquise, et ses sires ére empereres, dont grant joie fu à la chrestientez. Aprés céle novelle, ot la dame en proposement de venir à lui, si li prist une maladie, si fina et mori, dont granz duel fu à tote la chrestienté, car ére mult bone dame, et mult ho-

portée de la prise de Constantinople, et comme son mary avoit esté esleu empereur, au contentement de toute la chrestienté. Mais, comme elle faisoit ses preparatifs pour l'aller trouver, elle fut surprise d'une maladie dont elle mourut; ce qui convertit cette precedente joye en tristesse, estant une tres-bonne et vertueuse dame, et aymée d'un chacun. Ceux que nous avons dit estre arrivez de la Terre Saincte en apportérent la nouvelle à l'Empereur, qui en eut un extréme dueil et regret, comme aussi tous les barons de l'Empire, qui souhaittoient avec passion de l'avoir pour princesse.

170. En ces mesmes jours ceux qui estoient allez à la ville de Piga, dont Pierre de Braiecuel et Payen d'Orleans estoient capitaines, fortifiérent un chasteau appellé Palorme (1), et, aprés y avoir laissé garnison de leurs gens, passérent outre pour faire de nouvelles conquestes. Cependant Theodore Lascaris ayant ramassé ce qu'il pût avoir de trouppes, ils se rencontrérent en une plaine qui est au dessous du chasteau de Poemaninum (2), le jour de Sainct Nicolas d'hyver, où les nostres eurent fort à faire, veu le grand nombre des ennemis, et le peu de gens qu'ils avoient, n'ayans pas en tout plus de sept vingt chevaliers, sans les chevaux-legers : toutesfois, à l'ayde de nostre Seigneur, qui dispose des choses par des rencontres et des evenemens inopinez, comme il luy plaist, les François defirent les Grecs qui y receurent une grande perte : en sorte qu'en dedans la semaine la plus grande partie

(1) *Palorme :* Cette ville étoit voisine de Lopadium, près des ruines de l'ancienne Cyzique. — (2) *Poemaninum :* ville de la province de l'Hellespont, voisine de Cyzique.

norée; et cil qui vindrent à cel passage en apportérent les nouvelles, dont grant diels fu à l'empereor Baudoin, et à toz les barons de la terre, car il la desiroit mult à veoir à dame.

170. En cel termine, cil qui estoient allé à la cité del Spigal, dont Pierres de Braiecuel et Paien d'Orleans érent chevetaine, fermérent un chastel que on appelle Palorme, si le garnirent de lor gent, et puis chevauchiérent oltre por conquerre la terre. Toldres Lascre se fu porchaçiez de tote la gent que il pot avoir, le jor de la feste monseignor Saint Nicholas qui est devant la Nativité, si s'entrecontrérent és plains d'un chastel que on appelle Pumenienor, et si en fu bataille à mult grant meschiés à la nostre gent, que cil avoient tant de gent que n'ére se merveille non, et li nostre n'avoient mie plus de sept vingt chevalier sanz les serjanz à cheval. Et nostre Sire done les aventure ensi come lui plaist par soe grace, et par la soe volonté. Li Franc vanquirent les Grejois, et les desconfirent, et cil i receurent grant domage; dedenz la semaine lor rendi on de la terre grant part. On lor rendi le Pumenienor, qui ére mult fort chastiaus, et le Lupaire, qui ére une des meillors citez de la terre, et lo Pulmach qui seoit sor un lac

du pays se rendit à eux, mesmes le chasteau de Poemaninum, qui estoit une tres-forte place, et Lopadion l'une des meilleures villes de la contrée, ensemble le chasteau de Polychna (1) assis sur un lac d'eau douce, l'un des plus forts et des meilleurs qu'on sçauroit trouver. De maniére que cette victoire vint bien à propos à nos gens qui s'en sceurent bien prevaloir, s'estans rendus maistres, à l'ayde de Dieu, de tout le pays qui se rangea à leur obeïssance.

171. Cependant d'un autre costé, Henry frere de l'Empereur, par le conseil des Armeniens partit d'Abyde aprés avoir pourveu à sa seureté, et passa outre à une ville appellée Atramittium (2), assise sur la mer à deux journées de la ville d'Abyde, qui luy fut renduë, et se logea dedans à cause qu'elle estoit fort bien garnie de bleds, de vivres et autres commoditez; au moyen dequoy la plus grande partie de la contrée se rendit à luy; et là se commença la guerre contre les Grecs. D'autre part Theodore Lascaris, qui avoit esté deffait vers Poemaninum, rassembla tout ce qu'il pût recouvrer de gens; et en peu de jours il eut une grosse et puissante armée, dont il bailla la conduitte à Constantin son frere, l'un des meilleurs hommes de guerre de l'empire d'Orient; lequel s'achemina droit vers Atramittium. Le prince Henry, ayant eu avis de leur marche par le moyen des Armeniens qui l'en avertirent, se prepara pour les recevoir, et mit ses trouppes en bataille, ayant avec luy nombre de braves gens.

172. Entre autres Baudoüin de Beauvoir, Nicolas de

---

(1) *Polychna :* ville de la province de l'Hellespont.
(2) *Atramittium :* évêché dépendant de la métropole d'Éphèse.

d'aigue dolce, uns des plus fort chastiaus et des meillors que il eust querre. Et sachiez que mult fust bien pris à céle gent, et fisent bien en la terre lor volenté par l'aie de Dieu.

171. En cel termine aprés, par le conseil des Hermins, Henris le frere l'empereor Baudoin de Constantinople parti de la cité d'Avie, et la laissa garnie de sa gent, et chevalcha à une cité que l'en appelle l'Andremite, qui siet sor mer à deux jornées de la cité d'Avie, et elle li fu rendue, et il se herbeja dedenz : et lors se rendi grant partie de la terre à lui, car la citez ére mult bien garnie de blez et de viandes, et d'autres biens. Et lors si tint la guerre iqui envers les Griés. Toldres Lascres, qui ot esté desconfiz vers le Pumenienor, porchaça de gent quanque il en pot avoir, et ot mult grant ost ensemble, et le charja Costentin son frere, qui ére uns des meillors Griex de Romanie, et chevalcha vers l'Andremite droit. Et Henri le frere l'empereor Baudoin le sot par les Hermines, que mult grant ost venoist sor lui, si atorna son afaire, et ordena ses batailles, et il avoit avec lui de mult bone gent.

172. Avec lui estoit Baudoins de Belveoir, Nicholes de Mailli, Ansials de Kaieu, et Tieris de Los, et Tieris de Tendremonde. Et ensi avint que le semadi devant miquaresme vint Costentins Liascres à sa

Mailly, Anseau de Cahieu, Thierry de Los, et Thierry de Tenremonde. Constantin arriva devant Atramittium avec sa puissante armée le samedy devant la my-caresme : ce que Henry n'eût pas plustôt appris qu'il assembla son conseil, et dit qu'il n'estoit pas resolu de se laisser enfermer dans la place, mais plustôt qu'il sortiroit et se mettroit en campagne : ce qu'il executa; et comme Constantin approchoit avec un grand nombre de gens de pied et de cheval, les nostres sortirent, et, leur allans à la rencontre, leur livrérent combat qui fut fort opiniâtré : à la fin toutefois à l'ayde de Dieu ils obtinrent la victoire sur les Grecs, qu'ils deffirent entiérement, y ayans laissé nombre de morts et de prisonniers, et grand butin. Ce qui leur vint bien à propos, tant pour les commoditez qu'ils en eurent, que pour ce qu'en suitte de cette deffaitte ceux du pays se tournérent de leur costé, et commencérent à payer leurs contributions.

173. Tandis que les choses succedoient de la sorte à ceux de Constantinople, Boniface marquis de Montferrat, qui estoit allé vers Thessalonique qui luy avoit esté restituée par l'Empereur, entreprit d'aller faire la guerre à Leon Sgure qui tenoit Naples et Corinthe, deux des plus fortes places du monde, lesquelles il assiegea en mesme temps. Jacques d'Avesnes demeura devant Corinthe avec nombre de bonnes trouppes, et les autres allérent mettre le siége devant Naples. Sur ces entrefaites arriva que Geoffroy de Ville-Hardoüin, qui estoit neveu de Geoffroy marescnal de Romanie et de Champagne, estant party de la Terre Saincte avec la flotte de ceux qui estoient venus à Constantinople, fut jetté par la violence des vents et

grant ost devant l'Andremite. Et Henris, com il sot sa venue, si prist conseil, et dist que il ne se lairoit jà laienz enfermer, ainz dist que il isroit fors : et cil vint à tote s'ost, et à granz batailles à pié et à cheval, et cil s'en issirent, et comencent la bataille, et i ot grant estor et grant mellée. Més par l'aïe de Dieu les venquirent li Franc, et desconfirent, et en i ot mult de morz, et de pris, et de navrez, et mult fu granz la gaienz, et lors furent mult à aise et mult riche, que les gens del païs se tornèrent à aus, et comencièrent à apporter lor rentes.

173. Or vos lairons de cels devers Constantinople, et revendrons al marchis Bonifaces de Monferrat, qui ert vers Salenique, et s'en fu allez sor Leonsgur qui tenoit Naples et Corinthe, deux des plus fort citez dou monde. Si les asseja ambedeux ensemble. Jacques d'Avennes remest devant Corinthe, et autre bone gent assez, et li autre allèrent devant Naples, si l'asitrent. Lors avint une aventure el païs : que Joffrois de Ville-Hardoin, qui ére niers Joffrois li mareschaus de Romanie et de Champaigne, fil son frère, fu meuz de la terre de Surie avec celui passage qui ére venuz en Constantinople, si l'emmena venz et aventure au port de Modon : et enqui fu sa nef empirie, et par estovoir le convint sejorner l'iver el païs ; et uns Griex,

de la tempeste au port de Modon, où son vaisseau à l'aborder ayant esté fort endommagé, il fut obligé de sejourner tout l'hyver ; ce qu'un seigneur grec qui tenoit plusieurs places et terres en ces quartiers-là, ayant entendu, le vint trouver, et luy fit beaucoup d'honneur et de caresses, luy disant : « Seigneur, je « ne sçay si vous sçavez que les François ont conquis « Constantinople, et fait un des leurs empereur. Que « si vous vouliez vous associer avec moy, je vous « garderois la foy toute entière, et conquerrions en- « semblement une bonne partie de cette contrée. » De cette sorte ils s'entrejurérent compagnie, se donnans la foy reciproquement l'un à l'autre, et s'emparérent en suitte de plusieurs lieux, Geoffroy de Ville-Hardoüin trouvant toute la bonne foy imaginable en ce Grec. Mais comme Dieu dispose des choses ainsi qu'il luy plaist, le Grec fut surpris d'une maladie dont il mourut, laissant un fils qui s'aliena incontinent de Geoffroy, et le trahit ; en sorte que les chasteaux qu'ils avoient gaignez se revoltérent contre luy. Et comme il eut appris que le marquis estoit devant Naples, qu'il siegeoit avec une puissante armée, il se resolut de l'aller trouver ; et aprés avoir cheminé par l'espace de six jours dans les terres des ennemis avec grand peril de sa personne, arriva enfin au camp, où il fut fort bien accueilly du marquis et de tous les autres qui y estoient, et non sans raison, veu qu'il estoit brave et vaillant chevalier.

174. Le marquis luy offrit assez de terres, de seigneuries, et autres biens pour l'obliger à demeurer avec luy : mais l'en ayant remercié, il vint trouver Guillaume de Champlite qui estoit son amy, auquel il

qui mult ére sire del païs, le sot, si vint à lui, et li fist mult grant honor, et li dist : Biax sire, li Franc ont conquis Constantinople, et fait empereor. Se tu te volois à moi accompaignier, je te porteroie mult bone foi, et conqueriens assez de ceste terre. Ensi se jurérent ensemble, et conquistrent ensemble grant part de la terre. Et trova Joffrois de Ville-Hardoin en ce Grieu mult bone foi. Ensi com les aventures vienent si cum Diex volt, si prist al Grieu maladie, si fina et mori. Et li fil al Grieu se revella contre Joffroi de Ville-Hardoin, et le traït : et se tornérent li chastel qu'il avoient garnis contre lui, et il oït dire que li marchis seoit devant Naples, à tant de gent com il pot avoir : si s'en vait contre lui, et chevauchent par mult grant peril bien six jornées parmi la terre, et vint à l'ost, où il fu mult volentiers veuz, et fu mult honorez del marchis et des autres qui i estoient : et il ére bien droiz, quar il ére mult preux, et mult vaillanz, et bons chevaliers.

174. Li marchis li volt assez donner terre et assez d'avoir porce qu'il remansist avec lui ; il n'en volt point prandre, ainz parla à Guillielme de Chanlite, qui mult ére ses amis, et li dist : Sire, je vieng d'une

dit : « Seigneur, je viens d'une province tres-riche,
« qu'on appelle la Morée; si vous voulez prendre ce
« que vous pourrez recouvrer de trouppes, et quitter
« ce camp, nous irons ensemble à l'ayde de Dieu y
« faire quelque conqueste : et la part qu'il vous plaira
« me faire, je la tiendray de vous en qualité de vassal
« et d'homme lige. » L'autre qui avoit grande creance
en luy, et l'affectionnoit beaucoup, le crût, et à l'instant alla trouver le marquis, auquel il fit entendre
cette entreprise, à laquelle le marquis s'accorda : et
en suitte Guillaume de Champlite et Geoffroy de
Ville-Hardoüin partirent du camp, emmenans quant
et eux environ cent chevaliers avec grand nombre
de gens de pied et de cheval, passérent dans la Morée,
et vinrent jusques à la ville de Modon.

175. Michel ayant eu advis qu'ils estoient entrez
dans le pays avec si peu de gens, amassa soudain une
grosse armée, et se mit à les suivre, croyant les avoir
desja tous dans ses filets. Mais si tost qu'ils eurent le
vent de sa marche, ils commencérent promptement à
refermer et fortifier Modon, qui avoit esté demantelée il y avoit long-temps, et y laissans leur bagage
avec les inutiles au combat, sortirent en campagne
et se rangérent en ordonnance pour attendre leur
ennemy : ce qui ne se fit pas sans quelque temerité,
d'autant qu'ils n'avoient pas plus de cinq cens chevaux, et les autres en avoient plus de six mil. Mais
comme Dieu donne des issuës contraires aux desseins
des hommes, les nostres attaquérent vivement les
Grecs et les deffirent entiérement, en sorte que les
Grecs y firent une notable perte; et les nostres y gagnérent force chevaux, armes, et autre butin, avec

terre qui mult est riche, que on appelle la Morée. Prenez de gent ce que voz en porroiz avoir, et partez de ceste ost, et allons par l'aie de Dieu, et conquerons, et ce que vos m'en volroiz doner de la conqueste, je le tendrai de vos, si en seray vos hom liges. Et celui que mult le crût et ama, ala al marchis, si li dist ceste chose, et li marchis li abandona qu'il i alast. Ensi se partirent de l'ost Guillelme de Chanlite et Joffroi de Ville-Hardoin, et emmenérent bien cent chevaliers avec als, et de serjanz à cheval grant part, et entrérent en la terre de la Morée, et chevauchiérent trosque à la cité de Mouton.

175. Michalis oï qu'il estoient à si pou de gent en la terre, si ammassa grant gent, et ce fu une merveille de gent, et chevaucha aprés als, si com cil qui les cuidoit avoir toz pris et avoir en sa main. Et quant cil oïrent dire que il venoit, si hordérent Mouton, qui de lonc tens orent abatue, et il laisiérent lor hernois et lor menue gent, et chevauchiérent par un jor, et ordenérent lor bataille de tant de gent cùm il avoient; et fu à trop grant meschief, que il n'avoient mie plus de cinq cens homes à cheval, et cil en avoient bien plus de cinq mil. Ensi cùm les aventures avienent si còm Dieu plaist, se combatirent as Grieux, et les desconfirent et vainquirent, et i perdirent mult li Grieu. Et cil gaagniérent assez chevaus et armes, et autres avoirs à mult grant plenté. Et lors s'en tornérent mult lié et mult joiaus à la cité de Mouton.

lequel ils s'en retournérent tous gays et joyeux à Modon.

176. De là poursuivans leur victoire, ils allérent assieger Coron, qui est une place assise sur la mer, laquelle leur fut renduë peu de temps aprés. Guillaume de Champlite en fit don à Geoffroy de Ville-Hardoüin qui luy en fit hommage, et y mit garnison de ses gens. Aprés la prise de Coron ils tirérent outre à un chasteau appellé Chalemate (1), beau et fort au possible, qu'ils assiegérent pareillement : ce chasteau les travailla beaucoup, et tint long-temps; mais à la fin il leur fut rendu, et les Grecs du pays ébranlez de cette prise commencérent à se rendre aux nostres en plus grand nombre qu'ils n'avoient fait par cy-devant.

177. Cependant le marquis Boniface estoit tousjours devant Naples, sans qu'il y avançât beaucoup, la ville estant extraordinairement forte, et son armée y souffrant beaucoup d'incommoditez. D'autre part le siege de Corinthe, où il avoit laissé Jacques d'Avesnes, alloit en longueur, Leon Sgure qui estoit dedans la place, la deffendant vigoureusement : et comme il estoit homme prudent et subtil, s'estant apperceu que les François, qui estoient en petit nombre, se tenoient mal sur leurs gardes, dans un matin il fit une sortie et donna dans leur camp jusques dans leurs tentes, et en tua un grand nombre avant qu'ils pûssent prendre les armes, entre autres Dreux de Sainct Truien, vaillant chevalier, dont la mort causa grand dueil dans l'armée. Le chef mesme Jacques d'Avesne y fut

---

(1) *Chalemate*, aujourd'hui appelée Calamata.

176. Aprés chevauchiérent à une cité que on appelle Corone, qui sor mer estoit, si l'asistrent. Ni sistrent gaires longuement quant la cité lor fu rendue, et Guillielme le dona Joffroi de Ville-Hardoin, et en devint ses hom, et la garni de sa gent. Aprés allérent à un chastel che on appelle Chalemate, qui mult ére forz et bials, si l'asistrent. Ici chastials les travailla tant, et mult longuement, et tan i sistrent que renduz lor fu ; et dont se rendirent les plus des Grex à als del païs plus que il n'avoient fait devant.

177. Li marchis Bonifaces sist à Naples, ou il ne puet rien faire, quar trop ére forz, et il i greva mult sa gent. Jacques d'Avesnes retenoit le siege devant Corinthe, si cùm li marchis li avoit laissié. Leonsgur, qui ére dedenz Corinthe, et ére mult sage et ongigneus, vit que Jakes n'avoit mie granz genz, et que il ne se gaitoit mie bien, à un maitin à une jornée fit une saillie mult grant, et trosques enz és paveillons, et ainz que il peussent estre armé en occistrent assez. Là si fu morz Drues de Sain Truyen, qui mult fu preuz et vaillant, dont grant dials fu ; et Jaques d'Avesnes qui ére chevetaines fu navrez en la jambe mult durement. Et bien si portérent cil qui là furent, qui por son bien faire, furent rescols. Et sachiez bien que mult furent prés d'estre tuit perdu, et par l'aie de Dieu les remistrent el chastel à force. Mais li Grieu n'orent mie la felonie fors de lor cuers, qui

fort blessé en la jambe; mais à la fin ceux qui se trouvérent en cette occasion se comportérent avec tant de cœur, qu'ils eschappérent d'un peril si évident, et par l'ayde de Dieu recoignérent les ennemis à vive force dans la place. Les Grecs ne relachérent rien pour cela de l'animosité qu'ils avoient conceuë en ce temps-là contre les nostres, n'oublians aucune sorte de déloyauté pour en venir à bout. De façon que voyans les François épandus en divers endroits, chascun empesché à se deffendre en son particulier, ils s'avisérent d'une nouvelle trahison contre eux. Ils prirent en cachette des deputez de chaque ville, qu'ils envoyérent à Jean roy de Valachie et de Bulgarie, lequel les avoit travaillé de tout temps, et leur faisoit encore la guerre, offrans de le faire empereur, et de se rendre à luy, et mesme de mettre à mort tous les François; qu'ils luy presteroient en outre serment de fidélité, et luy rendroient toute obeïssance comme à leur legitime seigneur, à condition qu'il promettroit de les maintenir et garder comme ses sujets. Ce qui fut ainsi arresté, et les sermens faits de part et d'autre.

178. Au mesme temps arriva un grand malheur à Constantinople par la mort de Hugues comte de Sainct Paul, qui avoit esté long-temps travaillé de la goutte; laquelle causa un sensible dueil, tant aux siens qu'à ses amis qui le regretérent fort, et fut une grande perte pour les nostres. Il fut enterré tres-honorablement dans l'église de Saint George de Mangana. Il avoit possedé durant sa vie le chasteau de Didymotique, place forte et riche, où il avoit mis quelques-uns de ses chevaliers et gens de pied pour la garder : mais les Grecs qui avoient lors presté le serment au

mult estoient desloial. Icel tens si virent que li Francs si estoient si espandu par les terres, et chascun avoit afaire endroit lui, si se pensérent que ores les pooient il traïr. Et pristrent lor message privéement de totes les cités de la terre, et les envoiérent à Johan, qui ére roi de Blaquie et de Bogrie, qui les avoit guerroiez et guerroit tot adés, et li mandérent que il le feroient empereor, et qu'il se rendroient tuit à lui, et que il occïroient toz les Franz, et si li jureroient que il li obeïroient comme à seignor, et il lor jurast que il les maintendroit comme les suens. Ensi fu faiz le sairemenz d'une part et d'autre.

178. En cel termine si avint un grant domage en Constantinople, que li cuens Hues de Sain Pol, qui avoit longuement geu d'une maladie de gote, fina et morut, dont il fu mult grant diels et mult grant domages, et mult plorez de ses homes et de ses amis. Et fu enterrez à mult grant honor au mostier monseignor Sain George de la Mange. Et li cuens Hues si tenoit un chastel en sa vie, qui avoit nom li Dimos, et ére mult forz et mult riche, si i avoit de ses chevaliers et de ses serjanz dedenz. Li Grieu qui avoient les sairemenz faiz al roi de Blaquie por les

roy de Bulgarie, et complotté avec luy de les trahir et mettre à mort, executérent leur perfidie en ce chasteau; et en tuérent la plus grande part, peu en estans eschappez, qui s'enfuirent à Andrinople, que les Venitiens tenoient lors. Peu de temps aprés les Grecs d'Andrinople mesme se revoltérent; et ceux des nostres qui estoient dedans pour la garder furent contraints de l'abandonner, et d'en sortir avec grand danger. Les nouvelles en vinrent aussi-tost à l'empereur Baudoüin, qui estoit à Constantinople avec le comte de Blois et peu de gens.

179. Cét accident les troubla fort et mit en grand émoy : joint d'ailleurs que de jour à autre leur venoient nouveaux avis de la rebellion des Grecs, et que par tout où ils trouvoient des François en possession des terres et places de nouvelle conquéte, ils les mettoient à mort. Ceux qui avoient quitté Andrinople, Venitiens et autres qui estoient avec eux, vinrent à Tzurulum, qui estoit une ville des appartenances de l'empereur Baudoüin, où ils trouvérent Guillaume de Blanuel qui y avoit esté par luy estably gouverneur; et sous la faveur de l'escorte qu'il leur donna, y allant mesme en personne avec le plus de gens qu'il pût, rebroussérent chemin en arriére à douze lieuës loin de là, et arrivérent à une ville, nommée Arcadiople (1), et qui estoit aux Venitiens, qu'ils trouvérent vuide, et la fortifiérent. Le troisiéme jour ensuivant, les Grecs du pays s'estans assemblez et mis en armes, y vinrent donner un rude assaut, que

---

(1) *Arcadiople*, autrefois *Bergalium*, fut rebâtie par Théodose, et ainsi appelée du nom de son fils Arcadius.

Franz occire et traïr, si les traïrent en cel chastel, si en occistrent, et pristrent grant part, et escapérent pou; et cil qui escapérent s'en allerent fuiant à une cité que on appelle Andrenople, que li Venitien tenoient à cel jor. Ne tarda gaires après cùm cil Andrenople se revellérent, et cil qui estoient dedenz et la gardoient s'en issirent à grant peril, et guerpirent la cité. Et les novelles vindrent à l'empereor Baudoin de Constantinople, qui mult ére à pou de gent, il et li cuens de Blois.

179. *De ces novelles furent mult troblé et mult esmaié, et ensi lor comenciérent novelles à venir de jor en jor malvaises, que par tot se revelloient li Grieu, et là où il trouvoient les Frans qui estoient bailli des terres, si les ocioient. Et cil qui avoient Andrenople guerpie, li Venitien, et li autre qui avec érent, s'en vindrent à une cité que on appelloit le Churlot, qui éré l'empereor Baudoin. Enqui trovérent Guillelmes de Blanuel qui de par l'Empereor le gardoit. Par le confort que il lor fist, et par ce que il alla avec als à tant de gent com il pot, se tornérent arriéres à un cité bien à douze lieuës prés, qui Archadiople ére appellée, qui ére as Venissiens, et la trovérent vuide, si entrérent enz, si la garnirent dedenz. Li tiers jor li Grieu del païs s'assemblérent, si vindrent à une jornée devant Archadiople, si comenciérent l'assaut grant et merveillos tot entor, et ils se defendirent mult bien, si ovrirent lor portes, si fistrent une assaillie mult grant. Si com Diex volt, si se disconfissent li Grieu, et les comenciérent à batre et à occire. Ensi les chaciérent une liuë, et en*

ceux de dedans soustinrent fort vaillamment; et estans sortis sur eux par une des portes, en mirent non seulement à mort un grand nombre, mais aussi, poursuivans les autres plus d'une lieuë, en tuérent encore plusieurs, et gagnérent force chevaux et autre butin, retournans à la ville glorieux d'avoir remporté ces avantages sur leurs ennemis. Ils donnérent avis à l'instant de cétte victoire à l'empereur Baudoüin qui estoit à Constantinople, lequel en fut fort réjoüy. Neantmoins, n'ozans pas tenir plus long-temps Arcadiople, ils en sortirent dés le lendemain, et l'abandonnérent pour se retirer à Tzurulum, où encores ils ne se tinrent pas bien assûrez, pour la crainte qu'ils avoient autant de ceux de la ville que de ceux de dehors, qui tous avoient juré et promis au roy des Bulgares de les luy livrer : de maniére que plusieurs n'ozérent s'y arréter, et s'en retournérent droit à Constantinople.

180. Alors l'empereur Baudoüin, voyant que tout le pays se revoltoit, prit conseil du duc de Venise et du comte de Blois, qui furent d'avis qu'il devoit rappeller son frere qui estoit à Atramyttiun, qu'il ne devoit faire difficulté d'abandonner pour venir en toute diligence à son secours avec ce qu'il pourroit avoir de troupes. Le comte de Blois d'autre costé envoya ordre à Payen d'Orleans et à Pierre de Braiecuel qui estoient à Lopadium, et aux gens de guerre qu'ils avoient avec eux, de delaisser toutes leurs conquestes, à la reserve de Piga, qui estoit une place assise sur la mer, et mesmes qu'ils y laissassent le moins de gens qu'ils pourroient, à ce que le reste en plus grand nombre vint le secourir. L'Empereur

occistrent mult, et gaaigniérent assez chevax et autres avoirs mult. Ensi s'en revindrent à grant joie. Et céle victoire si mandérent l'empereor Baudoin en Constantinople, qui mult en fu liez, et ne por quant n'osérent retenir la cité d'Archadiople, ainz s'en issirent lendemain, et la guerpirent, et s'en revindrent en la cité del Curlot. Enqui s'arrestérent à grant doute, que il doutoient autant cels de la ville cùm il faisoient cels de hors, que il estoient de sairemenz devers le roi de Blakie qui les devoient traïr. Et maint en i ot qui n'osérent arrester, ainz s'en vindrent en Constantinople.

180. *Lors pristrent l'emperéres Baudoins conseil, et li dux de Venise, et li cuens Loeys, et virent que il perdoient tote la terre. Et fu tels lor conseils : que l'Emperéres manda Henri son frere qui ére à l'Andremite que il guerpist quanque il i avoit conquis, et le venist secorre. Li cuens Loeys en revoia à Payen d'Orliens et à Perron de Braiecuel, qui érent à Lupaire, et à totes les gens que il avoient avéc els, et guerpissent tote la conqueste, fors seulement le Spigal, qui seoit sor mer, et la garnissent à mains que il porroient de gent, et li autre le venissent secourre. L'Emperéres manda Machaire de Sainte Manehault, et Mahui de Vaslencort, et Robert del Ronçoi, qui bien avoient cent chevaliers avec als, et*

manda en outre à Machaire de Saincte Menehoud, à Mathieu de Valincourt, et à Robert de Ronçoy, qui estoit à Nicomedie avec environ cent chevaliers, de la quitter et se rendre au plustost devers luy.

181. D'autre part Geoffroy de Ville-Hardoüin, mareschal de Romanie et de Champagne, et Manassés de Lisle, partirent de Constantinople, du commandement de l'empereur Baudoüin, avec ce qu'ils pûrent recouvrer de gens, lesquels se trouvérent en petit nombre, dautant que tout le pays s'en alloit perdant. Ils donnérent jusques à Tzurulum qui estoit à trois journées de Constantinople, où ils trouvérent Guillaume de Braiecuel et ceux qui estoient avec luy, tous effrayez, qui furent rassûrez par leur arrivée. Ils séjournérent là quatre jours, pendant lesquels l'Empereur envoya au mareschal de Ville-Hardoüin tout ce qu'il pût ramasser de gens; de sorte que dedans le quatriéme ensuivant, ils se trouvérent à Tzurulum avec quatre-vingt chevaliers. Lors le mareschal et Manassés de Lisle et leurs trouppes se mirent aux champs et vinrent jusques à la ville d'Arcadiople, où ils logérent et séjournérent un jour : de là ils passérent à une autre ville nommée Bulgarofle (1), que les Grecs avoient depuis peu abandonnée. Ils y demeurérent une nuit, et le lendemain arrivérent à Neguise (2), belle et forte place, et tres-bien garnie de toutes choses, distante d'Andrinople de neuf lieuës françoises, et trouvérent que les habitans l'avoient pareillement quittée, s'estans retirez à Andrinople, où estoient la pluspart des

---

(1) *Bulgarofle*, appelée par les Grecs *Bulgarophugon*, ville de la province d'Andrinople. — (2) *Neguise*, appelée par les Grecs *Néontzikon*, ville située entre Arcadiople et Andrinople.

estoient à Nichomie, et la guerpissent, et le venissent
secoure.

181. *Par le commandemement l'empereor Baudoin,
issi Joffroy de Ville-Hardouin, li mareschaux de Romanie et de Champaigne, de Constantinople, et Manassiers de l'Isle, à tant de gent com il porent avoir;
et ce fu mult poi, car la terre se perdoit tote. Et chevauchiérent trosque à la cité del Curlot, qui ére à
trois jornées de Constantinople. Illuec trovérent Guillelme de Braiecuel, et cels qui avec luy estoient, qui
mult érent à grant paor, et lors furent mult asseuré. Enqui sejornérent par quatre jors. L'emperéres Baudoins renvoia après Joffrois li mareschaus
quanque il pooit avoir de gent, et tant que il vint
al quart jor que il orent quatres vingts chevaliers al
Churlot. Adont s'esmut Joffrois li mareschaus, et
Manassiers de l'Isle, et lor jenz, et chevauchiérent
avant, et vindrent à la cité d'Archadiople, si se hebergiérent enz. Enqui sejornérent un jor et d'enqui
mûrent, si s'en allérent à une altre cité appellée
Burgarofle. Et li Grieu l'orent vuidié si se herbergierent dedenz. Lendemain chevauchiérent à une cité
que on appelle Nequise, qui ére mult belle et mult
ferme, et mult bien garnie de toz bienz, et trovérent que li Grieu l'orent guerpie, et s'en érent tuit
allé à Andrenople; et céle citez ére à neuf liuës françoises prés d'Andrenople, et tote la grant plentez des
Grex ére à Andrenople. Et fu tels lor conseils, qu'il
attendroient iqui l'empereor Baudoin.*

Grecs, et resolurent d'attendre là l'empereur Baudoüin.

182. En ce mesme temps arriva une chose estrange : Renier de Trit estant à Philippople, à neuf journées de Constantinople, avec environ six vingt chevaliers, Renier son fils, Gilles son frere, Jacques de Bondine son neveu, et Charles de Vercli qui avoit espousé sa fille, l'abandonnérent, et emmenérent quant et eux trente de ses chevaliers, à dessein de retourner à Constantinople, et le laissérent en grand peril au milieu de ses ennemis et sans esperance de secours : mais ils trouvérent tout le pays revolté contre eux, et furent deffaits et pris par les Grecs, et en suitte livrez au roy de Bulgarie, qui leur fit à tous trancher la teste. Et veritablement ils ne furent ny plaints ny regrettez des François, pour s'estre portez avec tant d'infidelité et de déloyauté vers celuy qu'ils ne devoient pas ainsi abandonner. Les autres chevaliers de Renier de Trit, qui ne luy appartenoient pas de si prés comme ceux qui n'avoient point apprehendé le blâme de cette lâcheté, ayans aussi moins de honte de les imiter, s'en allérent bien quatre-vingt chevaliers ensemble par un autre chemin; en sorte que Renier de Trit demeura au milieu des Grecs avec fort peu de gens, n'ayant en tout que vingt-cinq chevaliers, tant à Philippople qu'à Stenimac, qui estoit un fort chasteau qu'il tenoit, et où il fut depuis long-temps enfermé.

183. Cependant l'empereur Baudoüin estoit à Constantinople mal accompagné, et avec peu de monde, fort affligé de tant de mauvais succés, ne sçachant à quoy se resoudre dans ces conjonctures, et attendant tousjours son frere Henry et les troupes qui estoient

182. Or conte li livres une grant merveille : que Reniers de Trit qui ére à Finepople, bien neuf jornées loing de Constantinople, et avoit bien six vingt chevalier avec luy, que Reniers ses fils le guerpi, et Gilles ses freres, et Jakes de Bondine qui ére ses niers, et Chars de Verdun qui avoit sa fille, et li tolirent bien trente de ses chevalier, et s'en cuidoient venir en Constantinople, et l'avoient laissié en si grant peril com vos oez. Si trovèrent la terre revellée encontre els, et furent desconfit. Si le pristrent li Grieu qui puis les rendirent le roi de Blachie, qui puis aprés lor fist les testes trencier. Et sachiez que mult furent petit plaint de la gent, porçe qu'il avoient si mespris vers celuy qui ne deussent mie faire. Et quant li autre chevalier Renier de Trit virent ce, qui si prés ne li estoient mie com cil qui en dotérent mains la honte, si le guerpirent bien quatre vingts chevaliers tuit ensemble, et s'en allérent par une autre voie. Et Reniers de Trit remet entre les Griex à pou de gent, que il n'avoit mie plus de vingt cinq chevaliers à Phinepople et à Stanemac, qui ére uns chastiaux mult fort qui il tenoit, où il fut puis longuement assis.

183. Or lairons de Renier de Trit, si reviendrons à l'empereor Baudoin, qui est en Constantinople à mult pou de gent, mult iriez et mult destroiz, et attendoit Henri son frere, et totes les autres gens qui érent oltre le Braz. Et li premier qui

au delà du détroit. Les premiers qui vinrent à luy de ce pays-là furent ceux de Nicomedie, en nombre de cent chevaliers, soûs la conduite de Machaire de Saincte Manehoud, Mathieu de Valincourt et Robert de Ronçoy. L'Empereur fut fort joyeux de leur arrivée, et là dessus resolut avec le comte de Blois de se mettre en campagne avec toutes les forces qu'ils pourroient assembler, pour s'aller joindre à Geoffroy mareschal de Champagne, qui avoit gagné les devants.

184. Mais las! quel malheur de ce qu'ils n'attendirent pas les autres qui estoient encores au delà du Bras, veu que leurs trouppes estoient trop foibles pour s'engager dans des lieux si dangereux par où ils estoient necessairement obligez de passer. Ainsi donc ils partirent de Constantinople avec environ sept vingt chevaliers, et arrivérent à Nequise, où le mareschal Geoffroy avoit pris ses logemens. La nuit mesme ils tinrent conseil, qui fut en somme de déloger dés le matin pour aller droit à Andrinople et l'assieger, ordonnans la forme en laquelle ils marcheroient et camperoient, le tout fort bien et prudemment, suivant le petit nombre de gens qu'ils avoient. Le jour venu ils se mirent en chemin en l'ordre qu'ils avoient arresté, et vinrent devant Andrinople, qu'ils trouvérent fort bien munie de soldats, et y virent les estendars de Jean roy de Valachie et de Bulgarie arborez de toutes parts sur les murailles et dans les tours, avec grand nombre d'hommes de guerre espandus à la garde des portes. Cela fut le mardy devant Pasques fleuries : et ainsi demeurérent devant la ville l'espace de trois jours avec de grandes incommoditez et peu de gens.

185. [An 1205.] Incontinent aprés arriva HENRY

vindrent à luy d'oltre le Braz, ce furent cil de Nichomie, Machaires de Sainte Manehalt, et Mahius de Vaslencort, et Robert de Ronçoi, et vindrent bien en céle route cent chevaliers. Et quant l'Empereres les vit si en fut mult liez; et parla al comte Loeis qui cuens ére de Blois et de Chartain. Et fu tels lors conseil, que il distrent que il s'en isroient à tant de gent com il avoient, et suivroient Joffroy li mareschaus de Champaigne qui devant s'en estoit allez.

184. Ha las! quel domage qu'il n'attendirent tant que tuit li autre fussient venu, qui d'autre part del Braz estoient, que poi avoient gent an si perilleus leus où il alloient. Ensi issirent de Costantinople bien à sept vingt chevalier, et chevauchiérent de jornée en jornée, tant que il vindrent al chastel de Nequise, où Joffrois le mareschaus estoit herbergiez. La nuit pristrent conseil ensemble. La summe de lor conseil fu telx, que il iroient al maitin devant Andrenople, et que il l'aserroient. Et ordenérent lor batailles, et devisérent mult bien de tant de gens cum il avoient. Et quant vint al maitin à cler jor, il chevauchérent si com devisé ére, et vindrent devant Andrenople, et la trovérent mult bien garnie, et virent les confanons Jaenisse le roi de Blaquie et de Bougrie sor les murs et sor les tors : et la ville fu mult fors et mult riche, et mult plaine de gent devant les portes : et ce fu li mardi de Pasque florie. Ensi furent par trois jorz devant la ville à grant mesaise et à pou de gent.

185. [AN 1205.] Lors vint HENRY DANDOLE qui ére,

Dandole duc de Venise, qui estoit homme vieil et ne voyoit goute, avec ce qu'il avoit de forces, qui estoient bien en aussi grand nombre que celles que l'Empereur et le comte de Blois avoient amené ; et se campa devant l'une des portes. Le lendemain leur vint pour renfort une compagnie de chevaux-legers ; mais il eust esté à souhaiter qu'ils eussent esté plus vaillans qu'ils n'estoient. Cependant l'armée estoit fort incommodée de vivres, et d'ailleurs il n'y avoit aucune seureté pour en aller recouvrer, à cause du grand nombre des Grecs qui tenoient toute la campagne : joint aussi que le roy de Bulgarie venoit au secours d'Andrinople avec une puissante armée composée de Valaches, Bulgares, et d'environ quatorze mil Comains, qui est une nation infidele.

186. Le comte de Blois à cause de la grande disette qui estoit au camp alla en personne faire une course pour chercher et amener des vivres, le jour de Pasques-fleuries, et avec luy Estienne du Perche frere du feu comte du Perche, Renaud de Montmirail frere du comte de Nevers, et Gervais de Castel, avec plus de la moitié de l'armée. Ils furent jusques à un chasteau appellé Pentace, qu'ils trouvérent fort bien garny de Grecs, et y donnérent un rude assaut : mais ils furent repoussez et contraints de s'en retourner sans rien faire, employans toute la semaine sainte à fabriquer des machines de toutes façons, et à faire des mines par dessous terre jusqu'au pied du mur pour la sapper et y faire bréche. Et passérent de la sorte la feste de Pasques devant Andrinople avec peu de gens, et mal fournis de vivres.

187. Sur ces entrefaites leur vint nouvelle que Jean

dux de Venise, mais vielz hom ére, et gote ne veoit. Et amena de tel gent cum il oit, et bien altant com l'empereres Baudoins et li cuens Loeys en avoient amené, et se loja devant une des portes. Lendemain recovrérent d'une rote de serjans à cheval, mais bien fust mestiers que il valsissent plus que il ne valoient: et si avoient pou de viande que marchie nes pooint seure, ne il ne pooient aller forer, que tant avoit de Griex par le païs que il ni pooient mie aller. Johannis li rois de Blaquie venoit secoure cel d'Andrenople à mult grant ost que il amenoit, Blas et Bogres, et bien quatorze mil Cumains, qui ne estoient mie baptizié.

186. Por la destréce de la viande, alla forre li cuens Loeys de Blois et de Chartein le jor de la Pasque florie. Avec luy alla Esténes del Perche le frere le conte del Perche, et Reinaut de Mommirail, qui ere frere le conte Hues de Nevers, et Gervaises del Chastel, et plus de la moitié de tote l'ost. Si allérent à un chastel que on appelle Peutacès, et le trovérent mult bien garnie de Grex, et i assailliérent mult grant assalt, et mult fort. Ne ni porent rien faire, ains s'en revindrent àrriers sans nulle conqueste. Ensi furent la semaine des deux Pasques, et fisent engins chapüisier de mainte maniére, et mistrent mineors qu'il avoient par desor terre por le mur trenchier. Et ensi fissent la Pasque devant Andrenople à pou de gent et à pou de viande.

187. Lors vint nouvelle que Johans li rois de Blaquie

roy de Bulgarie s'acheminoit vers eux avec de grandes forces pour secourir la ville. Aussi-tost ils donnérent ordre à leurs affaires; et fut arresté que le mareschal Geoffroy et Manassés de Lisle demeureroient à la garde du camp, pendant que l'empereur Baudoüin avec le surplus de l'armée sortiroit hors, et se mettroit en campagne, pour attendre le Bulgare, en cas qu'il voulust venir à combat. Ce qu'estant ainsi arresté, ils demeurérent jusqu'au mercredy d'aprés Pasques, que le roy de Bulgarie s'approcha et se campa à cinq lieuës prés d'eux, d'où il envoya ses Comains faire des courses jusques dans leur camp. L'alarme s'y estant levée, soudain les nostres sortirent en desordre, et leur donnérent la chasse une bonne lieuë tres-indiscretement; car, comme ils pensérent se retirer, les Comains tournérent visage tirans sur eux et leur blessans nombre de chevaux. Estans de retour au camp, ils furent mandez au conseil l'Empereur present, où il leur fut reproché qu'ils avoient fait une notable faute d'avoir poursuivy ainsi tumultuairement et au loing une cavalerie si legerement armée.

188. Pour remedier à semblables inconveniens pour l'avenir, ils prirent resolution que, si le Bulgare venoit, ils sortiroient hors de leur camp, et se rangeroient en bataille devant leurs barriéres; que là ils l'attendroient de pied ferme sans avancer, faisans crier par toute l'armée à son de trompe que nul ne fust si temeraire ny si hardy d'enfraindre cette ordonnance, pour quelque bruit ou alarme qui pût survenir. Il fut encores arresté que Geoffroy de Ville-Hardoüin mareschal de Romanie et Manassés de Lisle demeureroient en garde du costé de la ville. Ainsi se

venoit sor als por secorre la ville. Si ordenérent lor affaire, et fu devisé que Joffrois li marescals et Manassiers de l'Isle garderoient l'ost, et l'emperéres Baudoins et tuit li autres isteroient fors se Johannis venoit à bataille. Ensi demorérent trosque al maicredi des foiries de Pasques, et Johannis fu jà si aprochiez, qu'il fo logiez bien à cinq lieues d'als, et envoia corre devant lor ost ses Comains. Et li criz lievé en l'ost et s'en issent à desroy, et chaciérent les Comains une mult bone lieuë mult folement. Et quant il s'en voldrent venir, li Comain commenciérent à traire sor als mult durement, si lor navrérent de lor chevals assez. Ensi s'en revindrent en l'ost, et furent mandé l'empereor Baudoin, et pristrent conseil, et distrent que mult avoient fait grant folie, qu'il avoient tant chacié tel gent qui estoient si legiérement armé.

188. La somme del conseil fu tels : que se Johannis venoit mais, que il isteroient fors, et se rengeroient devant lor ost, et que enqui l'atendroient, et d'enqui ne se mouvroient, et i fissent crier par tote l'ost que nus ne fust si hardiz qu'il passast cel ordenement, por cri ne por noise que il oïst. Et fu devisé que Joffrois li mareschaus garderoit devers la cité, et Manassiers de l'Isle. Ensi trespassérent céle nuit trosque al joesdy maitin des foires des Pasques; et oïrent la messe et mangiérent al disner, et li Comain corrent trosque al lor paveillons; et li criez lieue, et ils corrent às

passa cette nuit jusqu'au jeudy matin des feries de Pasques, qu'aprés avoir oüy messe, et pris leurs repas, les Comains vinrent derechef attaquer le camp, et donnérent jusques aux tentes et pavillons. Le cry s'estant levé chacun courut aux armes, et toutes les batailles sortirent hors des barriéres dans l'ordre qui avoit esté prescrit.

189. Le comte de Blois fut le premier de tous qui s'avança avec sa trouppe : et commença à charger les Comains, mandant à l'empereur Baudoüin de le suivre pour le soûténir. Mais hélas ! qu'ils observérent mal ce qu'ils avoient arresté le soir précédent ; car ils poursuivirent à toute bride les ennemis, les menans battans prés de deux lieuës loing, jusqu'à ce que les autres, voyans leur avantage, tournérent bride tout à coup, crians et tirans sur les nostres ; lesquels, comme ils n'estoient pas tous également expérimentez au faict des armes, commencérent à prendre l'épouvante et à se deffaire d'eux-mesmes. Le comte de Blois, qui avoit esté des premiers au combat, ayant esté griévement blessé en deux endroits, et porté par terre, l'un de ses chevaliers nommé Jean de Friaise, descendit à l'instant de son cheval, et le remonta dessus. Plusieurs de ses gens luy ayans voulu persuader de se retirer à cause de ses blessures, il leur fit cette response genereuse : A Dieu ne plaise que jamais il me soit reproché que j'aye fuy du combat, ny que j'aye abandonné l'Empereur !

190. D'autre part l'Empereur, qui se trouvoit pressé par les ennemis, tâchoit de rallier ses gens, en leur protestant que quant à luy il n'estoit pas resolu de fuir, les conjurant de ne l'abandonner en une neces-

armes, et s'en issent de l'ost totes lor batailles ordenées si com il avoient devisé devant.

189. Li cuens Loeys s'en issi premiers à la soe bataille. Et commençe li Comains à porsevre, et mande l'empereor Baudoin que il le parseust. Halas! com malement il tindrent ce qu'il avoient devant devisé le soir, que ensi porsuirent les Comains bien prés de deux lieuës loing, et assemblérent à als, et les chaçent granz piece, et le Comain recueroient sor als, et commençent à huer et à traire. Et il orent bataille d'autre gent de chevalier qui ne savoient mie assez d'armes. Si ses començent à effréer et à desconfire. Et li cuens Loeys, qui fu assemblez premiers, fu navré en deux lieux mult durement. Et li cuens ot esté chaus, et un suen chevalier, qui ot nom Johan de Friaise, fu descenduz, si lo mist sor son cheval. Assé fu de la gent li cuens Loeys qui li distrent : Sire, allez vos en, quar trop malement navrez estes en deux lieux. Et il dist : Ne plaise dam le Dieu que jamés me soit reprové que je fuye de camp, et laisse l'Empereor.

190. L'Emperére, qui mult ère chargiez endroit luy, rappelloit sa gent, si lor disoit que il fuiroit jà, et que il ne laissent mie : et tesmoingnent cil qui là furent que onques més cors de chevaliers mielz ne se defendi

sité si pressante. Ceux qui se trouvérent prés de luy assûrérent que jamais chevalier ne se deffendit mieux, ni plus vaillamment qu'il fit en ce combat, qui dura long-temps, et où aucuns prirent la fuitte. Enfin, comme Dieu permet par les ressorts de sa providence que les malheurs arrivent, les nostres furent entiérement deffaits. L'Empereur et le comte de Blois n'ayans pû se resoudre à prendre la fuitte, l'Empereur fut pris prisonnier, et le comte demeura tué sur la place.

191. Pierre evesque de Bethleem, Estienne du Perche frere du comte Geoffroy, Regnaud de Montmirail frere du comte de Nevers, Mathieu de Valincourt, Robert de Ronçoy, Jean de Friaise, Gautier de Nuilly, Ferry de Herre, Jean son frère, Eustache de Heumont, Jean son frere, Baudoüin de Neuville, et plusieurs autres personnes de condition y furent encor tuez. Les autres qui pûrent evader regagnérent à toute bride le camp : quand le mareschal de Champagne, qui estoit en garde devant l'une des portes de la ville, eut appris des fuyars la nouvelle de cette deffaite, il sortit promptement du camp avec ce qu'il avoit de trouppes, et manda à Manassés de Lisle qui estoit à l'autre porte, qu'il eût à le suivre en diligence. Cependant il s'avança avec ses gens au grand galop au devant de ceux qui fuyoient, et fit en sorte qu'ils se ralliérent autour de luy : Manassés de Lisle vint incontinent aprés avec sa trouppe, et se joignit pareillement au mareschal : en sorte que leur petit corps d'armée commença à grossir, et s'augmenta encore depuis, au moyen de ce que tous les fuyars qu'ils pûrent retenir s'y rangérent. Cette fuitte fut ainsi arrêtée entre none et vespres.

de lui. Ensi dura cil estors longuement; tels i ot qui le guerpirent. A la parfin, si com Diex sueffre les mesaventures, si furent desconfit. Iqui remest el champ l'emperéres Baudoin qui onques ni volt fuir, et li cuens Loeys. L'emperéres Baudoin fu pris vifs, et li cuens Loeys fu occis.

191. La fu perduz li evesques Pierres de Bethleem, et Esténes del Perche le frere le conte Joffroi, et Renalt de Mommirail le frere le conte de Nevers, et Mahius de Vaslencort, et Robert de Ronçoi, Johans de Friaise, Gautiers de Nuilli, Theris de Aire, Johans ses freres, Euthaices de Chaumont, Johans ses freres, Baudoins de Nueville, et mult des autres dont li livres ne parole mie ci. Et li autre qui porent scamper s'en vinrent fuiant à l'ost. Et quant ce veit Joffrois li mareschaus de Champaigne qui gardoit devant une des portes de la cité, si s'en issit plutost que il pot à la gent que il ot, et manda Manassiers de l'Isle qui gardoit l'autre porte que il le suyst isnellement. Et chevaucha à tote sa bataille encontre les fuiant grant alehure, et li fuiant se recueillent tuit à lui. Et Manassiers de l'Isle qui vint au plus tost que il pot à la soe gent si se joint à lui : et lors orent plus grant bataille, et tuit cil qui vindrent en la chaçe, qu'il porent retenir, si les mistrent en lor bataille. Et ceste chaçe si fu entre none et vespres ensinques retenues.

192. Neantmoins la pluspart estoient si épouventez, qu'ils s'enfuioient devant eux jusques dans leurs loges et leurs pavillons, sans qu'il fût possible de les retenir. Enfin la fuitte cessa, et les nostres se rasseurerent aucunement. Les Comains de leur part arresterent leurs courses, comme aussi les Valaches et les Grecs qui leur avoient ainsi donné la chasse avec tant de vigueur, et les avoient tant travaillez par leurs arcs et leurs fléches. Les nostres demeurérent fermes en ordonnance de bataille, sans avancer ny reculer, et furent en cette contenance jusques au soir, que les Comains et les Valaches commencérent à se retirer.

193. Lors Geoffroy, mareschal de Champagne et de Romanie, envoya au duc de Venise, qui estoit un personnage de grand vigueur, et orné d'une prudence singuliere, mais qui estoit privé de l'usage de la veuë, et lui manda qu'il se rendit promptement en l'armée, et se joignit à luy, ce qu'il fit. Le mareschal le tirant à part luy tint ce discours : « Sire, vous « voyez le malheur qui nous est arrivé; nous avons « perdu l'empereur Baudoüin et le comte de Blois, et « la pluspart de nos gens et des meilleurs. Il nous faut « desormais aviser à sauver le reste de ce débris, estant « indubitable que si Dieu ne nous favorise d'une grace « particuliere, nous sommes tous perdus. » Là dessus ils resolurent que l'on reprendroit le chemin du camp pour rasseurer les esprits des soldats esbranlez par cette deffaite, que chacun seroit sous les armes dans les tentes et les loges, et que Geoffroy, mareschal de Champagne, se tiendroit hors des barriéres avec ses trouppes en ordonnance de bataille, jusques à ce que la nuit arriveroit, puis quitteroient la ville, et trousseroient bagage pour s'en retourner.

192. Li plusor furent si effreé, que il fuient par devant als trosque enz éz paveillons et enz és hostiels. Et ensi céle chace fu recovrée, com vos avez oï. Et li Comain s'arrestérent, et li Blac et li Grieu qui chaçoient, et hardierent à céle bataille às ars et às sajetes : et cil de la bataile se tindrent quoi devers als. Ensi furent trosque à vespres bas. Et li Comain et li Blac se recommenciérent à retraire.

193. Lors manda Joffroi de Ville-Hardoin le mareschal de Champaigne et de Romenie le duc de Venise en l'ost, qui viels hom ére, et gote ne veoit, mais mult ére sages, et preuz, et vigueros, et li manda que il venist à lui en sa bataille, où il tenoit el camp, et il si fist. Et quant li mareschaus le vit, si l'appelle à conseil d'une part tot seul, et li dist : Sire, vos veez la mesaventure qui nos est avenue ; perdu avons l'empereor Baudoins et le comte Loeys, et lo plus de nostre gent, et de la meillor. Or pensons del remanans garir, que se Dieu n'en prent pitiez nos sommes pardu. Ensi fu la fins de lor conseil s'en riroit en l'ost, et conforteront la gent, et chascuns fust armez de ses armes, et se tenist coi en sa herberge et en son paveillons. Et Joffrois li mareschaus remanoit en sa bataille, et de fors l'ost tuit ordené, tant que il seroit nuit, si se moveront devant la ville.

194. Cependant que le duc de Venise marcheroit devant, et le mareschal feroit l'arriére-garde avec ceux qui estoient avec luy. Cela ainsi arresté, ils attendirent jusques à la nuict; laquelle estant venuë, le duc partit le premier du camp, suivy du mareschal qui faisoit l'arriére-garde, et s'en allérent le petit pas, emmenans tous leurs gens, tant de pied que de cheval, blessez et autres, sans en laisser un seul, et tirérent droit à Rodosto (1), qui est une ville assise sur le bord de la mer, à trois lieuës de là. Au reste cette deffaite arriva l'an de l'incarnation de nostre Seigneur Jesus-Christ mil deux cens et cinq. La nuit que les nostres firent la retraitte, et partirent d'Andrinople, il y en eût aucuns qui prirent un plus droit et plus court chemin, et se hastérent plus que les autres, dont ils furent fort blasmez : du nombre desquels furent un comte de Lombardie, nommé le comte Gras, des terres du marquis, et Hugues de Ham, seigneur d'un chasteau de mesme nom en Vermandois, avec vingt-cinq autres chevaliers dont l'histoire se taist par honneur ; car la deffaite ayant esté le jeudy au soir, ils arrivérent à Constantinople le samedy sur le soir, quoy qu'il y eût cinq grandes journées, et y contérent les mauvaises nouvelles; dont le cardinal Pierre de Capouë legat du pape Innocent, Conon de Bethune qui estoit demeuré pour garder Constantinople, Miles de Brabant, et autres barons furent fort effrayez, se persuadans que le reste des nostres que ceux-cy avoient laissez devant Andrinople fussent perdus, n'en ayans encore rien pû apprendre.

(1) *Rodosto*, ville maritime de la Thrace.

194. Li duc de Venise s'en iroit devant, et Joffrois li mareschaus feroit la riere garde, et cil qui avec lui estoient. Ensi que attendirent trosque la nuit; et quant il fu nuit li dux de Venise se parti de l'ost, si com devisé ère, et Joffrois li mareschaus fist la riere garde, et s'en partirent le petit pas, et en menèrent totes lor gent à pié et à cheval, et navrez et altres, que onques ne laissièrent nulli. Et chevauchièrent vers une cité qui siet sor mer, que l'on appelle Rodestoch, qui bien ère trois jornées loing de qui. Ensi se partirent, com vos avez oï. Et ceste aventure si avint l'an de l'incarnation Jesu Christ. M. CC. V anz; et cèle nuit que l'ost se parti d'Andrenople, il i en ot qui altrent plus droit, et plus tot, dont il en recorérent grant blasme. En cèle compaignie fu un cuens de Lombardie qui avoit nom li cuens Cras, de la terre del marchis, et Oedes de Ham qui sires ert d'un chastel que on appelle Ham en Vermandois, et bien autres trosque à vingt cinq chevaliers que li livres ne raconte mie. Ensi en vinrent puis la desconfiture qui ot esté le joiedi à soir, si vindrent en Constantinople le samedi à soir, si i avoit cinq jornées granz, et contèrent ceste novelle le chardonal Perron de Chappes qui ère de par l'Apostoille de Rome Innocent, et Cuenon de Betune qui gardoit Constantinople, et Milon de Braibanz, et les autres bones gens. Et sachiez qu'il en furent mult effreé, et cuidèrent bien que li remananz fuz toz perduz, que il avoient devant Andrenople laissié, que il n'en savoient novelle.

195. Cependant le duc de Venise et Geoffroy mareschal de Champagne cheminérent toute la nuit qu'ils délogérent d'Andrinople, jusqu'au point du jour, qu'ils se trouvérent prés d'une ville nommée Pamphyle, où avoient campé la mesme nuit Pierre de Braiecuel et Payen d'Orleans, avec bien cent chevaliers, et sept vingt chevaux-legers qui venoient de la Natolie, et s'alloient rendre au camp devant Andrinople. Quand ils virent approcher cette trouppe, ils coururent promptement aux armes, pensans que ce fussent Grecs : et les ayans envoyé recognoistre pour sçavoir qui ils estoient, ils trouvérent que c'estoient ceux qui retournoient de la deffaite; desquels ils apprirent la perte de l'empereur Baudoüin et du comte de Blois, des terres et de la maison duquel ils estoient, et ses vassaux; en sorte que l'on ne leur eust pû dire de plus tristes nouvelles.

196. Aussi vous les eussiez veu pleurer à chaudes larmes et se battre la poitrine de deüil et de compassion : ils passérent dans cette profonde tristesse, tous armez qu'ils estoient jusques au mareschal Geoffroy, qui conduisoit l'arriére-garde avec grand peril. Car le lendemain de la nuit qu'ils partirent d'Andrinople, Jean roy de Bulgarie y estoit arrivé avec toute son armée, où voyant que les nostres en estoient desja délogez, s'estoit mis à les suivre. Et ce fut un grand bonheur de ce qu'il ne les y trouva pas; parce que sans doute il eût achevé de les deffaire, sans qu'il en fust eschappé un seul. Ces chevaliers ayans joints

195. Or lairons de cels de Constantinople qui en grant dolors sont, si revenrons al duc de Venise et à Joffrois li mareschaus, qui chevauchièrent tote la nuit, que il repairèrent d'Andrenople trosque à la jornée. Et lors vindrent à une cité que on appelle Panfile. Or oiez des aventures que les ele sont si com Diex volt, qu'en céle cité avoit geu Pierre de Braiecuel et Paien d'Orliens, et totes les genz le conte Loeys, et estoient bien cent chevaliers de mult bone gent, et sept vingt serjanz à cheval, qui venoient d'oltre le Braz, et aloient à l'ost à Andrenople. Et quant il virent la route venir, si corurent às armes mult isnellement, que il cuidoient que ce fussent li Grieu. Si s'armèrent, et envoièrent savoir que gens estoient ce, et cil trovèrent que ce estoient cil qui retornoient de la desconfiture : si retornèrent à als, et lor distrent que perduz ert li emperéres Baudoins, et lor sires Loeys de cui terre et de cui païs il estoient, et de cui maisnie; plus dolorose novelle ne lor peust on conter.

196. Là veissiez mainte lerme plorer, et mainte palme batre de duel et de pitié, et allèrent encontre als tuit armé, si com il estoient; et tant que il vindrent à Joffroi le mareschals de Champaigne, qui la riere garde faisoit à mult grant mesaise; que Johannis le rois de Blaquie, et de Bougrie ère venuz al en jornée à Andrenople à tote s'ost : et trova que cil s'en furent allé, et chevalcha après lor rote, et ce fu joie que il nés i trova, que perduz fussent sanz nul recovrer se il les eust trovez. Sire, font il à Joffroi le mareschal, que volez que nos faciens? Nos ferons quanque il vos plaira. Et

le mareschal luy dirent : « Sire, que voulez-vous « que nous fassions? nous sommes prests de faire tout « ce qu'il vous plaira et de suivre entierement vos « ordres. » A quoy il fit response : « Vous voyez bien « en quel estat nous sommes, vous estes fraiz et peu « fatiguez, et vos chevaux de mesme ; c'est pourquoy « il me semble que vous devez faire l'arriére-garde, « et moy je passeray devant afin de retenir nos gens « qui sont effrayez, et qui ont grand besoin d'estre « soulagez. » Ce qu'ils acceptérent volontiers, et firent l'arriére-garde avec toute sorte de bonne conduite, comme gens qui sçavoient fort bien ce mestier, estans tous bons hommes de guerre et braves chevaliers.

197. Le mareschal passa outre à la premiere trouppe dont il prit la conduite, et arrivérent à une ville appellée Charyople sur le midy : et parce que leurs chevaux estoient las et recrûs pour avoir travaillé toute la nuit, ils s'y logérent et les firent repaistre : eux mesmes y mangérent ce qu'ils y pûrent trouver, qui fut peu, s'y reposans le reste du jour jusques à la nuit. Cependant le roy de Bulgarie les suivoit toûjours à la trace, et mesmes avoit tant avancé qu'il s'estoit campé à deux lieuës d'eux. La nuit estant arrivée, les nostres qui s'estoient logez dans la ville prirent les armes, et en sortirent, le mareschal faisant tousjours l'avant-garde, comme il avoit fait le jour, et ainsi cheminérent toute la nuit, tant qu'au matin ils arrivérent avec de grandes incommoditez et beaucoup de peril à la ville de Rodosto qui estoit peuplée de Grecs, place au reste opulente et tres-forte : mais ils n'eurent pas le cœur de la deffendre ;

cil lor respont : *Vos véez bien coment il nos est ci. Vous i estes frois, et vostre cheval. Si ferez la riere garde, et je m'en irai devant tenir nostre gent, qui sont mult effrée, qui grant mestier en ont.* Issi cùm il le devisa il le firent mult volentiers : si firent la riere garde mult bien et mult biel, com cil qui bien le sorent faire, car il estoient bon chevalier, et honoré.

197. Joffrois li mareschaus de Champaigne chevaucha devant, et les conduist, et chevaucha trosques à une cité qui Cariople et appellée. Si vit que lor chevals estoient laisse de ce que il avoient tote nuit chevauchié, et entra en la cité, et les fist herbergier bien endroit hore de midi, et donérent lor chevals à mengier, et il meismes mengiérent ce qu'il porent trover, et ce fu pou. Ensique furent tot le jor trosque à la nuit en cele cité. Et Johannis le roi de Blaquie les ot tote jor suiz tote lor route, et se herbergea bien à deux lieuës d'als. Et quant il fu nuiz, cil qui estoient en la cité si s'armérent tuit, et s'en issirent fors. Joffrois li mareschaus fist l'avant-garde, qui le jor l'avoit faite. Ensi chevauchiérent tote nuit et lendemain à grant dote et à grant paine, tant que il vindrent à la cité de Rodestoc, qui ére poplée de Grex, mult riche et mult forz : et cil ne s'ossérent deffendre, si entrérent enz et si herbergiérent, et

en sorte que les nostres entrérent dedans et s'y logérent, et de là en avant ils furent plus assûrez. Telle fut la retraite de l'armée qui estoit devant Andrinople, qui eschappa de la sorte à la fureur des Bulgares.

198. Estant donc à Rodosto, ils y tinrent conseil; et sur ce qu'ils n'estoient pas moins en peine de ceux de Constantinople que d'eux-mesmes, ils resolurent de depécher homme exprés qui allast par mer jour et nuit les avertir de ne s'estonner de rien, et que la plus grande partie de l'armée estoit eschappée de la deffaite qu'ils pouvoient avoir entenduë, et seroient à eux le plustôt qu'ils pourroient. Au mesme instant que ce messager arriva, il y avoit cinq navires venitiennes à Constantinople, tous beaux et grands vaisseaux, chargées de pellerins, tant chevaliers qu'autres de moindre condition, jusques au nombre de sept mil *hommes de guerre, prests à lever l'ancre pour retourner en leur pays.* Entre autres y estoient Guillaume advoüé de Bethune, Baudoüin d'Aubigny, Jean de Virsin qui estoit des terres du feu comte de Blois et son vassal, et bien cent autres chevaliers dont les noms sont obmis.

199. Le cardinal Pierre de Capoue legat du Pape, Conon de Bethune qui avoit la garde de la ville, Miles de Brabans, et la plus grande partie des personnes de condition, vinrent à ces cinq navires, prians à chaudes larmes ceux qui s'y estoient embarquez de vouloir avoir compassion de la chrestienté, et de leurs princes et seigneurs qui estoient demeurez en la bataille, et que pour l'honneur de Dieu ils voulussent demeurer. Mais ils firent la sourde oreille, et ne voulurent deferer à leurs remonstrances. Ils partirent

lors furent asseur. Et ensi s'eschamperent cil de l'ost d'Andrenople, com vos avez oï.

198. Lors pristrent conseil en la cité de Rodestoc, et distrent que il avoient plus grant paor de Constantinople que d'als meismes : si pristrent bons messages par mer, et par jor et par nuit, et manderent à cels de la ville que il ne s'esmaissent mie, que il estoient escampé, et que il repareroient à els au plus tost que il poroient. En cel point que li message vindrent en Constantinople, estoient cinq nés chargies de pelerins et de chevaliers et de serjanz en Constantinople, et de Venitiens, mult granz et mult béles, qui voidoient la terre, et s'en aloient en lor païs. Et avoit bien ez cinq nés sept mille home à armes. Et i ére Guillelmes li avoez de Bethune li uns, et Baudoins d'Ambeigni, et Johan de Virsin, qui ére de la terre le conte Loeis, et ses hom liges, et bien cent autre chevalier que li livre ne raconte mie.

199. Maistre Pierre de Chappes, qui ére cardonials de par l'Apostoille de Rome Innocent, et Cuenes de Betune, qui gardoit Constantinople, et Miles de Braibanz, et des autres bones genz grant part, allérent as cinq nés, et lors prioient ó plaintes et ó plors que il aussent merci et pitié de la chrestienté, et de lors seignors liges qui estoient perdu en la bataille, et que il demorassent por Dieu. N'en vorrent oïr nulle parole, ainz s'en partirent del port : si collérent lor voilles, et s'en allérent, si com Diex volt, si

donc du port, et faisans voile cinglérent en pleine mer, tant que le vent et la fortune les fit aborder au port de Rodosto le lendemain que les nostres y furent arrivez. Le mareschal de Ville-Hardoüin, et ceux qui estoient avec luy, leur firent les mesmes instances et prieres qu'on leur avoit fait à Constantinople, accompagnées de larmes et de pleurs, qu'ils eussent pitié et compassion du pays, et qu'ils voulussent demeurer encore pour quelque temps, et que jamais ils ne pourroient secourir aucune terre plus à propos, ny en plus grand besoin. Ils respondirent qu'ils en aviseroient, et leur en feroient sçavoir leur resolution le lendemain.

200. Mais il arriva que la mesme nuit un chevalier de la terre du comte de Blois, vaillant et de grande reputation, se déroba secretement, et laissant tout son bagage s'alla mettre dans le navire de Jean de Virsin, qui estoit pareillement des terres du comte de Blois. D'autre part ceux des cinq vaisseaux qui devoient rendre response le lendemain au mareschal et au duc de Venise, si tost qu'ils virent le jour desancrérent et mirent les voiles au vent sans parler à personne, dont ils furent fort blâmez, tant au pays où ils allérent qu'en celuy dont ils partirent, et particuliérement Pierre de Froiville. C'est pourquoy l'on dit ordinairement en commun proverbe que celuy-là fait tres-mal, qui par la crainte de la mort fait chose qui puisse luy estre reprochée à tousjours.

201. Cependant le prince Henry, ayant quitté Attramittium, venoit à grandes journées vers Andrinople au secours de l'empereur Baudoüin son frere, accompagné des Armeniens qui s'estoient declarez pour les

que uns venz le mena el port de Rodestoc, et ce fu lendemain que cil furent venu la desconfiture. A tel proiere com cil avoient de Constantinople à lermes et à plor lors fist Joffrois li mareschaus, et cil qui avec lui estoient, que il aussent merci et pitié de la terre, et que il remansissent, que jamais à si grant besoing ne porroient secorre nulle terre. Icil respondirent que il s'en conseilleroient, et qu'il lor respondroient lendemain.

200. Or oiez l'aventure que la nuit avint en celle ville. Il i avoit un chevalier de la terre le conte Loeys, qui Pierre de Frœville avoit nom, qui ére prisiés et de grant nom, et s'en embla la nuit, et laissa tot son hernois, et se mist en la nef Johan de Virsin, qui est en la terre le conte Loeys de Blois et de Chartein; et cil qui de cinq nés qui respondre devoient al maitin à Joffroi li mareschal et al duc de Venise, si tost com il virent le jour, si colérent lor voiles, et s'en allérent sans parler à nullui. Mult en reçurent grant blasme en cel païs où il allérent, et en celui dont il partirent, et Pierre de Frœville plus grant que tuit li autre. Et porce dit hom que mult fait mal, qui por paor de mort fait chose qui li est reprovée à toz jorz.

201. Or vos lairons de cels; si dirons de Henri le frere l'empereor Baudoins de Constantinople qui avoit l'Andremite guerpie, et s'en venoit vers Andrenople por l'empereor Baudoin son frere secorre, et

François dans la Natolie contre les Grecs, en nombre de bien vingt mil, et avoient passé le canal en mesme temps que luy avec leurs femmes et enfans, n'ayans ozé demeurer au pays. Lors la nouvelle luy vint en chemin, par les Grecs mesmes qui estoient eschappez de la deffaite, que l'empereur Baudoüin, le comte de Blois, et autres personnes de marque, y estoient demeurez prisonniers ou tuez : ce qui luy fut confirmé incontinent aprés par les nostres qui s'estoient sauvez de cette déconfiture, estoient arrivez à Rodosto, et luy mandoient qu'il se hastât, et les vint joindre le plus promptement qu'il pourroit. A quoy satisfaisant, il se mit à l'instant en campagne ; et pour aller plus viste, il fut contraint de laisser derriére les Armeniens qui estoient gens de pied, et avoient un grand attirail de chariots chargez de femmes et d'enfans, ne pouvans pas faire grande diligence, et d'ailleurs faisant son conte qu'ils viendroient aprés seurement. Et passant outre il vint loger à un bourg nommé Cartacople (1). En ce mesme temps Anseau de Courcelles, neveu du mareschal de Champagne, qui l'avoit envoyé és quartiers de Macre, de Trajanople, et de l'abbaye de Vera (2), terres qui luy avoient esté assignées pour son partage de la conqueste, venoit au camp d'Andrinople au secours de l'Empereur, avec ceux qui estoient partis de Philippople envoyez par Renier de Trit, en nombre de bien cent chevaliers, et d'environ cinq cens chevaux-legers.

---

(1) *Cartacople*, bourg de la province de Rhodope.

(2) *Macre*, *Trajanople*, *Vera*, villes de Thrace : la première étoit située près de l'embouchure de la Marizza. L'abbaye de *Vera* étoit un fort château situé près de *Macre*.

avec lui s'en estoient passé li Hermins qui lui avoient aidié vers les Grieux bien vingt mil, à totes lor fames et à toz lor enfanz, qui n'osoient remanoir el païs. Et lors si vint la novelle des Grex qui estoient eschappé de la desconfiture que ses freres l'emperéres Baudouins ére perdus, et li cuens Loeys et li autre baron : et puis revint nouvelle de cels de Rodestoc qui estoient eschappé, et li mandoient que il se hastast plus tost de venir à als. Et porce que il se volt haster por venir, si laissa les Hermins, qui estoient genz à pié, et avoient lor char et lor fames et lor enfanz. Et porce que il ne porent si tost venir, et que il cuida que il venissent bien seurement, et que n'eussent garde, si se herberja à un casal qui Coriacople ert appellez. En cel jor meismes Ansials de Corceles li niers Joffrois li mareschaus, cui il avoit envoié es parties de Macte et de Trainople, et de l'abbeie de Veroisne, terre qui li estoit octroiée à avoir, et les genz qui estoient parti de Finepople, et Renier de Trit, estoient ensemble ô lui. En céle compaignie avoit bien cent chevalier de mult bone gent, et bien cinq cens serjanz à cheval, qui tuit s'en alloient à Andrenople por l'empereor Baudoin secorre.

202. Ils apprirent en chemin comme les autres la deffaite de l'Empereur et de ceux qui estoient avec luy; et, tenans la route de Rodosto, vinrent loger au bourg de Cartacople, où le prince Henry estoit desja arrivé. D'abord les uns et les autres, croyans reciproquement que ce fussent Grecs, coururent aux armes; mais s'estans approchez de plus prés, ils s'entre reconnurent et se firent grand accueil, ravis de se voir joints, et par ainsi plus asseurez qu'ils n'estoient. Ils couchérent cette nuit en ce bourg, et le lendemain en partirent prenans le chemin de Rodosto, où ils arrivérent sur le soir, et trouvérent le duc de Venise, le mareschal, et les autres qui estoient eschappez du combat, qui furent bien aises de les voir. Il y eut dans cét abord beaucoup de larmes versées pour la perte de leurs amis arrivée en la derniere bataille. Ce fut un grand malheur pour la chrestienté de ce que toutes ces trouppes ne se trouvérent avec celles de l'Empereur au siege d'Andrinople: sans doute cette deffaite n'auroit esté; mais Dieu ne le permit pas. Ils sejournérent là le lendemain et le jour ensuivant pour donner ordre à leurs affaires. Et fut lors arresté que Henry, frere de l'empereur Baudoüin, gouverneroit l'Estat comme bail et regent de l'Empire. Pendant qu'ils estoient à Rodosto, il arriva un grand desastre aux Armeniens qui avoient suivy le frere de l'Empereur, ayant esté tous mis à mort ou faits prisonniers par les Grecs du pays qui estoient assemblez pour leur courre sus.

203. Cependant le roy de Bulgarie avec son armée s'estoit rendu maistre de tout le pays; toutes les villes et chasteaux se declaroient pour luy. Les Comains

202. Or lor vint une novelle autressi cùm à l'autre gent, que l'Emperéres ere desconfis, et sa compaignie, et tornérent altressi com peur vers Rodestoc, et vindrent por herbergier à Cortacople un casal, où Henris le frere l'empereor Baudoin ere herbergiez. Et quant cil les virent venir, si corurent à lor armes, que il cuidérent que cil fuissient Grieu; et cil recuidérent altressi d'aus. Et approcha tant la chose que il s'entreconurent, si virent mult volentiers li uns li autre, et furent plus seur, et herbergiérent la nuict el casal trosque à lendemain. Et landemain mûrent et chevauchérent droit vers Rodestoc, et vinrent le soir en la ville, et trovérent le duc de Venise et Joffroi li mareschal, et les autres qui de la desconfiture ere escappez, qui mult volentiers les virent; et i ot maint lerme ploréc de pitié de lor amis. Ha Diex! quex domage fu que ceste assemblée de ceste force qui estoit iqui ne fu avec les autres à Andrenoples quant l'emperéres Baudoins i fu, quar il ni aussent riens perdu; mais ne plot à Dieu. Ensi sejornérent lendemain et l'autre jor aprés, et atornérent lor afaire: et fu retenz Henris le frere l'empereor Baudoins en la seigneurie come baus de l'Empire en lieu de son frere. Et lors avint une mesaventure des Hermines qui venoient aprés Henri le frere l'empereor Baudoin, que les gens del païs s'assemblérent, si desconfirent les Hermines, et furent pris et mort et perdu tuit.

203. Johans li rois de Blaquie et de Bougrie fu à tote ses hoz, et ot tote porprise la terre; et li païs, et le citez, et li chastel se tenoient à lui, et li Comain

d'autre part continuoient leurs courses jusques devant Constantinople. Henry regent de l'Empire, le duc de Venise, et Geoffroy mareschal de Champagne, estans encor à Rodosto, qui estoit esloignée de Constantinople, avisérent d'en partir, et que le duc de Venise y laisseroit garnison de Venitiens, ausquels elle appartenoit. Le lendemain ils prirent le chemin de Constantinople, marchans tousjours en corps d'armée, et vinrent à la ville de Selyvrée (1), qui en est à deux journées, et appartenoit à l'empereur Baudoüin, et où le prince son frere laissa quelques trouppes pour la garder; de là ils s'acheminérent avec le reste jusques à Constantinople, et y furent bien receus, tout le peuple estant merveilleusement effrayé, et non sans raison, veu que de toutes leurs conquestes il ne leur restoit hors Constantinople que Rodosto et Selyvrée, le roy des Bulgares occupant tout le reste : et du costé de la Natolie au delà du détroit ils ne tenoient que le chasteau de Piga, le surplus estant soûs l'obeïssance de Théodore Lascaris.

204. Se voyans reduits à cette extremité, ils tinrent conseil, et resolurent d'envoyer à Rome vers le pape Innocent, en France, en Flandres et ailleurs pour avoir du secours. Nevelon evesque de Soissons, Nicolas de Mailly et Jean de Bliaut, furent choisis et envoyez pour cét effet : les autres demeurérent à Constantinople avec de grandes incommoditez et dans l'apprehension continuelle de perdre ce qu'ils avoient conquis, et furent en cét estat jusques à la Pentecoste. Durant lequel temps arriva un nouveau malheur à l'armée par

---

(1) *Selyvrée*, ville de Thrace sur la Propontide.

orent coru trosque devant Constantinople. Henris li baus de l'Empire, et li dux de Venise, et Joffroi li mareschaus érent encore en Rodestoc, qui érent loing de Constantinople, et pristrent lor conseil; et garni li dux de Venise Rodestoc de Venitiens, qu'il ére leur. Et lendemain ordenérent lor batailles, et chevauchérent vers Constantinople par lor jornées. Et quant ils vindrent à Salembrie, une cité qui ére à deux jornées de Constantinople, qui ére l'empereor Baudoin de Constantinople, Henri ses freres la garni de sa gent, et chevauchérent al remanant trosque en Constantinople, où il furent mult volentiers veu, que la gent del païs érent mult effreé. Et n'ére mie de mervoille que il avoient la terre si tote perdue, que il ne tenoient fors Constantinople, fors que Rodestoc et Salembrie. Et tote la terre si tenoit Johans li rois de Blakie et de Bougrie. D'autre part le bras de Saint George ne tenoient que le cors despigal : et tote la terre si tenoit Toldres Lascres.

204. Lors pristrent li baron un conseil que il envoieront à l'Apostoille de Rome Innocent, et en France, et en Flandres, et par les autres terres pour conquerre secors. Por ce secors fu envoiez Novelons de Soissons, et Nicholes de Mailli, Johans de Bliaus ; et li autres remestrent en Constantinople à grant mesaise, com cil qui cremoient pardre la terre. Ensi furent trosque à la Pentecoste. Dedenz cel sejor avint un mult grant damages en l'ost, que Henris Dandole prist une maladie, si fina, et moru ; et fu enterré à grant honor al mostier Sainte Sophie. Et quant vint à la Pentecoste, Johan li rois de Blakie et de Bougrie oit fait

la maladie suivie de la mort d'Henry Dandole duc de Venise. Il fût enterré honorablement en l'eglise de Saincte Sophie. Quant se vint à la Pentecoste, le roy de Bulgarie, qui avoit poussé ses conquestes dans les terres de l'Empire sans que personne luy resistât, ne peut plus retenir ses Comains, à cause de la chaleur de l'esté, durant lequel ils n'ont point accoutumé de camper, ni empescher qu'ils ne s'en retournassent dans leurs païs. Et luy avec ses Bulgares, et les Grecs qui tenoient son party, resolut de marcher vers Thessalonique, où lors estoit le marquis; lequel, ayant eu nouvelles de la deffaite de l'empereur Baudoüin, avoit quitté le siege de Naples, et s'y en estoit retourné avec ce qui luy restoit de trouppes, et l'avoit munie de tout ce qui estoit necessaire.

205. D'autre part le frere de l'Empereur assembla ce qu'il pût de forces, et s'en alla contre les Grecs, jusques à une ville que l'on appelle Tzurulum, qui est à trois journées de Constantinople, laquelle luy fut renduë, les Grecs luy ayans presté serment de fidélité, qui estoit mal observé en ce temps-là. De là il passa jusqu'à la ville d'Arcadiople qu'il trouva vuide, les habitans n'ayans ozé l'y attendre, et en suitte vint à Visoï, place forte et tres-bien garnie qui luy fut renduë. De Visoï il s'achemina à la ville d'Apre, où il y avoit nombre de Grecs; lesquels, d'abord qu'ils virent les nostres se mettre en posture de les attaquer, demandérent à parlementer : mais tandis que d'un costé on travailloit à arrester la capitulation, ceux de l'armée y entrérent de l'autre, sans que le Regent ny ceux qui estoient employez à dresser les articles en sceussent rien; dont ils furent fort irritez. Cepen-

mult de sa volenté en la terre, si ne pot plus ses
Comains tenir en la terre, que il ne poent plus hos-
tier por l'esté, ainz reparierent en lor païs : et il à
toz ses Boghres et Grifons s'en ala sor le marchis
vers Salenike ; et le marchis ot oï la desconfiture
l'empereor Baudoin, guerpi le siege de Naples, si
s'en ala Salenique à tant com il pot avoir de gent,
si la garni.

205. Henris le frere l'empereor Baudoin de Constantinople, à tant de gent com il pot mener, chevaucha sor les Griex trosque à une terre que on
appelle le Churlot, qui est à trois journées de Constantinople ; cele li fu rendue, et li jurérent li Grieu
la fealté, qui malvaisement ere tenue à cele tens. Et
chevaucha à la cité d'Archadiople, si la trova vuoide,
que li Grieu ne li osérent attendre : et d'iqui chevaucha à la cité de Visoi, qui mult ere forz et bien
garnie de Griex, si li fu rendue. Et d'iqui chevaucha
à la cité de Naples, qui mult restoit bien garnie de
Griex : com il les voltrent assaillir, quisent plait qu'il
se rendroient. Endementiers que il queroient plait
d'une part, cil de l'ost entroient de l'autre part, si
que Henris li balz de l'Empire, et cil qui parloient
de plait n'en sorent mot, ainz lor en pesa mult. Et
li Franc comencent à occire les Griex, et à gai-

dant les François commencérent à faire un grand carnage des Grecs, et à saccager la ville, et enlever tout ce qui s'y trouva; le nombre des morts et des prisonniers y fut grand. Apre ayant esté ainsi emporté d'assaut, l'armée y sejourna trois jours; et les autres Grecs furent tellement intimidez de l'exemple de cette execution si cruelle, qu'ils abandonnérent toutes les villes et les chasteaux du pays, et se retirérent dans Andrenople et Didymotique, qui estoient bonnes places et tres-fortes.

206. Le roy de Bulgarie d'ailleurs continuoit tousjours son entreprise, et s'acheminoit avec toutes ses trouppes dans les terres du marquis: il vint d'abord à la ville de Serres, qu'il avoit fortifiée, et en laquelle il avoit jetté nombre de braves gens, et entre autres Hugues de Colemy, vaillant chevalier et grand seigneur, Guillaume d'Arles son mareschal d'armée, et une bonne partie de ses forces. A peine le Bulgare l'eut assiegée, qu'il s'empara du bourg par force, où arriva par malheur que Hugues de Colemy, qui estoit le meilleur d'entre eux, receut une blessure en l'œil, et fut tué. De la mort duquel les autres espouventez, se retirérent dans le chasteau qui estoit tres-fort. Le Bulgare y planta le siege et dressa ses machines pour le battre; mais ceux de dedans n'eurent le cœur de le soustenir, et demandérent peu après à parlementer; dont ils encoururent et blâme et reproche. La capitulation fut qu'ils rendroient la place au roy de Bulgarie, moyennant qu'il leur promit (et le fit ainsi jurer par vingt-cinq des principaux de son camp) de les faire conduire sains et saufs, avec leurs chevaux, armes et bagage, jusques à Thessalonique ou à Cons-

gnier les avoirs de la ville, et à prendre tot; si en
i ot mult de morz et de pris. Et en ceste maniére fu
prinse Naples, et enqui séjorna l'ost par trois jors.
Et li Grieu furent si effreé de ceste occision, que il
vuidérent totes les cistez et les chastiaux de la terre,
et fuirent tuit dedenz Andrenople et dedens le Dimot,
qui mult érent forz citez et bones.

206. En icel termine avint que Johannis le roy de
Blakie et de Bougrie chevaucha sor le marchis à
totes ses hoz à une cité que on appele La Serre, et
li marchis l'avoit mult bien garnie de sa gent, qu'il
avoit mis dedenz, Hugon de Colemi, qui mult ére
bon chevaliers et halz hom, et Guillelme d'Arle
qui ére ses mareschaus, et grant part de sa bone
gent, et Johannis li rois de Blakie les assist. Ni ot
gaires sis quant il ot pris le borc par force. Et al
borc prendre lor avint mult grant domages, que
Hugues de Colemi i fu morz, si fu feruz parmi l'œil,
et quant cil fu morz qui fu li mialdres d'aus toz, si
furent li autre mult effreé, si le traistrent el chastel
qui mult ére forz, et Johannis les assist, et dreça
ses perrieres; ni sist mie longuement, quant cil dedenz parlérent de plait faire, dont il furent blasmé,
et reprochié l'or fu. Et li plais fu tels, que il rendirent le chastel à Johannis, et Johannis lor fist jurer à vingt-cinq des plus hals home que il avoit
que il le conduiroit salvement à toz lor chevaus et à
totes lor armes à Salenique, ou en Constantinople, ou
en Hongrie, lequel que il voldroient des trois. En

tantinople ou en Hongrie, là où ils aimeroient le mieux des trois. La ville de Serres estant ainsi renduë, le Bulgare fit loger ceux qui en estoient sortis prés de luy dans son camp, où il leur fit trois jours durant bon visage et grand accueil, leur envoyant force presens: mais il changea bien-tost aprés, et leur faussa la parole qu'il leur avoit jurée si solemnellement; car, aprés leur avoir osté tout ce qu'ils avoient, il les fit enferrer à guise d'esclaves, et mener liez et garottez, nuz et déchaus, en Valachie, où les plus apparens furent decapitez, et les pauvres et chetifs soldats qui n'estoient d'aucune consideration transportez en Hongrie. Voilà le traitement qu'ils receurent de ce faux et déloyal barbare, qui fut l'une des plus grandes playes que les nostres ayent receu en ces quartiers là. Il fit en suitte demanteler le chasteau et la ville, et de là poursuivit son chemin contre le marquis.

207. Cependant le Regent avec son armée tira vers Andrinople et l'assiegea; quoy qu'avec beaucoup de peril, dautant qu'il y avoit grand nombre de gens de guerre, tant dedans que dehors, qui les tenoient si serrez qu'ils ne pouvoient recouvrer aucuns vivres, ny à peine s'escarter pour en aller chercher : ce qui les obligea de se retrancher et de fermer leur camp de bonnes barrières et palissades; establissans certain nombre des leurs pour en garder les dehors pendant que les autres attaqueroient la ville. Pour cét effet ils firent dresser des machines de toutes façons, avec un grand nombre d'eschelles, faisans tous leurs efforts pour la prendre : mais comme c'estoit une bonne place et bien munie de gens de guerre, ils y tra-

ceste manière fu rendue La Serre, et Johannis les fist
ensir forz, et logier lez lui as champs, et lor fit mult
bel semblant, et lor envoia ses presens; et si les tint
par trois jorz, puis lor menti de quanque il lor ot
convent, ainz les fit prendre; et tolir tot lor avoir,
et mener en Blakie, nus et deschaus, et à pié. Les
povres et les menuz qui ne valoient gaires fit mener en Hongrie, et les autres qui auques valoient
fist les testes coper. Ensi mortel traïson fist li rois de
Blakie, com vos oëz. Ici receut l'ost unes des plus
doloreuse pertes que onques feist. Et Johannis fit
abbatre le chastel et la cité, et s'en ralla vers le
marchis.

207. Henris li balz de l'Empire à tote la soe gent
chevaucha vers Andrenople, si l'asist à mult grunt
peril, que il i avoit mult grant gent dedenz et de
forz, qui les tenoient si prés que il ne pooient nul
marchié avoir, ne forer se pou non. Et lors si se
closent par de forz de lices et de barres, et devisérent une partie de lor gent, porce que il gardassent
par de forz lor lices et lor barres, et li autre as-
saudroient devers la ville; et firent engins de maintes
maniéres, et eschieles, et mains autres engins, et
mistrent grant paine à la ville prandre; mais ne poet
estre, que la ville ére mult fort et mult bien garnie : ainz lor mesavint que de de lor gent i ot bleciez
assez, et un de lor bon chevalier, qui ot nom Pierres

vaillèrent inutilement, y ayans perdu beaucoup de braves hommes sans les blessez; entre lesquels Pierre de Braiecuel, l'un des meilleurs chevaliers de l'armée, y fut frappé d'une pierre de mangonneau au front, duquel coup il fut en grand peril de sa vie; mais Dieu voulut qu'il en eschappa, et fut porté en littiere. De sorte que le prince Henry voyant qu'il n'estoit pas en estat d'emporter la ville, il leva le siege et en partit avec son armée: à la retraite ils furent fort molestez de ceux du pays et autres Grecs, tant qu'enfin ils arrivérent à une ville nommée Pamphile, où ils sejournérent l'espace de deux mois entiers, faisans des courses de fois à autres du costé de Didymotique et autres lieux, d'où ils ramenoient de grands butins. L'armée demeura là jusques à l'hyver, tirant ses vivres et commoditez de Rodosto et par la mer.

208. Jean roy de Bulgarie d'autre part, aprés avoir pris Serres en la maniere qu'il a esté dit, et fait malheureusement massacrer ceux qui s'estoient rendus sous sa foy et sa parole, tira vers Thessalonique, où il sejourna quelque temps, saccageant et ruinant le pays, tandis que le marquis de Montferrat estoit dans la place, crevant de dépit, tant pour voir ainsi devant ses yeux ruiner ses terres sans y pouvoir donner remede, que pour la perte de son chasteau de Serres, mais particulierement de celle de son seigneur l'empereur Baudoüin, et des autres barons qui estoient demeurez avec luy. A la fin le Bulgare, voyant qu'il ne pouvoit plus rien entreprendre en ces pays-là, rebroussa chemin, et retourna avec son armée dans son pays. Ceux de la ville de Philippople, qui appartenoit à Renier de Trit, auquel l'Empereur l'avoit

de Braiecuel, qui fu feruz d'une pierre de mangonel al front, et dût ére morz; mais il gari par la volenté de Dieu, et en fu portez en litiere. Et quant il virent que il ne poroient rien faire à la vile, si s'en parti Henris li balz de l'Empire, et l'ost de François, et furent mult hardoié de la gent de la terre et des Grex : et chevauchiérent par lor jornées trosque à une cité que on appelle la Pamphile, et se herbergiérent dedenz, et sejornérent par deux mois iqui, et firent chevauchiées vers le Dimot, et tindrent l'ost en incele partie trosque à l'entrée de l'iver; et lor venoit marchandise de Rodestoc et de la marine.

208. Or lairons de Henris le bal de l'Empire ici, si dirons de Johannisse le roi de Blakie et de Bougrie, cui La Serre fu rendue, si com vos l'avez oï retraire arriére, et qui ot occis cels traïson qui s'érent rendu à lui; et ot chevauchié vers Salenike, et ot sejorné l'on, et gasté grant partie de la terre. Le marchis Bonifaces fu à Salenike, mult iriez et mult dolent de son seignor l'empereor Baudoin qui parduz ére, et des autres barons, et de son chastel de La Serre qu'il ot perdu, et de ses homes. Et quant Johannis vit qu'il ni porroit plus faire, si retorna arriéres vers son païs à totes sa gens. Et cil de Phinepople, qui ére de Renier de Trit, cui l'emperéres Baudoins l'ot donée, orent oï que l'emperéres Baudoin eret parduz, et mult des barons, et li marchis La Serre avoit pardue, et virent que li parent Renier de Trit,

donnée, ayans appris la deffaite de Baudoüin et des barons, et comme le marquis avoit perdu la ville de Serres, et voyans que les parens de Renier de Trit, son fils mesme, et son neveu l'avoient abandonné, et le peu de gens qui restoient dans la place, sans esperance que les François se deussent jamais remettre, une partie d'iceux qui estoient Manicheans vinrent se rendre au Bulgare, et luy dirent que s'il vouloit tirer vers Philippople, ou y envoyer son armée, ils l'en rendroient maistre.

209. Ce qu'ayant esté sceu par Renier de Trit, qui estoit en la ville, et dans la crainte qu'il eut qu'on ne le voulût livrer entre les mains du Bulgare, il prit resolution de sortir avec ce qui luy restoit de gens : et certain jour vint par l'un des fauxbourgs de la ville où les Manicheans, qui s'estoient rendus au roy de Bulgarie, estoient logez, et y mit le feu, qui en consomma une grande partie, puis s'alla jetter dans le chasteau de Stenimac à trois lieuës de là, où il avoit garnison de ses gens; et depuis y fut long-temps enfermé et siegé par l'espace de treize mois, avec tant d'incommodité et de disette, qu'il avoit esté obligé de manger jusqu'à ses chevaux, sans avoir receu secours ny nouvelles de Constantinople, dont il estoit esloigné de neuf journées. Le roy de Bulgarie cependant fit tourner son armée du costé de Philippople, laquelle ne tarda gueres à se rendre, sous l'asseurance qu'il luy donna d'un bon traitement; nonobstant laquelle il fit premierement mettre à mort l'archevesque du lieu; et quant aux principaux habitans, il en fit escorcher les uns tous vifs, et fit decapiter les autres, tout le reste ayant esté mis à la chaîne :

et ses fils, et ses niers l'avoient guerpi, et que il érent à pou de gent, et cuidérent que jamais li Franç n'aussent force, une partie des genz qui estoient Popolicani s'en allérent à Johannisse, et se rendirent à lui, et li distrent : Sire, chevauche devant Phinepople, ou envoie tost, nos te rendrons la ville tote.

209. Quant Renier de Trit le sot en la ville, si dota que il ne le rendissent à Johannisse. Ensique s'en issi à tant de gent com il ot, et s'esmut à une jornée, et vint par un des bors de la ville, où li Popolicani érent à estage, qui érent rendu à Johannisse, si mist le feuec ou bors, et en art grant part, et s'en alla au chastel de Stanemac qui ére à trois lieues d'iqui, et ére garniz de sa gent, et entra dedenz, et i fu puis longuement enserrez bien treize mois, à grant mesaise et à grant poverté, et mangea ses chevaux par destresce, et ére neuf jornée de Constantinople loing, que nus ne pooient novelles oïr les uns des autres. Lors envoia Johannis s'ost devant Phinepople : ni sist mie longuement, quant cil de la ville se rendirent à lui, et il les asseura. Et quant il les ot asseurez, si fist occire tot avant l'arcivesque de la ville, et les halz homes fist escorchier toz vis, et à tels i ot les testes colpez, et tot le remanant en fist mener en chaiene, et la vile fist tote fondre, et les tors, et les murs, et les halz palais, et les riches maisons ardoir et fondre. Ensi fu destruite la noble citez de Phinepople, qui ére des trois meillors de Constantinople.

la ville fut abbatuë et desmolie, les murs et les tours razées, les palais et les belles maisons reduites en cendre. Telle fut la fin de l'ancienne ville de Philippople, l'une des trois meilleures de tout l'empire d'Orient.

210. Tandis que ces choses se passent en ces quartiers là, et que Renier de Trit est renfermé dans Stenimac, Henry frere de l'empereur Baudoüin, ayant sejourné à Pamphyle jusqu'à l'entrée de l'hyver, se resolut, aprés avoir pris sur ce conseil de ses barons, de fortifier et de munir la ville de Rusium, située en l'un des meilleurs et plus fertiles endroits de cette contrée, et d'y envoyer une garnison, de laquelle il donna la charge à Thierry de Los seneschal, et à Thierry de Tenremonde connestable de Romanie, avec environ sept vingt chevaliers et un bon nombre de chevaux-legers, leur enjoignant de faire la guerre aux Grecs et au pays d'alentour; et luy avec le reste de son armée s'en alla jusques à la ville de Visoï, qu'il garnit pareillement de gens de guerre, et y laissa pour capitaine Anseau de Caïeu, avec six vingt chevaliers et quelques chevaux-legers. Les Venitiens mirent une garnison de leur part dans Arcadiople; et le Regent rendit la ville d'Apre à Branas, qui avoit espousé la sœur du roy de France, et estoit un grand seigneur, qui seul d'entre tous les Grecs tenoit le party des François. Tous ceux qui furent laissez dans ces villes firent fortement la guerre aux Grecs, et plusieurs courses sur eux, comme de leur costé les Grecs en firent sur les nostres. Cela fait, Henry s'en retourna à Constantinople avec le surplus de ses trouppes. Jean roy de Valachie et de Bulgarie ne s'endormit pas aussi,

210. Or lairons de Phinepople, et de Renier de Trit, qui este enserrez en chastel de Stanemac, si revenrons à Henri le frere l'empereor Baudoin, qui a sejorné à Pamphile trosque à l'entrée de l'iver. Et lors prist conseil à ses homes et à ses barons. Et li conseil si fu telx : que il garniroit une cité que on appelle La Rousse, qui ére en un mult plentereus emmi la terre. Et de cele garnison fu chevetaine Tierris de Los qui ére seneschaus, et Tierris de Tendremonde qui ére conestables. Et lor charja bien Henris li bail de l'Empire sept vingt chevaliers, et grant part de serjanz à cheval; et comanda que il tenissent la guerre contre les Grex, et la marche. Et il s'en alla al remanant trosque à la cité de Visoï, et la garni, et mist chevetaine Anser de Kaeu, et li charja bien six vingt chevalier, et de serjanz à cheval grant partie. Et une autre cité qui Archadiople ert appellée garnirent li Venitien, et la cité de Naples ot rendu li frere l'empereor Baudoin al Vernas, qui avoit la seror al roi de France à fame, et ére uns Grieux qui se tenoit à als. Et nuls des Grieux ne se tenoit à als que cil, et cil de ces citez se tindrent la guerre contre les Griex, et firent mainte chevauchie : et on en fist maint envers als. Henri se traist en Constantinople al remanant de sa gent. Et Johannis le roi de Blakie et de Bougrie ne s'oblia mie, qui mult fu riches et poesteis d'avoir,

25.

et se voyant riche et puissant, leva grand nombre de Comains et de Valaches ; et environ trois semaines devant Noël, les envoya dans les terres de l'Empire pour secourir ceux d'Andrinople et de Didymotique, lesquels, quand ils se virent ainsi renforcez, se mirent plus hardiment en campagne.

211. [An 1206.] D'autre part, Thierry de Tenremonde connestable de Romanie, qui commandoit dans Rusium (1), fit une course dans le pays avec environ six vingt chevaliers, laissant sa place mal garnie, et chemina toute la nuit, tant qu'au point du jour il se trouva à une bourgade où les Comains et les Valaches estoient logez : il les surprit, et en tua bon nombre, mesme emmena onze de leurs chevaux, sans que ceux du bourg en eussent avis ; puis rebroussa chemin d'où il estoit venu. Il arriva que cette nuit mesme les Comains et les Valaches s'estoient mis en campagne, au nombre d'environ sept mil chevaux, pour faire quelque ravage dans les terres de leurs ennemis, et se trouvérent sur le matin devant Rusium, où ils se tinrent quelque temps. Et comme ceux de la ville virent qu'ils avoient peu de monde pour la deffendre, ils fermérent les portes, et montérent sur la muraille : ce que les autres ayans apperceu, ils deslogérent. Mais à peine ils eurent fait une lieue et demie, qu'ils firent rencontre des François que Thierry de Tenremonde conduisoit.

212. Si tost que les nostres les descouvrirent, ils se rangérent en quatre escadrons, avec dessein de se re-

---

(1) *Rusium*, ville voisine de Rodosto. Les villes de Pamphile et d'Apre étoient à peu de distance de cette dernière ville.

porchaça grant gent de Comains et de Blas; et quant vint à trois semaines apres Noel, si les envoia en la terre de Romenie por aider cels d'Andrenople et cels del Dimot. Et quant cel furent plus creu, si s'esbaudirent et chevauchiérent plus seurement.

211. [AN 1206.] Tierris de Tendremonde, qui chevetaines ére et connestable, fist une chevauchie al quart jor devant la feste Sainte Marie Chandellor, et chevaucha tote nuit bien à six vingt chevalier, et La Rousse laissa garnie à pou de gent. Et quant vint à l'enjourner, si vint à un casal où Comains et Blas estoient herbergié, et sopristrent, si que cil n'en sorent mot qui estoient el casal : s'en occistrent assez, et gaaignérent bien unze de lor chevaus. Et quant il orent fait cel forfait, si tornérent arriére vers La Rousse. Et céle nuit meismes li Comains et li Blac orent chevauchié por forfaire, et furent bien sept mil, et vindrent à la matinëe devant La Rousse, et i furent grant piéce, et la ville ére garnie de pou de gent ; si fermérent lor portes, et montérent sor le mur, et cil s'en tornérent arriére. N'orent mie eslongié la ville une liuë et demie, quant il encontrérent la chevauchie des François, dont Tierris de Tendremonde ére chevetaine.

212. Quant les François les virent, si s'ordenérent en quatre batailles, et fu lor conseil telx : que il se trairoient à La Rousse tot le petit pas, et se Diex lor donoit que il i peussent venir il seroient là à sauveté. Et li Comain, et li Blac, et li Grieu de la terre,

tirer à Rusium le petit pas, pour avec l'ayde de Dieu se mettre en seureté. Mais les Comains, les Valaches et les Grecs du pays, qui estoient en grand nombre, vinrent charger à toute bride l'arriere-garde, que la trouppe de Thierry de Los seneschal de Romanie, qui s'en estoit retourné à Constantinople, faisoit lors sous la conduite de Vilain son frere. Ils les presserent si rudement, leur blessans plusieurs de leurs chevaux, que de vive force ils les renverserent, avec cris et clameurs, sur la trouppe d'André d'Urboise et de Jean de Choisy, qui les soustinrent neantmoins quelque temps, bien qu'avec peine; mais les autres se renforçans les contraignirent de gagner le bataillon de Thierry de Tenremonde connestable, et tost après les pousserent dans celuy que Charles de Fresne conduisoit. Après avoir esté ainsi travaillez ils arriverent à demie lieuë de Rusium, où les ennemis qui le poursuivoient sans relâche les presserent plus que devant, et donnerent plus fortement sur eux, leur blessans nombre d'hommes et de chevaux; et enfin, comme Dieu souffre quelquefois de semblables aventures, les enfoncerent et acheverent de deffaire, ayant cét avantage d'estre legerement armez et montez, où les nostres l'estoient pesamment.

213. Helas! que cette journée fut funeste à la chrestienté, des six vingt chevaliers n'en estans eschappez que dix au plus, tous les autres ayans esté tuez ou faits prisonniers. Ceux qui se sauverent vinrent à Rusium, et se rallierent avec ceux qui y estoient demeurez. Thierry de Tenremonde, Olis de l'Isle brave chevalier et vaillant, Jean de Sompone, André d'Urboise, Jean de Choisy, Guy de Conflans, Charles de Fresne,

chevauchiérent vers als, quar il avoient mult grant gent, et vienent à l'arriére-garde, si les començent à hardoier mult durement. L'arriére-garde faisoit la masnie Tierris de Los qui ére seneschaus, et estoit repariez en Constantinople. Et de celle genz ére chevetaine Vilains ses freres : et li Comain, et li Blac, et li Grieu la tindrent mult prés, et navrérent mult de lor chevaus, et fu li uz et la noise granz; si que par vive force et par destrece les fisent hurter sor la bataille Andriu d'Urboise et Johan de Choisy, et si que allérent soffrant grant piece, et puis se reforciérent, si que il les fisent hurter sor la bataille Tierris de Tendremonde li connestable, et ne tarda gaire grantment aprés, qui les fisent hurter sor les batailles que Charles de Fraisnes faisoit, et orent tant allé soffrant, que il virent La Rousse, et à mains de demie lieuë. Et cil adés les tindrent plus prés. Et fu la noise granz sor als, et mult i ot de bleciez d'alx de lor chevax; et si com Diex volt soffrir les aventures, cil ne les porent sostenir, ainz furent desconfit, et furent pesament armé, et cil legiérement lor anemi, et les commencent à occire.

213. Halas! com dolorous jor ci ot à la chrestienté, que de toz les six vingts chevaliers n'en escampérent mie plus de dix, que tuit ne fussent mort ou pris; et cil qui en escampérent s'en vindrent fuiant à La Rousse, et se recoillirent avec lor genz qui là dedens estoient. Là fu mort Tierris de Tendremonde, Oris de l'Isle, qui mult ére bon chevalier et prosiez, et Johan de Sompone, Andruis d'Urboise, Johans

Villain frere de Thierry de Los seneschal, furent tuez, avec plusieurs autres dont nous obmettons les noms en cette deffaite, qui fut l'une des plus sensibles et douloureuses pertes que la chrestienté et les nostres ayent souffertes en toute cette expedition.

214. Les Comains, les Grecs et les Valaches s'en retournérent chargez des despoüilles des François, de bons chevaux et harnois qu'ils gagnérent en cette rencontre âvenuë la surveille de la Chandeleur. Le surplus qui eschappa de la deffaite, et ceux qui estoient restez à Rusium, d'abord que la nuit arriva, quittérent la place, et s'en allérent doit à Rodosto, où ils arrivérent sur le matin. Cette triste nouvelle vint au regent de l'Empire comme il estoit allé à la procession à Nostre-Dame de Blaquerne le jour de la Purification; de laquelle ils furent merveilleusement effrayez à Constantinople, croyans bien que tout fût desormais perdu pour eux.

215. Le Regent fut d'avis de fortifier et de munir de gens de guerre la ville de Selyvrée, à deux journées de Constantinople, et y envoyer Machaire de Saincte Manehoult avec cinquante chevaliers pour garder la place. Le Bulgare d'autre costé ayant appris le bon succés arrivé à ses gens en fut fort réjoüy, sçachant bien que les François qui estoient morts ou pris en cette deffaite faisoient la plus grande partie des meilleurs combattans qu'ils eussent; et sur cela il amassa dans ses terres une puissante armée, composée de

de Choisi, Guis de Schonlans, Charles de Fraisne, Villains frere de Tierris le seneschal : de toz çaus qui là furent mort ou pris, ne vos puet toz les noms raconter le livres. Une des graignors dolors et des graignors domages avint à cel jor, et des graignors pitiez qui onques avenist à la chrestienté de la terre de Romenie.

214. Li Commains, et li Grieu, et li Blac retornérent arriére, qui mult orent fait lor volenté en la terre, et mult gaignié de bons chevals et de bons hauberts; et ceste mesaventure si avint le jor devant la veille madame Sainte Marie Chandellor. Et li remananz qui fu eschapés de la desconfiture, et cil qui estoient à La Rousse, si tost comme il fu nuiz si guerpirent la ville, et s'en allérent tote nuit fuiant, et vindrent al maitin à la cité de Rodestoc. Iceste dolorouse novelle si vint à Henri le bals de l'Empire, si com il alloit à la procession à Nostre-Dame de Blaquerne, le jor de la feste madame Sainte Marie Chandellor. Sachiez que mult furent effreé en Constantinople, et cuidérent por voir quil aussent la terre perdue.

215. Lors prist conseil Henris li bals de l'Empire que il garniroit Salembrie, qui ére à deux jornées de Constantinople, et envoia Machaire de Sainte Manehalt à tot cinquante chevalier pour garder la ville. Et lors quant la novelle vint à Johannis le roi de Blaquie que ce ére à sa gent avenu, si ot mult grant joie, que ce ére une des granz parties de la bone gent que li François aussent, que il avoient morz et pris. Lors manda par tote sa terre quanque il pot avoir de gent, et porchaça grant ost de Commains, et de Griex, et

Comains, de Grecs et de Valaches, avec laquelle il fit une irruption dans les terres de l'Empire, la pluspart des villes et chasteaux se rendans à luy. Les Venitiens estans avertis de son arrivée abandonnérent incontinent Arcadiople; et le Bulgare passant outre vint à Apre, dans laquelle il y avoit garnison de Grecs et de Latins. Branas, qui avoit espousé la sœur du roy de France, en estoit seigneur; et Begues de Fransures chevalier de Beauvoisis y commandoit les Latins.

216. Le Bulgare y ayant mis le siege l'emporta d'assaut avec un cruel carnage. Begues de Fransures ayant esté amené devant lui, il le fit mettre à mort sur le champ en sa presence, faisant conduire en Valachie tous les autres de moindre condition, Grecs et Latins, avec leurs femmes et enfans. Puis fit abbattre et ruiner de fonds en comble, tant les murailles que les edifices de la ville, qui estoit forte, riche, et située en bon pays : à douze lieuës de là estoit la ville de Rodosto sur la mer, pareillement riche, forte et spatieuse, et tres-bien garnie de Venitiens, où peu auparavant une troupe de chevaux-legers de renfort, en nombre de bien deux mil, y estoit arrivée.

217. Quand ceux de dedans eurent entendu la prise d'Apre, et que le Bulgare avoit fait inhumainement passer par le fil de l'espée tous ceux qui s'estoient trouvez dedans, ils entrérent en telle frayeur qu'ils se deffirent d'eux-mesmes, Dieu permettant ainsi les malheurs. Les Venitiens se jettérent soudain à foule dans les vaisseaux, et les chevaux-legers qui estoient de France et de Flandres, et des autres endroits,

de Blas, et entra en Romanie : et le plus de citez se tindrent à lui, et tuit li chastel, et ot si grant gent que se ne fu se merveille non. Quant li Venissien oïrent dire que il venoit, si guerpirent Archadiople. Et Johannisse chevaucha tant que il vint à la cité de Naples, qui ére garnie de Griex et de Latins, et ére le Vernas qui l'Empererix la seror le roi de France avoit à fame : et des Latins ére chevetaines Beges de Fransures, un chevalier de la terre de Belveisis. Et Johannis le roi de Blaquie fit assaillir la cité par force.

216. *Là ot si grant mortalité de gent qui furent occis, que ce ne fu se merveille non. Et Beghes de Fransures fu amenés devant Johannis, et il le fist occire maintenant; et toz les autres qui noient valurent des Grex et des Latins, et totes les menues gens, fames et enfanz, en fist mener en Blaquie en prison. Lors fist tote la cité fondre et abatre, qui ére mult bone, et mult riche, et bon païs. Ensi fu destruite la cité de Naples, com vos avez oï. D'iqui aprés à douze lieues seoit la cité de Rodestoc sor mer, qui mult ére riche, et forz, et granz, et garnie de Venitiens mult bien. Et avec tot ce, ére venue une rote de sergeans à cheval, et estoient bien deux mil, et érent venu altressi à la cité pour garnir.*

217. *Quant il oïrent dire que Naples estoit prise par force, et que Johannis avoit fait occire les genz qui estoient dedenz, si se mist uns si granz effroiz en als, que il se desconfissent par als meismes, si com Diex sueffre les mesaventures avenir às genz. Li Venissiens se ferirent és vaissials, qui ainz ainz, qui mielx mielx, si que por poi que li uns ne veoit l'autre. Et li sergeans à cheval qui estoient de France et de*

s'enfuirent par terre : ce qu'ils ne devoient toutefois faire, la ville estant bien fortifiée et fermée de si bonnes murailles qu'aucun n'eût osé entreprendre de les y attaquer, ny le Bulgare tourner de ce costé là. Mais quand il eut appris qu'ils s'en estoient fuis, quoy qu'il fût encores à douze journées de là, il y fit marcher son armée.

218. Les Grecs qui estoient restez dans la place luy ayans ouvert les portes, et s'estans rendus, il les fit tous prendre, grands et petits, à la réserve de ceux qui évadérent, et les fit conduire en Valachie, puis fit abatre les murailles et razer la ville : ce qui fut un grand dommage, cette place estant l'une des meilleures et des mieux situées de tout l'Empire. Il passa en suitte à Panium (1), qui se rendit pareillement, et dont les habitans furent traitez comme ceux d'Apre, et transportez en Valachie. De là il vint à Heraclée, qui est une ville assise sur un bon port de mer, et appartenoit aux Venitiens qui l'avoient tres-bien munie. Il la fit attaquer, et l'emporta d'assaut, auquel la pluspart de ceux de dedans furent tuez, et le reste mené comme les autres en Valachie, et la ville ruinée. Il traita de mesme ceux de la ville de Daonium (2), qui estoit tres-forte et belle, les habitans n'ayans ozé se deffendre.

219. Puis il fit marcher son armée vers Tzurulum, qui s'estoit cy devant renduë à luy, et l'ayant fait razer, il en fit mener les hommes et les femmes prisonniers, ne tenant aucune capitulation. Les Comains

---

(1) *Panium*, ville voisine d'Héraclée. Il ne faut pas confondre cette dernière ville avec la fameuse Héraclée située dans l'Asie mineure. Celle dont il est question étoit une ville maritime entre Selyvrée et Rodosto.— (2) *Daonium*, ville peu éloignée d'Héraclée.

Flandre et des autre terre s'enfuioient par terre. Or oiez que les mesaventures qui ne lor ére mestiers, quar la cité ére si forz, et si close de bons murs et de bones tors, que il ne trovassent jà qui les assaillist, ne Johannis tornast jà celle part. Et quant Johannis oï que il s'en estoient fui, qui ére bien à demie jornée loing dequi, chevaucha celle part.

218. *Li Grieu qui estoient en la cité remés se rendirent à lui, et il maintenant les fist prendre, et petiz et granz, fors cels qui en eschapérent, et les fist mener en Blaquie, et fist la cité abatre. Ha! com ce fu grant domage, car ce ére une des meillors citez de Romenie, et des mielz seanz. Aprés dequi en avoit une altre, qui Panedor ert appellée, qui se rendi à lui, et il le fist abatre et fondre, et les fist mener en Blaquie ausi com de celi, et aprés chevaucha à la cité d'Arecloie, qui seoit sor un bon port de mer, et ére as Venissiens qui l'avoient feblement garnie. Si l'asailli et la prist par force, enchi i ot grant occision de gent, et le remanant le fist mener en Blaquie, et fist fondre la cité de comme les autres. Et dequi chevaucha à la cité de Daïn qui ére mult fort et belle, et la gent ne l'osérent tenir. Si lor fut rendue, et il la fist fondre et abatre.*

219. *Aprés chevaucha à la cité del Churlot qui s'ére à lui rendue, et il la fist fondre et abatre, et mener les homes et les fames en prison. Et nulle convenance que il lor fist ne lor tenoit. Lors corrurent li Commain et li Blac devant les portes de Constantinople, où Henris li bals de l'Empire ére à tant de gent com il avoit mult dolenz et iriez, porçe que il ne pooit avoir tant de gent qu'il peust sa terre def-*

et les Valaches firent de là des courses jusques prés des portes de Constantinople, où le regent Henry estoit avec le peu de gens de guerre qu'il avoit, fort triste et affligé de ce qu'il nestoit assez puissant pour empescher le saccagement de ses terres, et se deffendre de ses ennemis, et particuliérement des Comains, qui enlevérent tout le butin, hommes, femmes et enfans qui se rencontrérent dans le plat pays, et mirent par terre toutes les villes et chasteaux, faisans tous les degasts imaginables, et les plus grands dont on ait jamais oüy parler.

220. Ils vinrent par après à une autre ville nommée Athyre, qui est à douze lieuës de Constantinople, qu'Henry frere de l'Empereur avoit donnée à Payen d'Orléans. Il y avoit lors grand nombre de gens, la pluspart de ceux du plat pays s'y estans refugiez : l'ayans attaquée, ils la prirent par force, et y commirent plus grand carnage qu'en pas une autre des villes où ils avoient esté. C'est ainsi que le Bulgare traitoit toutes les villes et les chasteaux qui se rendoient à luy, les faisant razer, et entrainant les habitans prisonniers en Valachie, sans leur tenir aucun traité; en sorte que, cinq journées aux environs de Constantinople, il ne restoit aucune place qui n'eût couru la mesme fortune, sauf Bizye (1) et Selyvrée, qui avoient garnison françoise. Anseau de Cahieu estoit en celle de Bizye avec environ six vingt chevaliers, et Machaire de Saincte Manehoud en celle de Selyvrée avec cinquante, Henry frere de l'Empereur estant demeuré avec le surplus des trouppes à Constanti-

(1) *Bizye*, ville de Thrace.

fendre. Et en pristrent li Commain les proies de la terre, et homes et fames et enfanz, et abatirent les citez et les chastiax, et fisent si grant essil, que onques nus hom n'oï parler de si grant.

220. *Lors vindrent à une cité à douze liues de Constantinople, qui Nature ert appellée ; et Henris li frere l'Empereor l'avoit donée à Paiens d'Orliens : celle si avoit mult grant pueple de gens, et il s'en estoient tuit fui cels del païs ; et il l'assaillirent, si la pristrent par force. Là i ot si grant occision de gent, que il n'avoit ensi grant en nulle ville où il eussent esté. Et sachiez que tuit li chastels et totes les citez qui s'érent rendues à Johannis, et cui il avoit asseurez, érent tuit fondu et destruit, et menées les gens en Blaquie, en tel maniere com vos avez oï. Sachiez que dedenz cinq jornées de Constantinople ne remest nulle riens à essillier, fors solement la cité de Versoï et cele de Salembrie, qui estoient garnies de François. Et en celle de Versoï ére Ansiau de Kaeu, bien à tot six vingt chevalier. Et en celle de Salembrie ére Machaires de Saint Manehalt à tot cinquante. Et Henris le frere l'empereor Baudoins ére remés en Constantinople al remanant. Et sachiez que mult érent al desor, que defors le tors de Constantinople n'avoient retenu que ces deux citez.*

nople, où il se trouvoit fort à l'estroit, et hors de laquelle il n'avoit que ces deux places.

221. Quand les Grecs qui estoient à la suitte du Bulgare, et qui s'estoient revoltez contre les François pour se rendre à luy, virent qu'il leur abbattoit et razoit ainsi leurs chasteaux et leurs villes, sans leur tenir aucune parole ny capitulation, ils jugérent bien qu'ils estoient perdus, et qu'il feroit la mesme chose d'Andrinople et de Didymotique si tôt qu'il y arriveroit, et que s'il abbattoit et ruinoit ces deux places, la Romanie estoit perduë pour jamais, sans esperance de resource ; de manière qu'ils depéchérent secretement des deputez d'entre eux, qu'ils envoyérent à Constantinople vers Branas, pour le prier de vouloir interposer son credit, et d'obtenir pardon du regent Henry et des Venitiens, et tâcher de refaire leur paix avec eux, proposans que s'ils vouloient luy laisser Andrinople et Didymotique ils se rangeroient tous à luy, et par ce moyen les Grecs et les Latins seroient à l'advenir en bonne intelligence et concorde ensemble. On tint conseil sur ces propositions qui furent fort agitées, et dont la conclusion fut qu'on accorda à Branas et à l'Imperatrice sa femme, qui estoit sœur de Philippe roy de France, les villes d'Andrinople et de Didymotique, avec leurs appartenances et dependances, à la charge d'en faire hommage à l'Empereur, et de le servir dans ses armées suivant l'usage des fiefs. Ainsi le traité fut fait et achevé, et la paix entre les Grecs et les François renouvellée.

222. D'autre part, Jean roy de Valachie et de Bulgarie, aprés avoir sejourné long-temps dans les terres de l'Empire, et ruiné tout le pays durant le caresme,

221. Quant ce virent li Grieu qui érent en l'ost avec Johannis, qui s'érent à lui rendu et revellé contre les Frans, et il lor abatoit lor chastiaux et lor citez, et nul convent ne lor tenoit, si se tindrent à mort et à traï, et parlèrent ensemble, et distrent que aussi feroit il d'Andrenople et del Dimot quant il reparieroient. Et se il ces deux abatoit dont estoit Romenie perdue à toz jorz. Et pristrent lor message privéement, si les envoiérent en Constantinople al Vernas, et li prioient que il criast merci à Henri le frere l'empereor Baudoins et às Venissiens, que il feissent la paix à als, et que il li donassent Andrenople et le Dimot, et li Grieu se torneroient tuit à lui, et ensi porroient estre li Grieu et li Franc ensemble. Conseil en fu pris, où i ot paroles de maintes maniéres; mais la fin del conseil fu telx: que à Vernas et à l'Empereris sa fame, qui ere suer le roy Phelippe de France, fu octroié Andrenople et le Dimot, et totes lor apertenances, et il en feroit le servise à l'Empereor et à l'Empire. Ensi fu la convenance faite et assovie, et la pais faite des Grex et des Frans.

222. Johannis li rois de Blaquie et de Bougrie, qui ot séjorné longuement en Romenie, et lou païs gasté trestote la quaresme et aprés la Pasque à grant pièce,

et encores un bon espace de temps aprés Pasques, rebroussa chemin, et vint vers Andrinople et Didymotique, proposant et ayant dessein de les traiter comme il avoit fait les autres. Mais quand les Grecs qui estoient avec luy s'apperçûrent qu'il prenoit cette route, ils commencérent à se desrober secrettement jour et nuit, au nombre de vingt ensemble, trente, quarante, et cent. A son arrivée il fit sommer les habitans de le recevoir, et de le laiser entrer en leurs villes comme il avoit fait és autres; ce qu'ils refusérent absolument luy disant : « Sire, quand nous nous ren-
« dismes à vous, et nous nous revoltâmes contre les
« François, vous nous promites et jurastes de nous
« conserver de bonne foy et garder sains et sauves,
« ce que vous n'avez fait; mais au contraire vous
« avez ruiné et destruit toutes les terres de l'Empire,
« et ne doutons pas que vostre dessein ne soit de
« nous traiter de la mesme façon que vous avez fait
« les autres. » Sur ce refus et cette response, le Bulgare mit le siege devant Didymotique, et y fit dresser à l'entour seize grandes perriéres pour la battre, faisant fabriquer de toute sortes d'autres machines de guerre pour la prendre; et cependant il ruina et gasta tout le pays d'alentour.

223. Les Grecs de dedans et ceux d'Andrinople, voyans la resolution du Bulgare, envoiérent promptement à Constantinople pour donner avis à Henry regent de l'Empire et à Branas du siege de Didymotique, et pour les prier au nom de Dieu de les vouloir secourir. Sur cette nouvelle ceux de Constantinople prirent resolution de secourir Didymotique, bien qu'il y en eut assez de contraire avis, lesquels ne

si s'en retraist arriéres vers Andrenople et vers le Dimot, et ot en pensée que il en feroit tot autre tel com il avoit fait des autres. Et quant li Grieu virent ce, qui estoient avec lui, qu'il torneroit vers Andrenople, si se comencent à embler de lui, et par nuit et par jor, vingt, trente, quarante, cent. Et quant il vint là, si lor requist que il le laississent alsi entrer dedenz, com il avoient fait dedenz les autres : et il li distrent que il ne feroient, et distrent : Sire, quant nos nos rendismes à toi, et nos nos revelames contre les Frans, tu nos juras que tu nos garderois en bone foi, et salveroies. Tu ne l'as pas fait, ainz, as destruite Romenie, et alsi savons nous bien que tu nos feroies alsi com tu as fait des autres. Et quant Johannis oït ce, si assist le Dimot, et dreça entor seize perieres granz, et comença engins à faire de mainte maniére, et gaster tot le païs entor.

223. Lors pristrent cil d'Andrenople et cil del Dimot lor messages, si les envoiérent en Constantinople à Henri qui ére bals de l'Empire, et al Vernas, que il secorussent por Dieu le Dimot qui ert assis; et quant cil de Constantinople oïrent la novelle, si pristrent conseil del Dimot secorre. Mult i ot de cels qui n'osérent mie i loer que on isist de Constantinople, ne que si pou que on avoit de la chrestienté se meist

pouvoient appprouver que l'on abandonnast la ville de Constantinople, ny qu'on hazardast ainsi temerairement le peu d'hommes qui leur restoient : toutefois, nonobstant toutes leurs raisons et leurs remonstrances, il fut arresté qu'on se mettroit en campagne, et que l'on iroit jusques à Selyvrée. Sur quoy le cardinal legat fit une belle exhortation, donnant pleniére absolution et indulgence à tous ceux qui iroient et mouroient au combat en une si loüable entreprise. Henry estant party de Constantinople avec les trouppes qu'il pût recouvrer, vint jusqu'à Selyvrée, et campa devant la ville l'espace de huit jours; durant lequel temps luy survenoit de jour en jour nouveaux courriers de la part de ceux d'Andrinople, qui le prioient de vouloir avoir pitié d'eux, et de leur envoyer du secours, sans lequel ils estoient perdus.

224. Henry prit là dessus conseil de ses barons, qui furent d'avis d'aller à Bizye, qui estoit une bonne place, ce qu'ils firent, et se logérent hors l'enceinte des murailles la veille de la feste de Sainct Jean Baptiste en juin; le mesme jour qu'ils prirent leurs logemens, d'autres courriers d'Andrinople arrivérent pour avertir le Regent que s'il ne secouroit promptement Didymotique elle estoit perduë, ne pouvant encore tenir huit jours, parce que les perriéres du Bulgare avoient fait bréche en quatre endroits, et les ennemis y avoient desja fait deux assauts, et avoient monté sur les murailles.

225. Le Regent assembla son conseil pour sçavoir ce qu'il avoit à faire en cette occasion : le tout examiné et debatu, fut enfin resolu que l'on iroit la secourir, estans desja venus si avant, que sans en-

en aventure. Totesvoies fu lor consels telx : que il isroient fors, et que il iroient trosque à Salembrie. Li Cardonaus qui ére de par l'Apostoille de Rome en prescha, et en fist pardon à toz cels qui iroient et qui moroient en la bataille. Lors s'en issi Henris de Constantinople à tant de gent com il avoit pot, et chevaucha trosque à la cité de Salembrie, et enqui fu logiez devant la ville bien par huit jorz, et de jor en jor li venoit message d'Andrenople, et li mandoient que aust merci d'als, et que il le secorust, que se il nes secorut il estoient perduz enfin.

224. Lors prist conseil Henris à ses barons, et li consels si fu telx : que il allassent à la cité de Virsoï, qui mult ére bone et forz. Ensi com il dissent, si le fissent, et vindrent à la cité de Virsoï, si se logiérent devant la ville, le jour de la veille de la feste monseignor Sain Johan Baptiste en juing, et le jor cum il furent logié, vindrent li message d'Andrenople, et distrent à Henri le frere l'empereor Baudoin : Sire, sachiez que se tu ne secors la cité del Dimot, qu'elle ne se puet tenir plus de huict jors, car les periéres Johannis ont abatu le mur en quatre leus, et ont esté ses genz deux fois sor les murs.

225. Lors demanda conseil que il feroit. Assez i ot parlé avant et arriére : mais la fins del conseil si fu tels, que il distrent : Seignor, nos somes jà tant venu avant, que nos somes honi se nos ne secorons

courir la perte de leur reputation ils ne pouvoient s'exempter de donner jusques là; qu'il falloit donc que chacun avisast à sa conscience, et se mit en bon estat, et qu'en suitte on reglast l'ordre des batailles. Ayans fait une reveuë de leurs forces, ils trouvérent qu'ils avoient environ quatre cens chevaliers au plus. Surquoy ils firent venir les deputez d'Andrinople, auxquels ils demandérent l'estat de l'armée de Jean roy de Bulgarie, et de quel nombre de gens de guerre elle estoit composée. Ils respondirent qu'il avoit bien quarante mille chevaux, sans les gens de pied dont ils ne sçavoit le compte. D'où l'on peut juger combien cette entreprise estoit perilleusse, estant si peu de gens contre une armée si puissante. Le lendemain matin feste de Sainct Jean Baptiste, ils se confessérent et communiérent, et le jour suivant se mirent en campagne en cét ordre : Geoffroy, mareschal de Romanie et de Champagne, et Machaire de Saincte Manehoud commandérent l'avant-garde; Conon de Bethune conduisit la seconde bataille; Miles de Brabant la troisiéme; Payen d'Orleans et Pierre de Braiecuel la quatriéme; Anseau de Cahieu la cinquiéme; Baudoüin de Beauvoir la sixiéme; Hugues de Belines la septiéme; Henry frere de l'empereur Baudoüin la derniére; Gautier d'Escornay, et le flamen Thierry de Los qui estoit seneschal, eurent la charge de l'arriére-garde.

226. L'armée marcha en cét ordre l'espace de trois jours avec beaucoup de danger; car d'un costé ils estoient en petit nombre, et les ennemis qu'ils alloient combatre estoient tres-puissans : d'autre part ils doutoient de la fidelité des Grecs qui s'estoient declarez pour eux depuis peu, ny qu'ils les voulussent aider

le Dimot : mais soit chascuns confés et commenié ; et ordenons noz batailles. Et aesmérent que il avoient bien quatre cent chevalier, et que il n'en avoient mie plus, et mandèrent les messes qui erent venu d'Andrenople, et demandérent le convine, combien Johannis avoit de gent : et il respondirent que il avoit bien quarante mil homes à armes, sanz cels à piés dont il ne savoient le conte. Ha Diex ! com perillose bataille de si pou de gent encontre tant! Al maitin le jour de la feste monseignor Saint Johans Baptiste furent confés et commenié, et lendemain si murent. L'avant-garde si fu commandée Joffroi le mareschal de Romenie et de Champaigne, et Machaires de Sainte Manehalt fu avec. La second bataille fist Coenes de Betune; Miles de Braibanz la tierce; Paiens d'Orliens et Pierre de Braiecuel la quarte; Ansials de Kaeu la quinte; Baudoin de Belveoir la siste; Hues de Belines la septiesme; Henris le frere l'empereor Baudoin la huictiesme; Gautier de Escornai, et li Flamens Thierris de Los, qui ere seneschaus, fist l'arriére garde.

226. Lors chevauchiérent tot ordenéement par trois jors, ne onques plus perillosement genz n'allérent querre bataille, car il avoit deux perils : de ce que il estoient pou, et cil estoient assez, à cui il alloient combatre ; d'autre part, il ne creioient pas les Griex à cui il avoient pais faite, que il lor deussent aidier de

à bon escient : mais craignoient que quand ce viendroit au besoin ils ne les abandonnassent, et se missent derechef du costé du Bulgare, lequel pressoit si fort Didymotique, qu'il estoit à la veille de la prendre. Quand le Bulgare eut le vent de la marche des François, qui s'avançoient vers luy avec resolution de le combattre, il n'oza les attendre, et après avoir mis le feu à ses machines il leva le siege de Didymotique et se retira; ce que tout le monde tint à grande merveille. Le Regent cependant arriva la quatriéme jour devant Andrinople, et se campa en une fort belle prairie sur la riviére.

227. D'abord que ceux de la ville les virent approcher, ils sortirent au devant en procession avec leurs croix, et leur firent la meilleure reception qu'on puisse s'imaginer. Et veritablement ils la devoient bien faire, dautant que sans ce secours ils couroient danger d'estre mal traitez. Lors la nouvelle estant venuë en l'armée françoise que Jean roy de Bulgarie s'estoit campé à un chasteau appellé Rodosto, ils se mirent en campagne dés le lendemain matin pour l'aller chercher, et lui presenter la bataille : mais l'autre deslogea promptement, et reprit le chemin de ses terres, les nostres l'ayans suivy cinq jours entiers sans le pouvoir attraper, parce qu'il avoit pris les devans. Au cinquiesme ils se logérent en une agreable campagne prés d'un chasteau appellé le Frain, et y séjournérent trois jours. Auquel endroit une trouppe de braves hommes se retira de l'armée pour quelque different qu'ils eurent avec Henry frere de l'Empereur : Baudoüin de Beauvoir en fut le chef et conducteur, et fut suivy entre autres de Hugues de Belines, de Guil-

cuer; ainz avoient paor que quant veroit au besoing, que il ne se tornassent devers Johannis, qui avoit le Dimot si approchié de prendre com vos avez oï arriére. Quant Johannis oï que li Frans venoient, si nes ossa attendre, ainz arst ses engins et se desloja. Et ensi se desloja del Dimot. Et sachiez que tot li monz le tint à grant miracle. Et Henris li baus de l'Empire vint al quart jour devant Andrenople, et se loja sor les plus bels prés del monde sor la riviere.

227. Quant cil d'Andrenople les virent venir, si issirent fors à totes lor croiz et à la procession, et fisent la graignor joie qui onques fust veuë. Et il le durent bien faire, que il n'estoient mie à aise. Et lors vint la nouvelle en l'ost des Frans que Johannis ère logiez à un chastel qui a nom Rodestinc. Et al matin mût l'ost des Frans, et chevaucha vers celle part pour la bataille querre, et Johannis se desloja, si chevaucha arriers vers son païs. Ensi le suirent par cinq jornées, et il adés s'en alla devant als. Lors se herbergierent al cinquiesme jor sor un bel leu, à un chastel que on appelle le Fraim, en qui séjornèrent par trois jors, et lors s'en parti une compaignie de la bone gent de l'ost, par descorde qu'il eurent à Henry le frere l'empereor Baudoin. De celle compaignie fu chevetaines Baudoin de Belveoir, et Hues de Beliñes fu avec lui, Guillelmes de Gomeignies et Drues de Belraim. Et en allérent bien ensemble en celle route cinquante chevalier, et cuidérent que li remananz n'osast remanoir el païs contre lor anemis.

laume de Gomegnies, et de Dreux de Beaurain, avec environ cinquante chevaliers, estimans que le reste n'ozeroit demeurer en ce pays-là pour crainte des ennemis.

228. Henry regent de l'Empire, et les barons qui estoient avec luy, resolurent de passer plus outre: ayans cheminé deux jours, ils allérent camper en une belle vallée, prés d'un chasteau appellé Moniac (1) qui leur fut rendu sur le champ, et où ils sejournérent l'espace de cinq jours, en resolution d'aller secourir Renier de Trit qui estoit enfermé dans la forteresse de Stenimac depuis treize mois. Le Regent demeura au camp avec la meilleure partie de son armée, et envoya les autres qui restoient au secours de Renier de Trit à Stenimac, où ils s'acheminérent avec si grand peril qu'on n'en a jamais veu de plus grand, ayans esté obligez de traverser durant trois jours les terres des ennemis. Ceux qui allérent à cette récousse furent Conon de Bethune, GEOFFROY DE VILLE-HARDOUIN mareschal de Romanie et de Champagne, Machaire de Sainte-Manehoud, Miles de Brabans, Pierre de Braiecuel, Payen d'Orleans, Anseau de Cahieu, Thierry de Los, Guillaume de Perçoy, et une trouppe de Venitiens dont André Valier estoit capitaine, lesquels enfin arrivérent à Stenimac.

229. Renier de Trit, qui estoit sur les rempars, apperçeut l'avant-garde que le mareschal Geoffroy conduisoit, et les autres bataillons qui venoient en suitte en belle ordonnance. D'abord il ne pût discerner

---

(1) *Moniac:* Cette place étoit située en avant d'Andrinople, du côté de la Bulgarie.

228. Lors pristrent conseil Henris li baus de l'Empire et li baron qui avec lui estoient, et fu telx lor conseil, que il chevaucheroient par deux jors, et herbergiérent en une mult béle valée prés d'un chastel que on appelle Moniac, et cil chastiaus lor fu renduz, et i séjornérent bien par cinq jors, et distrent que il iroient Renier de Trit secorre, qui ére dedenz le Stanimac assis, et i avoit esté bien treize mois enserrez dedenz. Ensi remest Henri li baus de l'Empire en l'ost, et grant partie de sa gent. Li remananz alla secorre Renier de Trit à le Stanemac. Et sachiez que mult allérent perilleusement cil qui allérent, que on a pou veu de si perilloses rescouses, et chevauchiérent trois jors parmi la terre à lor anemis. En celle rescolse alla Coenes de Betune, et JOFFROIS DE VILLE-HARDOIN li mareschaus de Romenie et de Champaigne, et Machaires de Saint Manehalt, et Miles de Braibanz', et Pierre de Braiecuel, et Paiens d'Orliens, et Ansials de Kaeu, et Tyerris de Los, et Guillelme del Perçoy, et une bataille de Veniciens dont Andruis Valéres ére chevetaine. Et ensi chevauchiérent trosque au chastel de Stanemac, et approchiérent tant que il virent le Stanemac.

229. Reniers de Trit qui ére as bailles des murs, et choisist l'avangarde que Joffrois li mareschaus faisoit, et les autres batailles qui venoient aprés mult ordenéement. Et lors ne sot quex genz ce estoient. Et ce ne fu mie mervoille se il dota, que grant tens avoit que il n'avoit oï novelles d'als, et cuida que ce fussent li Grieu qui les venissent asseoir. Joffrois li ma-

quels gens c'estoient; dont il ne faut pas s'estonner, dautant qu'il y avoit long temps qu'il n'avoit eu de leurs nouvelles, et croyoit que ce fussent Grecs qui le venoient assieger. Le mareschal envoya devant des Turcoples et des arbalestriers à cheval pour descouvrir l'estat de la place, ne sachans si ceux de dedans estoient morts ou vifs, s'estant passé un tres-long temps sans avoir appris ce qu'ils estoient devenus. Estans approchez prés du chasteau, Renier de Trit et ses gens les reconnurent, et sortirent à l'instant de la place allans à la rencontre de leurs amis, et s'entre-saluans avec tous les témoignages de réjoüyssance que l'on peut assez concevoir. Les barons prirent leurs logemens dans la ville qui estoit au pied du chasteau, d'où on l'avoit tenu assiegé.

230. Ce fut là que les barons demandérent des nouvelles de l'empereur Baudoüin, disans qu'ils avoient plusieurs fois oüy dire qu'il estoit mort en la prison de Jean roy de Bulgarie, ce qu'ils ne pouvoient croire : mais Renier de Trit les ayant asseuré que veritablement il estoit mort (1) ils n'en doutérent plus, plu-

---

(1) *Les ayant asseuré que veritablement il estoit mort.* Albéric, historien contemporain, donne ainsi qu'il suit les détails de la mort de Baudouin, à Ternove, capitale de la Mysie :

Hic ergo ita captus cum sociis apud Ternoam fuit incarceratus: unde de morte hujus Balduini, non affirmando, sed simpliciter quod a quodam presbytero flandresi dicitur, qui per civitatem Ternoam de Constantinopoli repatriando iter habuit, hæc retulit : Quod uxor Johannici, dum ille alias intendit, misit Imperatori ad carcerem verba suasoria, dicens quod si eam in uxorem ducere, et Constantinopolim vellet secum adducere, ipsum in instanti liberaret à carcere et captivitate. Quæ promissa dum fuissent ab Imperatore repudiata, et pro nihilo computata, illa apud maritum usa est novâ querimoniâ, dicens

reschaus de Romenie et de Champaigne prinst Turcoples et arbalestriers à cheval, si les envoia avant por savoir le convine del chastel, que il ne savoient si il estoient mort ou vif, que grant tens avoit que il n'en avoient oï novelles. Et quant cil vindrent devant le chastel, Reniers de Trit et sa mesnies les conurent. Bien le poez savoir que il orent grant joie. Lors s'en issirent et allèrent contre lor amis, si firent grant joie li uns à l'autre, et lors se herbergièrent li baron en une mult bone ville qui estoit al pié del chastel, et qui tenoit adés assiegé le chastel.

230. *Lors distrent li baron que il avoient maintes fois oï dire que l'emperéres Baudoins ère morz en la prison Johannis, mes il nes creoient mie; et Reniers de Trit dist que pour voir ère morz, et il le crûrent. Mult i ot de cels qui en furent dolent, se il le peussent amender. Et ensi vinrent en la ville; et al*

---

quod Imperator ei promiserit quod eam Constantinopolim secum deduceret et imperatricem coronaret, si eum de illa captivitate liberaret. Johannicus imperatorem coram se adduci fecit et inibi interfici; et ita de mandato ejus Imperator occiditur et canibus relinquitur, et per edictum publicum mors ejus celari jubetur.

Le père d'Outreman raconte dans son histoire les autres circonstances de cette mort, tirées d'un manuscrit.

sieurs sur cette certitude renouvellans leurs plaintes et leur douleur, qui estoit neantmoins sans remede. Le lendemain matin ils partirent, abandonnans le chasteau de Stenimac, et le troisiéme jour arrivérent au camp, où le prince Henry les attendoit prés du chasteau de Moniac, qui est assis sur la riviére d'Arte, et où il estoit logé. Il n'y eut personne de l'armée qui ne témoignast beaucoup de joye de la delivrance de Renier de Trit aprés une si longue prison; et ceux qui l'allérent tirer dehors en reçeurent la loüange que méritoit une si belle et si perilleuse entreprise.

231. Là dessus les barons s'assemblérent, et resolurent de retourner à Constantinople pour y faire couronner empereur le prince Henry : et laissérent en ces quartiers-là Branas avec tous les Grecs du pays, et quarante chevaliers que le Regent lui laissa par forme de renfort. Cependant Henry et les autres barons se mirent en chemin et arrivérent à Constantinople, où ils furent tres-bien venus : puis ils couronnérent empereur Henry frere de l'empereur Baudoüin avec toute la magnificence et réjoüyssance imaginable en l'église de Saincte Sophie le dimanche d'aprés la Nostre-Dame de la my-aoust, l'an de l'incarnation de nostre Seigneur mil deux cens et six. Vers ce mesme temps, et incontinent aprés ce couronnement, le Bulgare ayant eu avis que Branas avoit pris possession d'Andrinople et de Didymotique, amassa en diligence le plus grand nombre de gens qu'il pût, et marcha droit à Didymotique, qu'il emporta d'emblée, Branas n'ayant encore fait reparer les bréches qui y avoient esté faites par le Bulgare, ny d'ailleurs muny la place comme il falloit. L'ayant

matin s'en partirent, et guerpirent le Stanemac; et chevauchiérent per deux jorz. Et al tierz jorz vindrent à l'ost, où Henri le frere l'Empereor les attendoit sor le chastel de Moniac qui siet sor le flum d'Arze, où il estoit herbergiez. Mult fu granz joie à cels de l'ost de Reniers de Trit, qui ère rescous de prison, et à bien fu atornez à cels qui l'emenérent, car il i allérent mult perilleusement.

231. Lors pristrent conseil li baron que il iroient en Constantinople, et que il coroneroient Henri le frere l'empereor Baudoin; et laissiérent le Vernas à toz les Grex de la terre, et à tot quarante chevaliér que Henris li bals de l'Empire li laissa. Et Ensi s'en alla Henris li bauls de l'Empire, et li autre baron en Constantinople, et chevauchiérent par lor jornées tant que il vindrent en Constantinople, où il furent voluntiers veuz. Lors coronérent à empereor Henri le frere l'empereor Baudoin, le dimenche aprés la feste madame Sainte Marie en aost, à grant joie et à grant honor, à l'iglise Sainte Sophye. Et ce fu en l'an de l'incarnation nostre seignor Jesu Christ mil et deux cens anz et six. Et ainsi l'Empereor fu coronez en Constantinople, si com vous avez oï, et li Vernas fu remest en la terre d'Andrenople et del Dimot. Johannis rois de Blakie et de Bougrie quant il le sot, si amassa de gent quanque il pot. Et le Vernas n'ot mie refermé del Dimot ce que Johannis not abatu à ses periéres et à ses mangoniuls, et l'ot povrement garni. Et Johannis chevalcha al Dimot, si

ainsi prise, il acheva de la razer rez-pied rez-terre. De là il fit des courses dans le pays, et enleva hommes, femmes et enfans, et un grand butin, y commettant des dommages et ruines estranges.

232. Ceux d'Andrinople depéchérent à l'empereur Henry pour avoir du secours, et luy donner avis de la prise de Didymotique. Sur cette nouvelle l'Empereur fit convoquer tout ce qu'il pût avoir de trouppes, et s'achemina droit vers Andrinople. Le Bulgare, sur l'avis qu'il eut de sa marche, quitta incontinent le pays et se retira dans ses terres. L'Empereur continuant son chemin arriva devant Andrinople, et campa en une prairie hors la ville, où les Grecs du pays le vinrent trouver, et luy dirent que le Bulgare, aprés avoir pris et ruiné de fonds en comble Didymotique et tous les environs, s'en retournoit chargé de butin, emmenant hommes et femmes prisonniers, et qu'il n'estoit qu'à une journée de là. L'Empereur fut d'avis de l'aller combattre, s'il l'attendoit, pour tâcher de récourre (1) les pauvres misérables captifs qu'il emmenoit. Il alla aprés, et le suivit par quatre jours, l'autre gaignant tousjours les devans, tant qu'il arriva à Veroï (2). Comme les habitans du lieu apperçûrent l'armée de l'Empereur, ils abandonnérent la ville et s'enfuirent dans les montagnes. L'Empereur cependant y arriva avec ses trouppes, et l'ayant trouvée garnie de bleds, de vivres et autres commoditez, il y sejourna deux jours. De là il fit faire des courses dans le pays, d'où ses gens ramenérent nombre de bœufs, vaches, bufles, et autre butin. Cela fait il partit de cette place, et vint à une autre, ap-

(1) *Récourre*, délivrer, sauver du danger.
(2) *Veroï*, place de la même province que celle de la note suivante.

lo prist è l'abbati, et fondi les murs trosque en terre, et cort par tot le païs, et prent homes, et fames, et enfanz, et proiez, et fist grant destruiment.

232. Lors mandérent cil d'Andrenople l'empereor Henri que il le secourust; que le Dimot ére perduz en tel maniére. Lors semonst l'empereor Henri quanque il pot avoir de gent, et issi de Constantinople, et chevalcha vers Andrenople par ses jornées. Et Johannis li roi de Blakie, qui ére en la terre, com il oït que il venoit, si se traist arriéres vers la soe terre. Et l'emperéres Henri chevalcha tant que il vint à Andrenople, et se logia defors en la praérie. Et lors vinrent li Grieu del païs, si li distrent que Johannis li rois de Blakie emmenoit les homes, et les femes, et les proies, et avoit le Dimot destruit, et tot le païs entor, et que il ére encore à une jornée dechi. Et li consels l'Empereor fu telx, que il seroit à lui combatre, se il l'atendoit, por secoure les chaitis et les chaitives que il emmenoit; et chevaucha aprés lui, et cil s'en alla devant adés, et ensi le suyt par quatre jorz. Lors vint à une cité que on appelloit Veroï: com cil de la cité virent l'ost de l'empereor Henri venir, si s'enfuirent és montaignes, et guerpirent la cité, et l'Emperéres vint à tote s'ost, et se loja devant la ville, et la trouva garnie de blez et de viandes, et d'autres biens. Ensi séjorna iqui par deux jors, et fist ses gens corre par le païs entor, et gaaingniérent assés proiez de bues et de vaches, et de bufles mult grant plenté; lors se parti de celle cité à toz ses gaaiens, et chevaucha à une altre cité loing dequi à une jornée, que on apelle Blisme:

pellée Blisne (1), à une journée de celle-là, que les Grecs avoient pareillement abandonnée; laquelle il trouva garnie de tous biens, et se campa devant.

233. Cependant nouvelles arrivérent que les pauvres captifs et captives que le Bulgare emmenoit avec leurs dépoüilles et leurs chariots estoient arrestez en une vallée à trois lieuës de l'armée. Sur quoy l'Empereur commanda que les Grecs d'Andrinople et de Didymotique, accompagnez de deux escadrons de chevaliers, les allassent délivrer; ce qui fut exécuté le lendemain : l'un des deux escadrons fut conduit par Eustache frere de l'Empereur; et l'autre par Machaire de Sainte Manehoud; et ainsi les François et les Grecs marchérent jusques en la vallée qui leur avoit esté designée, où ils trouvérent ces misérables, comme on leur avoit rapporté. Il y eut d'abord une grosse escarmouche entre les gens du Bulgare et les nostres, où il y en eut plusieurs de tuez et de blessez, tant hommes, femmes, que chevaux. Mais à la fin, moyennant la grace de Dieu, les François y demeurérent victorieux, et ramenérent quant et eux tous les prisonniers, en nombre de bien vingt mil ames, et trois mil chariots chargez de hardes et bagage, et autre butin tres-considerable. Ils retournérent ainsi au camp tenans en file deux grandes lieuës, et y arrivérent dans la nuit, l'Empereur, comme aussi tous les barons de l'armée, ayans témoigné beaucoup de réjoüyssance de cette delivrance. Il les fit loger de l'autre costé du camp, en sorte qu'ils ne perdirent aucune chose.

234. L'Empereur ayant sejourné en ce lieu encore

---

(1) *Blisne*, en grec *Blisnon*, ville située près de Philippopoli.

et ensi com li autre Gré avoient laissié l'autre cité, r'avoient cil laissié ceste, et il la trova garnie de toz biens, et se herbergia devant.

233. Lors lor vint une novelle que à une vallée à trois lieuës de l'ost, estoient li catif et les catives que Johannis emmenoit à tot lor proies, et à toz lor chars. Lors atorna l'emperéres Henris que li Grieu d'Andrenople et cil del Dimot les iroient quérre, et leur chargeroit deux batailles de chevalier. Ensi com il fu devisé si fu fait à lendemain. De l'une des batailles fu chevetaine Euthaices le frere l'empereor Henry de Constantinople, et de l'autre Machaire de Sain Manehalt. Et chevauchiérent entr'aus et les Grieus trosque en la vallée que on lor ot enseignie, et trovérent la gent ensi com l'en lor ot dist. Et la gent Johannis assembla à la gent l'empereor Henri, si i ot navré et morz homes et fames, et chevaus de l'une part et de l'autre. Mais par la vertu de Dieu orent li Franc la force, et tournérent les chaitis, et emmenérent devant als arriére. Et sachiez que celle rescousse ne fu mie petite, que bien i ot vingt mil, que homes que fames que enfanz, et bien trois mil chars cargiez de lor robes et de lor hernois, sans les autres proies dont il avoit assez : Et bien duroit la route si cum il venoient à l'ost deux lieuës granz. Et ensi vindrent à l'ost la nuit, et en fu mult liez l'emperéres Henris et tuit li autre baron ; et les fist herbergier d'une part, si que onc ne perdirent vaillant un dener de rien qui aussient.

234. Lendemain séjorna l'emperéres Henris por le pueple que il ot rescous. A l'autre jor se parti del païs, et chevaucha tant per ses jornées que il vint à

le lendemain en consideration de ce pauvre peuple qu'il avoit sauvé, et pour luy donner quelque temps de repos, deslogea le jour d'après, et vint à Andrinople, où il donna congé aux captifs, tant hommes que femmes, de se retirer châcun au pays de leur naissance, et en telle autre part qu'ils aviseroient avec leurs biens; le surplus du butin, qui estoit grand, ayant esté departy aux gens de guerre ainsi qu'il falloit. L'Empereur, aprés avoir sejourné en suitte cinq jours à Andrinople, s'en alla à Didymotique pour y voir les ruines que le Bulgare y avoit faites, et s'il y avoit moyen de la refermer : s'estant campé devant la ville, il ne trouva pas lieu, ny les barons, de la pouvoir restablir, veu l'estat auquel elle avoit esté mise.

235. En ce mesme temps Othon de La Roche, ambassadeur de Boniface marquis de Montferrat, arriva au camp pour parler d'un mariage, qui avoit esté autrefois proposé, de la fille du marquis avec l'empereur Henry; et luy apporta nouvelle comme cette princesse estoit arrivée de Lombardie, d'où son pere l'avoit fait venir pour cette occasion à Thessalonique. Le mariage ayant esté arresté d'une part et d'autre, Othon s'en retourna vers son maistre. Et l'Empereur ayant de nouveau rassemblé ses gens, après qu'ils eurent amené au camp en seureté le butin qu'ils avoient fait à Visoï, ils se mirent derechef en campagne, passérent devant Andrinople, et estans entrez dans les terres de Jean roy de Valachie et de Bulgaire, arrivérent à une ville appellée La Ferme [1], qu'ils emportérent d'emblée, et y

---

[1] *La Ferme.* Les Grecs appeloient cette ville *Therma*, à cause des bains qui s'y trouvoient : elle étoit voisine de Philippopoli.

Andrenople. Lors dona congié as homes et as fames que il ot rescous, et chascuns s'en alla là où il vot en la terre dont il ére nez, ó d'autre part. Et les autres proies, dont il avont mult grant plenté, furent departi à cels de l'ost si com il deut. Lors séjourna l'empereres Henri par cinq jorz, et puis chevaucha trosque à la cité del Dimot, por savoir coment elle ére abatue, et se on le porroit refermer, et se logia devant la ville, et vit, et il et li baron, que il n'estoit mie leus de fermer en tel point.

235. *Lors vint en l'ost uns bers le marchis Boniface de Monferrat en messages, qui Othes de La Roche avoit nom, et parla d'un mariage qui devant avoit esté porparlé, de la file Boniface le marchis de Monferrat et de l'empereor Henri, et apporta les novelles que la dame ére venue de Lombardie, et que ses peres i avoit envoié querre, et qu'elle ert à Salenique. Et fu asseurez le mariage d'une part et d'autre. Ensi s'en r'alla li message à Salenique Othes de La Roche. Et l'Empereres i ot assemblée ses genz qui orent à garison menez lor gaanz de Visoi qu'il avoient fait en l'ost. Et chevaucha par devant Andrenople par ses journées, tant que il vint en la terre Johannis le roy de Blaquie et de Bougrie, et vindrent à une cité qu'on appelloit La Ferme, et la pristrent, et entrérent enz, et i firent mult grant gaain. Et séjournérent par trois jorz, et corrurent per tot le païs,*

firent grand butin. Ils y sejournérent trois jours, durant lesquels ils firent des courses dans le paÿs, et en ramenérent beaucoup de biens, et ruinérent une ville appellée Aquilo. Au quatriéme ils partirent de La Ferme, qui estoit une belle place et bien située, et où il y avoit des plus beaux bains d'eau chaude qui fussent en tout le monde : mais l'Empereur la fit démollir jusqu'aux fondemens, et y fit mettre le feu aprés en avoir enlevé tout ce qu'on y pût trouver. Ils arrivérent enfin à Andrinople, et s'arrestérent dans ces contrées jusqu'à la feste de Toussaints, ne pouvans continuer la guerre à cause de l'hyver, et du mauvais temps. Aprés quoy l'Empereur et tous les barons retournérent à Constantinople, harassez et fatiguez d'une si longue campagne, laissans Andrinople en la garde des Grecs et d'un de ses gens, nommé Pierre de Radingean, avec vingt chevaliers.

236. Cependant Theodore Lascaris, qui tenoit les terres d'au delà du détroit, avoit rompu la tréve qu'il avoit avec l'Empereur, qui delibera d'envoyer en la Natolie à la ville de Piga Pierre de Braiecuel, auquel on avoit assigné son partage en ces pays-là, avec Payen d'Orleans, Anseau de Cahieu, Eustache son frere, et la meilleure partie de ses trouppes, jusques à sept vingt chevaliers. Ceux-cy y estans arrivez commencérent une forte guerre contre Lascaris, et firent de grands ravages en ses terres. Ils allérent jusques à Squise (1), qui est une place forte, enfermée et close de la mer de tous costez, fors d'une avenuë, à l'entrée de laquelle il y avoit eu autrefois une forteresse fer-

---

(1) *Squise*, ville de l'Asie mineure, voisine de Nicomédie.

et gaagnièrent granz gaaienz, et destruirent une cité que avoit nom l'Aquile. Als quars jorz, se partirent de La Ferme, qui mult'ére belle et bien seant, et y sourdoiant li baing chault li plus bel de tot le monde, et la fist l'Emperére destruire et ardoir : et emmenérent les gaaiens mult granz de proies et d'autres avoirs, et chevauchiérent par lor journées tant que vindrent à la cité d'Andrenople, et sejournérent el païs trosque à la feste Tot Sainz, que il ne porroient plus guerroier por l'iver. Et lors s'en retourna l'emperéres Henris et tuit li baron vers Constantinople, qui mult furent lassé-d'ostoier : et ot laissié à Andrenople entre les Grex un suen home, qui ot nom Pierre de Radingeam, à tot vingt chevaliers.

236. En cel termine, Toldres Lascres, qui tenoit la terre d'autre part del braz, avoit trives à l'empereor Henri, et ne li ot mie bien tenues, ainz li ot faussées et brisies. Et lors prist conseil l'Empereor, et envoia oltre le braz à la cité de l'Espigal Pierre de Braiecuel, cui sa terre ére devisée en iceles parties, et Paiens d'Orliens, et Anseau de Chaeu, et Euthaices ses freres, et grant part de ses bones gens, trosque à sept vingt chevaliers. Et cil comenciérent la guerre contre Toldre Lascre, mult grant et mult fiére, et fisent grant domage en sa terre, et chevauchiérent trosque à une terre qui Equise est appellée, que la mer clooit tote, fors que une part : et à l'entrée par où on entroit, avoit eu anciennement foreresce de murs, de tors, de fossez : et estoient au-

mée de murs, de tours et de fossez, et qui lors estoit tombée en ruine. L'armée françoise estant entrée dedans, Pierre de Braiecuel, auquel ce quartier appartenoit, se mit à la refermer de nouveau, et fit un chasteau à chacune des deux entrées. Ils commencérent de là à faire des courses dans les terres de Lascaris, enlevans de grands butins, qu'ils firent conduire dans cette petite peninsule. D'autre part Lascaris y venant souvent avec ses forces, il s'y faisoit plusieurs escarmouches et rencontres, avec perte de la part des uns et des autres; ainsi la guerre estoit forte et perilleuse en ces provinces là.

237. D'autre costé Thierry de Los seneschal de l'Empire, auquel Nicomedie devoit appartenir, et qui estoit à une journée seulement de la ville de Nicée dite la Grande, capitale de toutes les terres que tenoit lors Lascaris, s'y en alla avec un bon nombre des gens de l'Empereur; et ayant trouvé le chasteau abbattu, il le restablit, et fortifia en outre Sainte Sophie, qui estoit une haute, belle et magnifique église, d'où il fit la guerre aux ennemis.

238. Vers ce mesme temps le marquis de Montferrat partit de Thessalonique, et vint à Serres, que le Bulgare luy avoit ruinée, laquelle il referma de nouveau, ensemble une autre place appellée Drame, en la vallée de Philippi (1) : au moyen dequoy tout le pays d'alentour se rendit à luy, et vint à obeïssance; faisant pareillement des courses, et ruinant les terres de ses ennemis.

239. Aprés la feste de Noël les ambassadeurs du

---

(1) *Philippi*, ville de Macédoine.

qùes de chéu, et enqui dedenz entra l'ost des François, et Pierres de Braiecuel, cui la terre ére devisée, les comença à refermer, et à faire deux chastiaux en deux entrées: et dequi comenciérent à corre en la terre Lascré, et gaaigniérent grans gaaing et grans proies, et amenérent dedenz lor isle les gaaiens et les proies: et Toldres Lascres revenoit sovent en Equise. Et i ot maintes foiz assemblées, et i perdoient li un et li autre. Et iqui ére la guerre granz et perillose.

237. Or lairons de cés, si dirons de Tyerri de Loz qui seneschaus ére, cui Nichomie devoit estre, et ére à une journée de Nique la grant, qui ére li chiés de la terre Toldres Lascre, et s'y s'en ralla à grant partie de la gent l'empereor Henri, et trova que le chastel ére abatus, et ferma et horda le moutier Sainte-Sophie, qui mult ére hals et biels, et retint iqui en droit la guerre.

238. En icel termine li marchis Bonifaces de Monferrat remût de Salenique, si s'en alla à La Serre que Johannis li avoit abatue, si la referma; et ferma aprés une autre qui a nom Dramine el val de Phelippe. Et tote la terre entor se rendi à lui et obeï, et ruina el païs.

239. Endémentiers fu tant del tens passé que li Noel fu passé. Lors vindrent li message le marchis à l'Empereor en Constantinople, et li distrent de par

marquis arrivérent à Constantinople, et firent sçavoir à l'Empereur, de la part de leur maistre, qu'il avoit fait embarquer sa fille en une galére pour Abyde. Aussi-tost l'Empereur y envoya Geoffroy mareschal de Romanie et de Champagne, avec Miles de Brabans pour l'y recevoir : et l'y ayant trouvée, ils la saluerent de la part de l'Empereur leur maistre, et la conduisirent avec tout l'honneur possible jusques dans Constantinople, où l'Empereur incontinent aprés l'espousa avec grande magnificence en l'église de Sainte Sophie, le dimanche d'aprés la Chandeleur : et tous deux portérent ce jour là couronne. Les nôces furent en suite celebrées au palais de Bucoleon avec tout l'appareil accoûtumé en ces occasions. De cette façon le mariage de l'Empereur et de la fille du marquis, laquelle s'appelloit Agnes, fut accomply.

240. Lascaris, voyant que l'Empereur avoit envoyé la pluspart de ses forces outre le bras, en donna avis à Jean roy de Bulgarie, et luy fit entendre que toutes ses trouppes estans occupées dans la Natolie, et luymesme estant à Constantinople avec peu de gens, l'occasion se presentoit de se venger de luy, n'ayant dequoy se deffendre, s'il luy venoit courre sus d'un costé, pendant que de l'autre il amuseroit ses gens dans ses terres. Le Bulgare embrassa cette ouverture, et assembla à l'instant le plus grand nombre de Valaches et de Bulgares qu'il pût pour passer dans le pays de l'Empereur. Durant ce temps-là, qui estoit vers le caresme, Machaire de Sainte-Manehoud avoit commencé à fortifier le chasteau de Charax, qui est assis sur un golfe de mer à six lieuës de Nicomedie, tirant vers Constantinople : Guillaume de Sains fai-

le marchis que il avoit envoié sa file en galies à la cité d'Avies. Et lors envoia l'emperéres Henri Joffroi li mareschaus de Romenie et de Champaigne, et Milon de Braibanz, pour querre la dame, et chevauchiérent par lor journées tant que il vindrent à la cité d'Avies, et trovérent la dame qui mult ére et bone et belle, et la saluerent de par lor seignor, et la ménérent de par lor seignor à grant honor en Constantinople; et l'esposa l'emperéres Henri au mostier Sainte Sophie, le dimenche aprés la feste madame Sainte Marie Chandellor, à grant joie et à grant honor; et portérent corone ambedux, et furent les noces haltes et planieres el palais de Bokelion. Ensi fu fait le mariage de l'Empereor et de la file le marchis Boniface, qui Agnes l'empereris avoit nom, com vos avez oï.

240. Toldres Lascres qui guerroia l'empereor Henri prist ses messages, si les envoia à Johannis le roi de Blaquie et de Bougrie. Si li manda que totes les genz l'empereor Henri estoient devers lui, qui le guerroient d'autre part del braz devers la Turchie, et que l'Emperéres ére en Constantinople à pou de gent : et or se porroit vengier que il seroit d'une part, et il venist d'autre, et que l'Emperéres avoit si pou de gent, que il ne se porroit d'audeus defendre. Johannis ére porchaciez de grant host de Blas et de Bougres, si grant cum il onques pot. Et del tems fu ja tant passé que li quaresmes entra. Machaire de Saint Manehalt avoit comencié à fermer un chastel al Caracàs, qui siet sor un goffre de mer à six lieuës de Nichomie devers Constantinople. Et Guillelmes de Sains encomença un autres à fermer li Chivetot, qui

soit le mesme de Cibotos, place assise sur le golfe de Nicomedie du costé de Nicée; en sorte que l'Empereur se trouva embarrassé tout à la fois, et pour la garde de Constantinople, et pour le secours des barons qui estoient espandus dans les terres de l'Empire, ses forces estans ainsi divisées; et d'ailleurs se trouvant chargé de guerres, et attaqué de tous costez.

241. Car Jean roy de Bulgarie avec ses trouppes, et une puissante armée de Comains, qui luy estoient arrivez, entra dans la Thrace, les Comains faisans des courses jusques à Constantinople, pendant qu'avec le reste il alla mettre le siege devant Andrinople, où il assit en batterie trente-trois grandes perriéres pour battre les tours et les murailles. Il n'y avoit lors dans la place que les Grecs, et Pierre de Radingean qui y avoit esté laissé avec dix chevaliers seulement, lesquels envoyérent en diligence donner avis à l'Empereur du siege de la place, luy mandant qu'il eût à leur donner promptement du secours. Sur cette nouvelle l'Empereur se trouva merveilleusement empesché, voyant d'un costé tous ses gens divisez dans la Natolie en tant de lieux, et de l'autre se trouvant si mal accompagné dans Constantinople. Enfin il resolut de se mettre en campagne, avec ce qu'il pourroit ramasser de trouppes, la quinzaine d'aprés Pasques; et là dessus depécha à Squise, où le plus grand nombre de ses gens s'estoient rendus, à ce que toutes choses cessantes ils eussent à le venir trouver. Sur ces ordres ils commencérent à s'embarquer, particuliérement Eustache frere de l'empereur Henry, et Anseau de Cahieu avec la pluspart de leurs meilleurs hommes, laissans par ce moyen Pierre de Braiecuel avec peu de gens dans Squise.

siet sor le goffre de Nichomie d'autre part, devers
Nike. Et sachiez que mult ot afaires l'emperéres
Henris endroit Constantinople, et li baron qui érent
el païs. Et bien TESMOIGNE JOFFROIS DE VILLE-HAR-
DOIN, li mareschaus de Romenie et de Champaigne,
que onc en nul termene ne furent gent si chargié de
guerre, porce que il estoient espars en tant de leus.

241. Lors ensi Johannis de Blakie à totes ses hoz,
et à grant ost de Cumains qui venu li érent, et
entra en la Romenie, et courrurent li Commain trosque as portes de Constantinople, et il assist Andrenople. Et i dreça trente trois perieres granz qui
getoient ás murs et ás tors. Et dedenz Andrenople
n'avoit se les Grex non, et Pierron de Radingheam,
qui de par l'Empereor avoit dix chevalier. Et lors
manderent li Grieu et li Latin ensemble l'empereor
Henri que ensi les avoit Johannis assist, et que il
le secorust. Mult fu destroiz l'Emperéres quant il
oï que ses genz estoient departies d'oltre le braz en
tant de leus : et l'Emperéres ére en Constantinople à
pou de gent, et fu tels ses conseils, qu'il emprist à
issir de Constantinople à tant de gent com il poroit
avoir à la quinzaine de Pasque. Et manda en
Equise, où li plus de sa gent ére, que il s'en venissent à lui. Et il s'en comenciérent à venir par mer,
Eustaices le frere l'empereor Henri, et Ansials de
Kaeu, et de lor gent le plus, et dont remest Pierres
de Braiecuel à poi de gent en Equise.

242. Si tôt que Theodore Lascaris eut nouvelles qu'Andrinople estoit assiegée, et que l'Empereur par necessité remandoit ses gens, ne sçachant auquel aller, ou deçà ou delà, tant il estoit chargé d'affaires, il assembla les plus grandes forces qu'il pût, et s'en vint tendre ses pavillons devant les portes de Squise, où il y eut plusieurs saillies et escarmouches, avec perte de part et d'autre. Puis voyant le peu de gens qui estoient dans la place, prit une partie de son armée, avec ce qu'il pût promptement recouvrer de vaisseaux, qu'il envoya au chasteau de Cibotos, que Guillaume de Sains avoit commencé de fortifier, lequel ils assiégerent par mer et par terre le samedy de la my-caresme. [An 1207]. Il y avoit dedans quarante chevaliers tous vaillans et hardis, dont Machaire de Sainte Manehoud estoit capitaine. Mais la place n'estoit encores achevée d'estre fermée, en sorte que l'on pouvoit venir de plein abord aux mains à coups de lances et d'espées. Les ennemis y donnérent l'assaut par mer et par terre, qui dura tout le samedy le long du jour, ceux de dedans s'estant deffendus courageusement, quoy qu'ils ne fussent que quarante chevaliers contre un si grand nombre d'assaillans ; aussi il n'y en eut que cinq qui ne furent blessez, un d'entre eux nommé Gilles, et neveu de Miles de Brabans, ayant esté tué.

243. Avant que l'on eût commencé cét assaut, le samedy matin arriva un courrier à Constantinople à l'empereur Henry qui estoit à table au palais de Blaquerne, et auquel il tint ces paroles : « Sire, ceux de « Cibotos sont étroittement assiegez par mer et par « terre ; et si vous ne les secourez promptement ils « sont en termes d'estre tous pris ou tuez. » Conon

242. Quant Toldres Lascres oï la nouvelle que Andrenople ére assise, et que l'emperéres Henris par estovoir mandoit ses genz, et que il ne savoit auquel corre, ou deça ou dela, si ére chargiez de la guerre. Lors si manda puis esforciement quanque il pot de gent, et fist tendre ses trés et ses paveillons devant les portes d'Equise. Et i ot assemblé maintesfois, pardu et gaaignié. Et quant Toldres Lascres veoit que il avoient pou de gent laienz, si prist une grant partie de s'ost, et de vaissials ce que il en pot avoir par mer, si les envoia al chastel de Chivetot que Guillelme de Sainz fermoit, si l'asistrent par mer et par terre le semadi de mi quaresme. [AN 1207.] Laienz avoit quarante chevalier de mult bone gent; et Machaires de Sainte Manehalt en ére chevetaines; et lor chastials estoit encor pou fermez, si que cil pooient avenir à els, as espées et as lances: et les assaillirent par mer et par terre mult durement; et cil assaus si dura le semadi tote jor, et cil se defandirent mult bien. Et bien tesmoigne li livres que onques à plus grant meschief ne se deffendirent quarante chevaliers à tant de gent, et bien i parut, que il ne ni ot mie cinq qui ne fussent navré de toz les chevaliers qui i estoient, et s'en i ot un mort, qui niers ére Milon le Braibant, qui avoit nom Gilles.

243. Ençois que cil assaut començast, le semadi matin s'en vint un més batant en Constantinople, et trova l'emperére Henri el palais de Blakerne, seant al mengier, et li dist: Sire, sachiez que cil de Chivetoth sunt assis par mer et par terre, et se vos ne les secorez hastivement ils sunt pris et mors. Avec l'Emperéres ére Coenes de Betune, et Joffrois li ma-

de Bethune, Geoffroy mareschal de Champagne, et Miles de Brabans, estoient lors à Constantinople avec l'Empereur, et fort peu de trouppes. Sans differer davantage, l'Empereur vint au rivage où il monta sur un galion, et châcun en tel vaisseau qu'il pût recouvrer à la haste, faisant faire ban et cry public par la ville qu'on eût à le suivre en cette urgente necessité, pour secourir ses gens qu'il estoit en danger de perdre s'il n'alloit promptement à eux. Lors vous eussiez veu de tous costez les Venitiens, les Pisans, et autres gens de marine, courir à qui mieux mieux aux vaisseaux, et quant et eux les chevaliers françois avec leurs armes, lesquels, à mesure qu'ils s'y embarquoient, partoient du port sans attendre leurs compagnons, pour suivre l'Empereur. Ils voguérent ainsi à force de rames tant que le reste du jour dura, et la nuit suivant jusqu'au lendemain matin, peu aprés le soleil levé, que l'Empereur fit telle diligence qu'il découvrit Cibotos, et l'armée qui la siegeoit par mer et par terre. Ceux de dedans n'ayans reposé cette nuit, et estans tousjours demeurez soûs les armes, s'estoient remparez et fortifiez, tous malades et blessez qu'ils estoient, comme personnes qui n'attendoient plus que la mort. Quand l'Empereur apperçeût que ses gens qui se voyoient prés des ennemis vouloient à toute reste les attaquer, quoy qu'il n'eût encore toutes ses trouppes, n'ayant avec luy que le mareschal Geoffroy en un autre vaisseau, avec Miles de Brabans, quelques Pisans et autres chevaliers ; en sorte qu'il n'avoit en tout que dix-sept vaisseaux, tant grands que petits, où les ennemis en avoient bien soixante : et considerant d'ailleurs que s'il attendoit le reste de ses forces, et souffrît que l'on

reschaus de Champaigne, et Miles de Braibanz, et pou de gens. Et li conseils si fu cors, que l'Emperéres s'en vient al rivage et s'en entre en un galion, et chascuns en tel vaisel com il pot avoir. Et lors fait crier par tote la ville que il le sievent à tel besoing com par secore ses homes, que il les a parduz se il ne le secort. Lors veissiez la cité de Constantinople mult efformier des Venitiens et des Pisans, et d'autres gens qui de mer savoient; et corent as vasiaux, qui ainz ainz, qui mielx mielx. Avec als entroient li chevalier à tote lor armes; et quiançois pooit, ançois se partoit del port, pour suyvre l'Empereor. Ensi allèrent à force de rames tote la vesprée, tant com jor lor dura, et tote la nuit trosque a lendemain al jor. Et quant vint à une pièce après le soleil levant, si ot tant esploitié l'emperéres Henris, que il vi li Chivetot, et l'ost qui ère entor et par mer et par terre: et cil dedenz n'orent mie dormi la nuit, ainz se furent tote nuit hordé, si malade et si navré com il estoient, et com cil qui n'atendoient se la mort non. Et quant l'Emperéres vit que il estoient si prés que il voloient assaillir, et il n'avoit encor de sa gent se pou non, car avec lui n'ére fors que Joffroi le mareschal en un autre vaissel, et Miles le Braibanz, et un Pisan, et un autre chevalier, et tant que il avoient entre granz et petit de vaisials dix-sept, et cil en avoient bien soixante, et virent que se il attendoient lor genz, et soffroient que cil assaillissent cels de Chivetot, que il seroient morz ou pris, si fu tels lor conseils que ils iroient combatre à els de la mer; et voguérent celle part tuit d'un front, et furent tuit armé as vaissials, les hialmes laciez. Et quant cil les virent venir qui

donnât l'assaut à Cibotos, ceux de dedans seroient sans doute ou tuez, ou faits prisonniers; il resolut d'aller combattre l'armée de mer, et commanda de voguer droit à eux tout d'un front, chacun armé de ses armes, le casque en teste. Les ennemis, qui estoient sur le point de donner l'assaut, les ayans découverts et reconnu que c'estoit du secours, quittèrent le chasteau, et s'en vinrent droit à eux, tant gens de pied que de cheval, sur le rivage. Mais comme ils virent que l'Empereur ne laissoit d'avancer, ils recueillirent dans leurs vaisseaux tous ceux qui estoient sur la greve pour en estre secourus par leurs fléches et leurs dards dans le combat. L'Empereur avec seulement dix-sept vaisseaux les tint quelque temps acculez, tant que les cris furent entendus de ceux qui estoient partis de Constantinople pour le joindre. Et avant que le jour finît il en arriva tant qu'ils demeurérent maistres de la mer. Toute la nuit ils se tinrent, en armes à l'ancre, en resolution, si tôt que le jour commenceroit à poindre, de les aller combattre sur le rivage, et de leur enlever, s'ils pouvoient, leurs vaisseaux: mais quand ce vint vers la minuit, les Grecs les retirérent tous en terre, et y mirent le feu, et les ayans brûlez délogérent et s'enfuirent.

244. L'empereur Henry et tous les siens, joyeux de cette victoire que Dieu leur avoit donnée, et d'avoir secouru les leurs, vinrent sur le matin au chasteau de Cibotos, où ils les trouvérent pour la pluspart malades et blessez. Ils y considerérent pareillement l'estat de la place, et ayans reconnu qu'elle estoit trop foible pour la pouvoir conserver, ils l'abandonnérent, et recueillirent tous leurs gens dans leurs

estoient appareillié d'assaillir, si conurent bien que ce ére secours; si se partirent del chastel, et vindrent encontre als, et tote lor ost se logia sor le rivage de grant genz que il avoient à pié et à cheval. Et quant il virent que l'Empereor et la soe gent venroient totes voies sor als, si refor lor genz qui estoient sor le rivage, si que cil lor pooient aidier de traire et de lancier : ensi les tint l'Emperéres assis à ses dix-sept vaissiaus, tant que li cris vint qui érent meuz de Constantinople; et ançois que la nuit venist, on i ot tant venu, que il orent la force en la mer par tot, et furent tote nuit armé, et a ancrez lor vaissiaus. Et fu lor conseils telx : que si tost que il verroient le jor, que il s'iroient combatre à els el rivage, et pour tollir lor vaissials. Et quant vint endroit la mienuit, si traistrent li Grieu toz lor vaissials à terre, si bottérent le feu dedenz, et les ardrent toz, et se deslogiérent, et s'en allérent fuiant.

244. L'emperéres Henri et sa gent furent mult lie de la victoire que Diex lor ot donée, et de ce qu'il orent secouru lor gent. Et quant vint al maitin, l'Emperéres et tuit li autres s'en vont al chastel del Chivetot, et trovérent lor gens mult malades et mult navrés les plusorz. Et le chastel esgarda l'Emperéres et sa genz, et virent que il ére si febles que il ne faisoit à tenir. Si recuillierent toz lor genz es vais-

vaisseaux. D'autre costé le roy de Bulgarie, qui siegeoit Andrinople, ne chomoit pas, continuant tousjours à battre la place avec ses machines, qu'il avoit en grand nombre, et avec lesquelles il avoit desja fort endommagé les tours et les remparts. Il avoit encore fait attacher ses mineurs au pied des murailles pour les sapper, y donnant plusieurs assauts, où ceux de dedans, tant les Grecs que les Latins, se comportérent genereusement, et avec beaucoup de vigueur, envoyans souvent vers l'Empereur pour avoir du secours, et luy faisans entendre que s'il ne leur en envoyoit promptement ils estoient tous perdus. Mais l'Empereur estoit tellement accablé qu'il ne sçavoit à quoy se resoudre, Theodore Lascaris l'occupant au delà du bras dans la Natolie, en sorte qu'il ne pouvoit quitter ce pays-là et passer dans la Thrace, sans laisser ses gens en grand peril, et qu'il se trouvoit obligé, lorsqu'il pensoit aller vers ceux d'Andrinople, de rebrousser chemin en arriére pour assister ceux-cy. Cependant le Bulgare avoit esté devant Andrinople jusques au mois d'avril, et estoit à la veille de la prendre, y ayant fait bréche en deux endroits, et renversé de grands pans de murailles et de tours; de façon qu'on pouvoit desormais venir aux mains à coups d'espées et de lances avec ceux de dedans. Il y donna aussi de grands assauts que les assiegez soûtinrent bravement, repoussans les ennemis, y ayant eu grand nombre de morts et de blessez de part et d'autre. Mais il arriva par la providence de Dieu, qui dispose de toutes les choses de ce monde comme il luy plaist, que les Comains qui avoient couru jusques prés de Constantinople, et y avoient fait de

sials, et guerpirent li chastel, et laissièrent. Johannis li rois de Blaquie ne repousa mie, qu'il avoit Andrenople assise; ainz gitérent ses periéres as murs et aus tors, dont il avoit assez, et empiriérent mult les murs et les tors, et mist ses trencheors ás murs, et firent maintes foiz assaillies, et mult se contindrent bien cil qui dedenz estoient, li Grieu et li Latin. Et mandérent mult sovent l'empereor Henri que il le secourust, et seust que se il ne secouroit, que il estoient pardu sanz nulle fin. Et l'Emperéres ére mult destroit, que quant il voloit ses gens secorre d'une part Toldres Lascre li tenoit si destroiz d'autre part; si que par estovoir le convenoit à retorner. Et issi fu Johannis le mois d'avril devant Andrenople, et l'approcha si de prendre, qu'il approcha, et abbati des murs et des torz en deux leux trosque en terre, et si que il pooient venir main à main às espées et à lances à cels dedenz. Ensinques i fist de mult granz assaus : et cil se defendirent bien, et i ot mult des mors et des navrez d'une part et d'autre. Ensi com Diex vielt les aventures avenir, li Commain qu'il i ot envoié par la terre orent gaaigné, et furent revenu (à veuë de Constantinople) à l'ost à Andrenople à toz lor gaaienz; et distrent que il ni remanroient plus à Johannis, ainz s'en voloient aller en lor terre. Issi se partirent li Commain de Johannis. Et com il vit ce, si n'osa remanoir sanz als devant Andrenople. Ensique s'en parti de devant la ville, et la guerpi. Et sachiez que on le tint à grant miracle, de ville qui ére approchie de prendre, com ére ceste, que il le laissa, qui hom si poeteis ére. Ensi com Diex vielt le choses si les convient avenir. Cil d'Andrenople ne

grands butins, estans retournez au camp, prirent resolution de quitter le Bulgare et de se retirer dans leur pays; ce qu'ayans executé, il n'oza demeurer sans eux devant Andrinople, et leva le camp bientôt aprés, abandonnant et la ville et son entreprise : ce que veritablement on tint à espece de miracle, de ce qu'ayant une si puissante armée, et reduit cette place à cette extremité, telle que d'estre en estat d'estre prise, il l'ait ainsi abandonnée ; mais il faut que les volontez de Dieu s'accomplissent. Les assiegez envoyérent aussi-tôt donner avis à l'Empereur de la levée du siege, et pour le prier de vouloir s'acheminer vers eux, de crainte que s'il prenoit envie au Bulgare de retourner ils ne pûssent se deffendre, et ne courussent risque de leurs vies.

245. Comme l'Empereur faisoit ses preparatifs pour avec ce qu'il avoit de trouppes prendre la route d'Andrinople, luy arrivérent de tres-fâcheuses nouvelles : que Escurion, admiral et general des armées de mer de Theodore Lascaris, estoit entré avec dix-sept galéres par le détroit d'Abyde dans le bras de Saint George, et monté le long du canal jusques à Squise, où estoient Pierre de Braiecuel et Payen d'Orleans, et qu'il les y avoit assiegez du costé de la mer, et Lascaris du costé de terre; mesmes que les habitans s'estoient revoltez contre Pierre de Braiecuel; ensemble ceux de Marmora, qui luy appartenoit, et dont les habitans luy avoient fait hommage, et luy avoient tué nombre d'hommes. Cette nouvelle mit l'effroy dans Constantinople.

246. Sur quoy l'Empereur, aprés avoir pris conseil de ses barons et des Venitiens, voyant bien que s'il ne

tardèrent mie de mander l'Empereor que il venist tost por Dieu, que seust de voir que se Johannis le rois de Blaquie retornoit, que il estoient mors ou pris.

245. L'Emperéres à tant de gent com il avoit fu atornez d'aller à Andrenople : et lors li vint une novelle que mult fu grief, que Esturions, qui éré amirals des galies Toldre Lascre, éré entrez à dix sept galies en boche d'Avie et braz Sain George, et fu venuz en Equise, où Pierre de Braiecuel estoit, et Paiens d'Orliens, et les assist par devers mer, et Lascres par devers terre. Et la gens de la terre d'Equise furent revellé contre Perron de Braiecuel, et cil de Marmora qui suens estoient, et li orent fait omages, et morz de ses hommes assez. Et quant ceste nouvelle vint en Constantinople si furent mult effreé.

246. Lors prist conseil l'emperéres Henris à ses homes, et à ses barons, et às Venitiens ensemble, et

secouroit en diligence Pierre de Braiecuel et Payen d'Orleans, toutes les conquestes des terres d'outre le bras estoient perduës, fit armer promptement quatorze galéres, qu'il fit garnir des plus signalez des Venitiens et de ses barons. Conon de Bethune entra dans l'une avec les siens; en une autre le mareschal Geoffroy de Ville-Hardoüin et ceux de sa compagnie; en une autre Machaire de Saincte Manehoud; en la quatriéme Miles de Brabans; en la cinquiéme Anseau de Cahieu; en la sixiéme Thierry de Los seneschal de Romanie; en la septiéme Guillaume de Perchoy, et en la huitiéme Eustache frere de l'Empereur. Il departit de cette sorte dans les galéres les meilleurs hommes qu'il eût. Il n'y eut personne qui, les voyant partir du port de Constantinople, ne trouvât en mesme temps que jamais galéres ne furent mieux armées, ny pourveuës de meilleurs combattans. Ainsi le voyage d'Andrinople fut differé et remis à une autre fois. Cependant ceux des galéres voguérent contre bas la Propontide, et tirérent droit à Squise. Mais Escurions admiral de Lascaris en ayant eu le vent, je ne sçay comment, partit de Squise, et s'enfuit contre val le bras; les nostres lui donnérent la chasse deux jours et deux nuits, et le poussérent au delà du détroit d'Abyde, bien quarante milles; et comme ils virent qu'ils ne le pouvoient attrapper, ils retournérent arriére, et vinrent à Squise, où ils trouvérent Pierre de Braiecuel et Payen d'Orleans; Lascaris ayant pareillement levé siege, et s'en estant retourné dans ses terres. Squise ayant esté secouruë, ceux des galéres reprirent le chemin de Constantinople pour se preparer au voyage d'Andrinople.

distrent que se il ne secoroient Perron de Braiecuel et Paiens d'Orleans, que il estoient mort, et que il avoient la terre pardue. Si armérent mult isnellement quatorze galies, et les garnirent et des plus haltes gens des Venitiens et de tot les barons l'Empereor. En une entra Coenes de Betune et sa gent. Et en l'autre Joffrois de Ville-Hardoin li mareschaus et la soe gent. Et en la tierce Machaires de Sainte Manealt et la soe gent. En la quarte Miles de Braibanz. En la quinte, Ansials de Kaeu. Et en la sixte Tyerris de Los qui ére seneschaus. Et en la septiesme Guillelme del Perchoi. Et en la huitiesme Eustaces le frere l'Empereres. Et ensi mist per totes les galies sa meillor gent l'empereres Henris. Quant elles partirent del port de Constantinople, bien distrent totes les gens qui les virent, que onques mais galies ne furent mielz armées, ne de meillor genz ; et ensi fu respoitiez li allers d'Andrenople à céle foiz, et cil des galies s'en allérent contre val le braz vers Equise droit. Ne sçay comment Esturions le sot, li ammiraus des galies de Toldres Lascres, si s'en parti d'Equise, et s'en alla et s'enfui contre val le braz, et cil le chaciérent deux jorz et deux nuiz, trosque fors de boche d'Avie bien quarante miles. Et quant il virent que il ne porroient atteindre, si tornérent arriére, et revindrent en Equise, et trovérent Perron de Braiecuel et Paiens d'Orleans. Et Toldres Lascres se fu deslogiez de devant, et fu repairiez arriére en sa terre. Ensi fu secorue Equise, com voz oez. Et cil des galies s'en tornérent arriéres en Constantinople, et ratornérent lor oirre vers Andrenople.

247. D'autre part Theodore Lascaris envoya la pluspart de ses forces en la contrée de Nicomedie, où les gens de Thierry de Los faisoient fortifier l'église de Sainte Sophie : ceux de dedans envoiérent vers l'Empereur pour luy demander du secours, sans lequel il leur estoit impossible de conserver la place, et luy donner avis qu'ils n'avoient aucuns vivres. De façon que l'Empereur fut contraint derechef de rompre le voyage d'Andrinople, et de passer le détroit du costé de la Natolie avec ce qu'il pût amasser de trouppes pour aller au secours de Nicomedie : ce qu'estant venu à la connoissance des gens de Lascaris, ils levérent le siege et se retirérent devers Nicée la grande. L'Empereur en ayant esté averty assembla là dessus son conseil, où fut resolu que Thierry de Los seneschal de l'Empire demeureroit à Nicomedie avec les forces qu'il pouvoit avoir, tant de cheval que de pied, pour garder la ville et le pays d'alentour, Machaire de Sainte Manehoud à Carax, et Guillaume de Perchoy à Esquilly, et que chacun deffendroit sa contrée.

248. Cela ainsi ordonné, l'Empereur avec le reste de ses trouppes retourna à Constantinople, et se disposa encores une fois pour le voyage d'Andrinople. Pendant qu'il estoit ainsi occupé à se preparer à ce secours, le seneschal Thierry de Los, qui estoit demeuré à Nicomedie, et Guillaume de Perchoy avec leurs gens, entreprirent de faire des courses dans le pays ennemy : les gens de Lascaris en ayans eu avis se mirent en embuscade, et leur coururent sus, en beaucoup plus grand nombre que n'estoient les nostres. Le combat ne fut pas opiniastré, ceux qui estoient plus forts l'ayans emporté sur le petit nombre. Thierry

247. Toldres Lascres envoia le plus de sa gent à tote sa force en la terre de Nichomie. Et la gent Tyerris de Los, qui avoient fermé le mostier Sainte Sophie, et cil qui estoient dedenz, mandérent à lor seignor et l'Empereor que il le secorust, que se il n'avoient secors il ne se porroient tenir, et ensor que tot si n'avoient point de viande. Par fine destréce convint l'empereor Henri, et sa gent, que il laissa la voie d'aller à Andrenople, et que il passast le braz Sain George devers la Turquie à tant de gent com il pot avoir por secore Nichomie. Et quant la gent Toldre Lascres l'oïrent que il venoit, si revuiderent la terre, si se traistrent arriére vers Nike la grant. Et quant l'Emperéres le sot, si prist son conseil, et fù li conseil tels : que Tyerris de Los li seneschaus de Romenie remanroit à Nichomie, à toz ses chevaliers et à toz ses serjanz, por garder la terre, et Machaires de Sainte Manehalt al Caracas, et Guillelme del Perchoi en Esquille, et cil deffendroient la terre endroit als.

248. Lors s'en r'alla l'emperéres Henri en Constantinople al remainant de sa gent, et ot empris de rechief d'aller à movoir por r'aller vers Andrenople ; et endementiers qu'il atorna son oirre, Tyerris de Los le seneschaus, qui ére à Nichomie, et Guillelme del Perchoi à totes lor genz allérent forer un jor. Et la gent Toldre Lascres le sorent, si les sorpristrent et lor corurent sus. Si furent mult grant gent, et cil furent pou. Si comença li estors et la mellée : ne demora mie longuement que li pou ne porent endurer le trop. Mult le fist bien Tyerris de Los et sa gent, et fù abatuz deux foiz, et par force le remontérent sa

de Los s'y comporta en homme de cœur, et fut abbatu deux fois soûs son cheval, et remonté par les siens malgré l'effort des ennemis. Et Guillaume de Perchoy fut abbatu, et, recous des siens [1], fut aussi-tost remonté; ainsi les François ne pûrent cette fois soûtenir l'effort, et furent déconfits. Et en ce conflit fut pris Thierry de Los qui fut trouvé parmy les blessez en danger de mort, et furent pris avec luy grand nombre des siens, et peu en eschappérent. Guillaume de Perchoy eschappa sur un roncin de la mellée, blessé en la main, et avec les autres qui s'estoient sauvez de la deffaite, regagnérent l'église de Sainte Sophie. Un chevalier nommé Anseau de Remy, vassal de Thierry de Los, et qui conduisoit ses trouppes, fut fort blâmé (je ne sçay si à tort ou avec raison) de l'avoir abandonné assez laschement au besoin. Guillaume de Perchoy et cét Anseau, estans de retour en l'église de Sainte Sophie, depéchérent un courrier à Constantinople vers l'empereur Henry, pour luy donner avis de ce qui leur estoit arrivé, et comme le seneschal estoit pris avec la pluspart de ses gens, et eux assiegez dans cette église, où ils n'avoient pas des vivres pour quatre ou cinq jours, et que s'ils n'estoient secourus promptement ils estoient en danger d'estre tous tuez ou pris.

249. L'Empereur repassa le détroit sur le champ avec ses forces, au mieux qu'il pût, pour aller au secours de Nicomedie : tellement que le voyage d'Andrinople fut encore rompu, et ce pour la quatriéme fois. Estant arrivé dans la Natolie, il marcha en or-

---

[1] *Recous des siens* : secourus par les siens.

gent. Et Guillelmes del Perchoi fu abatuz et remontez, et fu rescous. Ne porent céle fo le soffrir, si furent desconfiz li Franc. Là fu pris Tyerris de Los, et navrez parmi le vis en aventure de mort. Là fu pris de soa gent avec lui que pou en eschapa. Et Guillelme del Perchoi en eschapa sor un roncin, navrez en la main. Et ensi se recuillérent el motier Sainte Sophye cil qui en eschapérent de la desconfiture. Cil qui ceste histoire traita ne sçeut s'il fu à torz ou à droit, més il en oï un chevalier blasmer, qui avoit à nom Ansols de Remy, qui ére hom lige Tyerri de Los le seneschal, et chevetaine de sa gent, et le guerpi; et lors pristrent un message cil, et fu à Nichomie au mostier Sainte Sophie retorné Guillelmes del Perchoi et Ansols de Remi. Et l'en envoiérent batant en Constantinople à l'empereor Henri, et li mandérent qu'ensi ére avenu que pris ére le seneschaus et sa gent, et il estoient assis au mostier Sainte Sophie à Nichomie, et n'avoient mie viande à plus de cinq jorz, et seust de voir que se il ne secoroit, que il estoient et morz et pris.

249. L'Emperéres autre cùm acri passe le braz Sain George, il et sa gent, qui ainz ainz, qui mielz mielz, et pour secore cels de Nichomie. Et ensi fu remesse la voie d'Andrenople à cele foiz. Et quant l'Emperéres ot passé le braz Sain George, si ordena ses batailles, et chevaucha par ses jornées tant que il vint à Nichomie. Quant la gent Toldres Lascres

donnance de bataille droit vers Nicomedie : mais les gens de Lascaris, et son frere qui leur commandoit, en ayans eu le vent, levérent le siege, et repassérent en grand haste le mont Olympe vers Nicée. Cependant l'Empereur se campa de l'autre costé de Nicomedie, en une fort belle prairie, sur une riviére du costé de la montagne, où il fit tendre ses pavillons, et envoya faire des courses dans le pays circonvoisin qui s'estoit revolté lors de la prise du seneschal, où ils firent grand butin, et prirent nombre de prisonniers. Et ainsi séjourna en celle prairie l'espace de cinq jours, durant lesquels Theodore Lascaris lui envoya offrir tréves pour deux ans, à la charge de luy abandonner les forts de Squise et de Sainte Sophie pour estre razez; et qu'en se faisant il rendroit tous les prisonniers qui avoient esté pris en la derniére deffaite et autres rencontres, dont il avoit grand nombre en toutes ses terres.

250. L'Empereur prit conseil de ses barons sur cette ouverture; et sur ce qu'il fut representé que malaisément ils pourroient supporter deux si grandes guerres à la fois, il fut resolu qu'il valoit mieux consentir à la ruine de ces deux places que de laisser perdre Andrinople, et le surplus de leurs conquêtes; outre que par ce moyen ils diviseroient leurs ennemis, Jean roy de Bulgarie, et Theodore Lascaris, lesquels dans une mutuelle correspondance s'entr'-aidoient, et leur faisoient fortement la guerre, l'un d'un costé, l'autre de l'autre. De façon que les conditions proposées par Lascaris furent acceptées, et la tréve jurée. En suitte de quoy l'Empereur manda à Pierre de Braiecuel qui estoit à Squise de le venir trouver,

et si frere l'oïrent qui tenoient l'ost, si se traistrent arriers, et passérent la montaigne d'autre part devers Nike, et l'Emperéres se logia d'autre part devers Nichomie, en une mult béle praerie, sor un flum per devers la montaigne, et fist tendre ses trés et ses paveillons, et fist corre sa gent par le païs, quar il se revelérent quant Tyerris de Los le seneschaus de Romenie ére pris, et pristrent proies assez et prisons. Et ensi séjorna l'emperéres Henris pas cinq jorz en la praerie, et dedenz cel sejor Toldres Lascres prist ses messages, si les envoia à lui, et si le requist qu'il prendroit trive à deux ans, par tel convent que il li laissast abatre Equise et la forteresse del mostier Sainte Sophie, et il li rendroit toz ses prisons qui avoient esté pris à celle desconfiture, et als autres leus, dont il avoit assez en sa terre.

250. Or prist l'Emperére conseil à ses homes, et distrent que il ne pooient les deux guerres soffrir ensemble, et que mielz valoit cil damages à soffrir que la parte d'Andrenople, ne de l'autre terre, et si auroient parti lor anemis, Johannis le rois de Blaquie et de Bougrie, et Toldres Lascres, qui estoient amis, qui s'entre-aidoient de la guerre. Ensi fu la chose creantée et otroiée. Et lors manda l'emperéres Henris Pierron de Braiecuel en Equise, et il vint, et fist tant l'emperéres Henris vers lui, que il delivra Equise à Toldres Lascres por abatre, et le mostier de Nichomie. Ensi fu ceste trieve asseurée, et ces forteresces abatues. Tyerris de Los fu delivrés, et les autres prison tuit.

et fit tant qu'il accorda de rendre les deux forts de Squise et de Sainte Sophie à Lascaris pour les démolir. La tréve fut ainsi concluë, ces places razées, et Thierry de Los et autres prisonniers renvoyez.

251. Ce fait, l'empereur Henry retourna à Constantinople, et à l'instant reprit le dessein de s'acheminer vers Andrenople avec le plus de trouppes qu'il pourroit. Ayant assemblé son armée à Sélyvrée, il la fit marcher sur la fin du mois de juin vers Andrinople, où estant arrivé il se campa dans les prairies devant la ville, ceux de dedans, qui avoient singuliérement souhaitté son arrivée, estans sortis au devant de luy en procession, et l'ayans receu avec toutes les demonstrations de bonne volonté. Il ne s'y arresta qu'un jour, pour voir le dommage que le Bulgare avoit fait par ses mines et batteries aux tours et aux murailles, et qui avoit beaucoup affoibly la place. Le lendemain il en partit, et tira du costé des terres du roy de Bulgarie l'espace de quatre jours. Le cinquiéme il arriva au pied du mont Hemus (1), à une ville appellée Euloï, que ce roy avoit peuplée depuis peu, dont les habitans, d'abord qu'ils apperceurent les nostres, s'enfuirent dans les montagnes, et abandonnérent leur ville.

252. L'Empereur campa devant cette place, et envoya une partie de ses gens pour faire des courses dans le pays, d'où ils enlevérent grand nombre de bœufs, vaches, bufles, et autre bestail : et ceux d'Andrenople, qui avoient amené quant et eux leurs chariots à vuide, et qui avoient grande disette de vivres,

---

(1) Le mont *Hemus* séparoit la Thrace de la Mysie ou Bulgarie.

251. Lors s'en repaira l'emperéres Henris en Constantinople, et emprist à aller vers Andrenople à tant còm il porroit de gent avoir. Et assembla s'ost à Salembrie : et fu jà tant del tens passé que il fu après la feste Sain Johan en juing. Et chevaucha tant que il vint à Andrenople, et se herberja és prées devant la ville. Et cil de la cité qui mult l'avoient desiré, issirent fors à procession, si le virent mult volentiers, et tuit li Grieu de la terre furent venu. Il ne séjorna que un jour devant la ville, tant qu'il ot veu li domage que Johannis i avoit fait à ses trencheors et à ses perières às murs et às tors, qui mult avoit la ville empirié. Et lendemain si mut et chevaucha vers la terre Johannis, et chevaucha par quatres jorz. Et al cinquiesme jor, si vint al pié de la montaigne de Blaquie, à une cité qui avoit nom Eului, que Johannis avoit novellement repoplée de gent. Et quant la gent de la terre virent l'ost venir, si guerpirent la cité, et fuirent és montaignes.

252. L'emperéres Henri se loja devant la ville; et li courreor corrurent parmi la terre, et gaaingnièrent búes et vaches et bufles à grant plenté, et autres bestes. Et cil d'Andrenople qui avoient lor chars mené avec aus, et èrent povres et diseteux de la viande, le cargièrent de forment et d'altre blé, et il trovèrent grant plenté de la viande. Et les autres chars qu'il avoient gaaingnié chargièrent à mult grant plenté.

les chargérent de bled et autres grains, ensemble tout le charroy qu'ils pûrent enlever de côté et d'autre. L'armée séjourna là par trois jours, durant lesquels châcun alloit à discretion fourrager et courir le pays : lequel estant aspre et montueux, et plein de mauvais passages, il arrivoit souvent que les coureurs qui s'écartoient trop indiscretement estoient mal-traittez.

253. Sur la fin l'Empereur s'avisa d'envoyer pour garder les coureurs Anseau de Cahieu, Eustache son frere, Thierry de Flandres son neveu, Gautier d'Escornay, et Jean de Bliant, avec d'autres cavaliers, divisez en quatre escadrons, soûs l'escorte desquels ces avanturiers se mirent à entrer plus avant dans les montagnes : mais quand ce fut au retour, ceux du pays qui avoient eu avis de leur temerité se saisirent des passages et détroits, où ils se fortifiérent, et là donnérent sur les nostres vigoureusement, leur tuans nombre d'hommes et de chevaux : et eussent esté entiérement deffaits, si la cavalerie ayant mis pied à terre ne les fût venu secourir, et ne les eût tirez de ce danger, d'où enfin avec l'ayde de Dieu ils retournérent au camp, non toutefois sans grande perte. Le lendemain l'empereur Henry partit avec son armée, et retourna à Andrinople qu'il pourveut et garnit de bleds et autres vivres, et séjourna l'espace de quinze jours en la prairie hors la ville.

254. En ce mesme temps Boniface marquis de Montferrat, partant de la ville de Serres qu'il avoit nouvellement refermée, entreprit de faire une course dans le pays, et donna jusques à Messynople, qui se rendit avec toute la contrée d'alentour; d'où il depécha ses ambassa-

Ensi sejourna l'ost par trois jorz; et chascun jor alloient gaaingnier li courreor parmi la terre. Et la terre si ére de montaignes et de forz destroiz. Si i perdoient cil de l'ost de lor courreors qui alloient folement.

253. Au darraien envoia l'emperéres Henris Ansials de Kaeu por garder les courreors; Eustaices son frere, et Tierris de Flandres son nepveu, et Gautier de Escornai, et Johan de Bliant. Ices quatres batailles allérent garder les courreors, et entrérent dedenz mult forz montaignes. Et quant lor gent orent coru par la terre, et il s'en vourent revenir, si trovérent les destroiz mult forz. Et li Blac del païs se furent assemblé, et assemblérent às aus. Et lor firent mult grant domage, et d'hommes et de chevaus, et furent mult prés d'estre desconfiz, si que par vive force convint les chevaliers descendre à pié, et par l'aide de Dieu s'en revindrent tote voie à l'ost. Mais grant domage orent reçeu; et lendemain s'en parti l'emperéres Henris, et l'ost des François, et chevauchiérent par lor jornées arriéres, tant que il vindrent à la cité d'Andrenople, et i mistrent la garnison qu'il amenérent de blez et d'autre viande. Et séjorna l'Emperéres en la praerie de forz la ville bien quinze jorz.

254. En cel termine Bonifaces li marchis de Monferrat, qui ére à La Serre que il avoit refermée, fu chevauchiez trosque à Messinople, et la terre se rendi à son commendement. Lors prist ses messages, si les envoia à l'empereor Henri, et li manda que il parleroit à

deurs vers l'empereur Henry, pour luy faire sçavoir qu'il desiroit conferer avec luy sur la riviére qui court au dessous de Cypsella (1), n'ayans encores eu le moyen de s'aboucher, depuis que le pays avoit esté conquis, à cause de tant d'ennemis qui estoient entre eux, et qui ne leur permettoient de pouvoir aller, ny venir les uns vers les autres. L'Empereur ayant appris que le marquis s'estoit approché de Messynople en fut fort réjoüy, et luy fit response par ses ambassadeurs mesmes qu'il ne manqueroit de l'aller trouver au jour qu'il luy avoit mandé. Mais avant que de déloger d'Andrinople, il y laissa Conon de Bethune pour commander, avec cent chevaliers; puis avec le reste de ses forces prit le chemin de Cypsella, où en une belle prairie qui est auprés ils se rendirent au jour assigné, lui venant d'un costé, et le marquis de l'autre. Il y eut à leur arrivée de grandes caresses et embrassemens, et non sans cause, attendu le long-temps qu'ils ne s'estoient veus. Le marquis ayant demandé des nouvelles de l'imperatrice Agnes sa fille, on luy dist qu'elle estoit enceinte, dont il témoigna beaucoup de réjoüissance.

255. Il fit lors hommage de sa terre à l'Empereur, et la releva de luy, comme il avoit fait auparavant de l'empereur Baudoüin son frere : au mesme temps il donna la ville de Messynople avec toutes ses appartenances, ou celle de Serres à son choix, à Geoffroy mareschal de Champagne et de Romanie, lequel en devint son homme lige, sauf l'hommage et fidelité

---

(1) La ville de *Cypsella* étoit sur le bord de la Marizza, entre Traianople et Andrinople.

lui sor le flum qui cort soz la Capesale; et il n'avoient mais eu pooir de parler ensemble trosque la terre fu conquise, que il avoit tant de lor anemis intre als, que il ne pooient venir ès autres. Et quant l'Emperéres en son conseils oï que li marchis Bonifaces ère à Messinople, si en furent mult lié, et li manda par ses messages arriers que il iroit parler à lui al jor que il i avoit mis. Ensi s'en alla l'Empéres vers céle part, et laissa Coenon de Betune pour garder la terre d'Andrenople à tot cent chevaliers : et vindrent là, où li jorz fu pris en une mult béle praërie prés de la cité de la Capesale, et vint l'Emperéres d'une part, et li marchis d'autre, et s'asemblérent à mult grant joie, et ne fu mie mervoille, que il ne s'érent mie pieça veu. Et li marchis demanda novelles de sa file l'empereris Agnes; et on li dist que éle ére grosse d'enfant, et il en fu mult liez et joiant.

255. Lors devint li marchis hom de l'empereor Henri, et tint de lui sa terre, ensi com il avoit esté l'empereor Baudoin son frere. Lors dona li marchis Bonifaces à Geoffroi de Ville-Hardoin le mareschal de Romenie et de Champaigne la cité de Messinople à totes ses apartenances, ou celi de La Serre, laquelle que il ameroit mielz, et cil en fu ses hom liges, sauve la fealté l'empereor de Constantinople. Et ensi séjornérent par deux jorz en céle praerie à mult grant joie, et distrent depuis que Diex lor avoit doné que il

qu'il devoit à l'empereur de Constantinople. Ayans ainsi séjourné l'espace de deux jours en cette prairie avec beaucoup de satisfaction, ils dirent que, puisque Dieu leur avoit octroyé de se pouvoir trouver ensemble, qu'encores pourroient-ils faire quelque entreprise sur leurs ennemis communs. Sur cela ils prirent jour de se rassembler avec toutes leurs forces sur la fin du mois d'octobre en la prairie d'Andrinople, pour s'en aller de compagnie attaquer le roy de Bulgarie; et là dessus se departirent fort contens, le marquis prenant le chemin de Messynople, et l'Empereur celuy de Constantinople.

256. Le marquis eut à peine séjourné cinq jours à Messynople, qu'il s'engagea, à la persuasion des Grecs du pays, de faire une course en la montagne de Rhodope, éloignée de cette ville plus d'une grande journée. Mais comme il pensoit s'en retourner, les Bulgares de ces quartiers là s'assemblérent de toutes parts, et prirent les armes, et voyans que le marquis avoit peu de gens, vinrent fondre sur son arriéregarde. Si tôt que le marquis eut oüy le bruit, il sauta promptement sur son cheval tout desarmé, la lance au poing, et vint en diligence à son arriére-garde où les ennemis s'estoient desja attachez, et leur courut sus, leur donnant la chasse bien avant. Mais le malheur voulut qu'il reçût là un coup mortel dans le gros du bras sous l'espaule, en sorte qu'il commença à jetter du sang en quantité : ce que ses gens appercevans, furent ébranlez et prirent l'épouvente, ne faisans plus leur devoir comme de coustume. Alors ceux qui estoient le plus prés de luy le soustinrent, commençant à tomber en pasmoison de la perte de son

pooient venir ensemble, que encor porroient il grever lor anemis. Et en pristrent un parlement que il seroient à l'insue del mois d'octobre à tot lor pooir en la praerie de la cité d'Andrenople, pour hostoier sor le roi de Blaquie. Et ensi departirent mult lié et mult haitié. Li marchis s'en alla à Messinople, et l'empereres Henris vers Constantinople.

256. Quant li marchis fu à Messinople, ne tarda mie plus de cinq jorz que il fist une chevauchie, par le conseil as Greu de la terre, en la montaigne de Messinople, plus d'une grant jornée loing; et com il ot esté en la terre, et vint al partir, li Bougres de la terre se furent assemblés, et virent que li marchis furent à pou de gent, et vienent de totes parz, si s'assemblèrent as l'arriére-garde. Et quant li marchis oï li cri, si sailli en un cheval toz desarmez, un glaive en sa main. Et com il vint là où il estoient assemblé às l'arriére garde, si lor corrut sus, et les chaça une grant piece arriére. La fu feruz le marchis Boniface de Monferrat parmi le gros del braz desoz l'espaules mortelement, si que il comença à espandre del sanc. Et quant sa gent virent ce, si se comenciérent à esmaier et à desconforter, et à mavaisement maintenir. Et cil qui furent entor le marchis le sostindrent, et i perdi mult del sanc, si se comença à spasmeir. Et quant ses genz virent que il n'auroient nulle aie de lui, si se comenciérent à esmaier, et le començent à

sang. Enfin ses gens voyans bien qu'ils ne devoient plus esperer aucun secours de luy, tous esperdus et effrayez le quittérent là, et prirent la fuitte. Ainsi cette insigne infortune causa cette deffaite. Ceux qui ne voulurent l'abandonner furent tuez sur la place : quant au marquis, les Bulgares luy coupérent la teste, laquelle ils envoyérent au roy de Bulgarie; et ce fut le coup le plus important et le plus avantageux qui luy arriva jamais.

257. Mais d'autre part, ce fut un triste et dommageable accident pour l'empereur Henry, et tous les Latins de l'empire d'Orient, d'avoir par un tel malheur perdu un des meilleurs princes, et des plus accomplis et vaillans chévaliers qui fût en tout le reste du monde : ce qui arriva l'an de l'incarnation de nostre Seigneur mil deux cens et sept.

laissier. Ensi si furent desconfiz per mesaventure. Et cil qui remestrent avec lui furent morz, et li marchis Boniface de Monferrat ot la teste colpée. Et la gent de la terre envoièrent à Johannis la teste : et ce fu une de grant joies que il aust onques.

257. *Ha las ! com dolorous domage ci ot à l'empereor Henri, et à toz les Latins de la terre de Romenie, de tel homme pardre par tel mesaventure, un des meillors barons, et des plus larges, et des meillors chevaliers qui fust el remanant du monde. Et ceste mesaventure avint en l'an de l'incarnation de* Jesus-Christ *mil deux cens et sept ans.*

DÉCADENCE
DE L'EMPIRE LATIN.

La Notice sur Ville-Hardouin nous a conduits jusqu'à la mort de Henri qui affermit l'Empire latin, et qui, par les qualités qu'il déploya dans la paix et dans la guerre, se montra vraiment digne de régner. Nous avons vu la splendeur courte et passagère de cet empire : nous allons suivre les progrès de sa longue et douloureuse décadence.

La mort de Henri, qui arriva le 11 juin 1216, répandit la consternation parmi les seigneurs français. Il ne laissoit point d'enfans : Eustache son frère étoit mort ; et, pour conserver le sceptre impérial dans sa famille, il falloit aller chercher au loin celui qui seroit appelé à lui succéder. Un État composé de deux nations, dont la réconciliation n'étoit encore que commencée, devoit être gouverné par un prince absolument étranger à ses mœurs.

Les principaux barons, conformément aux lois qui avoient été faites au moment de la conquête, s'assemblèrent à Constantinople pour former une régence provisoire, et pour procéder au choix d'un empereur. Conon de Béthune, que nous avons vu se distinguer par son courage et sa prudence sous les empereurs Baudouin et Henri, fut nommé régent. Son exactitude à suivre les exemples de Henri, dont il avoit été l'un des principaux conseillers, maintint les Grecs dans la tranquillité, et empêcha les vainqueurs de se livrer à des abus de pouvoir. Sa haute réputation de valeur et son habileté dans la guerre réprimèrent l'ambition toujours croissante de Théodore Lascaris : et l'alliance que ce prince avoit faite avec les Français continua de subsister.

Les suffrages des seigneurs se balancèrent assez long-temps entre les deux princes qui étoient les plus proches parens de Henri. Pierre de Courtenay, comte d'Auxerre, petit-fils de Louis-le-Gros, cousin germain de Philippe-Auguste, avoit épousé Yolande, sœur des deux derniers empereurs. Ce prince, d'un âge mûr, et qui, dans le gouvernement paisible de quelques fiefs peu étendus, n'avoit pas montré les défauts qui se déployèrent lorsqu'il fut parvenu à un rang plus élevé, paroissoit devoir être appelé au trône par les droits de sa femme : mais des raisons de politique faisoient pencher les seigneurs en faveur d'André, roi de Hongrie, qui avoit épousé une fille d'Yolande et de Pierre de Courtenay. Ils pensoient que le voisinage de la Hongrie seroit d'une grande utilité pour l'Empire; et qu'ils pourroient disposer de toutes les forces de ce royaume, tant pour repousser les ennemis dont ils étoient entourés, que pour contenir les Grecs, si l'esprit de révolte se ranimoit parmi eux. Ce prince, très-religieux, et partageant les vœux de ses contemporains pour le recouvrement de la Terre-Sainte, venoit de prendre la croix : il auroit avec peine renoncé à une entreprise à laquelle il s'étoit engagé par les sermens les plus sacrés, et qu'il regardoit comme le premier de tous les devoirs. Il consulta le pape

Honorius III, successeur d'Innocent III : ce pontife, fondant beaucoup d'espérances sur une expédition qui cependant n'eut aucun résultat, fut d'avis que le Roi devoit sacrifier l'agrandissement de sa famille, et le conjura de ne pas manquer à ses sermens. André, peu ambitieux, rejeta les offres des seigneurs français.

Alors leurs vues se tournèrent du côté de Pierre de Courtenay, auquel ils avoient d'abord pensé. Ils lui envoyèrent une ambassade solennelle qu'il reçut à Namur, lieu ordinaire de sa résidence. Le comte d'Auxerre, et sa nombreuse famille, furent éblouis de la carrière brillante qui s'ouvroit devant eux. La comtesse surtout, digne sœur des empereurs Baudouin et Henri, continuellement occupée depuis plusieurs années du récit de leurs exploits, de leurs malheurs et de leur gloire, se crut digne de leur succéder, reçut avec orgueil le titre d'impératrice, ne pensant pas qu'elle se préparoit, ainsi qu'à ses enfans, une longue suite d'infortunes, et que cette élévation si désirée causeroit la ruine entière de sa maison.

Pierre, ayant accepté l'empire, voulut partir avec l'éclat que sembloit exiger sa dignité. Les ambassadeurs ne lui avoient apporté que des hommages : il manquoit d'argent; et il commença par se ruiner pour poser les fondemens de sa nouvelle fortune. Henri, comte de Nevers, un de ses gendres, étoit en état de lui procurer les fonds nécessaires : il lui engagea le comté de Tonnerre et la seigneurie de Crusy, stipulant que, s'il mouroit dans l'espace de dix ans, ces deux domaines resteroient au comte. Philippe-Auguste sembla voir avec plaisir l'élévation d'un de ses premiers vassaux : il prévit que plusieurs seigneurs le suivroient, dans l'espoir d'acquérir des principautés plus considérables que leurs fiefs : leur absence lui parut devoir concourir à l'accroissement de la puissance royale, et assurer le repos du reste de son règne.

L'Empereur, avec les sommes qu'il s'étoit procurées, mit sur pied une petite armée de cinq mille cinq cents hommes choisis : cent soixante chevaliers et plusieurs seigneurs se joignirent à lui. Il fixa son départ à la fin de l'année 1216, et prit la résolution de laisser à Namur ses deux fils Philippe et Robert. Cette dernière résolution devoit beaucoup nuire, tant à l'affermissement de la nouvelle dynastie, qu'au bien général de l'Empire. Comment en effet Pierre, après avoir tout sacrifié au désir d'occuper un trône éloigné, laissoit-il au fond de la France les deux héritiers présomptifs de sa couronne, qu'il auroit fallu au contraire habituer de bonne heure à des mœurs qui, jusque-là, leur avoient été étrangères, et montrer au peuple sur lequel ils devoient régner un jour? Sa femme et quatre de ses filles le suivirent; et cette famille, accompagnée du plus brillant cortége, arriva en Italie au commencement de janvier 1217.

Les délices de ce pays, beaucoup plus policé que le reste de l'Europe, y retinrent l'Empereur trop longtemps. Sans songer combien sa présence étoit nécessaire à Constantinople, il s'amusoit à recevoir les hommages et les fêtes qu'on lui prodiguoit dans toutes les villes. Une vaine représentation étoit à ses yeux le plus bel attribut du rang suprême. Il séjourna plus d'un mois à Bologne, où la famille des Lambertini lui procura toutes les jouissances dont il étoit avide : enfin il vint à Rome; et, voulant donner à cette ancienne capitale du monde un spectacle aussi magnifique que nouveau, il pria le Pape de le couronner. Honorius s'y refusa d'abord, et fit observer à l'Empereur que cet honneur appartenoit au patriarche de Constantinople. Cette excuse n'étoit qu'un prétexte : le Pape, qui croyoit que le nouvel Empire s'affermiroit, qui connoissoit la valeur et l'ambition des Français, et qui se figuroit que, par la suite, un de leurs princes pourroit reprendre les vastes projets de Justinien, et envoyer contre Rome un autre Bélisaire, ne vouloit pas, en couronnant Courtenay, consacrer en quelque sorte les droits des empereurs d'Orient sur Rome et sur l'Italie. Cependant les instances de Pierre vainquirent sa répugnance : il lui donna cette satisfaction à laquelle il attachoit tant de prix ; mais, voulant prévenir les inconvéniens qu'il craignoit pour ses successeurs, il décida que le couronnement aurait lieu hors des murs de Rome, dans l'église de Saint-Laurent. La magnificence de la cérémonie suffisoit pour contenter l'Empereur et l'Impératrice : ils ne parurent attacher aucune importance aux précautions prises par le Pape.

Guillaume de Montferrat, issu du premier mariage de Boniface de Montferrat, que nous avons vu roi de Thessalonique, crut devoir assister au couronnement. Le Pape le chargea de la garde de son jeune frère Démétrius, et le déclara protecteur de la régente Marguerite de Hongrie sa belle-mère.

Les Vénitiens, dont la flotte devoit transporter les troupes françaises dans la Grèce, profitant de l'embarras de l'Empereur, qui avoit déjà dépensé en profusions une grande partie des sommes qu'il avoit apportées de France, lui firent une proposition semblable à celle que le doge Henri Dandolo avoit déjà faite aux Croisés avant la conquête de Constantinople. Durazzo, place importante qui leur appartenoit, étoit tombée au pouvoir de Théodore, despote d'Epire. Ils exigèrent de l'Empereur qu'il les aidât à la reprendre, avant de se rendre dans ses États. Il y consentit volontiers, croyant que cette expédition seroit aussi facile que l'avoit été celle de Zara, et persuadé qu'il seroit encore mieux reçu par ses sujets, s'il se présentoit à eux après avoir remporté une victoire.

Arrivé à Brindes où l'embarquement devoit se faire, il ne voulut pas que l'Impératrice, qui étoit enceinte, et les jeunes princesses ses filles partageassent les dangers du siége de Durazzo. Elles partirent avant que la grande expédition fût prête à mettre en mer, et firent voile directement vers Constantinople.

Quelque temps après, l'Empereur et le cardinal Colonne, légat du Pape, s'embarquèrent avec l'armée française, renforcée par un assez grand nombre de troupes vénitiennes. La flotte arriva fort heureusement à Durazzo. Cette place très-forte ayant refusé de capituler, on en fit le siége dans les formes. Mais si l'attaque fut impétueuse, la résistance fut encore plus vive. Théodore avoit assujetti ses troupes à la discipline française, et elles étoient devenues très-bonnes, surtout pour la défense des places. Il y eut plusieurs assauts et plusieurs sorties dont les détails ne sont point parvenus jusqu'à nous. Mais les Français ayant eu presque toujours le dessous, leur armée étant diminuée, et les vivres commençant à leur manquer, l'Empereur se vit dans la douloureuse nécessité de lever le siége. Une ressource s'offroit encore à lui : il pouvoit remonter sur la flotte, et gagner sans danger sa capitale : trompé par des guides du pays, il aima mieux faire sa retraite par terre, dans l'espoir de forcer quelques places avant d'arriver à Constantinople.

Il s'engagea donc avec une armée déjà découragée dans les montagnes et les défilés de l'Albanie. La marche étoit d'autant plus pénible que Théodore le harceloit sans cesse. Tous les soldats qui s'écartoient étoient massacrés par les habitans : il étoit presque impossible de se procurer des vivres : enfin l'armée, réduite à la dernière extrémité, demandoit à grands cris une bataille dont le résultat, quel qu'il fût, devoit la tirer de l'horrible situation où son chef l'avoit mise. L'Empereur, dans cette unique occasion, se montra digne du commandement : il répondit aux vœux de ses soldats, et fit, en habile capitaine, tous ses efforts pour obtenir un combat général qui probablement l'auroit sauvé. Mais l'adroit Théodore parvint à l'éviter : il vouloit que l'armée française se consumât elle-même dans ce pays qui avoit été tant de fois le théâtre de ses victoires.

Tout espoir étant perdu, le légat essaya d'ouvrir une négociation avec le prince grec. Théodore parut s'y prêter : après de longues conférences, pendant lesquelles les maux de l'armée s'augmentoient, il fut convenu que l'Empereur pourroit traverser le pays, pourvu que ses troupes ne causassent aucun dégât. Cette trève étant conclue, et les Français n'élevant aucun doute sur la bonne foi du despote, les chefs se rapprochèrent, et parurent s'entendre parfaitement sur les dispositions à prendre pour l'exécution du traité. Quelques jours après, le prince grec invita l'Empereur à un festin, et désira qu'il fût accompagné du légat et des principaux seigneurs de sa suite. Au moment où la confiance et la cordialité semblent régner parmi les convives, des soldats remplissent la salle, et le perfide Théodore fait arrêter l'Empereur, le légat, ainsi que les seigneurs qui les avoient accompagnés. Aussitôt les ordres sont donnés pour attaquer l'armée française, privée de ses chefs et se reposant sur la trêve : elle est entièrement défaite : une partie est massacrée, l'autre livrée à l'esclavage; et quelques fuyards peuvent seuls porter à Constantinople la nouvelle de la captivité de l'Empereur.

L'Impératrice, dont la grossesse étoit avancée, fut profondément frappée de ce coup terrible : sa santé s'altéra, et elle sentit le néant de cette grandeur dont son cœur avoit été si long-temps enivré. Cependant les seigneurs, qui partageoient ses craintes, se souvinrent du sort affreux de Baudouin, et lui déférèrent la régence : elle accorda toute sa confiance à Conon de Béthune.

Le bruit de cet attentat se répandit bientôt en Europe. Les imprudences de l'Empereur, pendant son séjour en Italie, avoient presque détruit l'intérêt que le Pape avoit d'abord pris à lui : Honorius ne parut s'inquiéter que du sort du cardinal Colonne son légat, laissant au roi de Hongrie, gendre de Courtenay, le soin de le réclamer. Les instances du Pape furent long-temps inutiles : Théodore lui donnoit de fausses espérances, et savoit éluder toutes ses demandes. Enfin Honorius, irrité de tant d'audace et de perfidie, publia une croisade contre lui, persuadé que presque tous les princes de l'Europe s'empresseroient de venger l'outrage fait à une tête couronnée et au Saint-Siége. En effet, de grands armemens se préparoient en France et en Italie : les Vénitiens équipoient une flotte formidable; Robert de Courtenay, grand bouteillier de France, frère de Pierre, et le jeune prince du même nom, fils puîné de l'Empereur, levoient des troupes, et devoient se mettre à la tête de l'expédition. Théodore, effrayé de ces préparatifs, prit le parti de renouer avec le Pape des négociations depuis quelque temps rompues, feignit de se soumettre à tout ce que désiroit le pontife, mit en liberté le cardinal Colonne, qui prit aussitôt le chemin de Constantinople, et fit annoncer par ses ambassadeurs que l'Empereur étoit mort dans sa prison. Il est possible que le chagrin ait fait périr Courtenay, qui, du faîte de tant de grandeurs, s'étoit vu plonger dans une captivité dont il ne pouvoit prévoir le terme ; il est possible aussi que le perfide Théodore ait avancé ses jours : l'histoire ne donne aucun détail à cet égard. Quoi qu'il en soit, le courroux du Pape contre le despote parut se calmer aussitôt que le légat eut été mis en liberté; les Vénitiens et les Français, ayant à leur tête les deux Robert de Courtenay, alloient s'embarquer : Honorius menaça de les excommunier s'ils poursuivoient cette entreprise.

La présence du cardinal Colonne renouvela les douleurs de l'Impératrice; il lui donna probablement sur la mort de son époux les détails que nous ignorons. Peu de temps après, elle mit au monde un fils qui devoit parvenir à ce trône tant désiré par son père, et en voir la chute. Les seigneurs fidèles au sang de Baudouin continuèrent la régence à cette princesse, que le chagrin et la maladie conduisoient lentement au tombeau. Pendant sa courte administration, elle resserra l'alliance faite cinq ans auparavant par Henri avec Théodore Lascaris, à qui elle donna Marie, l'une de ses filles. Elle mourut quelque temps après avoir formé cette union, qui paroissoit devoir assurer pour long-temps la tranquillité de l'Empire du côté de l'Asie. Elle laissoit onze enfans vivans qui eurent des fortunes différentes; Sybille, sa fille cadette, frappée par les malheurs de son père, et dégoûtée du monde, prit le voile après la mort de l'Impératrice, et fut celle de toute la famille qui vécut la plus tranquille et la plus heureuse.

Les seigneurs envoyèrent une ambassade à Philippe, fils aîné de Pierre de Courtenay, qui, ainsi que son frère Robert, étoit demeuré en France, et confièrent la régence à Conon de Béthune, qui l'avoit exercée après la mort de Henri. Philippe avoit peu d'ambition : l'horrible destinée de son père lui avoit fait faire de sérieuses réflexions. Voulant conserver les débris de la fortune que sa famille avoit encore en France, il refusa l'Empire. Les ambassadeurs s'adressèrent alors à Robert, qui avoit montré beaucoup d'ardeur pendant la captivité de Courtenay, et qui s'étoit mis à la tête de l'armée levée pour le délivrer. Louis VIII, qui venoit de succéder à Philippe-Auguste, félicita le nouvel Empereur, lui promit des secours, et lui conseilla de se rendre bientôt aux vœux de ses sujets.

Robert avoit à peu près le même caractère que son père; il voulut, avant de prendre les rênes du gouvernement, qu'il trouvoit très-bien entre les mains de

Conon de Béthune, promener longuement dans l'Europe la pompe d'un empereur d'Orient.

Il ne partit que plus de quinze mois après la mort de Pierre, et fut deux ans en route. Il n'alla point à Rome, ne témoigna aucun désir d'être couronné par le Pape; mais il fit par terre ce long voyage qu'une révolution récemment arrivée dans le royaume des Bulgares rendoit moins dangereux. Phrorilas, qui, comme nous l'avons vu, avoit succédé au meurtrier de Baudouin, venoit d'être détrôné par Jean Asan, prince de la famille royale, qui l'avoit tenu assiégé dans Ternove pendant sept ans, et qui, l'ayant pris, lui avoit fait brûler les yeux. Le roi de Hongrie, beau-frère de Robert, avoit fait alliance avec le nouveau Roi, et lui avoit donné sa fille. La paix qui résulta de cette alliance permit à l'Empereur de traverser avec sécurité les États de ces deux princes.

Arrivé en Hongrie au commencement de 1219, Robert s'y arrêta long-temps. On lui rendit tous les honneurs qu'il pouvoit désirer : il y eut des fêtes, des tournois; et ce prince ne fit paroître aucun empressement d'aller occuper un trône où ses sujets l'appeloient depuis si long-temps. Il partit enfin pour Constantinople en 1221; et, après avoir traversé sans accident les terres des Bulgares, il arriva dans sa capitale le 25 mars de cette année. Malgré ses longs retards, il fut accueilli avec joie par les seigneurs, et son couronnement dans Sainte-Sophie fut fait avec la plus grande pompe.

Le patriarche qui le couronna étoit un Vénitien, ancien évêque d'Esquilio, créature d'Innocent III.

Depuis la mort de Morosini, le clergé et les seigneurs n'ayant pu s'accorder sur les formes de l'élection, les papes s'étoient attribué le droit de nommer les patriarches : droit qu'ils conservèrent jusqu'à la fin de l'Empire latin, et qui diminua beaucoup l'éclat que devoit avoir l'Église de Constantinople.

Pendant sa régence, Conon de Béthune étoit parvenu à préserver l'Empire d'une invasion. Il avoit contenu Théodore d'Epire, et s'étoit opposé aux projets ambitieux de Lascaris, qui, devenu l'époux de Marie, sœur de Robert, et se prévalant de la longue absence de ce prince, prétendoit que sa femme avoit des droits à un trône qui sembloit abandonné. Des disputes s'étoient en même temps élevées entre le clergé et les seigneurs. Au moment de la conquête, la plupart des domaines ecclésiastiques avoient été donnés aux gentilshommes; et il avoit été convenu que les nouveaux titulaires des évêchés, des cures et des bénéfices seroient dédommagés par un traitement fixe. Sous les deux derniers Empereurs, le clergé avoit vainement réclamé contre cet arrangement; le cardinal Colonne fit valoir, sous la régence, les droits de l'Église, et obtint qu'une grande partie de ses biens lui fût rendue : mesure qui déplut aux seigneurs, et détermina quelques-uns d'entre eux à retourner dans leur pays. A cette occasion, Geoffroy de Ville-Hardouin, neveu de l'auteur des Mémoires, devenu prince d'Achaïe, se livra, contre le clergé de ses Etats, à des excès qui attirèrent sur lui les censures du Pape : la crainte lui fit modérer ses prétentions.

Robert approuva tout ce qu'avoit fait Conon de Béthune, qui malheureusement mourut peu de temps après, regretté des Français et des Vénitiens : c'étoit le dernier des grands capitaines qui avoient pris part à la conquête.

L'Empereur, menacé à l'occident et à l'orient par deux ennemis redoutables, Théodore d'Epire et Théodore Lascaris, résolut de traiter avec ce dernier qui passoit pour plus modéré, et dont sa sœur étoit l'épouse. Il lui envoya donc des ambassadeurs qui, secondés par l'Impératrice tendrement aimée de son mari, obtinrent que l'ancienne alliance fût renouvelée. Pour la rendre plus solide, il fut décidé que la princesse Eudocie, issue du premier mariage de Lascaris avec Anne, fille de l'usurpateur Alexis, donneroit sa main à l'empereur Robert. Au moment où les ambassadeurs alloient repartir avec l'épouse destinée à leur prince, la mort de Lascaris changea la face des affaires.

Théodore Lascaris ne laissoit point de fils : sa famille se composoit des princes Alexis, Isaac, Manuel et Michel ses frères, et de deux filles Irène et Eudocie, dont la première étoit l'épouse de Jean Ducas-Vatace, capitaine renommé parmi les Grecs. Vatace, plus adroit que les oncles de sa femme, parvint au trône. Courageux, prévoyant, artificieux, également habile dans les négociations et dans la guerre, il devoit puissamment contribuer à la ruine de l'Empire latin.

Des quatre frères de Lascaris, Manuel et Michel se soumirent sans murmure au nouvel Empereur; les deux autres Alexis et Isaac quittèrent brusquement la cour, et partirent pour Constantinople, après avoir vainement tenté d'enlever Eudocie que Vatace, rebelle aux dernières volontés de son beau-père, ne vouloit pas donner à Robert. Ils furent très-bien accueillis par l'empereur français, quoiqu'ils ne lui amenassent pas, comme il l'avoit espéré, la princesse qui lui étoit destinée.

Il y avoit deux ans que Robert étoit sur le trône; et s'il n'avoit pas réprimé l'audace de ses ennemis, on ne pouvoit du moins lui reprocher d'avoir laissé entamer l'Empire. Ses négociations avoient détourné jusqu'alors la guerre qui le menaçoit du côté de l'Asie, et Théodore d'Epire continuoit d'être contenu par ses généraux. En 1223, les armes toujours heureuses de ce prince perfide se tournèrent contre le royaume de Thessalonique, gouverné par le jeune Démétrius à peine parvenu à sa majorité, et par Marguerite de Hongrie sa mère. Il espéroit que, ce royaume détruit, Constantinople ne pourroit plus lui résister. A la nouvelle des armemens formidables qu'il préparoit, Démétrius et sa mère, au lieu de pourvoir à la défense de leurs Etats, les abandonnèrent, et s'embarquèrent pour l'Italie. Le Pape qui avoit cru pouvoir se fier aux promesses de Théodore, après lui avoir fait des remontrances dont il ne tint aucun compte, accorda de généreux secours à la mère et à l'enfant, et publia une croisade pour les rétablir.

Le prince d'Epire, peu effrayé de ces menaces, marcha sur Thessalonique, s'en empara sans presque éprouver de résistance, et s'y fit couronner empereur d'Orient. Le métropolitain de cette capitale, fidèle à la famille de Montferrat, refusa de sacrer cet usurpateur : mais Théodore trouva plus de complaisance dans l'évêque d'Achride.

Il y avoit alors, comme on le voit, quatre empereurs d'Orient. Robert régnoit à Constantinople, Vatace à Nicée, Théodore à Thessalonique, Comnène à Trébisonde. Ce dernier, tranquille au fond du Pont-Euxin, ne prenoit aucune part aux disputes de ses rivaux.

La démarche hardie du prince d'Epire retarda la ruine de l'Empire latin, en mettant la division parmi ses ennemis. Vatace ne put voir sans jalousie ce nouveau rival que la fortune lui opposoit : il ouvrit avec lui des négociations, offrant de garantir les conquêtes qu'il venoit de faire, à condition qu'il ne porteroit plus le titre d'empereur. Théodore, enivré de ses succès, regarda cette proposition comme une insulte, et renvoya les ambassadeurs avec dédain.

Robert, au lieu de profiter de cette division pour négocier avec l'un des deux rivaux, et se donner le temps de réparer les forces épuisées de l'Empire, leur déclara la guerre. On ne le vit point, comme ses illustres prédécesseurs, paroître à la tête de ses troupes. Renfermé dans son palais, il aimoit mieux se livrer aux jouissances de l'orgueil, du luxe et de la volupté. Il confia le commandement de l'armée qui devoit marcher contre Théodore, à Thierry de Valaincourt, et à Nicolas de Mainvaut, successeur de Ville-Hardouin dans la charge de maréchal de Romanie. Ces deux généraux se bornèrent à faire le siége de Serres, place presque imprenable.

L'expédition contre Vatace fut commandée par les princes grecs Alexis et Isaac, qui, comme on l'a vu, s'étoient réfugiés à Constantinople. Robert espéra que leur présence pourroit opérer quelque défection dans l'armée de son ennemi; mais il ne réfléchit pas à la honte qu'éprouveroient les troupes françaises en combattant sous les ordres des princes qu'elles avoient autrefois vaincus, et qu'elles étoient habituées à mépriser. Toutefois l'Empereur leur adjoignit Macaire de Sainte-Menehould, général renommé, jouissant de la confiance des soldats; mais ce dernier n'avoit qu'un commandement secondaire, ne pouvoit que donner des conseils aux deux princes, et devoit leur obéir dans tout ce qui concernoit les grandes opérations. L'armée débarqua près de Lampsaque, et s'avança sans obstacle dans le pays où Vatace cherchoit à l'attirer. Elle rencontra les Grecs sous les murs de Pemanène, et fondit sur eux avec toute l'ardeur française. Dans le premier moment, rien ne put résister à son impétuosité : les ennemis plièrent de tous côtés, et commencèrent à prendre la fuite; mais l'habile Vatace sut les rallier non loin du champ de bataille; et, profitant du désordre que la poursuite avoit mis parmi des troupes qui comptoient sur la victoire, il rétablit le combat, déploya les talens d'un grand capitaine, et obtint une victoire complète. Tous les généraux furent faits prisonniers; Macaire de Sainte-Menehould fut tué; les deux princes grecs tombèrent au pouvoir de Vatace qui leur fit brûler les yeux, et l'armée de Robert fut anéantie. Vatace profita de ce succès pour recouvrer en Asie toutes les places que l'empereur Henri avoit autrefois conquises. Il chassa les Français de l'Asie mineure, et sa flotte s'empara de l'île de Lesbos. N'éprouvant presque aucune résistance, il descendit dans la Chersonèse; ses troupes ravagèrent les environs de Gallipoli, de Madyte, et les côtes de la Propontide.

A la première nouvelle de la défaite de Pemanène, Robert, sans quitter son palais, avoit ordonné à l'armée qui étoit devant Serres de lever le siége et de marcher vers l'Asie ; mais Théodore attaqua cette armée dans sa retraite, la défit entièrement, et fit prisonniers les deux généraux Thierry de Valincourt et Nicolas de Mainvaut.

L'Empire, privé des deux armées qui seules pouvoient le défendre, étoit perdu sans ressource, si Vatace et Théodore se fussent accordés ; mais une circonstance heureuse pour les Français rendit encore plus forte l'inimitié de ces deux rivaux.

Andrinople, seconde ville de l'Empire, étoit demeurée fidèle aux Français, tant que Branas et son épouse Agnès de France avoient vécu. Depuis leur mort, ses habitans, éblouis par les succès de Vatace, formoient hautement des vœux pour lui, et demandoient à secouer le joug étranger. Lorsque ses dernières conquêtes l'eurent rapproché d'eux, ils lui firent savoir qu'ils étoient prêts à le reconnoître. Alors il s'empressa de leur envoyer Isez son grand écuyer : ils le reçurent avec des transports de joie, chassèrent la garnison française, et firent flotter sur leurs murs les étendards de Vatace. Pendant que cette révolution s'opéroit, Théodore d'Epire, ayant conquis toutes les contrées qui sont à l'occident de l'Hèbre, et poursuivant ses succès, s'approcha de cette ville. Il étoit maître de Messynople, de Macra, de Didymotique, et de toutes les autres places voisines : la possession d'Andrinople lui devenoit nécessaire pour diriger ses forces sur Constantinople. Il envoya donc secrètement des émissaires qui persuadèrent aux habitans qu'il valoit mieux pour eux être soumis à Théodore qu'à Vatace : si les Français obtenoient quelque succès contre ce dernier, il seroit obligé de fuir en Asie, et ne pourroit les secourir; au lieu que Théodore, dont les États étoient voisins, ne les laisseroit jamais retomber sous la domination française. Ces raisons déterminèrent les habitans d'Andrinople. La foible escorte du grand écuyer de Vatace ne put lutter contre le peuple prêt à se révolter. Isez sortit de la ville au moment où Théodore entroit par une autre porte. A peine maître de cette place, le prince d'Épire fit des courses jusque sous les murs de Constantinople.

Robert, pressé entre deux redoutables ennemis, n'ayant plus d'armée à leur opposer, prit enfin la résolution qu'il auroit dû adopter avant la guerre. Il entama des négociations avec Vatace, et obtint une paix désavantageuse, mais nécessaire. Il perdit Piga, la seule place importante qu'il eût en Asie, et ne conserva dans cette partie du monde que la presqu'île qui se trouve en face de Constantinople. Vatace promit d'envoyer bientôt la princesse Eudocie, qui avoit été promise à Robert par Lascaris.

Pendant tous ces désastres, l'Empereur n'avoit cessé d'implorer les secours du Pape et des autres princes catholiques. Honorius s'adressa vainement à la reine Blanche mère de saint Louis : il lui représenta qu'il ne falloit pas laisser périr *cette nouvelle France* (c'étoit ainsi qu'il appeloit l'Empire latin). La Reine, dont l'époux Louis VIII étoit alors occupé de la guerre contre les Albigeois, ne put donner aucune espérance. Les instances du Pape eurent plus de succès près de Guillaume marquis de Montferrat, qui, dans le moment du sacre de Pierre de Courtenay, s'étoit chargé de la garde du jeune Démétrius. Ce prince, ayant levé une armée nombreuse, espéroit reprendre le royaume de Thessalonique, et marcher ensuite au secours de Robert. Démétrius et Guillaume partirent en effet, après avoir laissé à Rome Marguerite de Hongrie; mais à peine étoient-ils arrivés dans la Grèce, qu'une mort prématurée enleva Guillaume qui étoit l'ame de l'entreprise. Le foible Démétrius ne put exécuter les projets formés par son généreux frère; l'armée, qui n'avoit aucune confiance en lui, se dispersa; il revint presque seul en Italie près de sa mère, et il termina tristement ses jours cinq ans après dans la ville de Melfi. Cette expédition, quoiqu'elle n'eût pas réussi, donna de longues inquiétudes à Théodore d'Épire; qui, craignant que d'autres secours n'arrivassent, laissa respirer Constantinople.

A cette époque [1225] où l'Empire latin paroissoit près de sa ruine, et se bornoit presque aux murs et aux environs de cette capitale, on crut pendant quelque temps en Europe que Baudouin, qui l'avoit fondé, vivoit encore, qu'il s'étoit échappé des prisons de Ternove, et qu'il venoit réclamer son comté de Flandre, appartenant alors à Jeanne sa fille. Cette imposture fit beaucoup de bruit, et fournit en France un grand aliment à la curiosité publique. Dans ce siècle d'expéditions lointaines, les aventures les plus extraordinaires n'étonnoient point, et il n'étoit pas rare que des hommes, crus morts depuis long-temps, reparussent tout-à-coup dans leurs familles, quelquefois au grand déplaisir de ceux dont ils auroient dû attendre le plus d'amour.

Un hermite de la figure la plus noble vivoit retiré dans la forêt de Glançon près de Mortain. Son existence avoit quelque chose de mystérieux : il se montroit peu, et paroissoit fuir les regards de ceux qui vouloient l'observer. Cet homme singulier excita la curiosité d'un gentilhomme du voisinage qui vint le voir et lui fit plusieurs questions. On parloit encore beaucoup de la dernière croisade, et de la conquête de Constantinople; on prétendoit que l'empereur Baudouin s'étoit sauvé de sa prison en habit de franciscain; et ce bruit se répandoit d'autant plus facilement que la comtesse Jeanne sa fille n'étoit pas aimée. Le gentilhomme interrogea l'hermite sur cet objet, et n'en put rien tirer.

D'autres gentilshommes eurent avec lui de longs entretiens, à la suite desquels il leur persuada, sans doute parce qu'ils désiroient que cela fût, qu'il étoit l'empereur Baudouin, heureusement sauvé des mains des Bulgares. Il fit une fable que leur inimitié pour Jeanne pouvoit seule rendre croyable : il prétendit qu'il étoit sorti de la prison de Ternove par l'entremise d'une jeune fille à laquelle il avoit inspiré de la pitié; qu'en revenant en France il étoit tombé sept fois au pouvoir des barbares, d'où il s'étoit échappé par autant de miracles; qu'il avoit été leur esclave à diverses reprises; et qu'enfin, dégoûté des grandeurs humaines, il s'étoit décidé à terminer ses jours dans une solitude.

Les gentilshommes, qui paroissent n'élever aucun doute sur la vérité de ce récit, emmènent l'hermite à Mortain, et lui forment une cour; ils le font ensuite reconnoître à Lille, à Valenciennes, à Tournay, à Courtray, à Bruges; le duc de Brabant lui rend hommage comme à son seigneur, et le jour de la Pentecôte de l'année 1225 il prend la couronne, rend des édits, fait des chevaliers. Dans ses différens voyages il étoit vêtu à la grecque, portoit la pourpre, et se faisoit précéder par une croix.

Cette révolution, qui se faisoit si rapidement, effrayoit beaucoup la comtesse Jeanne qui n'avoit plus que la ville du Quesnoy, lieu de sa résidence. Elle implora l'assistance de Louis VIII son seigneur, qui chargea de l'aider, dans cette circonstance difficile, Matthieu de Montmorency, Michel de Harmes, et Thomas de Lemprenesse.

Rassurée par ces trois seigneurs, elle pria son prétendu père de venir la trouver au Quesnoy, afin qu'elle pût le reconnoître : il s'y refusa, prétendant qu'il avoit tout à craindre d'une fille dénaturée ; et ce refus, loin de le discréditer, augmenta le nombre de ses partisans. Le danger de la comtesse devenoit très-pressant, lorsqu'un franciscain, qui n'avoit pas quitté l'empereur Baudouin, vint la trouver. Il lui raconte tous les détails de la mort de son père, dont il assure avoir été témoin ; par l'ordre de Jeanne, il réunit plusieurs personnes qui s'étoient trouvées à la bataille d'Andrinople, et va trouver l'évêque de Senlis, qui le présente à Louis VIII : le Roi, convaincu de l'imposture de l'hermite, lui fait dire de se rendre à Péronne.

Le faux Baudouin n'osa se refuser à une invitation si formelle : il courut le risque d'être confondu, dans la crainte de perdre ses partisans de bonne foi. Admis devant Louis VIII, il recommença le récit de ses prétendues infortunes ; le Roi, sans chercher à le contredire, lui fit quelques questions fort simples auxquelles il se seroit sans doute préparé, s'il avoit eu quelque habileté. Il lui demanda quel étoit le jour où il avoit épousé Marie comtesse de Champagne, dans quel lieu ce mariage avoit été célébré, dans quelle ville il avoit reçu l'ordre de la chevalerie, et quelle étoit l'époque précise où il avoit fait hommage à Philippe-Auguste de son comté de Flandre. L'hermite ne put satisfaire à aucune de ces questions : feignant que ses longs malheurs avoient altéré sa mémoire, il pria le Roi de lui accorder jusqu'au lendemain pour se rappeler des faits et des dates qu'il avoit depuis long-temps oubliés. Il obtint ce délai, et la nuit suivante il s'échappa de Péronne. Arrivé d'abord à Valenciennes, où ses partisans étoient en très-grand nombre, il fut effrayé de leur abandon. Il passa ensuite à Nivelle, où il ne reçut pas un meilleur accueil : son masque étoit tombé, et les mécontens qui l'avoient soutenu n'osoient plus l'avouer. Ne se trouvant pas en sûreté dans la Flandre, il partit pour Cologne, et disparut à tous les regards.

Le Roi et la comtesse ordonnèrent contre lui les perquisitions les plus sévères : long-temps les recherches furent vaines; enfin Erard du Chatenay, seigneur bourguignon, découvrit qu'il s'étoit retiré secrètement à Rougemont, village qui lui appartenoit. Il le fit arrêter, et l'interrogea. L'imposteur, n'osant plus déguiser la vérité, déclara qu'il s'appeloit Bertrand de Raiz, et qu'il avoit été alternativement ménestrier, comédien et hermite. Il fut conduit au Roi, qui ordonna de le livrer à la comtesse Jeanne. Cette princesse lui fit expier ses longues inquiétudes : on le traîna sur un âne dans toutes les villes qui l'avoient reconnu comme l'empereur Baudouin, et lorsque le peuple parut bien détrompé sur son compte, il fut pendu.

Tandis que cette scène extraordinaire se passoit en France, Robert, continuellement harcelé par Théodore d'Épire, imploroit de nouveau les secours de l'Occident. Le pape Honorius venoit de mourir, et Grégoire IX, beaucoup plus zélé pour l'Empire latin, lui avoit succédé. Le châtelain d'Arras, grand dignitaire de la cour de Constantinople, fut envoyé d'abord à Rome, puis à Paris, pour obtenir de l'argent et des troupes. Il étoit chargé de dire au Pape et à la reine Blanche que le projet de Robert étoit de maintenir la paix avec Vatace, et de faire les derniers efforts pour reconquérir Thessalonique. La régente promit trois cents chevaliers, et le Pape mit à la disposition de l'envoyé des sommes considérables.

Mais ces desseins, qui ne pouvoient être exécutés qu'avec une grande force de caractère, échouèrent par l'inconcevable foiblesse de l'Empereur.

La paix qu'il avoit faite avec Vatace sembloit devoir être durable. Eudocie, que ce prince avoit longtemps refusée à Robert, étoit enfin arrivée à Constantinople; et tous les seigneurs attendoient avec impatience la célébration d'un mariage qui leur faisoit espérer une longue tranquillité du côté de l'Asie. L'Empereur différoit toujours; et l'on attribuoit ces délais à ses irrésolutions ordinaires. Le scandale fut à son comble quand on en connut la cause.

Baudouin de Neuville, chevalier du pays d'Artois, l'un des premiers conquérans, venoit de mourir à Constantinople, laissant une veuve peu riche, et une fille d'une beauté remarquable, promise à un seigneur bourguignon qui en étoit éperdument amoureux. Les charmes de cette demoiselle frappèrent l'Empereur, qui, dans l'oisiveté d'une vie indolente, ouvroit son cœur à toutes les passions voluptueuses. Il entretint un commerce secret avec la fille et la mère, séduisit l'une, éblouit l'autre, et bientôt elles vinrent habiter le palais; alors il ne se contraignit plus : la favorite eut tout le pouvoir d'une épouse sans en avoir le nom ; et cette sorte de foiblesse, qu'on ne pardonne qu'aux grands princes, rendit Robert l'objet du mépris général. Le seigneur à qui l'on avoit enlevé une femme dont il étoit épris conçut d'horribles projets de vengeance. Il assembla ses parens et ses amis, et trouva, dans le mécontentement qu'inspiroit la conduite de l'Empereur, tous les moyens d'assouvir la fureur dont il étoit dévoré. Les seigneurs les plus modérés et les plus vertueux étoient indignés des procédés de Robert envers Eudocie, qui, destinée à devenir le gage de la paix, se voyoit abandonnée et dédaignée par celui dont elle étoit venue partager le trône. S'ils n'étoient pas capables d'être complices des conjurés, ils étoient portés à ne mettre aucun obstacle à leurs desseins. Enfin cet affreux complot éclate pendant la nuit : une troupe furieuse, à la tête de laquelle marchoit le seigneur outragé, attaque le palais, en force les portes, pénètre dans les appartemens, surprend dans leurs lits la maîtresse de l'Empereur et son indigne mère, et les entraîne vers le port. Leur rage n'est contenue ni par la foiblesse ni par la beauté; ils mutilent horriblement la jeune favorite, en lui coupant le nez et les lèvres, et précipitent sa mère dans le Bosphore. Pendant ce tumulte, l'Empereur n'avoit pas même pensé à défendre une femme qu'il adoroit : il s'étoit réfugié dans le lieu le plus retiré de son palais, et les conjurés l'avoient assez méprisé pour ne pas songer à l'y chercher.

Robert tomba dans le désespoir lorsqu'il revit, horriblement défigurée, la malheureuse victime de ses passions, et lorsqu'il se fut convaincu qu'il ne pouvoit la venger. Devenu incapable de régner, puisqu'il ne lui étoit plus possible de se faire obéir, il partit secrètement de Constantinople, laissant la régence à Anseau de Cahieu, l'un des seigneurs les plus distingués, et vint à Rome trouver le Pape dont il attendoit des consolations et des conseils. Grégoire ix, instruit de ses malheurs, le reçut avec bonté, lui donna des secours; et, après quelques mois de séjour à Rome, pendant lesquels il espéra que l'Empereur feroit des réflexions sérieuses, il lui conseilla de retourner dans ses États, pour réparer sa honte par une meilleure conduite. La jeunesse de Robert pouvoit faire espérer qu'il profiteroit d'une si cruelle leçon : mais le chagrin s'étoit emparé de lui, les remords l'accabloient, il étoit effrayé des dispositions de ses sujets, frémissoit en pensant qu'il faudroit pardonner à ceux qui l'avoient outragé; et son ame flétrie se trouvoit aussi incapable de faire oublier le passé, que de profiter de l'avenir. Il mourut en traversant l'Achaïe, étant à peine âgé de trente ans. [1228.]

La princesse Eudocie, que les mépris de Robert avoient rendue très-malheureuse, ne voulut pas retourner à la cour de Vatace, où ses deux oncles, privés de la vue, gémissoient dans une prison, et où les services de son père Théodore Lascaris étoient oubliés. Anseau de Cahieu, chargé de la régence, lui adressa ses vœux; elle consentit à l'épouser. Vatace, qui avoit toujours redouté son ambition, aima mieux la voir devenir la femme d'un simple gentilhomme, que celle d'un prince de la maison régnante.

Baudouin II, dernier enfant de Pierre de Courtenay, que sa mère avoit mis au monde au milieu des plus horribles calamités, succéda, n'étant âgé que de onze ans, à son frère Robert. Les seigneurs, n'ayant pas assez de confiance dans les talens d'Anseau de Cahieu pour lui donner la tutèle de ce prince pendant une minorité qui devoit être longue, formèrent un conseil pour choisir le prince à qui l'on confieroit les destinées de l'Empire. Il falloit un héros pour lutter avec avantage contre les circonstances dans lesquelles on se trouvoit, et presque tous les grands hommes qui avoient fait la conquête étoient morts. Les seigneurs qui formoient le conseil eurent un moment l'idée de solliciter la protection de Jean Asan, roi des Bulgares, qui, comme nous l'avons dit, avoit succédé à Phrorilas. Ce prince, avec lequel on entama des négociations, promettoit de conquérir pour les Français le royaume de Thessalonique, et le jeune Baudouin devoit épouser sa fille.

Lorsque ce projet fut soumis à l'assemblée générale des seigneurs, il fut presque unanimement rejeté. On se souvenoit des malheurs que les Grecs avoient éprouvés à la suite d'une alliance avec un roi de cette nation barbare, et l'on ne prévoyoit pas que les Français seroient bientôt obligés de contracter les liaisons les plus intimes avec ces mêmes Comains, dont ils ne prononçoient alors le nom qu'avec horreur.

Les regards des seigneurs se tournèrent vers un

prince français qui sembloit posséder toutes les qualités nécessaires pour soutenir un empire chancelant. C'étoit Jean de Brienne, comte de la Marche, et roi titulaire de Jérusalem : sa vie avoit été aussi glorieuse que singulière ; l'idée qu'on va en donner suffira pour justifier le choix dont il fut honoré.

Cadet de famille, il fut destiné à l'Église par son père Érard, comte de Brienne et de la Marche : mais ses goûts l'entraînant vers la carrière des armes, il s'échappa du château de sa famille, et se réfugia dans le couvent de Clairvaux, où il fut bien reçu par l'abbé Jean de Brienne, son oncle et son parrain, qui loua cette noble ardeur, et lui promit de ne pas laisser long-temps oisif son jeune courage. Simon de Châteauvilain, son proche parent, passant un jour près du monastère, le rencontra dans la forêt, et fut frappé de l'air martial de cet enfant. Il le prit avec lui du consentement de l'abbé, fut très-satisfait de ses heureuses dispositions, le conduisit à plusieurs tournois, et, après lui avoir fait subir toutes les épreuves, l'arma chevalier. Le jeune homme chercha vainement à fléchir son père : il ne reçut jamais de lui aucun secours. Ses exploits l'avoient déjà rendu fameux, lorsqu'il prit la croix avec les conquérans de Constantinople ; mais son frère Gauthier, comte de Brienne, ayant été appelé au trône de Sicile, il abandonna les Croisés pour le suivre à Naples. Il le servit bien, et après sa mort il fut chargé de la tutèle de ses enfans.

Alors la grande réputation de Jean de Brienne fixa sur lui l'attention des barons de Jérusalem. Ayant perdu leur roi Amaulry, ils lui offrirent avec ce royaume, qui ne consistoit plus que dans les villes de Tyr et de Saint-Jean-d'Acre, la main de Marie, fille de Conrad de Montferrat et de la reine Isabelle. C'étoit le plus noble appel qu'on pût faire à son courage. Il y répondit par de hauts faits d'armes dans la Palestine et dans l'Égypte; mais, ayant pris pour gendre l'empereur d'Allemagne Frédéric II, il trouva dans ce prince son plus grand ennemi. Frédéric, pouvant disposer de forces considérables, lui fit une guerre opiniâtre et le dépouilla de ses États. Pour comble de malheur, Brienne perdit à la même époque la Reine sa femme, dont il tiroit tous ses droits à la couronne. Les revers ne le décourageant pas plus que les succès ne l'avoient enivré, il vint en France pour demander des secours, n'en obtint pas, et partit pour l'Espagne, où il contracta de nouveaux liens avec Bérengère, fille d'Alphonse, roi de Castille. Après avoir inutilement essayé de recouvrer son royaume, il s'étoit retiré en Italie, avoit passé au service de Grégoire IX, et faisoit la guerre à son gendre dans le royaume de Naples. Il étoit alors âgé de plus de quatre-vingts ans, mais sa vieillesse étoit pleine de vigueur, et les seigneurs de Constantinople croyoient voir revivre en lui un autre Dandolo.

Ils envoyèrent des députés au pape Grégoire IX pour obtenir de lui qu'il autorisât Jean de Brienne à recevoir la couronne de Constantin. Le Pape y consentit avec joie, et l'on n'eut plus qu'à délibérer sur les conditions. Il fut convenu que Jean de Brienne seroit couronné empereur, qu'il adopteroit le jeune Baudouin, auquel il donneroit sa fille Marie, qu'il avoit eue de Bérengère; que ce prince seroit son successeur immédiat, et que ses autres héritiers auroient des apanages considérables, soit en Europe, soit en Asie. Ainsi les seigneurs qui défendoient encore les débris de l'Empire latin mettoient toutes leurs espérances dans un enfant de onze ans et dans un vieillard de quatre-vingts. [Avril 1229.]

Brienne fit, comme ses deux prédécesseurs, de grands préparatifs pour aller occuper le trône auquel il étoit appelé, et ne put se rendre à Constantinople que deux ans après son élection. Voyons ce qui s'y passoit en son absence.

Les seigneurs avoient retiré la régence des mains d'Anseau de Cahieu, et l'avoient confiée à Narjot de Toucy, époux de la fille de Branas et d'Agnès de France, que nous avons vus, dans la première partie de notre travail, cimenter la paix entre les Français et les Grecs. Ils espéroient que ce seigneur seroit également agréable aux deux nations, et maintiendroit entre elles l'union sans laquelle l'Empire devoit bientôt périr. Leur espoir ne fut pas trompé, et, par un bonheur imprévu, la division se mit bientôt parmi leurs plus redoutables ennemis.

Asan, roi des Bulgares, avec qui les Français avoient négocié pour la tutèle du jeune empereur Baudouin, témoigna beaucoup d'humeur de la préférence obtenue par Jean de Brienne. Aussi ambitieux que ses prédécesseurs, il fit une étroite alliance avec Théodore d'Epiré, pour anéantir l'Empire latin et en faire le partage. L'alliance entre ces deux princes fut cimentée par le mariage de Marie, fille d'Asan, avec Manuel, frère de Théodore. Mais cette alliance fut bientôt rompue par la perfidie ordinaire du prince grec. Il abusa de la confiance du roi des Bulgares, et tenta d'envahir son pays avec une armée considérable, renforcée depuis peu par des troupes allemandes que lui avoit envoyées Frédéric II pour faire la guerre à Jean de Brienne; mais Asan, quoiqu'il ne prévît pas cette trahison, étoit en état de lui résister. Il venoit de recevoir un renfort de Comains, et il attendit son ennemi sur les bords de l'Hèbre. Là fut livrée une bataille où la perfidie du prince grec reçut un juste châtiment : le roi des Bulgares obtint une victoire complète, Théodore et ses généraux furent faits prisonniers, et l'armée, entourée de tous côtés, mit bas les armes. [Avril 1230.] On s'attendoit à une vengeance terrible; mais Asan, moins cruel et plus politique que Johannice, ne retint que les chefs, et renvoya les soldats sans rançon. Cette clémence rassura les Grecs, qui redoutoient les plus effroyables malheurs; ils ouvrirent au vainqueur les portes d'Andrinople, de Didymotique et de Serres. Le Roi, chargé des dépouilles de celui qu'il avoit cru son allié, et couvert de gloire, quoique le premier objet de la guerre n'eût pas été rempli, retourna dans ses Etats, emmenant dans les prisons de Ternove, si fatales à ceux qu'on y renfermoit, Théodore d'Epire, qui se faisoit toujours appeler empereur d'Orient. Quelque temps après, ce prince, plein de ruse et d'adresse, essaya de s'échapper. Surpris au moment où il sortoit de la ville, il fut plongé dans un cachot, et on lui brûla les yeux.

Manuel son frère, qui, dans le désordre de la dernière bataille, avoit pu se soustraire aux poursuites des vainqueurs, revint à Thessalonique au milieu de mille dangers. Cet Etat, n'ayant perdu qu'une partie des conquêtes faites par Théodore, étoit encore puissant. Manuel s'empara du pouvoir, prit le titre de despote, et, profitant de l'ascendant que sa nouvelle épouse avoit sur le roi des Bulgares dont elle étoit la fille, il obtint de ce prince une paix avantageuse. Il fit en même temps tous ses efforts pour fléchir Grégoire IX, qui, lors de l'avénement de Brienne au trône impérial, avoit excommunié Théodore. Non-seulement il lui soumit son Eglise, mais il poussa la déférence jusqu'à le reconnoître comme son seigneur temporel.

Cette guerre sauva Constantinople, qui, n'ayant pour maître qu'un enfant en bas âge, n'auroit pu résister aux efforts réunis du prince d'Epire et du roi des Bulgares. Asan, porté naturellement à la paresse et à l'inconstance, sembla s'endormir sur ses lauriers, et se contenter de ses nouvelles conquêtes.

Jean de Brienne, ayant enfin terminé tous ses préparatifs, disposa son départ pour Constantinople. La route de terre n'étoit pas sûre, malgré les démonstrations pacifiques de Manuel, dans les Etats duquel il falloit passer. L'Empereur s'embarqua sur une flotte vénitienne de quatorze vaisseaux, et arriva sans obstacle dans sa capitale, où il étoit impatiemment attendu. [Septembre 1231.]

Mais toute cette réputation de sagesse, de valeur et de constance, qui l'avoit porté à l'Empire, s'évanouit aussitôt qu'il fut sur le trône. Soit que la vieillesse eût affoibli son caractère; soit que les Français, trop enthousiasmés d'abord des anciens exploits de ce prince, eussent passé rapidement à un sentiment tout opposé et peut-être injuste, on lui reprocha de ne chercher que le repos, tandis qu'il auroit fallu déployer la plus grande activité. On se plaignit de son avarice, qui lui fit congédier une partie de ses troupes, dont Asan augmenta son armée. On s'indigna de ce qu'il ne prenoit aucune mesure pour délivrer le territoire de Constantinople des ravages des Bulgares et des soldats de Vatace. Il n'étoit en effet, dit Du Cange, ni en paix, ni en guerre, situation la plus fatigante et la plus pénible pour des guerriers français.

Cependant, en 1233, l'Empereur parut sortir de son assoupissement. Ayant appris qu'une conspiration menaçoit les jours de Vatace, il passa en Asie, et reprit l'importante forteresse de Piga. Les Français brûloient de pousser plus loin leurs conquêtes; mais Brienne, craignant de compromettre la seule force qui lui restoit, les ramena bientôt à Constantinople.

Vatace ne tarda pas à se venger de cette agression. Asan, toujours irrité contre les Français, étoit disposé à le seconder. Sa fille Hélène avoit été destinée à Baudoin lorsqu'il avoit été question de lui confier la tutèle de ce jeune prince, Vatace la demanda pour son fils Théodore qui devoit lui succéder, et le roi des Bulgares s'empressa de répondre à cette avance. Les deux princes firent alors une alliance offensive et défensive dont le but étoit la destruction et le partage de l'Empire latin. Cette ligue paroissoit bien plus formidable que celle à laquelle les Français avoient échappé quelques années auparavant.

Brienne, effrayé du danger qui le menaçoit, envoya de toutes parts demander des secours. Geoffroy de Ville-Hardouin, prince d'Achaïe, et tous les grands vassaux de l'Empire, furent requis de marcher à la défense de la capitale. Grégoire ix déploya le plus grand zèle, et les Vénitiens firent un armement considérable. Mais ces secours, qui pouvoient arriver trop tard, n'empêchèrent pas l'Empereur de faire à Constantinople toutes les dispositions pour une résistance désespérée. Le vieillard parut reprendre toute l'ardeur de sa jeunesse, et ses sujets, remplis d'espérances, se reprochèrent de l'avoir mal jugé. Son armée n'étoit pas équipée; il enleva aux Grecs les armes qu'ils possédoient, et les fit distribuer à ses soldats. Les fortifications de la capitale furent réparées, et cette place, déjà si forte par sa position, devint inexpugnable.

Vatace et le roi des Bulgares résolurent d'attaquer l'Empire de deux côtés différens, et, en cas de réussite, ils se donnèrent rendez-vous sous les murs de Constantinople. Le premier devoit envahir le midi de la Thrace, l'autre le nord. Tout plia devant l'armée de Vatace; il poussa ses conquêtes depuis Gallipoli jusqu'à l'embouchure de l'Hèbre; Asan obtint le même succès, et s'avança jusqu'au mont Hémus. Après ces expéditions, d'autant plus faciles que Brienne ne pouvoit mettre une armée en campagne, les deux rois se trouvèrent au rendez-vous qu'ils s'étoient donné, et commencèrent le siége de Constantinople.

L'Empereur, décidé à périr sur les débris du trône, montra une audace héroïque. Laissant l'infanterie dans la ville, il rassembla le peu de cavalerie qui lui restoit, ne put en former que trois escadrons, et sortit avec cette petite troupe pour combattre une armée formidable. Jean de Béthune, neveu de Conon, l'accompagnoit. Vatace et le roi des Bulgares, qui croyoient que la place alloit capituler, et qui ne s'attendoient pas à une sortie, n'eurent pas le temps de ranger leurs troupes. Brienne profite de leur surprise, les attaque avec fureur, exalte par son exemple l'imagination des Français qui le suivent, porte le désordre dans l'armée ennemie, et la met en déroute. Au même moment, par un bonheur inespéré, la flotte vénitienne arrivoit dans le port, sous les ordres des provéditeurs Léonard Quirini et Marc Cassoni. Elle y trouva la flotte de Vatace, qui n'étoit nullement préparée à se défendre. Un nouveau combat s'engage; l'infanterie française, malgré les ordres qu'elle avoit reçus de rester dans la ville, en sort avec impétuosité, et seconde les Vénitiens. Les vaisseaux grecs sont en un instant brûlés où pris. [1235.]

Les deux princes ennemis, vaincus contre toute apparence sur terre et sur mer, furent obligés de se retirer. Leur animosité contre les Français n'en devint que plus forte. Ils résolurent de faire une nouvelle expédition l'année suivante.

Pendant cet intervalle de repos, l'Empereur sollicita des secours dans toute la chrétienté. Les Vénitiens, seuls intéressés au maintien de l'Empire latin, à cause de leur commerce et de leurs possessions dans l'Archipel, équipèrent une flotte, dont ils donnèrent le commandement à Jean Michieli. Cette flotte arriva bientôt dans la Propontide; mais elle étoit inférieure à celle de Vatace et du roi des Bulgares, qui cette fois vouloient attaquer Constantinople par mer. Heureusement Geoffroy de Ville-Hardouin parut tout-à-coup avec six vaisseaux de guerre, montés par trois cents arbalétriers et cinq cents archers. Il fit sa jonction avec les Vénitiens. Ces deux flottes attaquèrent et mirent en déroute celle des ennemis, qui furent encore obligés de se retirer.

Constantinople étoit sauvée, mais l'Empire se trouvoit épuisé par ces deux victoires. La détresse étoit telle que le patriarche n'avoit plus de quoi subsister, et que le Pape se vit obligé d'engager le prince d'Achaïe et les évêques de la Morée à le secourir.

Dans cette situation cruelle, Brienne espéra que la vue du jeune empereur Baudouin exciteroit la compassion des souverains de l'Europe, et les détermineroit à lui accorder leur assistance. Il le fit donc partir pour l'Italie, accompagné de Jean de Béthune qui venoit de se distinguer dans la victoire remportée sous les murs de la capitale. Baudoin se rendit d'abord à Rome, où il passa une partie de l'année 1236. Grégoire IX prit à lui le plus vif intérêt, et fut profondément touché de sa jeunesse et de ses malheurs. Il publia une croisade pour secourir Constantinople, commua en faveur de l'Empire latin les vœux qui avoient été faits pour la Terre-Sainte, et ouvrit une négociation avec Vatace, afin d'obtenir qu'il fît la paix.

L'année suivante, Baudouin passa en France où régnoit saint Louis. Ce monarque et sa mère la reine Blanche le reçurent avec tous les égards dus à son rang, et le remirent en possession de plusieurs domaines de sa famille qui avoient été envahis en son absence.

La croisade publiée en sa faveur excita en France le plus vif enthousiasme. La présence de ce jeune prince, déchu de tant de grandeurs et réduit à mendier des secours étrangers, inspiroit un intérêt d'une nature presque aussi forte que celui qui avoit entraîné tant de Français dans la Palestine. Pierre de Dreux, comte de Bretagne, Hugues IV, duc de Bourgogne, Raoul de Nesle, comte de Soissons, Jean, comte de Mâcon, et beaucoup d'autres seigneurs, se croisèrent avec empressement. Cette ardeur, si naturelle à la nation française, se seroit encore propagée, si l'on n'avoit pas appris tout-à-coup la mort de Jean de Brienne. [23 mars 1237.] Les derniers momens de ce vieillard, qui poussa sa longue carrière jusqu'à quatre-vingt-neuf ans, furent douloureux. Il laissoit Constantinople dans une détresse qui devoit augmenter encore. Les Français y étoient resserrés comme dans une prison. Ne pouvant cultiver les terres du voisinage, ils éprouvoient les horreurs de la famine; les soldats qui pouvoient s'échapper revenoient en Europe, et y portoient le découragement. Telle étoit la position d'une ville autrefois si brillante et si riche. Jean de Brienne, dont le cœur étoit déchiré par ce spectacle, avoit assez de pénétration pour prévoir que son jeune pupille, trop semblable à son frère, ne pourroit jamais relever un trône que toutes les espèces de désastres sembloient menacer.

Il s'écoula cependant encore plus de vingt ans avant que les tristes pressentimens de Jean de Brienne se réalisassent entièrement. Mais ces vingt dernières années de l'existence de l'Empire latin, stériles en événemens intéressans, n'offrent que des tableaux monotones, jusqu'à ce qu'un dénouement, long-temps prévu, vienne mettre fin à ce drame fastidieux. On voit, d'un côté, l'empereur Baudouin II fatiguer Rome et la France de ses voyages fréquens, et détruire par son importunité tout l'intérêt qu'il avoit d'abord inspiré; de l'autre, on voit les Grecs ne faire que de foibles tentatives contre Constantinople, n'oser presque l'attaquer sérieusement, et craindre encore ces Français qui, malgré la lâcheté de leur empereur, furent jusqu'au dernier moment en état de les repousser avec courage. Enfin on ne peut attribuer cette résistance passive, qui ressemble à une agonie prolongée, qu'au caractère peu énergique de Baudouin, et à l'excessive timidité de ses ennemis. Nous passerons donc rapidement sur les circonstances de cette dernière partie de l'histoire de l'Empire latin.

Anseau de Cahieu, époux d'Eudocie, fille de l'empereur Lascaris, fut de nouveau chargé de la régence. Il profita de l'inconstance du roi des Bulgares pour détacher ce prince de Vatace. Asan réunit alors ses troupes à celles des Français, et tenta vainement de leur faire rendre la ville de Tzurulum, place voisine de Constantinople, et nécessaire pour assurer les subsistances de cette grande ville. Les troupes de Vatace la défendirent avec opiniâtreté, et le siége ne réussit pas. Au moment où le découragement commençoit à s'emparer d'Asan, il apprit la mort subite de sa femme Anne de Hongrie et de son fils unique. Frappé de l'idée que le ciel le punissoit pour avoir trahi ses engagemens avec Vatace, il se rapprocha de ce prince et rompit avec les Français. De retour à Ternove, où Théodore d'Épire, privé de la vue, étoit toujours son prisonnier, il devint amoureux d'Irène, fille de ce prince, qui, avec ses deux jeunes frères Jean et

Démétrius, partageoit la captivité de son père. Il l'épousa, et rendit la liberté à Théodore, qui s'occupa bientôt, quoique aveugle, de recouvrer son royaume de Thessalonique. Asan jusqu'alors étoit lié avec Manuel, frère de Théodore, possesseur actuel de ce trône, auquel il avoit autrefois donné sa fille. Son nouvel amour le fit changer de conduite. Il favorisa secrètement les desseins de Théodore. Celui-ci, déguisé en mendiant, entra, sans être reconnu, dans Thessalonique, se découvrit à ceux qui lui étoient restés fidèles ou qui n'aimoient pas le gouvernement de Manuel, forma une conjuration, détrôna son frère, le livra aux Turcs, et renvoya la femme de ce prince au roi des Bulgares son père. Les suites de cette révolution laissèrent respirer les Français. Le sultan d'Attalie, auquel Manuel avoit été livré, eut pitié de lui, et permit qu'il allât trouver Vatace, qui, touché de son sort, lui donna quelques domaines dans la grande Valachie où son frère Constantin possédoit déjà une principauté. Manuel, loin d'être reconnoissant de ce bienfait, se réconcilia peu de temps après avec Théodore, et les trois frères s'unirent aux Français contre Vatace. Telles étoient la légèreté et la perfidie des Grecs du moyen âge.

Cependant Baudouin pressoit en France les préparatifs de la croisade. Espérant obtenir quelques secours de Henri III, roi d'Angleterre, il partit pour Douvres; mais il fut arrêté dans cette ville, et le gouverneur lui dit que le Roi s'étonnoit qu'un prince de sa qualité fût entré dans le royaume sans permission. Cet affront, auquel sa foiblesse devoit encore l'exposer, lui fut fait sous le prétexte qu'autrefois Jean de Brienne son beau-père, s'étant trouvé en Palestine avec Philippe-Auguste et Richard, avoit cru devoir se déclarer pour le premier. Si Baudouin eût été puissant, on n'auroit sûrement pas pensé à cet ancien et frivole grief.

Il n'avoit pas encore terminé tous ses préparatifs, lorsqu'il apprit l'état affreux de Constantinople. Alors il prit la résolution d'envoyer devant lui Jean de Béthune, son gouverneur, avec des troupes et des munitions ; mais l'empereur d'Allemagne Frédéric II, ennemi implacable de son beau-père, arrêta cette petite armée sur les frontières de la Lombardie. Béthune, désespéré de cet obstacle auquel il ne s'étoit pas attendu, alla lui-même trouver Frédéric; mais, à son grand étonnement, il fut retenu par ce prince, et ne put obtenir sa liberté, même en donnant une rançon. Cependant Frédéric permit aux troupes de se rendre à Venise, où, privées de leurs chefs, elles commencèrent à se débander. Baudouin réclama vainement contre cette violation du droit des gens : il ne reçut d'autre réponse que la proposition avilissante de devenir l'un des vassaux de l'Empire d'Allemagne. Après une longue détention, Béthune obtint enfin la permission d'aller joindre à Venise les troupes qui lui restoient; mais le chagrin avoit altéré la santé de ce grand homme, dernier soutien de l'Empire latin. Il mourut peu de jours après son arrivée à Venise : alors son armée se dispersa. Quelques aventuriers s'embarquèrent cependant; les uns allèrent en Morée, et n'osèrent pénétrer plus avant; quelques autres arrivèrent à Constantinople au milieu de mille dangers, et ne servirent qu'à y porter le découragement.

Cette ville étoit dévorée par tous les fléaux. La famine exerçoit ses ravages, les grandes fortunes se trouvoient épuisées, et la misère étoit à son comble. On étoit réduit à enlever le plomb qui couvroit les églises pour en faire de la monnoie; les reliques étoient arrachées des autels et vendues à vil prix. Ce peuple auroit péri si Ville-Hardouin, avec vingt-deux vaisseaux, n'eût forcé l'entrée du port bloqué par la flotte de Vatace, et n'eût fait entrer quelques secours. Dans cette cruelle extrémité, le régent crut devoir engager pour une grosse somme, aux Vénitiens, la couronne d'épines, que les habitans de Constantinople regardoient comme leur trésor le plus précieux. Baudouin, l'ayant appris, céda cette relique à saint Louis, dans l'espoir d'intéresser sa piété à la cause de l'Empire latin. Le Roi reçut ce don avec empressement. Il fut convenu que la sainte relique seroit transportée à Venise, d'où elle seroit envoyée en France, après le remboursement de la somme prêtée par les Vénitiens. Deux frères prêcheurs, dont l'un avoit été prieur d'un couvent de Constantinople et avoit souvent vu la couronne d'épines, furent députés par saint Louis, et partirent accompagnés d'un gentilhomme de la suite de Baudouin. Après avoir constaté l'identité de la relique, ils s'acquittèrent de leur mission. Les Grecs, réunis aux Français sur le rivage, fondoient en larmes en voyant partir le vaisseau qui emportoit un trésor pour lequel les deux peuples avoient une égale vénération.

A peine la relique fut-elle arrivée à Venise, que saint Louis s'empressa de la dégager. Elle entra en France aux acclamations du peuple. Le Roi et la famille royale allèrent au devant du cortége qui l'accompagnoit jusqu'à Villeneuve-l'Archevêque, près de Sens. Elle fut ensuite portée à Paris, et placée dans la chapelle du palais, qui bientôt après fut rebâtie.

Les lenteurs de Baudouin refroidirent le zèle des Français qui s'étoient croisés pour lui. Thibaut, comte de Champagne et roi de Navarre, fils de celui qu'une mort prématurée avoit empêché de commander la première expédition, abandonna cette cause, prétendant que sa conscience l'appeloit plutôt dans la Palestine que dans la Grèce. Cette défection réveilla Baudouin, et lui fit faire les plus grands sacrifices. Il engagea le comté de Namur au roi de France, et parvint à lever une armée que des calculs exagérés portent à 60,000 hommes. Le Roi fit demander un sauf-conduit à l'empereur Frédéric II pour cette armée, qui devoit voyager par terre. Ce prince hésita quelque temps, mais il craignoit l'inébranlable fermeté de saint Louis. Ayant à la même époque ordonné d'arrêter des prélats français qui alloient à Rome, le Roi lui écrivit *que le royaume de France n'étoit pas si affoibli qu'il se laissât piquer long-temps de l'éperon sans rejimber.* Cette fermeté de saint Louis décida Frédéric à ne plus refuser le passage à l'armée de Baudouin. Le roi de Hongrie Bèla IV, successeur d'André, lui fournit des vivres; Asan, roi des Bulgares, quoique allié de Vatace, ne l'attaqua point; et Narjot de Toucy, époux de la fille d'Agnès de France, qui avoit de grandes propriétés dans la Thrace, s'empressa d'aller au devant de son souverain. Baudouin arriva dans sa capitale désolée au mois de décembre 1239.

Les conquêtes des successeurs de Gengiskan, qui tournoient leurs immenses armées vers l'occident de l'Asie et l'orient de l'Europe, donnèrent quelques années de repos à Baudouin. Les peuples vaincus refluoient sur la Grèce; et les Comains, qui sous le premier empereur français avoient désolé la Thrace et le royaume de Thessalonique, entrèrent au service de son neveu, qui ne craignit pas d'employer ces terribles auxiliaires. Leurs chefs, Jonas et Soranius, vinrent à Constantinople, et partagèrent avec les seigneurs français la garde du palais. Les deux filles de ces généraux furent admises à la cour, en prirent bientôt les habitudes, abjurèrent leur culte barbare, et se firent baptiser quelque temps après: l'une d'elles épousa Narjot de Toucy, devenu veuf de la fille d'Agnès de France.

Baudouin, avec ce puissant secours, mit le siége devant Tzurulum, où avoit échoué, quelques années auparavant, le régent secondé par le roi des Bulgares, et parvint à s'emparer de cette ville importante. Ce premier succès fut suivi d'une victoire que sa flotte remporta sur celle de Vatace; mais ces avantages momentanés ne relevoient pas un État épuisé.

Cependant la mort d'Asan, roi des Bulgares, arrivée en 1241, mit pour quelque temps l'Empire en sûreté du côté du nord. Ce prince eut pour successeur Caloman, enfant en bas âge, pendant la minorité duquel les Bulgares ne tentèrent aucune entreprise. D'un autre côté, Baudouin fit deux pertes qui l'affoiblirent beaucoup. Le pape Grégoire IX, dont il avoit reçu tant de secours, mourut cette année, âgé de près de cent ans. Jonas, l'un des chefs des Comains, auxquels il devoit ses dernières victoires, mourut aussi presque en même temps que son gendre Narjot de Toucy : son collègue Soranius, dégoûté du service de Baudouin, passa du côté de Vatace avec toutes ses troupes.

Baudouin étoit dans cette position, lorsque Ville-Hardouin vint à Constantinople réclamer des sommes considérables qui lui étoient dues. L'Empereur lui abandonna ses terres de Courtenay; mais saint Louis crut devoir s'opposer à cet arrangement qui auroit anéanti le nom de la branche dont Baudouin étoit le chef, et fournit à ce prince les fonds dont il avoit besoin pour s'acquitter. En reconnoissance de ce bienfait, l'Empereur lui donna, malgré les murmures de ses sujets, presque toutes les reliques qui existoient encore dans les églises de sa capitale. C'étoient un morceau de la vraie croix, la robe du Sauveur en allant au Calvaire, le fer de la lance, etc. Ces précieuses reliques arrivèrent à Paris le jour de l'Exaltation de la Croix, et furent déposées à la Sainte-Chapelle.

Alors Vatace fit avec Baudouin une trève de deux ans, dans le dessein de profiter de l'enfance de Caloman pour s'emparer de la Bulgarie. Il avoit aussi des projets sur le royaume de Thessalonique, qui furent exécutés plus tard. Son plan étoit de se rendre maître de toutes les provinces qui composoient autrefois l'Empire grec, avant d'attaquer la capitale. Il fit donc la paix avec Théodore d'Épire, à condition qu'il cesseroit de prendre le titre d'empereur.

Il n'étoit pas non plus sans inquiétude sur les invasions des Tartares qui venoient de ravager une partie de la Hongrie et de la Bulgarie, où cependant ils ne s'étoient pas établis.

Baudouin, agité des mêmes craintes, voulut faire une alliance étroite avec le sultan d'Icone, dont il espéroit une puissante assistance, soit contre les Tartares, soit contre Vatace. Le Sultan, plein d'estime pour les Français, y consentit volontiers; mais il exigea qu'une parente de l'Empereur devînt son épouse, offrant de lui laisser le libre exercice de la religion chrétienne, et de permettre même qu'il fût établi des églises dans les grandes villes de ses États. Baudouin, que sa position obligeoit de souscrire à toutes les conditions que le Sultan voudroit lui imposer, envoya chercher en France l'une de ses nièces, fille de sa sœur Élisabeth et d'Eudes de Montaigu.

Pendant ce long voyage, Vatace, instruit de ce qui s'étoit passé, traita promptement avec le Sultan, lui accorda tout ce qu'il voulut, et fit ainsi échouer les projets de Baudouin.

Ce prince, qui frémissoit en voyant arriver la fin de la trêve de deux ans conclue avec Vatace, au lieu de se préparer à défendre son territoire menacé, prit le parti de retourner en Italie demander des secours au pape Innocent IV. Ce pontife, moins énergique que Grégoire IX, mais partageant ses ressentimens, soutenoit avec peu d'avantage la guerre contre l'empereur d'Allemagne Frédéric II. Baudouin, presque dépouillé de ses États, résolut de réconcilier ces deux puissans rivaux : sa méditation ne put les rapprocher; mais il excita la compassion momentanée de Frédéric, qui, venant d'accorder une de ses filles à Vatace, consentit à le prier de prolonger la trêve.

Après cette négociation où Baudouin avoit montré toute sa foiblesse, il partit pour la France, afin d'assister au concile général convoqué à Lyon. [1245.] A cette grande assemblée on vit paroître aux côtés du Pape l'empereur Baudouin et le patriarche de Constantinople, qui venoient implorer les secours de l'Église. Leur position inspira le plus vif intérêt. On publia une nouvelle croisade, et l'on prit, pour la faire réussir, des mesures inconnues jusqu'alors. Tous les bénéfices, de quelque espèce qu'ils fussent, durent être taxés : les charités, les fondations pieuses, les restitutions même arrachées au repentir durent être employées à secourir l'Empire latin, et à reconquérir la Palestine.

Baudouin concevoit les plus grandes espérances : mais elles s'évanouirent bientôt. Les Français aimèrent mieux suivre leur Roi en Égypte, que d'aller partager les destinées incertaines de l'empereur d'Orient. Cependant il obtint de la générosité de saint Louis la restitution de son comté de Namur qu'il lui avoit engagé.

Pendant l'absence de Baudouin, Vatace exécutoit le vaste plan qu'il avoit conçu. Caloman, roi des Bulgares, étoit mort, et Michel son successeur, encore dans l'enfance, se trouvoit incapable de régner. Vatace profita de la foiblesse de ce prince. Joignant à la force des armes les trahisons si familières aux Grecs, il sut persuader aux habitans d'Andrinople et des villes de cette province, soumises autrefois par Asan, qu'ils trouveroient un grand avantage à rentrer sous la domination de l'Empire grec. Presque toutes ouvrirent leurs portes avec joie; les autres furent forcées.

Théodore d'Épire, dont l'ambition et la perfidie avoient si long-temps désolé l'Empire, étoit mort; et son fils Jean, sous le nom duquel il régnoit, le suivit de près au tombeau. Démétrius son autre fils, devenu despote, n'eut que les vices de celui auquel il devoit le jour. Plongé dans les plus dégoûtantes débauches, il fut bientôt l'objet de la haine et du mépris de ses sujets. Vatace tira parti de cette disposition, et Démétrius lui fut livré par le peuple de Thessalonique. Il le relégua dans une forteresse au-delà du Bosphore; et la conquête de ce royaume, qu'il ne devoit qu'à la trahison, le rendit maître, ainsi qu'il l'avoit désiré, de tout l'ancien territoire de l'Empire, la capitale exceptée. Le gouvernement de cette importante province fut confié à Andronic Paléologue, grand domestique, dont nous verrons bientôt le fils usurper le trône de son bienfaiteur, et consommer la ruine de l'Empire latin.

Vatace, en agrandissant ses États, n'avoit pas négligé de détourner les dangers qui le menaçoient du côté de l'Occident. Conservant toujours une étroite union avec Frédéric, il avoit su calmer Innocent IV par l'espoir de sa soumission prochaine à la puissance spirituelle du Saint-Siége.

Maître de tout le nord de la Thrace et du royaume de Thessalonique, il assiégea Tzurulum, ville importante dont nous avons déjà parlé, et qui étoit comme la clef de Constantinople : Anseau de Cahieu y commandoit. Se croyant hors d'état de résister, il se figura que la présence de son épouse Eudocie, belle-sœur de Vatace, suffiroit pour désarmer ce prince. Il quitta donc la place confiée à sa garde, en y laissant la princesse, qui tenta vainement de fléchir le vainqueur. Celui-ci lui promit d'épargner les habitans, et la renvoya presque sans escorte à son époux. Ce fut, pendant tout le cours de cette longue guerre, le seul Français qui trahit son devoir par lâcheté : il paroît qu'il avoit pris les mœurs efféminées de la famille dans laquelle il étoit entré.

Lorsque saint Louis partit pour l'Égypte [1248], Baudouin revint dans sa capitale aussi pauvre et aussi malheureux que lorsqu'il l'avoit quittée. Sa présence ne ranima point le courage des Français : tant d'espérances déçues les avoient habitués à ne plus compter sur ses promesses. Quelques mois après, les besoins augmentant, il fit partir pour la France son épouse Marie, fille de Jean de Brienne, avec pouvoir de vendre tous les biens qui leur restoient. Les Vénitiens seuls lui procuroient de temps en temps quelques secours, et portoient des subsistances dans la ville.

En 1251, Baudouin fit un troisième voyage en Italie et en France, aussi inutile que les premiers, et dont l'histoire n'a pas même daigné nous conserver les détails. Philippe de Toucy, petit-fils d'Agnès de France, fut chargé de la régence ; et dans la position terrible où l'Empire se trouvoit il courut implorer la protection de saint Louis, qui étoit alors à Césarée. Le Roi le reçut comme un parent malheureux : Joinville et les seigneurs français lui témoignèrent le plus vif intérêt; mais il ne put obtenir que quelques foibles secours d'hommes et d'argent.

Constantinople, privée de la présence de l'Empereur, et n'ayant presque plus aucun moyen de défense, alloit tomber au pouvoir de Vatace si la mort de ce prince, le peu de hardiesse des Grecs, et d'autres événemens n'eussent encore reculé de quelques années la ruine de l'Empire latin.

Théodore Lascaris II, fils de Vatace, lui succéda, et ne déploya pas les mêmes talens. Dominé par un favori qui se rendit odieux, il prépara la décadence de sa famille. Ayant fait une expédition malheureuse contre les Bulgares, il put à peine conserver les conquêtes de son père. Michel Paléologue, fils d'Andronic dont nous avons déjà parlé, se distinguoit par de grandes qualités, et sembloit aspirer au trône. Lascaris, en prince foible, le disgrâcia, lui rendit ses bonnes grâces, le disgrâcia de nouveau, et finit par lui accorder la plus grande puissance. Muzalon, ce favori qui abusoit de son ascendant sur Lascaris, ne put, malgré toutes ses intrigues, parvenir à perdre son rival.

Lascaris étant mort après un règne très-court [août 1259], ne laissa pour lui succéder qu'un enfant en bas âge. Muzalon et Paléologue se disputèrent sa tutelle. Le premier étoit détesté du peuple et des soldats, le second en étoit l'idole : Paléologue l'emporta; et son rival fut massacré dans une église pendant qu'on faisoit les funérailles de Lascaris. Il se déclara d'abord tuteur du jeune prince, et bientôt il se fit couronner avec lui.

Michel, frère de Théodore d'Épire, qui conservoit un territoire assez considérable dans cette province, craignant l'ambition de Paléologue, contracta une alliance avec les Français, et donna sa fille à Guillaume de Ville-Hardouin, prince d'Achaïe, successeur de Geoffroy.

Baudouin, de retour à Constantinople, après avoir vendu à Guy, comte de Flandre, la principauté de Namur que saint Louis avoit eu la générosité de lui rendre, essaya de profiter de la révolution qui venoit d'appeler au trône Paléologue, et des troubles qui pouvoient en être la suite, pour obtenir de lui quelques conditions avantageuses. Il lui envoya donc des ambassadeurs : Paléologue les reçut avec beaucoup d'affabilité, et s'efforça de les corrompre. Il leur dit que s'il devenoit maître de Constantinople il traiteroit les Français comme ses sujets les plus chéris. Les ambassadeurs, fidèles à leur devoir, insistèrent pour que Thessalonique et toutes les places de la Thrace et de la Macédoine fussent rendues à Baudouin. Paléologue éluda leurs demandes, les joua, exigea d'eux un tribut considérable auquel ils se refusèrent, et finit par les congédier en leur disant de se préparer à la guerre.

Michel d'Épire, devenu l'allié de Guillaume de Ville-Hardouin, et ayant obtenu des secours de son autre gendre Mainfroy, roi de Sicile, reprit les anciens projets de son frère Théodore, et voulut profiter des embarras de Paléologue pour s'emparer de l'Empire. Paléologue envoya contre lui son frère Jean, qui le défit entre Achride et Déobolis. Guillaume de Ville-Hardouin, qui n'avoit pu empêcher son beau-père de fuir, fut fait prisonnier au moment où il se cachoit dans une métairie près de Castoria. Conduit à Nicée, il soutint le caractère de chevalier français devant Paléologue, qui lui offrit sa liberté s'il vouloit le reconnoître pour empereur. Ayant rejeté cette proposition avec dédain, il fut enfermé dans une prison.

Les Français de Constantinople n'attendoient plus

que le moment où ils passeroient sous le joug des Grecs, dont la puissance s'augmentoit chaque jour. Baudouin, après avoir fait tant de voyages et sollicité tant de secours, n'avoit plus ni troupes ni argent. La situation de sa capitale étoit digne de pitié. On continuoit d'enlever le plomb qui couvroit les églises, pour en faire l'unique monnoie dont on pût disposer. Le bois manquoit : on se mit à démolir les maisons abandonnées, et l'on en brûla les charpentes. Constantinople, dont les principaux habitans s'étoient sauvés en Asie, offroit l'image d'un camp entouré de tous côtés par une armée ennemie. Baudouin, n'ayant plus rien à vendre, engagea aux Vénitiens son fils unique Philippe, héritier présomptif de sa couronne, et n'obtint qu'une somme modique. Ce jeune et malheureux prince fut conduit à Venise, et n'eut pas du moins la douleur de voir la catastrophe qui renversa le trône de son père.

Quelque temps après ce marché honteux, Paléologue passa dans la Thrace avec une armée, et fit une tentative sur Constantinople, où il croyoit faussement avoir des intelligences. Son armée manquant de vivres, il fut obligé de se retirer. Baudouin lui demanda vainement la paix; il n'accorda qu'une trève d'un an.

Paléologue étoit toujours en guerre avec Michel, despote d'Épire ; mais les hostilités avoient été suspendues par la tentative faite sur Constantinople. Il envoya, au printemps de 1261, une armée pour le soumettre, et le commandement en fut confié à Stratégopule, honoré du titre de César. Les instructions de ce général lui prescrivoient de s'approcher de la capitale, d'en examiner les fortifications, d'observer les endroits foibles, et de ne rien entreprendre. L'ambition du César le fit manquer aux ordres de son souverain, et le succès le plus inattendu couronna sa témérité.

Instruit que les Vénitiens, qui formoient la principale force de la ville, avoient des projets sur une forteresse du Pont-Euxin appelée Daphnusie, il écrivit au commandant de cette place de paroître disposé à la rendre, et d'exiger seulement qu'on envoyât un corps de troupes considérable, pour avoir l'air de ne céder qu'à la force. Cette ruse réussit complètement: au moment où le César s'approcha de Constantinople, presque toutes les troupes disponibles étoient parties pour Daphnusie.

A la vue de l'armée grecque, les paysans du territoire, qui souffroient depuis si long-temps, supplièrent le général d'attaquer la ville, lui représentant qu'elle n'avoit plus de défenseurs, et que les femmes et les enfans des Français étoient hors d'état de lui résister. Il ne s'avança qu'avec précaution, et ne montra d'abord que peu de troupes, afin de ne pas effrayer les habitans. Un de ces derniers lui fut amené, et il s'empressa de lui demander comment il avoit pu sortir de la ville. L'habitant lui répondit que sa maison communiquoit à un souterrain qui menoit hors des murs. On tint conseil, et après beaucoup d'hésitation on convint de faire entrer pendant la nuit cinquante hommes par ce passage, avec l'ordre d'abattre à coups de haches la porte dorée qui en étoit voisine, tandis que, d'un autre côté, on essaieroit une escalade.

Tout s'exécute comme on l'avoit réglé: les soldats pénètrent dans le souterrain, et l'on attend le signal qu'ils ont promis de donner en cas de succès. Ce signal se fait attendre, et le César fort inquiet parle déjà de se retirer. Le chef des paysans, désespéré de cette résolution, se fait mettre aux fers, et répond sur sa tête de la prise de la ville. Le César se rassure. Enfin la porte s'ouvre, et un prêtre, nommé Laceras, donne du haut des murs le signal convenu : *Victoire aux empereurs Michel et Jean!* Les troupes grecques s'avancent lentement dans les rues au milieu des ténèbres de la nuit ; quelques habitans se réveillent, paroissent aux fenêtres, et se demandent la cause de ce mouvement. En arrivant dans un quartier écarté, le César aperçoit de loin un corps de troupes françaises dont la lune faisoit briller les armes : l'obscurité et la crainte le lui représentent plus considérable qu'il n'est en effet ; il craint d'être tombé dans un piége, et veut donner des ordres pour une prompte retraite. Les paysans le rassurent encore, et sans attendre aucun commandement ils se précipitent sur les Français, qu'ils surprennent et dispersent. Baudouin, réveillé par le tumulte, perd aussitôt toute espérance, et ne songe qu'à fuir. Il quitte le palais de Blaquernes, court dans le plus grand désordre au palais de Bucoléon voisin de la mer, perd en chemin son diadême, son épée, et s'embarque précipitamment. Les paysans s'emparent du diadême, l'attachent au bout d'une pique, prouvent au César qu'il est vainqueur ; et ce général, si favorisé par la fortune, se trouve, presque malgré lui, le restaurateur de l'Empire grec.

Cependant, maître de la ville et de tous les forts, il craignoit encore le retour de la flotte française. Le général qui la commandoit, instruit de la tentative des

Grecs, revenoit en effet dévoré des plus cruelles inquiétudes. Les soldats, ayant appris en arrivant ce qui s'étoit passé, brûloient de rentrer dans la ville : il n'étoit plus temps. Alors un Grec, attaché à Baudouin, prend un parti désespéré, mais qui pouvoit seul sauver les Français du massacre. Il leur adresse, au nom de l'Empereur, l'ordre de courir au rivage, sans rien emporter qui puisse les embarrasser; en même temps il fait mettre le feu à divers quartiers, tant pour occuper l'ennemi que pour forcer les Français à sortir de leurs maisons. L'incendie consomme la désolation de cette malheureuse ville. De tous côtés les vaincus se portent sur le bord de la mer, et conjurent le commandant de la flotte de les recevoir. Plusieurs cependant n'ont encore pu quitter leur quartier. Dans cet affreux désordre on s'adresse au César, et l'on obtient de sa foiblesse, plutôt que de son humanité, qu'il laissera sortir les fugitifs. On voit une foule de femmes, d'enfans, de vieillards, passer au milieu des soldats grecs, essuyer leurs insultes et leurs menaces, et, dépouillés de tout, marcher tristement vers la flotte qui devoit les porter loin d'un pays qu'ils avoient regardé comme leur patrie.

Cette flotte, composée de trente galères et de quelques vaisseaux de guerre siciliens, n'avoit pas assez de vivres pour une si grande multitude : elle cingla vers l'île de Négrepont où devoit se rendre Baudouin, et plusieurs de ces malheureux fugitifs moururent de faim dans la traversée. Cette grande catastrophe arriva le 25 juillet 1261.

Michel Paléologue, qui étoit à Nymphée, ne voulut pas d'abord ajouter foi aux bruits qui se répandoient sur la prise de Constantinople. Il fit même emprisonner celui qui le premier lui en apporta la nouvelle. Il connoissoit le général et les troupes, et ne pouvoit avec raison se figurer qu'ils eussent tenté, contre ses ordres, une entreprise aussi hardie.

En effet, ce ne fut pas le courage qui rendit Stratégopule vainqueur. Le hasard, la ruse, et surtout le secours des paysans, mirent en quelque sorte malgré lui Constantinople en son pouvoir. Quelle différence entre la conduite de ce César, qui, n'entrant qu'avec crainte dans une ville surprise en l'absence de ses défenseurs, veut fuir au premier obstacle, et celle des premiers conquérans qui, sous les ordres de Dandolo et de Baudouin, emportèrent deux fois de vive force cette place jugée imprenable, et défendue par une innombrable armée!

On doit aussi faire une observation qui marque encore mieux le caractère particulier des deux peuples. Quoique les lois sur la succession au trône fussent à peu près les mêmes à Constantinople qu'en France, les Grecs étoient rarement fidèles à leurs empereurs : le chemin du trône s'ouvroit à tous les ambitieux, et cette époque de leur histoire offre, comme on l'a vu, plusieurs usurpations où la cruauté se joignoit à la perfidie la plus abjecte. Les Français, au contraire, ne trahirent jamais le sang de leur premier empereur; on ne vit aucun de leurs guerriers aspirer au trône. Quoique Robert et Baudouin II fussent évidemment indignes de régner, aucune conspiration ne fut formée pour leur enlever le pouvoir; et leurs sujets aimèrent mieux périr victimes de l'incapacité de ces foibles princes, que de se sauver en violant des sermens qu'ils regardoient comme la garantie la plus solide de la société.

Paléologue arriva bientôt à Constantinople. Il fit rebâtir les édifices détruits ou incendiés, rappela les familles grecques dispersées dans l'Empire, et ordonna une nouvelle répartition des terres. Il souffrit que les marchands vénitiens, génois et pisans continuassent leur commerce, et les plaça dans des quartiers séparés, afin de les mieux surveiller. Quelque temps après il fit brûler les yeux à son jeune collègue, et devint seul maître de l'Empire. Il transmit son trône à sa postérité, qui le conserva, dans un état de honte et d'humiliation, jusqu'à la prise de Constantinople par Mahomet II, qui eut lieu en 1453.

Baudouin recommença ses voyages, et fatigua vainement de ses plaintes les cours de l'Europe. Le titre d'empereur subsista long-temps dans sa famille, et fut transporté dans la maison de France par le mariage de Catherine, petite-fille de Baudouin, avec Charles de Valois, fils de Philippe-le-Hardi.

Ville-Hardouin se soumit à Paléologue lorsqu'il le vit maître de Constantinople. Rétabli dans ses États, il fit de nouveau la guerre : mais il fut vaincu, dépouillé, et mourut dans une prison. Sa fille épousa Philippe, second fils de Charles d'Anjou, roi de Sicile, et lui porta le vain titre de prince d'Achaïe : cette branche se fondit par la suite, comme je l'ai dit, dans la maison de Savoie.

TABLE DES MATIÈRES

CONTENUES

DANS LE PREMIER VOLUME.

DISCOURS PRÉLIMINAIRE. *Page* 1
AVIS DU LIBRAIRE sur l'orthographe des anciens Mémoires. xx
MÉMOIRES DE GEOFFROY DE VILLE-HARDOUIN. 1
AVERTISSEMENT. 3
NOTICE SUR VILLE-HARDOUIN. 7
DÉCADENCE DE L'EMPIRE LATIN. 458

FIN DU PREMIER VOLUME.

PARIS. — DE L'IMPRIMERIE DE RIGNOUX,
rue des Francs-Bourgeois St.-Michel, n° 8.

www.ingramcontent.com/pod-product-compliance
Lightning Source LLC
Chambersburg PA
CBHW051402230426
43669CB00011B/1732